# LIRISMO+CRÍTICA+ARTE=POESIA
## (Um século de *Pauliceia desvairada*)

**SERVIÇO SOCIAL DO COMÉRCIO**
Administração Regional no Estado de São Paulo

**Presidente do Conselho Regional**
Abram Szajman
**Diretor Regional**
Danilo Santos de Miranda

**Conselho Editorial**
Ivan Giannini
Joel Naimayer Padula
Luiz Deoclécio Massaro Galina
Sérgio José Battistelli

**Edições Sesc São Paulo**
*Gerente* Iã Paulo Ribeiro
*Gerente adjunta* Isabel M. M. Alexandre
*Coordenação editorial* Clívia Ramiro, Cristianne Lameirinha, Francis Manzoni, Jefferson Alves de Lima
*Produção editorial* Thiago Lins
*Coordenação gráfica* Katia Verissimo
*Produção gráfica* Fabio Pinotti, Ricardo Kawazu
*Coordenação de comunicação* Bruna Zarnoviec Daniel

# LIRISMO+CRÍTICA+ARTE=POESIA
## (Um século de *Pauliceia desvairada*)

Org.
Maria Augusta Fonseca
Raul Antelo

© Edições Sesc São Paulo, 2022
© Maria Augusta Fonseca e Raul Antelo
Todos os direitos reservados

*Mário de Andrade: Pauliceia desvairada (1922)*
Edição de apoio: Mário de Andrade, *Poesias completas*, vol. 1, edição de texto apurado, anotada e acrescida de documentos por Tatiana Longo Figueiredo e Telê Ancona Lopez, Rio de Janeiro: Nova Fronteira, 2013.

*Curadoria texto e imagem*   Maria Augusta Fonseca
*Preparação*   Elba Elisa
*Revisão*   Isis De Vitta, José Ignacio Mendes
*Projeto gráfico e diagramação*   Homem de Melo & Troia Design
*Obra da capa*   O bailarino, de Ferrignac

**Dados Internacionais de Catalogação na Publicação (CIP)**

L768
*Lirismo+Crítica+Arte=Poesia: Um século de Pauliceia desvairada* / Organização: Maria Augusta Fonseca; Raul Antelo. — São Paulo: Edições Sesc São Paulo, 2022. — 436 p. il.

ISBN 978-65-86111-92-7

1. Pauliceia desvairada. 2. Mário de Andrade. 3. Arte. 4. Poesia. 5. Crítica. 6. Lirismo. 7. Modernismo. 8. Literatura I. Título. II. Fonseca, Maria Augusta. III. Antelo, Raul.

CDD 869.91

Ficha catalográfica elaborada por Maria Delcina Feitosa CRB/8-6187

**Edições Sesc São Paulo**
Rua Serra da Bocaina, 570 – 11º andar
03174-000 – São Paulo SP Brasil
Tel.: 55 11 2607-9400
edicoes@sescsp.org.br
sescsp.org.br/edicoes
/ edicoes sescsp

# Sumário

**Apresentação** ...... 7
Danilo Santos de Miranda

**Introdução dos organizadores** ...... 9

## Bastidores

**O gesto, a gênese: "Onde já se viu Cristo de trancinha!"** ...... 14
Raul Antelo
*Ilustração:* Fernando Lindote *d'après* "Cabeça de Cristo" de Brecheret

**"Um elogio explosivo: A propósito de 'O meu poeta futurista'"** ...... 32
Maria Augusta Fonseca
*Ilustração:* Hilde Weber

**Estudo sobre as capas** ...... 40
Veronica Stigger
*Ilustração:* Capa atribuída a Guilherme de Almeida

## *Pauliceia desvairada*, Mário de Andrade

**Prefácio interessantíssimo** ...... 58
Raul Antelo
*Ilustração:* Regina Silveira

**Inspiração** ...... 93
Victor Knoll
*Ilustração:* Carlos A. C. Lemos

**O trovador** ...... 103
Eduardo Sterzi
*Ilustração:* Mario Cafiero

**Os cortejos** ...... 119
José Antonio Pasta Júnior
*Fotografia:* Cristiano Mascaro

**A escalada** ...... 147
Celia Pedrosa
*Ilustração:* Sergio Fingermann

**Rua de São Bento** ...... 163
Sérgio Alcides
*Fotografia:* Lauro Escorel

**O rebanho** ...... 179
Ariovaldo Vidal
*Ilustração:* Alberto Martins

**Tietê** ...... 193
Vera Chalmers
*Montagem fotográfica:* Feres Lourenço Khoury

**Paisagem nº 1** ...... 209
Silviano Santiago
*Ilustração:* Lasar Segall

**Ode ao burguês** ...... 227
Susana Scramim
*Ilustração:* Antônio Paim

**Tristura** ...... 243
Roberto Vecchi
*Fotografia:* João Farkas

**Domingo** ...... 253
Walter Garcia
*Ilustração:* Anúncio automóvel Renault

**O domador** ...... 267
Eduardo Jorge de Oliveira
*Ilustração:* Fernando Lindote

**Anhangabaú** ...... 281
Osvaldo Manuel Silvestre
*Ilustração:* Evandro Carlos Jardim

**A caçada** ...... 295
Ettore Finazzi-Agrò
*Ilustração:* Rafael Vogt Maia Rosa

**Noturno** ...... 301
Mario Cámara
*Ilustração:* Gilda Vogt

**Paisagem nº 2** ...... 313
Telê Ancona Lopez
*Ilustração:* Angela Leite

**Tu** ...... 323
Samuel Titan Jr.
*Ilustração:* Rubens Matuck

**Paisagem nº 3** ...... 331
Davi Arrigucci Jr.
*Ilustração:* Paulo Pasta

**Colloque sentimental** ...... 345
Manoel Ricardo de Lima
*Ilustração:* Luiz Aquila

**Religião** ...... 363
Alexandre Nodari
*Ilustração:* Alex Cerveny

**Paisagem nº 4** ...... 381
Maria Augusta Fonseca
*Ilustração:* Arnaldo Pedroso d'Horta

**As enfibraturas do Ipiranga** ...... 399
José Miguel Wisnik
*Ilustração:* José Resende

**Sobre os autores e artistas** ...... 427

**Créditos das imagens** ...... 434

# Losangos móveis

Uma cidade alcunhada e desvairada, eis a personagem central do livro de poemas de Mário de Andrade que completa um século de sua publicação pela Casa Mayença, no ano em que a Semana de Arte Moderna tomou de assalto o Theatro Municipal de São Paulo. Mais do que protagonista, a urbe é o *motor* das poesias desse lírico paulistano impressas na brochura de capa colorida em losangos, motivadas por sua devotada experiência citadina. Não vem ao caso indagar se a exaltação, a vertigem e o delírio advêm de Mário ou da Pauliceia — a quem ele se refere como "minha noiva", no poema "Tristura". Celibatário desposado por essa que, no início dos anos 1920, aspirava à condição de metrópole, foi com ela que o poeta deu curso ao desvario rigorosamente formalizado em palavras e versos, encontrando em suas paisagens, fenômenos climáticos, bairros, logradouros, veículos e tipos humanos figuras quase míticas.

"São Paulo! comoção de minha vida", assim ele começa o poema "Inspiração", sugerindo que, além de incitar sua sensibilidade, a cidade rebatizada o move intensa e constantemente. Tal arrebatamento produz nesse diligente cidadão literato um movimento duplo, interdependente: dos itinerários, corsos, giros e passos na sua "Londres das neblinas finas" — assim trasladada em "Paisagem nº 1" — rumo à composição metódica "destes poemas" originados, antes de mais nada, da "confiança pela arte livre e sincera", conforme profere Mário para Mário, no solilóquio "A Mário de Andrade", espécie de metadedicatória que abre a obra de 1922. A Pauliceia opera como força motriz de seu *ethos* poético, levando-o a descobrir nos elementos e situações propiciados por ela os seus sentimentos mais subjetivos.

Esses enérgicos atrativos arrastam-no da rua para o seu gabinete de trabalho, da cidade para o seu coração — cujo abarrotamento faz a máquina escrever —, abarcando-o nas coreografias das costureirinhas, dos homens fracos, dos burgueses-níquel, dos barbeiros espanhóis, dos mulatos cor de ouro e dos filhos de imigrante. Transpassam-no as carroças, os automóveis, os caminhões, os bondes, os trens e até os aeroplanos, ao cruzarem a rua São Bento, o Anhangabaú, a avenida São João e o largo do Arouche. Indo e vindo, por aqui e por ali, esse *flâneur* dos trópicos passa, de uma página a outra, do Centro, Higienópolis e Santa Cecília para o Brás, Cambuci e Ipiranga. Tudo isso em meio a finas neblinas, ventos cortantes, garoas monótonas, raios de sol riscando a chuva, fogaréus de aurora, nuvens de mariposas e arco-íris de perfumes. O cenário desse dinâmico teatro traz escadarias imensas, casas plúmbeas, fábricas de tecido, chaminés de céu azul, clubes comerciais e padarias espirituais.

Arlequim, com sua divertida e irreprimível astúcia, empresta o tom dessa imagética versificação, rica em lances linguísticos e surpreendente em seus instantâneos. Sensível às manobras poéticas e expressivas da lavra mariodeandradeana, a proposição editorial de *Lirismo+Crítica+Arte=Poesia* experimenta a conjugação de matrizes e formatos, repondo em certo sentido o mosaico multicor dos losangos que estampam a capa original de *Pauliceia desvairada*. Daí a justaposição dos vinte e dois poemas de Mário de Andrade a vinte e dois ensaios que os interpretam e analisam e, ainda, a combinação destes com vinte e duas imagens artísticas que os ilustram. Nessas profusões de 22, este livro organizado por Maria Augusta Fonseca e Raul Antelo confere um prisma singular ao aporte de Mário de Andrade para a poesia paulista e nacional, reunindo contribuições de agentes de distintas gerações e áreas para refletir uma obra paradigmática do autor. Nisso desponta uma analogia com o trabalho realizado pelo Sesc, em sua permanente mobilização de repertórios e nomes cruciais para as culturas brasileiras, no plural.

*Danilo Santos de Miranda, Diretor do Sesc São Paulo*

# Introdução

*Maria Augusta Fonseca*
*Raul Antelo*

Para marcar os 100 anos de *Pauliceia desvairada* apresenta-se aqui uma reunião inédita de ensaios sobre a referida obra, para a qual concorre uma grande variedade de análises interpretativas, paleta artística e olhar fotográfico. Com um estudo do prefácio de Mário de Andrade, na abertura, a presente obra — *Lirismo+Crítica+Arte=Poesia* — traz leituras alentadas dos 22 poemas de *Pauliceia desvairada* de que se ocupam 22 ensaístas (do Brasil e do exterior), cada qual respondendo por um único poema. Assim, acompanhando a ordem original de distribuição, temos no elenco dos escritos Raul Antelo ("Prefácio interessantíssimo"), Victor Knoll ("Inspiração"), Eduardo Sterzi ("O trovador"), José Antonio Pasta Júnior ("Os cortejos"), Celia Pedrosa ("A escalada"), Sérgio Alcides ("Rua de São Bento"), Ariovaldo Vidal ("O rebanho"), Vera Chalmers ("Tietê"), Silviano Santiago ("Paisagem nº 1"), Susana Scramim ("Ode ao burguês"), Roberto Vecchi ("Tristura"), Walter Garcia ("Domingo"), Eduardo Jorge de Oliveira ("O domador"), Oswaldo Manuel Silvestre ("Anhangabaú"), Ettore Finazzi-Agrò ("A caçada"), Mario Cámara ("Noturno"), Telê Ancona Lopez ("Paisagem nº 2"), Samuel Titan Jr. ("Tu"), Davi Arrigucci Jr. ("Paisagem nº 3"), Manoel Ricardo de Lima ("Colloque sentimental"), Alexandre Nodari ("Religião"), Maria Augusta Fonseca ("Paisagem nº 4"), José Miguel Wisnik ("As enfibraturas do Ipiranga").

Ainda, nesta edição especial, no melhor espírito do modernista Mário de Andrade, inclui-se um importante conjunto de ilustrações que acompanha e dialoga com os poemas, com a participação de artistas plásticos, gravuristas, fotógrafos, a saber, aqui citados pela ordem de distribuição dos textos introdutórios e dos poemas: Fernando Lindote (*d'après* Victor Brecheret), Hilde Weber, Regina Silveira, Carlos A. C. Lemos, Mario Cafiero, Cristiano Mascaro, Sergio Fingermann, Lauro Escorel, Alberto Martins, Feres Lourenço Khoury, Lasar Segall, Antônio Paim, João Farkas, Fernando Lindote, Evandro Carlos Jardim, Rafael Vogt Maia Rosa, Gilda Vogt, Angela Leite, Rubens Matuck, Paulo Pasta, Luiz Aquila, Alex Cerveny, Arnaldo Pedroso d'Horta e José Resende.

Na antessala da obra encontram-se duas leituras representativas da história dos poemas e da própria obra, *Pauliceia desvairada*, com discussões em torno do artigo "O meu poeta futurista" (1921), de Oswald de Andrade, e sobre a obra *Cabeça de Cristo* (1919), do escultor Victor Brecheret. Esta última, mobilizadora dos poemas. Ambos, amigos de Mário de Andrade nas décadas de 1910 e 1920. Cada qual a seu modo provocou muita polêmica, discórdia e animação, potenciando a efervescente

Semana de 1922 que se anunciava. Os artigos em questão são assinados, respectivamente, por Maria Augusta Fonseca, "Um elogio explosivo", e por Raul Antelo, "O gesto, a gênese: '*Onde já se viu Cristo de trancinha!*'". E mais. Acentuando diálogos entre literatura e artes visuais, ponto de partida deste livro, um ensaio preliminar aborda as diferentes capas produzidas para *Pauliceia desvairada*, como explica o estudo de Veronica Stigger. Acompanha ainda esta edição singular uma apresentação da obra assinada por Danilo Miranda, diretor do SESC-SP, a quem manifestamos nossos agradecimentos, extensivos a toda equipe de trabalho e aos nossos colaboradores.

Guillaume Budé definiu a *ars inveniendi* do filólogo como uma caça, entre *dolus* e *hallucinatio*, dos ambivalentes traços disseminados por toda parte, no texto e no resto. Mas não nos encontramos, neste seu pioneiro tratado, *De Philologia* (1532), diante de uma *inventio* dialética, da qual parte, já nos primórdios da disciplina de leitura, a metáfora da caça (*venari*); trata-se antes, pelo contrário, do resgate de uma certa materialidade do texto que, a despeito do caráter dispersivo da própria disciplina interpretativa, traça um saber circular e absoluto em torno da experiência da leitura. Assim, o pioneiro Budé nos mostra, por meio da caça à caça, a caça à linguagem, uma tentativa de método, que se tornaria paradigma da *ars inveniendi*[1].

Mas se *De Philologia* aparecia como um *convivium*, um diálogo fraterno entre o filólogo Budé e o rei Francisco I da França, à época de Rabelais, no caso de Mário de Andrade, a questão é toda outra. Em *Há uma gota de sangue em cada poema* (1917), mesmo ingenuamente, Andrade considera Guilherme II "o pior dos homens", e reconhece, na ambição alemã, as causas da guerra de 1914. Mal poderia pensar-se a si próprio como conselheiro. Tanto o poema "Guilherme" quanto o que lhe segue, "Devastação", mostram o governante como o pior dos seres. E, portanto, o filólogo (o leitor contemporâneo) como alguém para quem todo cuidado será pouco nesse campo minado.

> Cria-se o livro. Os homens pensam.
> Pensam e agitam-se em tumulto.
> Por sobre os seus trabalhos paira a benção:
> e todos os trabalhos tomam vulto;
> O saber suspicaz penetra o alto segredo
> da vida. É tudo um labutar de ciência.
> O homem afoita-se, descobre, perde o medo...
>
> — E brilha, altiva e forte, a inteligência.
>
> E ele atinge afinal o cume do Jungfrau.
> Olha em redor e vê, na campina tamanha,
> uma herança que é sua e que se perde além:

---
1 Guillaume Budé, *De Philologia*, ed. M. M. de la Garanderie, Paris: Belles Lettres, 2001, p. 199.

e tem um pensamento mau.
Ele atingiu o cume da montanha!
Só ele é grande, mais ninguém!
Cogita, e se entremeia em labirintos
de sofismas agudos; e, infeliz!
diz tudo o que não pensa ou que não sente,
mas o que sente ou pensa nunca diz.

O livro que segue, esta *Pauliceia desvairada*, que diz o que o poeta sente ou pensa, mas nunca diz, encarrega-se de imaginar o poeta itinerante como alguém que caça indícios na metrópole que ainda não é.

Só mais tarde, em *Macunaíma*, leremos, no capítulo X, "Pauí-Pódole", que um mulato da maior mulataria trepou numa estátua e principiou um discurso entusiasmado, explicando pra Macunaíma o que era o dia do Cruzeiro. E embora as estrelas estivessem piscapiscando nessa terra sem mal, de muita saúde e pouca saúva, o firmamento apontava além. Desconfiado, Macunaíma, muito agradecido ao orador, só tardiamente reparou que o tal de Cruzeiro era, na verdade, o Pai de Mutum, morando no vasto campo do céu. E, mais adiante, no capítulo XVI, "Uraricoera", lemos que o mimético Macunaíma pegou na violinha,

fez talequal reparara e veio uma imundície de caça, viados cotias tamanduás capivaras tatus aperemas pacas graxains lontras muçuãs catetos monos tejus queixadas antas, a anta sabatira, onças, a onça pinima a papa-viado a jaguatirica, suçuarana canguçu pixuna, isso era uma imundície de caças! O herói teve medo daquela bicharada tamanha e saiu numa carreira mãe pinchando a violinha longe. A gaiola enfiada no braço dele ia batendo nos paus e o galo com a galinha faziam um cacarejo de ensurdecer. O herói imaginava que era a bicharia e disparava mais.

A violinha caiu no dente de um queixada que tinha umbigo nas costas e se partiu em dez vezes dez pedaços que os bichos engoliram pensando que era gerimum. Os pedaços viraram nas bexigas das caças.

O herói estourou tapera a dentro feito um desesperado botando os bofes pela boca. Nem bem pôde respirar contou o sucedido. Jiguê teve ódio e falou:

— Agora que não caço nem pesco mais!

O conjunto de caçadores desta edição apanhou caça igual ou maior que aquela de Macunaíma, provando porém, a Budé e a nós todos, que um texto é sempre interminável.

Isso posto, cabe ainda registrar que *Lirismo+Crítica+Arte=Poesia* (Um século de *Pauliceia desvairada*) rende homenagens a três grandes caçadores-estudiosos da obra de Mário de Andrade, dedicando esta edição à memória de Gilda de Mello e Souza, João Luiz Lafetá e Victor Knoll.

São Paulo, fevereiro de 2022

Fernando Lindote

# Bastidores
## *O gesto, a gênese: "Onde já se viu Cristo de trancinha!"*

*Raul Antelo*

> *Mármol del siglo XX desvaído*
> *A quien un hombre púsole el latido*
> *Antiguo y fuerte de las grandes pruebas...*
>
> Alfonsina Storni

Em fevereiro de 1920, dois anos antes da Semana, portanto, Monteiro Lobato, editor da *Revista do Brasil*, reproduz em tons de sépia, nas páginas da publicação, dois trabalhos de Brecheret, *Eva* e *O despertar* e, sem assinatura, inclui o seguinte comentário na rubrica "Resenha do Mês":

> Encontrará o leitor nesta revista duas reproduções de esculturas que merecem uma parada. Paremos juntos, e juntos admiraremos tão soberba manifestação da grande arte. Admiremos sem reserva, que isso é arte de verdade, da boa, da grande, da que põe o espectador sério e, se é sensível, comovido. "Despertar" e "Eva" sugerem-nos de chofre grandes obras de grandes escultores mundiais. Porque as características essenciais destas — a vida, o movimento, a elegância da linha, a força da concepção e, sobretudo, esse misterioso *quid* que é a alma perturbadora das verdadeiras obras d'arte — são também as características que individualizam os trabalhos de Brecheret. Victor Brecheret — é este o nome do novo escultor, paulista de nascimento, extremamente novo ainda, 22 anos apenas — Brecheret como escultor é um produto do seu próprio esforço.
>
> Fez-se por si, sem a calentura cômoda do hálito oficial — mau hálito, muitas vezes, conforme é a boca à qual inconsciência do Estado empresta a força divina de formar artistas. Honesto, fisicamente sólido, moralmente emperrado na convicção de que o artista moderno não pode ser um mero "ecletizador" de formas revelhas e há-de criar arrancando-se à tirania do autoritarismo clássico, Brecheret apresenta-se-nos como a mais séria manifestação de gênio escultural surgida entre nós. Por mal seu, já que é assim, porém, uma coisa só tem a fazer: as malas, e raspar-se. S. Paulo — já o proclamou Martim Francisco — é um eito. O monumento da Independência breve dirá se é assim ou não.[1]

---

[1] Redação (Monteiro Lobato), "Victor Brecheret", *Revista do Brasil*, São Paulo, fev. 1920, nº 50, p. 169.

Ora, quatro meses depois, em junho de 1920, no segundo número da revista *Papel e Tinta*, lemos, em sintonia com o anterior, o artigo de Ivan, "Victor Brecheret", que Mário da Silva Brito identifica como sendo de Oswald de Andrade, mas Telê Ancona Lopez opina que é de Mário de Andrade (levando em consideração o estilo, a epígrafe recolhida em Frei Luís de Sousa, o conhecimento de história da arte, o nome Michelangelo abrasileirado para Miguel Anjo e, principalmente, a religiosidade que Mário explorara, concomitantemente, em seu ensaio sobre arquitetura colonial para a *Revista do Brasil*). Mas Ivan pode muito bem ser também uma referência ao mestre de Brecheret, o escultor croata Ivan Mestrovic, um dos mais importantes escultores religiosos contemporâneos, radicado nos Estados Unidos a partir do após-guerra, e que o próprio Mário cita, em 1921, em artigo para a *Ilustração Brasileira*, junto a outros artistas, como Bourdelle, Lehmbruck e Carl Millès, pares todos de Brecheret.

Mas quem era Mestrovic? O mestre de Brecheret em Roma formara-se, em Viena, com dois escultores, Otto Koenig e Edmund Helimer, e um arquiteto, Otto Wagner, um dos fundadores da Sezession[2]. Foi na academia vienense, aliás, que ele conheceu Rodin, em 1902, quem ficou fortemente impressionado por sua obra. Em 1906, Mestrovic compõe talvez sua obra mais ambiciosa, o grupo escultórico em homenagem à batalha de Kosovo (1389), que marca, apesar da resistência eslava, o início da secular dominação turca sobre a Sérvia. Após a guerra, o escultor viaja a Londres, onde Mestrovic desenvolve um intenso trabalho em madeira, com cenas da vida de Cristo, de forte estilização e inspiração góticas, em busca de expressionismo: assim *Madonna e bambino* (1917) relembra, na figura esbelta, as composições de Modigliani, bem como Milos Obilic. *Cabeça do herói* (1909) impressiona pelo dinamismo ascendente nos cabelos. São as figuras que tocam Alfonsina Storni e Alfredo Bigatti. As cabeças de Michelangelo (1925) e de seu admirado Goethe (1930), singulares em sua apresentação de perfil, dialogam com seu *Autorretrato*, em mármore e bronze (1911), em que se destaca o nariz aquilino e o intenso olhar cabisbaixo do artista, traços que se repetiriam em muitas outras esculturas, como a posterior cópia (1924) desse mesmo autorretrato, em gesso (Snite Museum of Art, Notre Dame, Indiana). Digamos, em linhas gerais, que Mestrovic, lacerado entre uma pulsão nacionalista e uma vocação

---

2 Daisy Peccinini informa que Mestrovic, em Paris, dedicou-se a realizar seu projeto político, simbólico e místico de vastas proporções, completando, ao todo, cerca de cinquenta esculturas de colossais dimensões. Deslocando-se para Roma, recebeu, com esse impactante conjunto de obras, o prêmio de escultura na Exposição Internacional de 1911. Nesse momento, Brecheret descobre, com entusiasmo, a obra do artista croata, de tremenda força plástica e simbólica, marcando-lhe profundamente a sensibilidade. Dele absorveu não só a plástica vigorosa, monumental, tensa pela contorção dos volumes, mas também se abriu ao imaginário épico patriótico que, anos mais tarde, permitiu-lhe responder, plasticamente, aos projetos modernistas de plasmar um monumento para a saga dos bandeirantes. Daisy Peccinini, *Brecheret: a linguagem das formas*, São Paulo: Instituto Victor Brecheret, 2004; idem, "Brecheret e a Semana", *Revista USP*, São Paulo, jun.-ago. 2012, nº 94, pp. 39-48. Outro tanto se poderia afirmar da arte de inspiração indígena de Brecheret, que também encontra suporte em trabalhos como *Peles vermelhas*, de Mestrovic.

religiosa, notadamente, após a Grande Guerra, soube incorporar, a seu sentido sintético e arquitetônico, uma concepção arcaizante e um rigor helênico, que se adequaram, em última análise, a certas simplificações cubistas de que a escultura de Brecheret aliás muito se enriqueceu[3]. A leitura de Ivan, na *Papel e Tinta*, detecta, por sinal, esses valores:

> A *Cabeça de Cristo*, uma das suas criações magistrais, é de uma concepção originalíssima, belo na sua extravagância, denunciando um escultor com uma visão toda sua da arte. Naquela imobilidade pensativa, naqueles lábios sobrenaturais, no ríctus da boca, nas tranças arcaicas, o artista conseguiu prender, de modo genial, as tragédias, as esperanças, o sacrifício divino — todo um calvário de imolações formidandas. O Cristo de Brecheret é Deus![4]

Mas detenhamo-nos na assinatura. Mário teria adotado nela o nome do mestre do artista que, por sua vez, torna ele, Mário, poeta, numa clara disputa bíblica, Pai/ Filho, assunto aliás da escultura. Não obstante, ecoando as consolidadas convicções dos concílios de Niceia (325), Éfeso (431) e Calcedônia (451), no sentido de que Cristo é Deus, Mário de Andrade, sintomaticamente, revela-nos também, mesmo travestido de Ivan, nome de balé russo, sua implicação na causa, uma vez que ele era o proprietário da peça elogiada na *Papel e Tinta*, como consta na célebre conferência de 1942, "O movimento modernista". Em palavras de Telê:

> Nesse lúcido balanço das conquistas e dos percalços da renovação efetuada, avalia a arte de Brecheret como o "gatilho" que fizera *Pauliceia desvairada* estourar". O depoimento restitui (ou encena) uma história: tendo o poeta, com suas economias e empréstimo de dinheiro, conseguido que Brecheret passasse para o bronze o gesso da *Cabeça de Cristo* que cobiçava e, modernista eufórico, a desembrulhado em casa, esperando os aplausos da família, frustrara-se com a recepção, com a intransigência de uma tia. Indignado, pudera, finalmente, pôr no papel os poemas modernos que tencionava compor sobre sua cidade, e achar o título *Pauliceia desvairada*.[5]

---

[3] O adido cultural da França no Brasil dos anos 1940, Raymond Warnier, amigo de Paulo Duarte e outros modernistas, ocupou-se de Mestrovic em sua última colaboração para a revista *Colóquio*. Cf. Raymond Warnier, "Le sculpteur Ivan Mestrovic", *Colóquio*, Lisboa: 1970, nº 61, pp. 34-9; José Frances, "Un gran escultor moderno. ¿Viene Mestrovic a España?", *La Esfera*, Madrid, 28 set. 1918, vol. 5, p. 248; Roberto Cugini, "Ivan Mestrovic: algunas consideraciones sobre las formas del arte actual", *Nosotros*, Buenos Aires, jul. 1928, a. 22, vol. 61, nº 230, pp. 53-66; Francisco Pompey, "La escultura de Iván Mestrovic", *Revista Lecturas*, out. 1933, a. XII, nº 149, Madrid; Francisco José Portela Sandoval, "Ivan Mestrovic", *Anales de Historia del Arte*, Madrid: Universidad Complutense, dez. 1994, nº 4, pp. 481-90; Ana Ara Fernández; Moisés Bazán de Huerta, "Fortuna crítica e influencias del escultor Iván Mestrovic en España", *De Arte: Revista de Historia del Arte*, Universidad de León, 2010, nº 9, pp. 183-200.

[4] Ivan, "Victor Brecheret", *Papel e Tinta*, São Paulo-Rio de Janeiro, jun. 1920, a. 1, nº 2, *apud* Marta Rosetti Batista *et al.*, *Brasil: primeiro tempo modernista 1917-1929*, São Paulo: Instituto de Estudos Brasileiros, 1972, p. 52; Mário de Andrade, "Victor Brecheret", *Jornal dos Debates*, São Paulo, 18 abr. 1921.

[5] Telê Porto Ancona Lopez, "Mário de Andrade e Brecheret nos primórdios do modernismo", *Revista USP*, São Paulo, jun.-ago 2012, nº 94, p. 34; idem, "Mário de Andrade, cronista de São Paulo nos primórdios do modernismo", *Remate de males*, Campinas-SP, jan.-dez. 2013, vol. 33, nº 1-2, pp. 51-89.

A *Cabeça de Cristo* (e, em última análise, os próprios poemas) plasma, portanto, um longo debate filosófico concernente à encarnação, isto é, o caráter não equivalente da tensão helênica *soma* [σῶμα]/ *sarx* [σάρξ], com relação aos conceitos latinos de *corpus/ caro*. O *Evangelho segundo São João* (3:6), por exemplo, estipula que entre *sarx* e *pneuma* não há equivalência, pois se referem a dois tipos distintos de criação: o que nasce da *carne* é *carne*, mas o que nasce do *Espírito* é *espírito*. *Soma*, por sua vez, contém, em exclusivo, a possibilidade de autotransformação gloriosa, isto é, *soma* tem um caráter individual e particularizante, ao passo que *sarx* é, por assim dizer, infraindividual. Em Platão e Aristóteles, na tensão *soma/ psychê* [ψυχή], ou corpo animado/ intelecto, é *nous* [νοῦς], o intelecto ou espírito, o que prevalece, preterindo assim a dimensão somática, tradição que será hegemônica até os modernos. Platão descreve *soma*, no *Fédon* (83d) e no *Górgias* (493a-b), como uma prisão ou túmulo, e o deslocamento paronomásico *soma = sema* [σῆμα] coloca o sinal no campo do desejo, entendendo, por sua vez, a *psychê* como uma forma de exílio. Em suma, o corpo (*soma, corpus*) deve ser ontologicamente insubstancial, sempre mantido à distância, como uma questão meramente passiva. Ele é, ambivalentemente, o objeto contingente de nossa precariedade e, ao mesmo tempo, a figura de um universo incorruptível. A tradição hebraica, pelo contrário, desconhece essa dimensão ontoteológica do corpo e devolve a ele sua esquiva dimensão libidinal, visível no *peiot* que a *Cabeça de Cristo* compartilha com a *Sóror Dolorosa* de Guilherme de Almeida, também de Brecheret. É isso que a vó Nhanhã recusa no busto em questão[6], aquilo mesmo que Marie-José Mondzain descreve exemplarmente: a questão da imagem não depende dos objetos em si, mas do caráter do olhar que sobre eles se pousa[7].

Com efeito, a figura do Cristo evoca a paixão e a laceração, sentimentos que o aspecto paranoico de toda vanguarda identifica como próprios. Não era, contudo, algo exclusivo do modernismo paulista. Assim, para nos atermos à área andina, onde a religiosidade popular é igualmente marcante, relembremos que a *Novecientos: revista mensual de arte, literatura, historia y ciencias sociales*, inspirada pelo *noucentismo* de Eugeni d'Ors, tão próximo de Mestrovic[8], publica, em seu segundo número (Lima, maio 1924, p. 20), a imagem de uma obra-prima da Renascença alemã, o *Cristo morto*, de Holbein (1521), artista que trabalhou próximo de Erasmo e cuja representação da divindade, segundo Julia Kristeva, é a de um homem realmente morto, abandonado pelo pai, sem promessa de ressurreição, que coloca o espectador na posição de *voyeur* hesitante de sua própria

---

6 Em sua *História eclesiástica* (1,2,1), Eusébio de Cesareia diz que dúplice é a condição de Cristo. Quando contemplamos a cabeça (*képhalé*), ele é Deus. Mas quando vemos seus pés, assistimos ao milagre da salvação em alguém, como nós, sujeito a suas paixões. Abre-se aí a dimensão "dedão-do-pé", de Bataille a Barthes, ou seja, a dimensão acefálica do desejo.

7 Marie José Mondzain, *Le commerce des regards*, Paris: Éditions du Seuil, 2003, p. 91.

8 Eugeni d'Ors, "Ivan Mestrovic, el gran escultor croata", *Informaciones*, Barcelona, 2 jun. 1944.

fé, perante um corpo de *páthos* recente, que exibe uma morte pungente, embora isenta de intimismo, graças à sua própria banalidade, que remontaria, no entanto, à iconografia cristã vinda do Oriente[9]. Ainda em Lima, *Amauta*, a revista de José Carlos Mariátegui, publica (Lima, abr. 1929, nº 22, pp. 54-6) "El Cristo de George Grosz", artigo de Armando Bazán, historiador e biógrafo de Mariátegui, que, conhecendo sua admiração (compartilhada, aliás, com Mário de Andrade) por Grosz, destaca o fato do Cristo aparecer, no traço do artista alemão, com uma máscara antigás, botas militares e a cruz em uma de suas mãos, o que prefigura a resposta de Grosz ao tribunal que o julgou: pensar no Cristo é pensar na guerra. Cristo vem à trincheira e prega o amor. Desatendido, ganha, em compensação, máscara e botas. Há uma gota de sangue em cada lance.

Mas donde vem a inspiração de Brecheret (certamente mediada por Mestrovic) para sua cabeça? Trata-se de assunto controverso e para o qual é oportuno atentarmos para o desenho, também de Brecheret, que ilustra, em janeiro-fevereiro de 1921, o sexto número da *Papel e Tinta*: "O sacrifício do herói", que podemos ler como pervivência da figura de Milos Obilic, esculpida por Mestrovic. Nele se manifesta "o sacrifício divino — todo um calvário de imolações formidandas", no dizer de Ivan. Ora, a saga da agonia divina é absolutamente irrepresentável. Basta lembrar o relato de Vasari de que Leonardo não conseguia concluir a *Última ceia* por julgar a representação de Cristo messianismo sem *religio*, uma profanação.

O debate sobre uma imagem sem imagem, isto é, um vazio acéfalo, uma profanação, remonta ao cristianismo primitivo que, como sabemos, não admitia imagens, embora, com o correr dos séculos, vão se esboçando duas vertentes no tocante à representação: a dimensão prática alerta para o risco da idolatria, ao passo que a corrente teórica diz ser ela impossível porque Deus é absolutamente transcendente e nada pode representar o *mysterium tremendum et fascinans*. Com a gradativa helenização do cristianismo, surgem, contudo, dois tipos iconográficos dominantes, o pastor e o filósofo. O primeiro podia carregar, em seus ombros, um novilho (*moscóforo*) ou um cordeiro (*crióforo*). Nasce ali a tradição do Bom Pastor. Já a representação do Cristo como pensador coincide aliás com a tradição de plasmar em imagem o fundador de uma corrente filosófica.

Baseados no salmo 44.3, que descreve Cristo como "o mais belo dos homens", João Crisóstomo, Jerônimo e João Damasceno, entre outros, defenderam o semblante majestoso de Cristo, seu porte elegante e seus traços de inequívoca beleza viril. Mais adiante, a controvérsia em torno da imagem por contato que teria obtido a Verônica, ou Berenice, confirma, ao longo da história, a dominância, particularmente a partir do século X, do modelo sírio-palestino, cristalizado no

---

9  Julia Kristeva, "*Le Christ mort* de Holbein", em: *Soleil noir: Dépression et mélancolie*, Paris: Gallimard, 1987, pp. 117-50.

*Pantocrátor* ou Deus Todo-Poderoso. Entretanto, a partir do século XV, ou seja, no outono da Idade Média, assistimos a um irrefreável trânsito do mundo medieval para a incipiente modernidade em que, não raro, a própria *imitatio Christi* se aproxima, até a fusão, da linguagem autobiográfica dos artistas modernos. É o caso de Dürer, quem, em várias ocasiões, notadamente no autorretrato do Prado, imita a iconografia medieval de *vera icona* de Cristo, tradição que perdurará até o século XIX, com Alexander A. Ivanov, quem, em *O aparecimento de Cristo perante o povo* (1857), representa o Cristo com as feições de seu amigo, o escritor Nikolai Gogol. A essa tradição, por sinal, pertence Greco, quem conjuga, em sua representação do divino, a espiritualidade do ícone bizantino com a luminosidade da pintura vêneta e a *maniera* miguelangelesca, e mesmo Velázquez, cujo Cristo (1632) para o convento de São Plácido, feito por encomenda de Felipe IV, nos apresenta uma figura cabisbaixa, como a de Brecheret. Particularmente na atenção concedida ao cabelo trançado de Cristo, deslocada pervivência do cordão de seda sujeitando a capa parda sobre o ombro de Dürer, ou seja, as "tranças arcaicas" do Cristo, no dizer de Ivan, não podemos apagar, porém, a influência pré-rafaelita de Dante Gabriel Rossetti e, em especial, de William Holman Hunt, nem mesmo o expressionismo dramático e visionário de Lovis Corinth, artista da Sezession vienense, movimento de que Mestrovic participou.

Mas, como aponta Jean Starobinski[10], as representações do divino têm uma inflexão irreversível a partir do *Pulcinella* de Giandomenico Tiepolo, que por sinal não é uma personagem, mas uma coleção de personagens[11]: ele marca a substituição de deus por bufões. Com Baudelaire, o poeta-testemunha, numa relação triangular, como a estudada por René Girard[12], capta a imagem de uma agonia da qual ele mesmo se torna exemplo simbólico e profético. Daí em diante, ascensão e queda, glória e decadência, dinamismo e ataxia tensionam a figura do bufão, como atestam os palhaços trágicos de Georges Rouault, largamente emparentados com os saltimbancos de Baudelaire. Os farrapos do palhaço radicalizam, nesse sentido, o contraste, ao simbolizarem a desgraça de uma encarnação aberrante. A luta da alma contra os tormentos da encarnação encontra, enfim, sua expressão suprema no rosto de Cristo[13]. O holocausto do palhaço trágico oferece

---

10 Jean Starobinski, *Portrait de l'artiste en saltimbanque*, Genebra: Skira, 1970.

11 Benedetto Croce, *Pulcinella o il personaggio del napoletano in commedia*, Roma: Loescher & Co., 1899, p. 2. O corpo de Polichinelo, acrescenta Agamben, sua máscara, exprime a mais absoluta falta de vontade e de caráter, o fato de ser sempre colhido em flagrante, intransigente e inimputável abulia. Cf. *Pulcinella ovvero Divertimento per li ragazzi*, Roma: Nottetempo, 2015, p. 120. Relembremos que, no "Poema abúlico", Mário pensa-se apenas como um entrelugar: "Sinto-me entre mim e a terra exterior. / TERRA SUBCONSCIENTE DE NINGUÉM" (*Klaxon*, São Paulo, dez 1922-jan. 1923, nº 8-9, pp. 13-5).

12 René Girard, *Mentira romântica e verdade romanesca*, trad. Daly Oliveira, Lisboa: Universidade de Lisboa, 2019.

13 Analisando, no inverno de 1928, a exposição de Ivan Mestrovic em "Amigos del Arte" de Buenos Aires (que por mediação de Alfredo Guttero se exibiria também, em 1929, em Montevidéu), o pintor Roberto Cugini (1898-1953), crítico dos jornais *El mundo* e *Crítica*, bem como das revistas *Proa* e *Inicial*, observou que os

então uma réplica inocente, porém paródica, da Paixão. O Cristo expõe a face pálida do *clown,* ao mesmo tempo em que o palhaço recebe a aura da santidade. Essa dimensão *desvairada,* anticomercial, é a que, finalmente, Mário aponta no herdeiro de Baudelaire e Rouault, Chaplin:

> Carlito compôs uma cara decididamente caricatural e apesar disso bonita como arte. O que há de mais admirável na criação da cara de Carlito é que todo efeito dela é produzido diretamente pela máquina fotográfica. Carlito conseguiu lhe dar uma qualidade anticinegráfica, a que faltam enormemente as sombras e principalmente os planos. E é por isso em principal que a cara dele é cômica em si, contrastando violentamente com os outros rostos que aparecem no *écran,* e que a gente percebe como rostos da vida real. [...]
> Tem um elemento exclusivamente artístico nela, a imobilidade. Mas esse elemento, que não se pode contestar que seja do domínio do cômico, além de prejudicar bastante a expressividade das personagens encarnadas por Buster Keaton (no que ele se mostra muito inferior a Haiacava, que foi esplendidamente expressivo dentro da imobilidade facial...) além de prejudicar a expressividade, é um elemento exterior, ajuntado. Não faz parte da estrutura da cara, não vem da carcaça óssea, não vem da carne, da epiderme. E não vem, muito menos, da máquina fotográfica. Não é um fenômeno plástico. É um elemento de ordem psicológica, ajuntado à estrutura da cara, para lhe dar interesse. Dá interesse, produz o cômico. Mas é sempre uma superfetação.[14]

É o que o próprio Mário de Andrade confessa, numa crônica de 1924:

> Quero contar. Foi nesse delírio de profunda raiva que *Pauliceia desvairada* se escreveu, no final de 1920. *Pauliceia* manifesta um estado de espírito eminentemente transitório: cólera cega que se vinga, revolta que não se esconde, confiança infantil no senso comum dos homens. Esses sentimentos duram pouco. A cólera esfria. A revolta perde sua razão de ser. A confiança desilude-se num segundo. Comigo duraram pouco mais que um defluxo. Passaram. Deveria corrigir o livro e apagar-lhe esses aspectos? Não. Os poemas foram muito corrigidos. Muita coisa deles se tirou. Alguma se ajuntou [,] os exageros, tudo quanto era representativo do estado de alma, e não desfalecimentos naturais em toda criação artística, aí se preservou.[15]

Sabemos que a parte espiritual, não só de nossa subjetividade como também de nossa mente ou intelecto, foi conhecida pelos gregos como *thumós,* isto é, aquilo que aparece como algo vaporoso, uma nuvem, um hálito. Richard Broxton

---

heróis de Mestrovic não configuram deuses ao modo grego: são muito humanos, sensíveis a todos os erros comuns. Roberto Cugini, "Ivan Mestrovic", *op. cit.*, p. 62.

14 Mário de Andrade, "Caras", *Espírito Novo,* Rio de Janeiro, jan. 1934, a. 1, nº 1; reproduzido em: Mário de Andrade, *No cinema,* org. Paulo José da Silva Cunha, Rio de Janeiro: Nova Fronteira, 2010. É bom relembrar que Andrade lera o ensaio "Charlot", de Élie Faure, na revista *L'Esprit Nouveau* (mar. 1921, nº 6) que definira, taxativamente, "*Charlot est un conceptualiste*".

15 Mário de Andrade, "Crônicas de Malazarte VII", *América Brasileira,* Rio de Janeiro, abr. 1924, a. 3, nº 28, p. 114.

Onians associa *thumós* com o verbo *thumiao* [θυμάω], fumar. Já o *Dictionnaire étymologique de la langue grecque*, de Pierre Chantraine, menciona um verbo, *thuo* [θύω], com *u* longo, que significa correr desabaladamente, partir na dianteira, como uma rajada de vento. Ele se diferencia de seu homônimo com *o* breve, *thuo* [θύω], sacrificar. Seja como for, o entusiasmo heroico, um alento, é sempre contido na *phrenés* [φρενές] e no *prapides* [πραπίδες], que designam o diafragma ou pericárdio[16]. Mas é bom sublinhar *en passant* que *thumós* difere de *psyché*, que também equivale a sopro. Para os latinos, a seguir, o *espírito* encontrava-se invariavelmente próximo à noção de sopro, dada a relação entre *spiritus* e o verbo *spiro* (*-are*), traduzível como expirar, assoprar. O cristianismo fez dessa relação uma necessidade constitutiva do método de interpretação alegórica: sem alegoria, não haveria Deus, uma vez que seria impossível afirmar a existência de uma realidade espiritual, avessa aos sentidos e carente, sempre, portanto, da interpretação de um logos absoluto[17]. Inserida nesta lógica, a gênese de *Pauliceia desvairada* atende a um movimento de fluidos, um estado de *espírito* transitório, um *defluxo*. É essa a sua paisagem[18], a de uma cidade como palco feérico para os rodopios de um Cristo de trancinha:

> São Paulo é um palco de bailados russos.
> Sarabandam a tísica, a ambição, as invejas, os crimes
> e também as apoteoses da ilusão...
> Mas o Nijinsky sou eu!
> E vem a Morte, minha Karsavina!
> Quá, quá, quá! Vamos dançar o fox-trot da desesperança,
> a rir, a rir dos nossos desiguais!

A cidade moderna, maniacamente negada pela dança desesperançada, é um espaço heteróclito situado, nietzschianamente, para além do bem e do mal.

---

16 Richard Broxton Onians, *The Origins of European Thought: About the Body, the Mind, the Soul, the World, Time and Fate*, Cambridge: Cambridge University Press, 1951.

17 "Este logos absoluto era, na teologia medieval, uma subjetividade criadora infinita: a face inteligível do signo permanece voltada para o lado do verbo e da face de Deus. É claro que não se trata de 'rejeitar' estas noções: elas são necessárias e, pelo menos hoje, para nós, nada mais é pensável sem elas. Trata-se inicialmente de por em evidência a solidariedade sistemática e histórica de conceitos e gestos e pensamentos que, frequentemente se acredita poder separar inocentemente. O signo e a divindade têm o mesmo local e a mesma data de nascimento. A época do signo é essencialmente teológica. Ela não terminará talvez nunca. Contudo, sua clausura está desenhada". Jacques Derrida, *Gramatologia*, trad. Miriam Schnaiderman e Renato Janine Ribeiro, São Paulo: Perspectiva, 1973, p. 16.

18 "Nem humano nem animal, aquele que contempla uma paisagem é ele próprio paisagem. Não quer compreender, mas olhar somente. Se o mundo é inoperosidade do ambiente animal, a paisagem é inoperosidade da inoperosidade: é ser desativado. Por isso Agamben sustenta que a tese de Caproni é uma espécie de pelagianismo levado às últimas consequências: por ser a Graça um dom tão profundamente infundido na natureza humana, resta-lhe incognoscível para sempre, para sempre "res amissa", para sempre inapropriável. Inamissível por já estar para sempre perdida, e perdida por força de ser demasiado intimamente possuída, demasiado ciosamente, isto é, irrecuperavelmente, guardada. [...] A paisagem é uso na medida em que aponta, combinadamente, um uso de si e um uso do mundo sem resto. Na paisagem, enfim, o homem está em casa. *Pagus, pays*, passagem era um cumprimento que trocavam os que se reconheciam igualmente vilãos, moradores da mesma vila". Cf. Raul Antelo, "Poesia, paisagem, desapropriação", *Alea*, Rio de Janeiro, jan.-abr. 2021, vol. 23/1, pp. 23-33.

Não raro, ela idealiza sua própria redenção com o movimento novo, o sopro alentado da mímica anarco-modernista de Nijinski. A imagem de sua *partenaire*, Tamara Karsavina (1885-1978), tornou-se assim um ícone, até mesmo em revistas de massa como a carioca *Pelo mundo* (1926). A propósito, uma das primeiras a desejar uma *tournée* latino-americana dos bailados russos foi a feminista norte-americana, radicada em Cuba, Blanche Zacherie de Baralt (1865-1950), amiga estreita de José Martí e a primeira profissional na área de letras formada na Universidade de Havana, em 1902. Aquela que colaboraria na *Revista Social* (1916-38), junto a Emilio Roig de Leuchsenring e Alejo Carpentier, escrevia, em 1912:

> En cuanto a Mlle. Tamara Karsovina diré que es quizás la que de mayor fama goza por su gran talento y su belleza suprema. Ocupa el primer puesto en el cuerpo de baile imperial y, según se dice, tiene una tremenda influencia política en la corte rusa. Es una potencia con la cual hay que contar. Después de las ruidosas victorias obtenidas en París, la *troupe* cruzó la Mancha y conquistó a Londres. Alentada por el éxito, la sed de gloria... y de oro la empujó a través de los mares. Ya están los bailarines rusos en los Estados Unidos, y en vías de emprender una invasión artística desde el Atlántico hasta el Pacífico; desde los grandes lagos hasta el Golfo de México. Y aquí viene la parte interesante...
> ¡He visto en el itinerario el nombre de la Habana![19]

A ambição universalista não esmorecia a fidelidade ao localismo. Todos queriam ver a Karsavina. Um ano depois, a companhia de Nijinski excursionaria, de fato, por boa parte da América Latina. Gastón Talamón (1883-1956), cronista musical, entre 1915 e 1924, de *Nosotros*, a revista de Buenos Aires, tendo admirado essa primeira visita, não se mostrou deslumbrado, porém, com o que viu e ouviu na segunda, em 1917, quando a companhia de Diaghilev coincidiu com a de Pavlova[20]:

> lamentamos ter que dizer que o brilho da temporada anterior até agora não se reproduziu na atual, devido ao fato de que o conjunto de dançarinos é inferior àquela e de que o repertório nem se renovou, nem condiz com a arte atual.
> As obras estreadas: *Sadko*, sobre um poema sinfônico de escasso interesse musical de Rimski Korsakoff, apesar de um conjunto suntuoso, é fraco, por causa de uma coreografia mais grotesca do que expressiva, a qual não chega a emocionar; *Soleil de Nuit*, do mesmo compositor, provoca um maior interesse, devido às danças populares russas que figuram nele; porém, este tampouco é um espetáculo perfeito, como o concebemos. O balé moderno é um drama-mímico que vai se desenvolvendo por meio de danças e mímica, como acontece em *Scheherezade*, *Dieu bleu*, *Thamar* ou *Narcisse*, obras características, as mais bonitas do gênero

---

19 Blanche Z. de Baralt, "Los bailes rusos", *Cuba y América*, Havana, 1º jan. 1912, a. 15, nº 3, p. 9.

20 Algumas dançarinas abandonam as *troupes* de origem e decidem instalar-se na cidade, dando início assim à tradição de dança moderna na Argentina. É o caso, entre outras, de Ekatherina Galantha, bailarina da Pavlova; Gala Chabelska, da companhia de Diaghilev; Maria Olenina, Esmeé Davis ou Vera Grabinska.

que já vimos; *Les femmes de bonne humeur* com música de Scarlatti, ou seja, saturada pela elegância da época, é humorística, porém de um humorismo ingênuo e pouco inovador, que raras vezes nos faz rir verdadeiramente. Essas marionetes que vivem dançando e saltando carecem de humanidade. *Papillon*, de Schumann, também é um balé clássico, gênero através do qual a companhia Diaghilew não pode competir com a companhia de Pawlova, apesar de uma maior suntuosidade da encenação, por não ter um conjunto tão homogêneo e porque também carece de primeiras figuras. O admirável Nijinski não tem parceiros à altura.

Grande lástima que o diretor artístico não tenha tido a ideia de fazer conhecer os balés escritos por grandes compositores europeus especialmente para essa companhia: Strauss, Schmidt, Dukas, Debussy e outros.

Esperamos, no entanto, a estreia das obras de Stravinsky; essas são as que importam à companhia, pois reúnem todas as condições da arte moderna, que proporcionaram fama aos balés russos.

Até hoje as obras com as quais a trupe se destacou, e através das quais conseguiram entusiasmar o público com um espetáculo quase perfeito, foram: a admirável *Scheherezade*, de Rimski Korsakoff, as danças do *Prince Igor*, de Borodine, uma das páginas mais bonitas da música russa, o prelúdio *L'apres midi d'un faune*, de Debussy[,] e *Narcisse*, de Tcherepnin. Estas obras evidenciam a que patamar estético pode chegar a arte coreográfica, quando música, dança e cenografia se unem estreitamente num ideal comum de beleza e arte.[21]

Em 1922, Mário de Andrade, embora admirador das comemorações do centenário (1910) da independência argentina, insubordina-se, porém, contra o mesmo Talamón, cujas ideias colhe na *Revue musicale*, e logo o ataca no quinto número da *Klaxon*:

> Um tal senhor Gaston O. Talamon espirra por "La REVUE MUSICALE" umas indicações sobre "O Estado actual da Musica Argentina". Estava no seu direito. A Argentina é um paiz mui honrado e cantador que tambem deve ter na sua evolução sonora um estado actual. Era tambem justo que apparecesse um erudito Gaston que desse noticia da cousa aos leitores da "Revue Musicale". Mas o erudito Gaston, espirra suas indicações de uma maneira originalíssima. Não tendo tempo para desoccupar as ventas escancaradas que estavam para respirar o perfume sangrento da carne crua, e talvez por tratar de musica, espirrou pelas orelhas. E, confessamos, enormes de pavilhão devem ellas ser pois são estes os espirros do erudito Gaston: "Buenos Ayres tornou-se o maior centro dessa cultura, é ella que aspira a traduzir os ideaes que agitam o Peru, o Equador, o Chile, o Mexico, o BRASIL, o Uruguay, etc..."
>
> O snr. Henry Pruniéres, director da "Revue Musicale", naturalmente não leu o espirro. Quem como elle escreveu já sobre o concerto realizado no Rio de Janeiro

---

21 Gastón Talamón, "Crónica musical", *Nosotros*, Buenos Aires: 1917, a. 11, nº 27, pp. 128-30. Cf. Vera Wolkowicz, "En busca de la identidad perdida: los escritos de Gastón Talamón sobre música académica de y en Argentina en la revista *Nosotros* (1915-1934)", em: Victoria Eli Rodriguez & Elena Torres Clemente (ed.), *Música y construcción de identidades: poéticas, diálogos y utopías en Latinoamérica y España*, Madrid: Sociedad Española de Musicología, 2018, pp. 33-44.

no seculo 18, por occasião da coroação do vice-rei (*Feuillets d'Art*); quem como elle já abrigou na "Revue Musicale" em artigo do snr. Milhaud sobre musica brasileira, certamente teria escoimado das paginas de sua revista uma tal asnidade.

Mas não é a possivel erudição causada pelo artigo nos leitores da "Revue Musicale" que nos interessa agora. O que nos interessa é a psychologia do tão argentino quão erudito Gaston. Pensa um pouco leitor, não te irrites, e rirás uma hora sem cessar. Pois não é que um homem, um Gaston! constipa-se tão patrioticamente, a ponto de ir espirrar, no coração da França, que Buenos Ayres traduz os anceios musicaes do Brasil! Caramba! Que *valiente*! É impagavel! Que nos importa se a pianeira de Marselha procurar nos diccionarios musicaes a historia de Carlos Gomes, ou no artigo do snr. Milhaud os nomes de Nepomuceno e Villa-Lobos, Nazareth ou Tupinambá, todos, todos compositores argentinos, concorrendo para a grandeza musical de Buenos Ayres! Que nos importa? É tempo de alegria! É o centenario da independencia de Buenos Ayres que celebramos a 7 de Setembro! Demo-nos as mãos! Bailemos ante a estatua de Monroe! A America para os buenairenses! E enviemos ao erudito Gaston um sorridente, muito amigo, espirro de amizade![22]

Toda a mordaz sátira de Andrade gira em torno do espírito e suas canhestras manifestações (espirrar e não falar; aspirar imerecidamente, constipar, "desocupar as ventas escancaradas que estavam para respirar o perfume sangrento da carne crua"), fazendo eco assim às oficinas do Ipiranga (o bairro e a independência), tossintes inveterados. Curiosamente, Talamón, porta-voz do nacionalismo musical na América Latina, tornou-se um bravo defensor de Villa-Lobos. Em sua primeira visita a Buenos Aires, em 1925, ele exalta a decisão da Associação Wagneriana, cujo convite só poderia assustar "*espíritus timoratos y retrógrados*", vendo, no músico brasileiro, o mais acabado exemplo de

> un grupo muy selecto de artistas, generalmente muy cultos, conocedores del movimiento clásico y moderno europeo, poseedores de una orientación noble y proba, pero casi siempre empeñados en seguir las huellas de los grandes maestros de allende los mares más que en crear un arte nuevo, genuinamente brasileño, mediante el uso de motivos del cancionero popular. En Villa-Lobos se siente palpitar la gran alma sonora del Brasil. Alma nueva y libre de prejuicios escolásticos: alma de un pueblo joven y vigoroso que quiere cantar con propio acento; que tiene conciencia de su valer y de su fuerza.[23]

---

22  Mário de Andrade, "Luzes e refracções", *Klaxon*, São Paulo, 15 set. 1922, nº 5, p. 14.

23  *La Prensa*, Buenos Aires, 2 jun. 1925, p. 16, *apud* Silvina Luz Mansilla**,** "Heitor Villa-Lobos en Buenos Aires durante la década de 1920", *Per Musi*, Belo Horizonte: 2007, nº 16, pp. 42-53. Talamón mostra-se particularmente encantado com o *Noneto*, que *pertenece a una tendencia estética que no admite discusión y ante la cual imposible es permanecer indiferente: o gusta o se rechaza.* Ele consiste numa *evocación magistral y realista de una fiesta indígena, pero de indígenas primitivos, cuyo cancionero no ha logrado aún salir de los motivos embrionarios, de los ritmos y ruidos primarios — ¡pero cuán ricos y originales! — que no han dado a la voz humana el desarrollo alcanzado en un mayor estado de adelanto [...] En este noneto se explayan un dinamismo brutal, una aparente incoherencia, una fuerza primitiva, casi diríamos un salvajismo, de los cuales emanan indudable grandeza y ese poder subyugador inherente a toda manifestación colectiva [...] Es una raza,*

Talamón não só elogia os inegáveis méritos musicais de Villa-Lobos, mas qualifica-os até de *ultramodernos*. Uma resenha posterior, na revista *Él*, quando da visita do músico, em 1940, ilumina, retrospectivamente, a recepção de sua obra por parte de Talamón:

> Frente al cuarteto y las danzas, el público se desconcertó un tanto; pues la mayoría de los auditores no había transpuesto aún la era del wagnerismo. Pero como, entre nosotros, raras veces se producen reacciones violentas contra las obras que se apartan de los hábitos auditivos imperantes, el concierto logró éxito innegable. Los que comprendieron — y no fueron pocos — la trascendente novedad de esas expresiones dinámicas amerindias, aplaudieron con fervor; y los que no las comprendieron, impresionados por su extraordinaria pujanza y por una emoción humana, acaso percibida únicamente por el subconsciente, unieron sin resistencia su cordialidad a la de los convencidos.

As visitas dos bailados russos e o elã primitivista, filtrado por Debussy, das peças de Villa-Lobos ganham imediata transposição plástica. Um dos primeiros a manifestá-la, em 1917, é o artista catalão Lluis Macaya (Barcelona, 1888; Buenos Aires, 1953), em revistas como *Fray Mocho* ou *La Nota*.

Fotodinâmicas, as imagens de Macaya revelam que seus começos deram-se em ambiente cinematográfico, pois sua família era a representante da Pathé em Barcelona (lembremos que, em 1901, Loie Fuller foi filmada em preto e branco, na sua famosa dança-serpentina, filme posteriormente colorizado com tecnologia Pathé, no laboratório barcelonês de Segundo de Chomón e Macaya). Chegou a colaborar assim com as primeiras filmagens na Espanha e integrou o grupo Els Negres, com Manuel Ainaud, Joaquim Biosca, Enric Casanovas e Martí Gimeno, pautado por traço firme no grafite, com pendor pelos temas populares. O grupo expôs, em 1903, num famoso local modernista de Barcelona, o café Els Quatre Gats, frequentado por Picasso, que ali fez a sua primeira exposição, em 1900. Emigrado para Buenos Aires a inícios do século XX, notabilizou-se como desenhista de revistas como *Caras y Caretas*, *Fray Mocho*, *El Hogar* ou jornais como *La Nación* ou *Crítica*, onde colaborou no *Suplemento Multicolor de los Sábados*, dirigido por Jorge Luis Borges e Ulyses Petit de Murat.

---

*todo lo primitiva que se quiera, que vibra y palpita en esta página; haberlo logrado es un mérito singular. Sin duda, cuando Villa-Lobos realice sus obras definitivas, acaso sin perder su originalidad, ni carácter, ni fuerza, suavice esas asperezas, poetice y embellezca esas escenas tan realistas; pero, con todo, mucho es haber escrito una obra semejante.* Cf. *La Prensa*, Buenos Aires, 18 jun. 1925, p. 15.

> Ilustrações "Ballets russes", de Luis Macaya, para a revista *La Nota*.

O segundo artista a acusar o impacto desse drama mímico desenvolvido por meio de danças e gestos, para retomarmos a expressão de Talamón, é Jorge Larco (Buenos Aires, 1897-1967), quem estampa uma *gouache*, em 1920, no número 49 da revista *Plus Ultra*: "Bailes rusos: Scherazade".

Vinte anos depois, em 1941, um dos mais destacados compositores nacionalistas argentinos, Carlos Guastavino, musicou o poema "La paloma", do poeta espanhol Rafael Alberti, exilado em Buenos Aires. O poema, retirado de seu livro *Entre el clavel y la espada* (1941), seria integrado na *Suite argentina* (1941), de Guastavino, estreada, como balé, em Londres (1947-9). Ele se constrói em função de fortes oposições binárias (norte/sul; trigo/água; mar/céu; noite/manhã), em que a vida *zoé* é pura errância e abandono. A partitura foi ilustrada também por Jorge Larco, ocupando a pomba a mesma posição diagonal, crescente de esquerda à direita, tal como a Karsavina de *Scherazade* em 1920. Postumamente, conheceríamos ainda uma terceira pervivência da Karsavina = morte, tal como na "Paisagem nº 2" de Mário de Andrade. Trata-se de uma ilustração para a *plaquette* com *Siete poemas* de Jorge Luis Borges, extremamente sintomática daquilo a que o próprio Borges alude no soneto inicial, *"somos como un sueño"*. Na aquarela de Larco para o poema de Borges, um anjo transparente abduz o corpo terreno de um rapaz que, embora em posição

> Ilustração "Ballets russes", de Jorge Larco, para a revista *Plus Ultra*.

vertical, mantém o braço flexionado, como no repouso de uma sesta lasciva, imagem muitas outras vezes abordada pelo pintor[24].

Imagem-sintoma, a composição em diagonal assemelha-se à busca do sublime em "Scherazade" e à composição da partitura de "Se equivocó la paloma". A pomba torna-se, neste caso, um anjo, e o corpo de cores terrosas substitui as raízes aéreas da partitura. Mas não há dúvida, a aquarela de Larco (ou em última análise, a Karsavina de 1920) lê, de fato, anacronicamente, "El sueño" de Borges:

> Si el sueño fuera, (como dicen) una
> Tregua, un puro reposo de la mente,

---

24 Jorge Luis Borges, *Siete poemas*, Buenos Aires: Francisco A. Colombo, 1967. Os poemas são: "El sueño", "El mar", "Junín", "Una mañana de 1649", "Un soldado de Lee (1862)", "El laberinto" e "Laberinto", ou seja, uma seleção de poemas de *El otro, el mismo* (1964) e de *Elogio de la sombra* (1969).

¿Por qué, si te despiertan bruscamente,
Sientes que te han robado una fortuna?
¿Por qué es tan triste madrugar? La hora
Nos despoja de un don inconcebible,
Tan íntimo que sólo es traducible
En un sopor que la vigilia dora
De sueños, que bien pueden ser reflejos
Truncos de los tesoros de la sombra,
De un orbe intemporal que no se nombra
Y que el día deforma en sus espejos.
¿Quién serás esta noche en el oscuro
Sueño, del otro lado de su muro?[25]

A poesia, a Karsavina em sua macabra dança derradeira, imaginada por Mário de Andrade no poema de *Pauliceia*, fala, com efeito, numa língua morta, a língua do outro lado do muro, mas é essa morte, precisamente, que define a paisagem. A cena póstuma da memória visual, associada ao sopro poético, consiste, portanto, num dom infinito, a montagem de inúmeras conexões que o presente nem sempre está preparado para receber. Karsavina é um simples *vestígio* da paisagem, o resto de um passo. Pura negatividade. Não é sua imagem, porque o passo não consiste em nada além do que seu próprio vestígio. A partir do momento em que ele é feito, pronto, ele já é passado[26].

Manuel Bandeira, pioneiro em captar esse "espírito eminentemente transitório" do poemário de Mário de Andrade, dirige-se "aos espíritos de boa vontade", leitores de *Árvore Nova: revista do movimento cultural do Brasil*, em outubro de 1922, para explicar-lhes que:

> A *Pauliceia desvairada* é um livro impressionista. O desvairismo é escrever sem pensar tudo o que o inconsciente grita quando explode o acesso lírico. Os românticos escreviam assim. Foi assim também que Rimbaud escreveu as *Iluminações*. Rimbaud — avô de Blaise Cendrars! Ora, Mário de Andrade evoluiu para o simultaneísmo e para o verticalismo. Isso pede algumas explicações. Ofereço-as aos espíritos de boa vontade.
> Em vez de fazer o verso como uma melodia simples, serve-se o poeta de palavras soltas, de frases soltas, que, por isso mesmo que são desconexas, ficam vibrando em nossa imaginação, que as compõe depois numa síntese harmônica. É o verso harmônico. Foi, meus caros passadistas, uma aspiração de Victor Hugo. É claro que essa harmonia poética não tem lugar nos sentimentos como a harmonia musical e sim na inteligência. É toda subjetiva. O simultaneísmo domina toda a

---

25 Jorge Luis Borges, "El sueño", em: *Obras completas*, Buenos Aires: Emecé, 1974, p. 940.
26 Jean Luc Nancy, "O vestígio da arte", em: Stéphane Huchet, *Fragmentos de uma teoria da arte*, São Paulo: Edusp, 2012, p. 304.

arte moderna, na poesia pelo verticalismo das imagens, nas artes plásticas pela interpenetração dos planos e dos volumes.

A *Paulicéia desvairada* não é um livro que tenha sido composto na intenção de ser moderno. Nem mesmo na sujeição de qualquer sistema técnico. São poemas impressionistas, intuitivistas, desvairistas. Numa grande comoção de ternura e sarcasmo, o poeta cantou, chorou, riu e berrou, como confessa no "Prefácio interessantíssimo". Em suma — viveu os seus poemas. A diferença dos poetas modernos é que eles amam e confessam amar a sua época, com os aeroplanos, os automóveis, o cinema, o asfalto — tudo aquilo enfim que para os falsos poetas é banal e prosaico. A vulgaridade e o prosaísmo são outra coisa. A lua, por exemplo.

E atacando o argumento teratológico de Monteiro Lobato, Bandeira conclui escolhendo seu próprio Talamón, um poeta discípulo de Mallarmé e próximo de Maeterlinck, Camille Mauclair:

Para muita gente a arte moderna não passa de uma enorme mistificação. Sem dúvida aqui, como em todos os movimentos, e nem só os artísticos, há os aproveitadores, os adesistas, os débeis, os Camille Mauclair, que mais tarde viram a casaca de empréstimo com que a princípio acompanhavam a procissão. Guillaume Apollinaire, porém, sugeriu que não se conhece em toda a história das artes um só exemplo de mistificação coletiva. Esse corajoso movimento que alastrou toda a Europa e agora suscita em São Paulo um grupo de artistas como Brecheret, Mário de Andrade, Oswald de Andrade, Anita Malfatti, Rubens de Morais, Sérgio Buarque e tantos outros (leiam a *Klaxon*!) não é uma mistificação efêmera, mas a integração definitiva na consciência artística de uma porção de coisas que antes oscilavam pesadamente e penosamente nos limbos do instinto. E que alegria ver refletido na arte o momento que vivemos!

A passiflora! o espanto! a loucura! o desejo!
Cravos! mais cravos para a nossa cruz![27]

Vitória final do Cristo de trancinhas.

---

27 Manuel Bandeira, "Mário de Andrade", em: *Crônicas inéditas I. 1920-1931*, ed. Júlio Castañón Guimarães, São Paulo: Cosac Naify, 2008, pp. 24-7. O dístico final pertence às Juvenilidades Auriverdes, em contraponto com os Orientalismos Convencionais, de "As enfibraturas do Ipiranga". Agradeço o apoio dos professores Marcos Antonio de Moraes e Davi Pessoa.

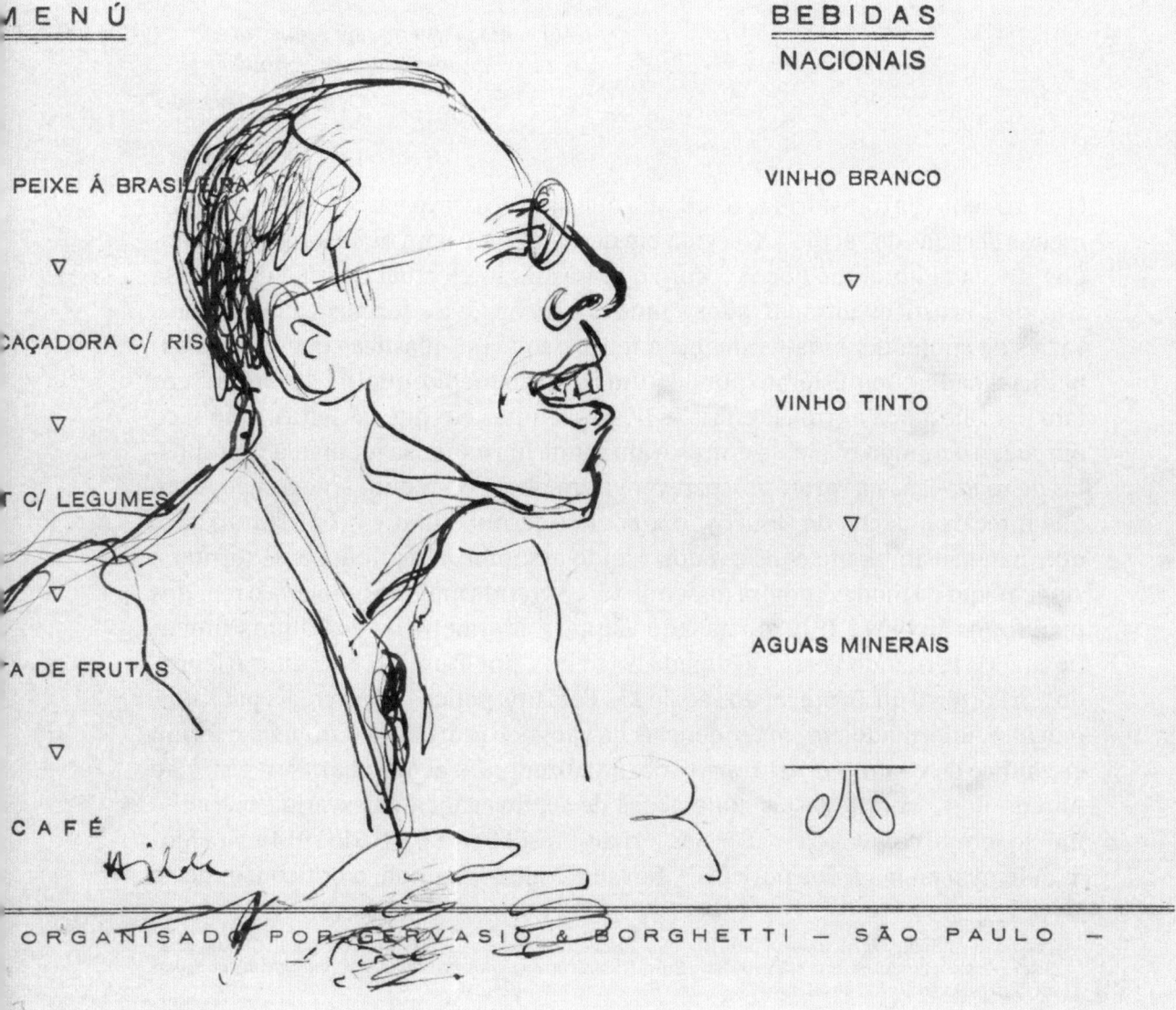

*Hilde Weber*

# Bastidores
## "Um elogio explosivo: A propósito de 'O meu poeta futurista'"[1]

*Maria Augusta Fonseca*

> *Muita gente pensa que ser moderno é andar de casaca e chinelo.*
> Oswald de Andrade[2]

O movimento de transformação urbana que se processava em São Paulo, nas primeiras décadas do século XX, seguia em descompasso com os costumes acanhados, a vida cultural medíocre, e com o marasmo intelectual de uma elite presa a valores artísticos ultrapassados, "uma conservação de formas cada vez mais vazias de conteúdo, uma tendência a repisar soluções plásticas que, na sua superficialidade, conquistaram por tal forma o gosto médio, que até hoje representam para ele a boa norma literária"[3]. Nesses tempos em que "as letras, o público burguês e o mundo oficial se entrosavam numa harmoniosa mediania"[4], propostas de mudanças nas artes prosperavam num pequeno reduto antagônico sobre quem recaía a pecha de "loucos" ou, como o termo então vigente, "futuristas", que, naquele ambiente conservador, rápido assombrou o público e se tornou o xingamento da moda. Embora disseminado, a grande maioria ignorava o teor dos manifestos de 1909 e 1912, do italiano Filippo T. Marinetti, ou do "Ultimatum futurista" de Fernando Pessoa e Almada Negreiros, por exemplo, este último lançado em Portugal no alvorecer do século XX. Para uns poucos intelectuais paulistas, rebeldes, informados sobre tendências da vanguarda artística europeia, o termo era índice de espírito aberto, arrojado, atualizado. De acordo com o registro de Alfredo Bosi, "com todas as conotações de 'extravagância', 'desvario', 'barbarismo', [o termo] começa a circular nos jornais brasileiros a partir de 1914 e vira ídolo polêmico na boca dos puristas"[5]. Em sua avaliação, ainda, o crítico não deixa

---

1 Oswald de Andrade, "O meu poeta futurista", em: *Jornal do Comércio* (Edição de São Paulo), 27 maio 1921. Texto integral reproduzido em: Mário da Silva Brito, *História do modernismo brasileiro: I. Antecedentes da Semana de Arte Moderna*, Rio de Janeiro: Civilização Brasileira, 1964, pp. 228-9.

2 *Idem*, "O divisor das águas modernistas", em: *Estética e política*, pesquisa, org., introd., notas e estabelecimento de texto de Maria Eugenia Boaventura, São Paulo: Globo, 1991, p. 54.

3 Antonio Candido, "Literatura e cultura de 1900 a 1945", em: *Literatura e sociedade*, Rio de Janeiro: Ouro sobre Azul, 2010, p. 126.

4 *Ibid.*, p. 126.

5 Alfredo Bosi, *História concisa da literatura brasileira*, São Paulo: Cultrix, 1972, p. 374.

de assinalar que "o termo 'futurismo', no Brasil, ia além do sentido atribuído por Marinetti, para alcançar ritmos e anseios de um tempo e de suas turbulências"[6].

Por essas e outras razões não foi simples a preparação do terreno para levar a cabo a Semana de Arte Moderna em São Paulo, ajudada por artistas do Rio de Janeiro, e tampouco foi fácil o processo de maturação e de modificação promovido no meio intelectual e artístico, passada a "batalha" de 1922. Dadas as circunstâncias desfavoráveis que envolviam no meio da população aquele rótulo, não é de espantar que, em maio de 1921, Oswald de Andrade, impressionado com a força criadora dos poemas de Mário de Andrade (então seu amigo próximo), tenha provocado escândalo ao publicar no *Jornal do Comércio* (edição de São Paulo) o artigo "O meu poeta futurista", anunciando com pioneirismo uma obra ainda inédita: *Pauliceia desvairada*. A intenção do articulista era saudar o poeta, sem lhe dar o nome, trazendo-o enigmaticamente, por adivinhas: "É longo como um círio e evoca para as minhas meditações um cálice do Graal suspenso nos lábios ávidos da 'girl' babilônica que é esta cidade de mil portas"[7]. Cria suspense, e não declina o nome, afirmando que iria apresentar apenas "a figura e a arte".

Até então, só os pares conheciam aqueles poemas, como rememorou Mário de Andrade, explicando:

> o movimento se alastrando aos poucos, já se tornara uma espécie de escândalo público permanente. Já tínhamos lido nossos versos no Rio de Janeiro; e numa leitura principal, em casa de Ronald de Carvalho, onde estavam Ribeiro Couto e Renato Almeida, numa atmosfera de simpatia, *Pauliceia desvairada* obtinha o consentimento de Manuel Bandeira, que em 1919 ensaiara os seus primeiros versos-livres, no "Carnaval".

Neste relato retrospectivo, o escritor imputa a um sério e tumultuado atrito familiar a motivação decisiva que o impeliu a escrever os poemas. E explica:

> Não sei o que me deu. Fui até a escrivaninha, abri um caderno, escrevi um título em que jamais pensara, "Pauliceia desvairada". O estouro chegara afinal, depois de quase um ano de angústias interrogativas. Entre desgostos, trabalhos urgentes, dívidas, brigas, em pouco mais de uma semana estava jogado no papel um canto bárbaro, duas vezes mais do que isso que o trabalho de arte deu em livro.

A isso acrescenta: "depois sistematizaria este processo de separação nítida entre o estado de poesia e o estado de arte, mesmo na composição dos meus poemas mais 'dirigidos'"[8].

---

6 *Ibid.*, p. 374.

7 Oswald de Andrade, "O meu poeta futurista", em: *Jornal do Comércio* (Edição de São Paulo), 2 maio 1921. Texto integral reproduzido em: Mário da Silva Brito, *História do modernismo brasileiro: I. Antecedentes da Semana de Arte Moderna*, Rio de Janeiro: Civilização Brasileira, 1964, p. 228.

8 Mário de Andrade, "O movimento modernista", em: *Aspectos da literatura brasileira*, São Paulo: Martins, 1974, p. 234.

Para Oswald de Andrade, "sem a publicação de *Pauliceia desvairada*, o grande livro de versos de Mário, nada se teria precisado"[9]. Em outro segmento do mesmo artigo, o escritor foi também taxativo: "Posso afirmar e já afirmo que sem a presença de Mário de Andrade o modernismo teria sido, pelo menos, retardado"[10]. Juízos como esses foram reiterados em muitas manifestações de Oswald, em diferentes publicações, ao longo de sua vida. Em 1949, por exemplo, em uma palestra no Museu de Arte Moderna de São Paulo, tratando das "Novas dimensões da poesia", o autor de *Pau Brasil* procura explicar o uso do termo que agastara Mário de Andrade, e afiança:

> A palavra "futurista" que tanto pareceu infirmar o movimento de 22 foi utilizada em Portugal por Fernando Pessoa e Almada Negreiros. Eles lançaram um "ultimatum futurista" às gerações portuguesas do século XX. O futurismo russo foi firmado por Maiakóvski. Era uma bandeira límpida, sadia, mecânica para exprimir as transformações da época.[11]

Perseguindo o tema, Oswald buscou articular suas reflexões sobre a arte de vanguarda, desvencilhando-se da redução dos clichês, como se lê num artigo de 1922 no *Jornal do Comércio*:

> Para nós, num século de síntese como o atual, cubismo é movimento. E como é a mais forte palavra achada para dizer o movimento existente, escapa como "futurismo" à pequenez vaidosa de grupos ortodoxos. Cubismo não é só o que faz Fernand Léger, para os *salons*, cubismo é a reação construtiva de toda a pintura moderna. Assim futurismo não é marinettismo e sim toda reação construtiva da literatura moderna.[12]

No final de sua vida, Oswald voltará ao tema no artigo "O modernismo" (revista *Anhembi*, 1954), assim explicando numa passagem do texto:

> Mesmo antes da publicação de *Pauliceia*, eu abri o escândalo, lancei pelas colunas do *Jornal do Comércio*, edição de S. Paulo, um artigo sobre o inédito de Mário de Andrade. Esse artigo intitulava-se "O meu poeta futurista". Era a palavra da época. O "futurismo" se desitalianizara. Em Portugal, por exemplo, Fernando Pessoa lançava nesse momento o seu "Ultimatum futurista".[13]

---

9 Oswald de Andrade, "O modernismo", em: *Estética e política*, op. cit., 1991, p. 122.
10 *Ibid.*, p. 122.
11 *Idem*, "Novas dimensões da poesia", em: *op. cit.*, p. 116.
12 Artigo citado por Mário da Silva Brito em: *As metamorfoses de Oswald de Andrade*, São Paulo: Conselho Estadual de Cultura/Comissão de Literatura, 1972, p. 32.
13 *Idem*, "O modernismo", em: *op. cit.*, p. 122.

Essas explicações posteriores ajudam a entender não o choque imediato que o artigo de Oswald causou à época, mas a importância dessa obra pioneira de nossa literatura modernista, que então contagiou o pequeno grupo da "Camelot paulista" com seus versos feéricos, arlequinais, expressão do "desvairismo", que naquele momento respondia por anseios da experimentação poética daqueles jovens denominados "futuristas". E aqui, uma vez mais, a avaliação de Oswald de Andrade ajuda a entender o quadro no seu contexto e complexidade, sintetizando de modo cabal: "O termo pegou e tinha que pegar porque a primeira fase da revolução literária brasileira não deixaria de ser a exata eclosão de uma sensibilidade burguesa, atingida enfim na selva semicolonial da América, pela era da máquina, pela era burguesa e futurista da máquina. [...] Fomos burgueses em 22 e tínhamos de ser. Isso já era uma notável superação"[14].

Contrário aos luminosos rótulos estrangeiros, para Mário de Andrade "futurista" e "futurismo" respingavam no ideário de F. T. Marinetti, escritor e crítico que, em seus manifestos[15], bania a história, propunha cantar a velocidade e a máquina, exaltava a guerra como "higiene do mundo", pregava a violência sem pretexto, e desprezava qualquer que fosse a tradição poética, como exposto em "Matemos o luar!"[16]. Por isso, embora o artigo de Oswald de Andrade tratasse da atualidade estética de modo abrangente, sem filiar o poeta, aquele "lívido e longo Parsifal", a nenhuma escola literária, Mário de Andrade não gostou daquela etiqueta e dias depois apresentou sua réplica: "Futurista?!". Secundando em tom de blague, como se escrevesse em nome do amigo saudado por Oswald, invocava na sua contestação a liberdade estética da obra, indagando:

> Futurista, por quê? [...] Será porque os versos da *"Pauliceia desvairada"* [...] não têm certos ritmos estereotipados, em que algumas épocas respeitabilíssimas imaginaram que a poesia continha? Ou será porque refoge à vulgaridade cheia de lazer da rima, inútil numa língua vibrante, vária e sonora como a nossa? Ou ainda porque o autor salta por cima de certos pragmatismos sintáticos a que aliás não fugiram o numeroso Frei Luís de Sousa, o oceânico Camões, e o rendilhado Garrett, o sinfônico Latino, o ático Machado de Assis, que deixaram obras-primas incontestáveis de bem falar?[17]

---

14 Oswald de Andrade, "Gênese da Semana de Arte Moderna", em: *Hoje: o mundo em letra de fôrma*, ano VII, abr. 1944, nº 75, p. 13.

15 F. Tommaso Marinetti, "Manifesto do Futurismo" (20 de fevereiro de 1909); "Matemos o luar!" (abril de 1909); "Manifesto técnico da literatura futurista" (11 de maio de 1912), em: *Antologia do futurismo italiano: manifestos e poemas*, trad., introd. e notas de José Mendes Ferreira, Lisboa: Editorial Vega, 1979.

16 Nesse texto reafirma a necessidade da guerra e acrescenta: "Sim, os nossos nervos exigem a guerra e desprezam a mulher, pois tememos que braços suplicantes se agarrem aos nossos joelhos no dia da partida". *Idem*, "Matemos o luar!" (abril de 1909), *op. cit.*, p. 54.

17 Mário de Andrade, "Futurismos?!". Texto integral reproduzido em: Mário da Silva Brito, *História do modernismo brasileiro: I. Antecedentes da Semana de Arte Moderna*, Rio de Janeiro: Civilização Brasileira, 1964, p. 235.

Na sequência dessa prismática argumentação, Mário continua dando pistas da multiplicidade de campos explorados em *Pauliceia desvairada*, uma vez mais, indagando:

> Será a concepção ideal do livro que Oswald de Andrade considera futurista? Mas não existem por acaso o Rei Davi, Petrônio, Juvenal; e mesmo, antes destes, os primitivos que, atemorizados pelos fenômenos estranhos da natureza, usavam fórmulas mágicas sem significação alguma, e pintaram búfalos simbólicos nas cavernas de Altamira e gravaram versículos de exorcismo na pirâmide com degrau de Sacara? E, mais perto de nós, o que fizeram Heine, Stechetti, Walt Whitman, Verlaine, Verhaeren e tantos mais?...[18]

Depois disso, naqueles dias, haveria tréplica de Oswald. E não pararia por aí. No prefácio de *Pauliceia desvairada*, Mário de Andrade voltou ao tema, desta vez se colocando como parte responsável, sem abrir mão da discordância, como se lê em um de seus módulos: "Não sou futurista (de Marinetti). Disse e repito-o. Tenho pontos de contato com o futurismo. Oswald de Andrade, chamando-me de futurista, errou. A culpa é minha. Sabia da existência do artigo e deixei que saísse. Tal foi o escândalo que desejei a morte do mundo. Era vaidoso. Quis sair da obscuridade"[19].

O futurismo, que fomentou tanta e acalorada discussão entre Mário e Oswald, ganhou a atenção do jovem Sérgio Buarque de Holanda, que, pouco antes da Semana de 1922, publicou um artigo bem-humorado e de fina percepção crítica, assim definindo: "Vamos aos futuristas de São Paulo que, como se vê, podem ser chamados assim. Não se prendem aos de Marinetti, antes têm mais ponto de contato com os modernísssimos da França desde os passadistas Romain Rolland, Barbusse e Marcel Proust até os esquisitos Jacob, Apollinaire, Stietz, Salmon, Picabia e Tzara"[20].

Oswald, que chamou Mário de Andrade de "Tiradentes de nossa Inconfidência", nunca deixou de assinalar a revolução causada por sua obra artística em nossa literatura. Assim, no intuito de dissipar mal-entendidos e reafirmar a importância do modernismo brasileiro e do livro inaugural de Mário, o autor de "O meu poeta futurista" manteve seu juízo e seu encantamento por *Pauliceia desvairada*, até o final da vida, sintetizando-a como "Desafio genial do Verbo Novo"[21]. Ou, antes disso, em "Gênese da Semana de Arte Moderna" (1944), em

---

18 *Ibid.*, p. 235.

19 Mário de Andrade, "Prefácio interessantíssimo", em: *Poesias completas*, vol. 1, edição de texto apurado, anotada e acrescida de documentos por Tatiana Longo Figueiredo e Telê Ancona Lopez, Rio de Janeiro: Nova Fronteira, 2013, p. 62.

20 Sérgio Buarque de Holanda, "O futurismo paulista", em: *O espírito e a letra*, vol. I, org. Antonio Arnoni Prado, São Paulo: Companhia das Letras, 1996, p. 132.

21 Oswald de Andrade, "O modernismo", em: *Anhembi*, nº 49, dez. 1954, vol. VII, p. 32 (publicação póstuma).

que argumentou mais amiúde ter chamado Mário de Andrade de poeta futurista "porque na desordem regional de seus versos vinha esse 'algo nuevo' que já era velho na Europa, mas que aqui somente assim podia exprimir uma coeva independência"[22].

Em carta a Manuel Bandeira, datada de 1925, Mário reassegurou esse juízo a respeito do papel pioneiro desempenhado pelos modernistas: desbravadores de caminhos e preparadores do futuro, à feição dos antigos cantadores medievais. Por esse entender, neles reconhece um campo formador, exemplificando: "Dante seria incapaz de escrever o italiano da *Comédia* se antes dele não tivesse a escola siciliana e toda a porção de trovadores que já escreviam em língua vulgar. Eles é que permitiram a existência dum Dante pra língua italiana como os cronistas e cantadores portugueses permitiram o português de Camões"[23]. E foi Mário de Andrade, nesse mesmo ano de 1925, que colocou uma pá de cal no "futurismo", como designação do movimento vanguardista local. Naquela oportunidade, o jornal *A Noite* (Rio de Janeiro) anunciou uma série de entrevistas em homenagem aos artistas de 1922, cujo título era "Mês Futurista". A primeira conversa foi com Mário de Andrade, que o jornal denominava "o papa do futurismo". O entrevistador principiou a conversa de modo direto: "— Falemos de literatura futurista [...]". De imediato, então, Mário de Andrade rebateu: "— Já vem você com futurismo!... Fale Modernismo, que custa! E fica certo"[24]. E assim ficou.

---

22 Oswald de Andrade, "Gênese da Semana de Arte Moderna", em: *Hoje: o mundo em letra de fôrma*, ano VII, abr. 1944, nº 75, p. 13.

23 Mário de Andrade, Carta de 25 de janeiro de 1925, em: Marcos Antonio de Moraes (org.), *Correspondência Mário de Andrade & Manuel Bandeira*, São Paulo: Edusp/Instituto de Estudos Brasileiros, 2000, p. 181.

24 Mário de Andrade, "1925: assim falou o papa do futurismo", em: *Entrevistas e depoimentos*, org. Telê Ancona Lopez, São Paulo: T. A. Queiroz, 1983, p. 46.

Mario de Andrade

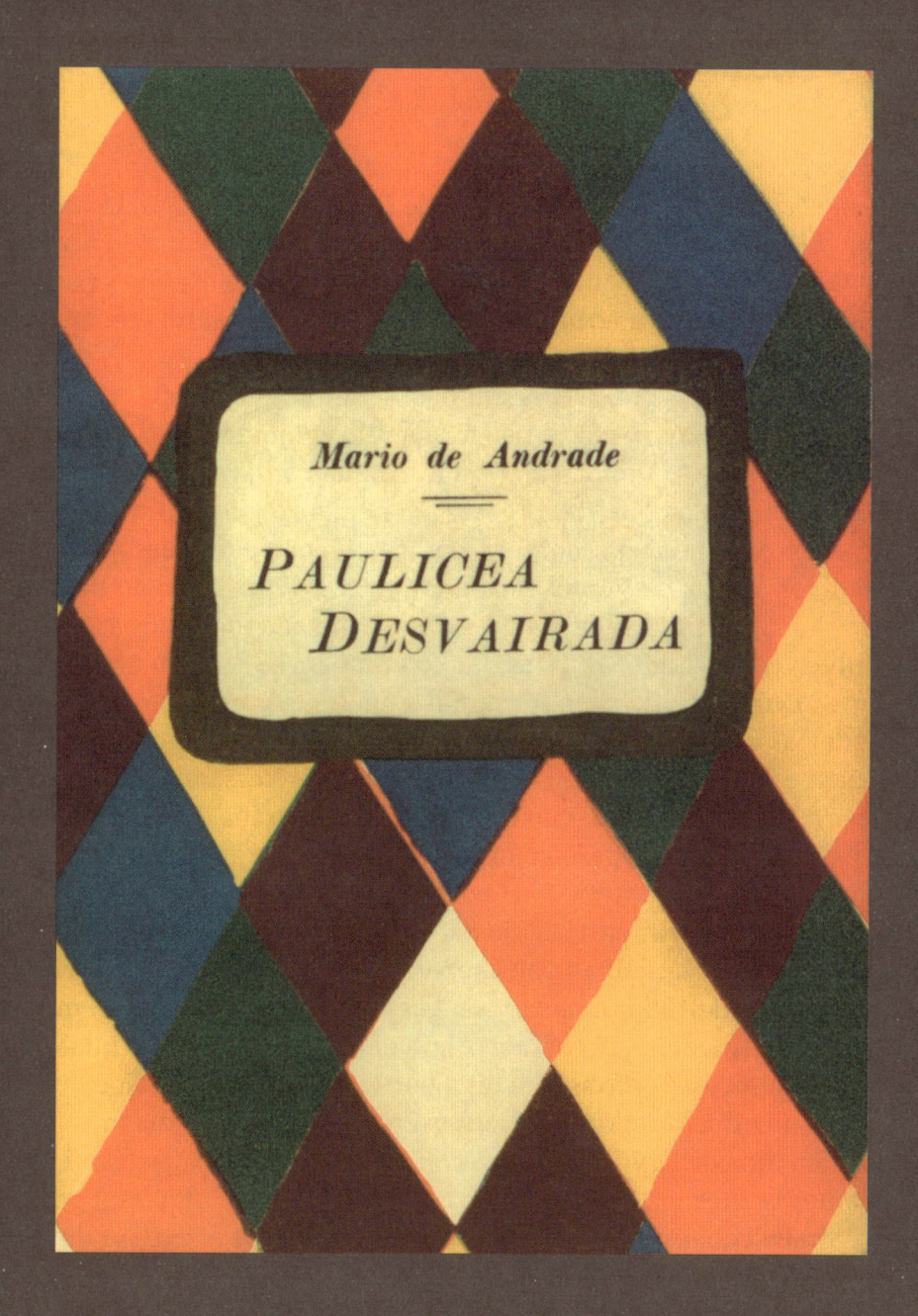

# PAULICEA DESVAIRADA

*Capa atribuída a Guilherme de Almeida*

# Bastidores
## *Estudo sobre as capas*

*Veronica Stigger*

Não se sabe ao certo quem desenhou a capa de *Pauliceia desvairada*. Desde que Telê Ancona Lopez a atribuiu a Guilherme de Almeida[1], esta tem sido a versão mais aceita. O certo é que existem, pelo menos, dois estudos anteriores para ela, ambos de 1921: um realizado pelo próprio Mário de Andrade, e outro por Emiliano Di Cavalcanti.

O desenho de Mário provavelmente não daria uma boa capa, porque os elementos ali representados parecem não formar um conjunto coeso. Na metade inferior, centralizado, vê-se um pássaro — talvez uma coruja —, com as asas levemente levantadas, numa possível preparação para o voo. Essas asas parecem estar em desacordo com o corpo, como se corpo e asa não pertencessem à mesma espécie. A coruja está de frente, encarando o leitor. Traz preso ao bico algo indefinido cuja imagem é formada por rabiscos. Na metade superior, está o título do livro, também centralizado. As letras que o compõem se fundem umas às outras, dançantes. Quatro delas, como se fossem longuíssimos pescoços, terminam em cabeças de pássaros, encimadas, cada uma, por duas flores, a modo de antenas. Suas bocas estão escancaradas, como se gritassem. Nessa metade superior do desenho, é o "P" de "Paulicea" que mais chama a atenção. Ele é formado por uma espécie de grifo, com pés de leão (ou de outro felino de grandes dimensões) e cara de pássaro, de bico comprido, ao contrário dos demais representados no desenho, que têm bicos mais curtos. É justamente seu longo bico, virado em direção a seu pescoço, que desenha a volta superior da letra "P". Parte de sua barriga e de seu pescoço está vestida com os losangos coloridos que reconhecemos no padrão da roupa do Arlequim. No pescoço, leva ainda uma estrela, da qual saem cinco pernas. No bico, esse grifo segura uma flor, como a pomba de Noé.

Enquanto no projeto de Mário as letras do título se inscrevem em volteios, no estudo para a capa de *Pauliceia desvairada* realizado por Di Cavalcanti título e nome do autor se organizam de modo mais geométrico. No alto, está grafado "Mario de Andrade"; abaixo, "Paulicea desvairada". Ambos os dizeres se dividem em duas linhas. As letras, todas maiúsculas, estão pintadas em três cores — preto, vermelho e amarelo — que se alternam, conferindo dinamismo ao desenho.

---

1 Cf. Telê Ancona Lopez, "Arlequim e modernidade", *Marioandradiando*, São Paulo: Hucitec, 1996, p. 23.

À esquerda, ao lado do título do livro, há uma espécie de escadinha feita de pequenos quadrados nas mesmas cores das letras, que se acham ligados por traços finos, lembrando os fios mais longos que, por vezes, saem dos retalhos de tecidos. No centro do desenho, contrapondo-se à retidão das partes superior e inferior da capa, seis quadrados, com uma tênue sugestão de volume, giram num redemoinho — num desvario —, convergindo para um cubo levemente distorcido, como se visto em perspectiva desde o alto, fazendo as vezes de um prédio, metonímia da cidade (mais especificamente da Pauliceia), e o que parece ser uma luminária estilizada, de onde se projetam dois traços que desempenham o papel de foco de luz. (Também pode ser a estilização de um sino — talvez o Cantabona, do Mosteiro de São Bento, que é mencionado no segundo poema do livro, "O trovador".[2])

A capa final elimina qualquer sugestão de movimento espiralado. Apresenta tão simplesmente um conjunto de losangos coloridos — amarelo, vermelho, verde, azul, branco e preto —, dispostos aleatoriamente em toda a extensão da página, aludindo à tradicional roupa do Arlequim. No centro da metade superior, um retângulo claro com o nome do autor e o título do livro se sobrepõe a outro retângulo, desta vez preto (como a também tradicional máscara daquela personagem), ambos de bordas arredondadas e limites irregulares, como se fossem pintados à mão livre. Se, no desenho para capa esboçado pelo próprio Mário, o Arlequim era evocado pela veste do grifo, no de Di Cavalcanti, essa personagem era lembrada, metonimicamente, pelos retalhos de sua roupa, representados então pelos quadrados coloridos. Nos dois projetos anteriores, as alusões ao Arlequim se relacionavam com algo de figurativo: os animais na versão do Mário; a cidade estilizada na de Di Cavalcanti. Na capa final, há como que uma depuração do que poderia estar excessivo nas versões anteriores. Nela, nada é figurativo — e nada é supérfluo. Tudo converge para o que parece, de fato, interessar: a padronagem que faz lembrar a roupa do Arlequim.

O Arlequim é uma das personagens da *Commedia dell'arte*, que, em certa medida, orienta a leitura dos poemas de *Pauliceia desvairada*. Victor Knoll, em seu livro sobre a poesia de Mário de Andrade, recupera a origem do Arlequim, que aparece "de modo explícito, sugerido ou elíptico ao longo de toda a sua obra poética"[3]:

> Consta que Arlequim vem do alemão *hoellenkind*, que designa uma criança infernal, uma criança do diabo. Com a evolução da palavra passou-se a dizer *hellequin* e depois Arlequim. No italiano encontramos *il lecchino*, *al lecchino* e *alichino*. Os italianos designavam sob esse nome uma personagem também diabólica,

---

2 Cf., neste mesmo livro, o ensaio de Eduardo Sterzi sobre "O trovador".
3 Victor Knoll, *Paciente arlequinada: uma leitura da obra poética de Mário de Andrade*, São Paulo: Hucitec/Secretaria de Estado da Cultura, 1983, p. 51.

uma personagem infernal que atemorizava os camponeses fazendo grande ruído. *Alichin* passou para a linguagem coloquial e daí para o teatro. Como personagem cômico do teatro italiano, Arlequim trazia uma vestimenta composta de pequenos pedaços de pano triangulares ou sob a forma de dois triângulos justapostos (losangos), de diversas cores, uma máscara negra e, na cintura, um sabre de madeira. O seu papel era quase sempre improvisado.[4]

Era, portanto, a mais livre das personagens da *Commedia dell'arte*: nem mesmo texto seguia. Acrescenta Knoll: "Em França, o Arlequim era uma mistura de ignorância, de ingenuidade e de espírito, de astúcia e de tolice, de graça e de bobice. Uma personagem que apresentava também um duplo caráter ou um comportamento dividido"[5]. Lembra ainda que, em função de sua roupa composta de losangos, muitas vezes feita de retalhos, "exprimindo a divisão, a fragmentação, a multiplicidade, a dilaceração"[6], a palavra "arlequim" passou também, por extensão de sentido, a "designar os restos de carne, de peixe, de doces, provenientes das mesas das grandes casas, restos que eram vendidos a baixo preço em vários mercados de Paris"[7]; e a expressão "roupa de arlequim" veio a significar também "tudo o que é composto de peças disparatadas"[8].

Knoll destaca ainda a presença dessa figura no folclore brasileiro:

> Devemos também lembrar que a figura do Arlequim aparece no folclore brasileiro e parece ter vindo do *Arlechino* do antigo teatro italiano, conservando o seu caráter burlesco e apalhaçado. Além destes caracteres, aparece como brigão, provocador e valentão. Arlequim figura como personagem do auto popular do "Bumba-Meu-Boi", como ajudante de ordens ou moço de recados do Cavalo-Marinho, capitão ou chefe do folguedo, este representando o proprietário da fazenda onde se dá a dança e que se dirige aos vaqueiros por intermédio do Arlequim.[9]

Em síntese, aponta: "Arlequim, e em continuidade Arlequinal, vincula-se à dança e a um ritual relativo ao boi"[10].

Telê Ancona Lopez, por sua vez, lembra que Mário de Andrade, em crônica de março de 1921 na *Ilustração Brasileira*, definiu o Arlequim como "audácia vertical", em contraposição à "leve tristura de Pierrô"[11]. Nesse texto, Mário faz uma defesa da loucura ao relatar suas impressões de um almoço no Trianon, onde

---

4 *Ibid.*, p. 52.
5 *Ibid.*
6 *Ibid.*, pp. 51-2.
7 *Ibid.*, p. 52.
8 *Ibid.*
9 *Ibid.*, pp. 52-3.
10 *Ibid.*, p. 53.
11 Telê Ancona Lopez, "Arlequim e modernidade", *op. cit.*, pp. 19-20.

Menotti del Picchia estava lançando *As máscaras*, livro no qual recupera as três figuras mais representadas da *Commedia dell'arte* naquele período (e que ganharam sobrevida no Carnaval — e no *Carnaval* de Manuel Bandeira): o Arlequim, o Pierrô e a Colombina[12]. Refere-se aos convivas, de maneira positiva, como "uma estufa de poetas loucos, geração exótica, fantástica", e a São Paulo como "manicômio", ressalvando enfim: "Como se a loucura não fosse defeito e apanágio da humanidade inteira!"[13]. Para Ancona Lopez, Mário compreende a loucura "como uma nova ótica, pronta para abalar os padrões convencionais"; ela seria "como uma nova forma de conhecimento, uma nova sabedoria"[14]. Daí o adjetivo *desvairada* com que, no ano seguinte, qualifica a *Pauliceia* no título de seu livro. Um adjetivo que se desdobra em movimento estético: nas primeiras linhas do "Prefácio interessantíssimo", Mário adverte o leitor: "Está fundado o Desvairismo"[15]. Parágrafos depois, marca sua própria posição: "Diferença cabal entre nós dois: Maomé apresentava-se como profeta; julguei mais conveniente apresentar-me como louco"[16]. Afinal, atualizando a fórmula expressa anteriormente em *A escrava que não é Isaura* ("Lirismo, estado ativo proveniente da comoção, produz toda e qualquer arte"[17]), escreve ele ainda que o lirismo, "estado afetivo sublime", é "vizinho da sublime loucura"[18] — loucura esta que é invocada em vários poemas[19]. Observa ainda Ancona Lopez: "Compreende-se então que, nesse instante da propaganda modernista, o arlequim é, da mesma forma que a loucura, o instrumento de organização desejoso de enxergar além das aparências, percebendo que o lírico poderia estar fundido ao dramático, ao patético"[20].

Em certa medida, na roupa do Arlequim, os losangos — isto é, a geometrização — são uma forma de ordenação da loucura, sem deixar de conter, pelo contraste e irregularidade das cores, também eles algo de *desvairado*. Cabe lembrar, a propósito, que os dois primeiros sentidos para "desvairado" no *Grande Dicionário Houaiss* são: "caracterizado pela diversidade; variado, sortido" e "de tipo, formas

---

[12] Telê Ancona Lopez recorda ainda de outras duas obras literárias da época que recuperam as figuras de Arlequim, Pierrô e Colombina: *Arlequinada*, de Martins Fontes, e *Carnaval*, de Manuel Bandeira. Cf. "Arlequim e modernidade", *op. cit.*, p. 24.

[13] Mário de Andrade, "De São Paulo", *Ilustração Brasileira*, Rio de Janeiro, mar. 1921, nº 7, p. 24.

[14] Telê Ancona Lopez, "Arlequim e modernidade", *op. cit.*, pp. 19-20.

[15] Mário de Andrade, "Prefácio interessantíssimo", em: *Paulicea desvairada*, São Paulo: Casa Mayença, 1922, p. 7.

[16] *Ibid.*, p. 10.

[17] Mário de Andrade, *A escrava que não é Isaura*, em: *Obra imatura*, São Paulo: Martins; Belo Horizonte: Itatiaia, 1980, p. 205. Vale ressaltar que, originalmente, a expressão já era uma atualização (na verdade, uma correção) — não de observação anterior do próprio Mário, mas da fórmula "Lirismo + Arte = Poesia", de Paul Dermée.

[18] Mário de Andrade, "Prefácio interessantíssimo", *op. cit.*, p. 30.

[19] Cf. Mário de Andrade, "Rua de São Bento", "Paisagem nº 3", "Religião", "As enfibraturas do Ipiranga" (Minha Loucura se torna uma das personagens), em: *Paulicea desvairada*, *op. cit.*, pp. 54, 105, 113 e 119-40, respectivamente.

[20] Telê Ancona Lopez, "Arlequim e modernidade", *op. cit.*, p. 19.

ou características diferentes; diverso, desigual". A capa de *Pauliceia desvairada* faz, portanto, referência ao mesmo tempo à roupa e à geometria, ao desvario e à ordem, à fragmentação e à diversidade, à estruturação e ao movimento (à dança, ao ritual). Ainda no "Prefácio interessantíssimo", Mário de Andrade assim define os vários tipos de ordem, sendo a última a mais condizente com os poemas reunidos no livro: "Existe a ordem dos colegiais infantes que saem das escolas de mãos dadas, dois a dois. Existe uma ordem nos estudantes das escolas superiores que descem uma escada de quatro em quatro degraus, chocando-se lindamente. Existe uma ordem, inda mais alta, na fúria desencadeada dos elementos"[21].

Voltemos à capa de *Pauliceia desvairada*.
Telê Ancona Lopez já chamou a atenção para a similaridade entre esta e a da edição de 1918 de *Arlecchino*, de Ardengo Soffici, que pertencia à biblioteca de Mário de Andrade, sugerindo que residiria aí a fonte figurativa mais próxima para a capa do livro do poeta paulista: "Esta capa ecoará em *Pauliceia desvairada*, inspirando o desenho de Guilherme de Almeida na escolha de losangos multicores (brancos, verdes, azuis, vermelhos, amarelos) dispostos verticalmente, preenchendo toda a superfície"[22]. A capa dessa segunda edição das prosas curtas de Soffici — cujo título faz referência direta ao Arlequim — apresenta uma grade composta de linhas verticais cortadas por oblíquas, todas vermelhas, que criam planos em forma de losango, preenchidos por várias cores, dispostas sem ordem aparente: rosa, azul, amarelo, verde, preto e branco. A grade não ocupa a totalidade da capa, ao contrário do que acontece com a do livro de Mário de Andrade; apenas seu centro. Sobre ela, em preto, está grafado com maiúsculas o título do livro.

A capa de *Pauliceia desvairada* evoca também o retângulo central de um desenho de Pablo Picasso publicado no primeiro número da *L'Esprit Nouveau* ("a bíblia dos modernistas brasileiros", segundo Gilda de Mello e Souza[23]), revista que Mário de Andrade não apenas assinava como lia, sublinhava e anotava às margens[24]. Este retângulo segue a mesma lógica da capa do segundo livro de poemas de Mário e, por isso, se assemelha mais a ela do que a capa de Soffici. Reproduzido na revista sem cor, título ou data, o desenho parece, à primeira vista, uma composição abstrata a partir de várias formas geométricas sobrepostas, na qual se destaca um grande retângulo quase todo preenchido por losangos de diferentes tons, organizados tal qual a capa de *Pauliceia desvairada*. Numa segun-

---

21 Mário de Andrade, "Prefácio interessantíssimo", *op. cit.*, p. 21.
22 Telê Ancona Lopez, "Arlequim e modernidade", *op. cit.*, p. 23.
23 Gilda de Mello e Souza, *A ideia e o figurado*, São Paulo: Duas Cidades/Ed. 34, 2005, p. 22.
24 Cf. Lilian Escorel de Carvalho, *A revista francesa L'Esprit Nouveau na formação das ideias estéticas e da poética de Mário de Andrade*, tese (Doutorado) — Faculdade de Filosofia, Letras e Ciências Humanas da Universidade de São Paulo (FFLCH-USP), São Paulo: 2008.

da olhada, tem-se a impressão de que este retângulo é um quadro e está apoiado num cavalete. Observando mais atentamente, percebe-se, contudo, que o conjunto de formas geométricas constitui uma figura que está sentada numa poltrona de espaldar alto, usando um chapéu e segurando, com a mão direita, um pequeno quadro feito de curtas pinceladas claras. O desenho integrava a exposição de Picasso comentada por André Salmon no texto da revista[25]. Trata-se de *Arlequim sentado segurando um livro*, realizado entre 1915 e 1916, em aquarela e lápis sobre papel, que faz parte hoje de uma coleção particular na Basileia[26]. A figura é, portanto, um Arlequim, e o que ele traz na mão não é um quadro, mas um livro. O retângulo de losangos coloridos é seu tronco. Na reprodução em cores do desenho, nota-se que o padrão geométrico em verde, vermelho, ocre claro e azul dá a impressão de se destacar do fundo retangular que imita madeira, formando uma nova padronagem, também em losangos, mas em azul escuro e azul claro.

No final de 1915, Picasso havia finalizado uma grande tela intitulada apenas *Arlequim* (183,5 x 105,1 cm), atualmente no Museu de Arte Moderna de Nova York, em que o tronco da personagem-título é formado por um retângulo similar ao que vemos no desenho publicado em *L'Esprit Nouveau*, também completamente coberto por uma grade de losangos coloridos de tonalidades fortes — vermelho, ocre, azul e preto —, porém num arranjo ainda mais irregular, em que alguns losangos aparecem na horizontal. As pernas deste Arlequim também se compõem de dois retângulos, alongadíssimos, cobertos com o mesmo padrão geométrico, como se o próprio Arlequim se transformasse num cavalete com um quadro apoiado ou numa forma precursora do que hoje se denomina "*display* de pessoa". Como no desenho, a personagem também segura algo na mão, que, aqui, parece ser mesmo um quadro parcialmente recoberto por uma mancha branca, como se estivesse apenas começado[27]. A figura do Arlequim se sobrepõe a outras figuras geométricas retangulares, que estão um tanto inclinadas para os lados.

No mesmo número da *L'Esprit Nouveau*, reproduz-se outro desenho de Picasso, também sem maior identificação, exposto na mostra examinada por Salmon, que tem um modo de construção semelhante a esta pintura do MoMA: uma figura central, também constituída como se fosse um cavalete ou um *display*, mas sem a tradicional roupa do Arlequim, se sobrepõe a outras figuras geométricas, igualmente ordenadas de maneira oblíqua. Aqui, uma delas usa saia: seria a Colombina? Este é o desenho *Casal de dançarinos*, do final de 1915[28]. Dado que as datas dessas três obras são aproximadas, não é possível se ter certeza de

---

25 André Salmon, "Picasso", em: *L'Esprit Nouveau*, out. 1920, nº 1, pp. 61-80.
26 Cf. Enrique Mallen (ed.), *Online Picasso Project*, Sam Houston State University, 1997-2021, OPP.15:165.
27 John Richardson vê na parte não coberta por branco um autorretrato de perfil de Picasso (John Richardson, *A Life of Picasso, vol. II: 1907-1917: The Painter of Modern Life*, London: Pimlico, 1997, p. 387).
28 Cf. Enrique Mallen (ed.), *Online Picasso Project*, Sam Houston State University, 1997-2021, OPP.15:159.

que os desenhos são anteriores ou posteriores à pintura do MoMA. Se anteriores, talvez pudessem ser compreendidos como preparatórios para ela. Se posteriores, poderiam ser vistos como a dissolução do *Arlequim*, pintura que, até então, Picasso considerava a melhor que já havia feito[29] — uma dissolução que leva, por um lado, à dança, e, por outro, à geometrização.

É provável que Mário de Andrade não tivesse todas essas informações a respeito dos desenhos reproduzidos no primeiro número de *L'Esprit Nouveau* e tampouco conhecesse, à época do lançamento de *Pauliceia desvairada*, a grande pintura *Arlequim*. Contudo, a partir das imagens na revista, principalmente do desenho *Arlequim sentado segurando um livro*, poderia ter apreendido o modo como Picasso cifrou a personagem do Arlequim no retângulo com os losangos coloridos característicos de sua roupa, reduzindo a figura ao padrão geométrico que a representa. Em outras palavras, nos termos de *Pauliceia*, o que Picasso opera nesse desenho é uma transposição do *Arlequim* para o *arlequinal* — digamos: da metáfora para a metonímia. Essa transposição é flagrante também, em certa medida, em todas as capas preparatórias, mas de modo mais explícito e enfático na versão final supostamente realizada por Guilherme de Almeida. Esta replica, graficamente, a operação que Mário de Andrade coloca em movimento nos poemas reunidos no livro: neles, jamais se menciona o Arlequim, mas, a todo instante, o adjetivo que dele decorre, *arlequinal*. Esse adjetivo, como muito bem observou Knoll, tal qual usado por Mário em seu livro, "exprime as partes distintas de um todo relativas à cidade, ao país, à vida psicológica (sentimento e personalidade), ao ambiente, ao clima, à situação social, à constituição racial, ao folclore, e por fim à criação e ao dizer do poeta"[30]. *Arlequinal* se torna também, muitas vezes, uma interjeição[31], talvez um chamado a uma ordem desvairada. Foi, assim, exclamando o adjetivo como uma interjeição, que Menotti del Picchia, sob o pseudônimo Hélios, lembrou de Mário de Andrade no Carnaval de 1921: "Fechando o préstito, que Mário de Andrade, fuzilando chispas pelos óculos, achava 'arlequinal!'"[32]. (No mesmo texto, diga-se de passagem, começou descrevendo Oswald de Andrade, vestido de Pierrô em sua "cadillac agressiva": "mariscava gênios sob laços de serpentina"[33]; imagem essa que seria apropriada por Mário, reiterando o verbo expressivo, no poema "A caçada".[34])

---

[29] Pablo Picasso em carta para Gertrude Stein em 1915, parcialmente reproduzida por John Richardson, *A Life of Picasso*, op. cit., p. 375.

[30] Victor Knoll, *Paciente arlequinada: uma leitura da obra poética de Mário de Andrade*, op. cit., p. 52.

[31] Cf. Mário de Andrade, "Inspiração", "Paisagem nº 1", "Ode ao burguês", "A caçada", "Nocturno", em: *Paulicea desvairada*, op. cit., pp. 43, 63, 68, 88 e 95, respectivamente.

[32] Hélios, "Corso paulista", em: *Correio Paulistano*, 7 fev. 1921, p. 4.

[33] *Ibid*.

[34] Mário de Andrade, "A caçada", em: *Paulicea desvairada*, op. cit., p. 89. Mário, no entanto, transforma a "cadillac agressiva" da descrição de Menotti del Picchia "na Cadillac mansa e glauca da ilusão". Na nota de ro-

Cabe aqui fazer um breve aparte. Não podemos perder de vista que Tarsila do Amaral, em carta de 20 de novembro de 1922, a bordo do navio *Lutetia*, escreve a Mário de Andrade contando que já havia conversado com um "*expert de tableaux*" que lhe prometera "arranjar um Picasso em ótimas condições"[35], que ela enviaria ao amigo. Em carta de 11 de janeiro de 1923, Mário comenta, numa observação final: "Já estou a imaginar a lindeza do meu Picasso"[36]. E o Picasso, que chegaria às mãos de Mário, não era outro que um desenho de *Arlequim*[37].

Mas essa está longe de ser a única referência de Mário a Picasso. Em *A escrava que não é Isaura*, ao fazer uma defesa do "Belo artístico" em contraposição ao "Belo da natureza", Mário lança mão do exemplo de Picasso, em cuja obra destaca principalmente o ritmo de suas composições: "Quem procurar o Belo da natureza numa obra de Picasso não o achará. Quem nele procurar o Belo artístico, originário de euritmias, de equilíbrios, da sensação de linhas e de cores, da exata compreensão dos meios pictóricos, encontrará o que procura"[38].

Contudo, é na revista *Fon Fon*, em julho de 1922, que Mário identifica o que poderíamos chamar de um caráter arlequinal tanto em Di Cavalcanti, sobre quem é o texto (e não esqueçamos que o artista brasileiro é autor de um dos projetos para a capa de *Pauliceia desvairada*), quanto em Picasso — caráter que se manifestaria no "espírito ansiado" e na "inconstância de pesquisador" de ambos:

> Paulo [*sic*] Picasso é um irrequieto, dramaticamente perturbado por uma erronia fundamental: procura descobrir para a arte uma verdade científica diretriz. Daí a sua inconstância diante das leis que descobre e que abandona insatisfeito. [...]
> Assim Di Cavalcanti. Insatisfeito diante dos próprios progressos volta por vezes às orientações que abandonara. Hesita, busca, descobre, esquece e sofre. Tenho seguido com carinho esse doloroso borboletear.[39]

No texto sobre Picasso que Mário leu no primeiro número da *L'Esprit Nouveau*, André Salmon preconizava: "o futuro ficará deslumbrado quando o Arlequim de Picasso vier reabrir os livros fechados"[40].

---

dapé que fez acompanhar o poema, diz: "Não houve plágio. Hélios repetiu legitimamente a frase já ouvida, e então lugar-comum entre nós, para caracterizar deliciosa mania de Oswald".

35 Tarsila do Amaral, carta de 20 de novembro de 1922 a Mário de Andrade, em: Aracy Amaral (org.), *Correspondência Mário de Andrade & Tarsila do Amaral*, São Paulo: Editora da Universidade de São Paulo; Instituto de Estudos Brasileiros, USP, 2001, p. 51.

36 Mário de Andrade, carta de 11 de janeiro de 1923 a Tarsila do Amaral, em: Aracy Amaral (org.), *Correspondência Mário de Andrade & Tarsila do Amaral*, op. cit., p. 58.

37 Aracy Amaral, *Correspondência Mário de Andrade & Tarsila do Amaral*, op. cit., p. 58n.

38 Mário de Andrade, *A escrava que não é Isaura*, em: *Obra imatura*, op. cit., p. 207.

39 Mário de Andrade, "Di Cavalcanti", em: *Fon Fon*, 1º de julho de 1922, p. 19.

40 André Salmon, "Picasso", op. cit., p. 63.

Voltemos à capa — agora, não de *Pauliceia*, mas do *Arlecchino* de Soffici.

Como se sabe, o exemplar do livro do escritor e artista italiano que pertencia a Mário de Andrade era a edição florentina das Edizioni della Voce. A primeira, de 1914, fora publicada pelas edições da *Lacerba*, revista literária fundada por Soffici e Giovanni Papini em 1913. Na capa dessa primeira edição não há qualquer imagem; apenas as informações básicas: autor, título, editora e ano. Entre uma capa e outra, Soffici, que conhecia Picasso desde quando havia morado em Paris nos primeiros anos do século XX e que já escrevera sobre o artista e amigo[41], visitou-o em seu novo estúdio na capital francesa, em 1914[42]. Não seria despropositado pensar que ele possa ter visto os desenhos preparatórios para a pintura *Arlequim*, do MoMA, ou até mesmo outros Arlequins picassianos.

Precisamente por volta de 1914 e 1915, Picasso retoma, em suas obras, essa personagem da *Commedia dell'arte*, com a qual já havia trabalhado à exaustão entre 1900 e 1905, quando fez dela um *alter ego* que podia ser visto tanto como parte da família de saltimbancos quanto bebendo num bar de Montmartre. Na década seguinte, quando retorna ao universo picassiano, o Arlequim perde um pouco da melancolia (tão mais afeita ao Pierrô) com a qual o artista o retratava e ganha dinamismo em composições que, muitas vezes, desmontam sua figura, tomando dela os elementos básicos constitutivos de sua roupa, como vimos anteriormente com a pintura *Arlequim* e com o desenho *Arlequim sentado segurando um livro*. Assim, nos trabalhos de Picasso da década de 1910, o Arlequim volta muito mais como uma *forma* do que como uma personagem. Algo similar acontece nos poemas de Mário de Andrade e também no livro de Soffici. Quanto a este último, embora o Arlequim seja referido no título, não há menção à personagem nos textos do livro, nem mesmo naquele intitulado "Arlecchino", em que Soffici narra brevemente cenas da vida, sendo a maior parte delas relativa às dores de amor — o que, curiosamente, no esquema das paixões da *Commedia dell'arte*, diria mais respeito à figura de Pierrô, com sua eterna tristeza pelo amor não correspondido de Colombina. Seria então uma evocação dos Arlequins pierróticos das fases azul e rosa de Picasso? O texto, contudo, se organiza de modo arlequinal: pela justaposição de uma série de fragmentos variados e, à primeira vista, desconexos[43].

E essa *forma* que tanto Picasso quanto Soffici e Mário extraem da figura do Arlequim vibra, dança, como dançavam os Arlequins de Edgar Degas, duas déca-

---

41 Cf. Ardengo Soffici, "Picasso e Braque", em: *La Voce*, 24 de agosto de 1911.

42 Em carta de 25 de maio de 1914 a Giuseppe Prezzolini, Soffici diz que visitou o estúdio de Picasso em Paris (Giuseppe Prezzolini; Ardengo Soffici, *Carteggio I: 1907-1918*, a cura di Mario Richter, Roma: Edizioni di Storia e Letteratura, 1977, p. 253).

43 Cf. "Arlecchino", em: Ardengo Soffici, *Arlecchino*, Firenze: Vallecchi Editore, 1921, pp. 77-89.

das e meia antes⁴⁴, ou aqueles de Jacques Callot, três séculos atrás⁴⁵. As capas de *Arlecchino* e *Pauliceia desvairada* sugerem o movimento: seja pelo ritmo ditado pelas linhas coloridas que geram os losangos enviesados da primeira, seja pela vibração sugerida pelo contraste das cores e pela própria distribuição irregular delas na segunda. Essa aproximação à dança era, a propósito, uma das características do Arlequim no tempo do escritor, artista e entomólogo francês Maurice Sand, quando ele publicou, em 1860, *Masques et bouffons*, grande estudo sobre a *Commedia dell'arte*: "Nosso Arlequim moderno é saltador, dançarino antes de tudo"⁴⁶. Característica esta que o ligava à imagem dos mais antigos Arlequins: "Em certas composições de Callot, vê-se, ao fundo, Arlequins que saltam, dançam e dão o salto carpado para trás"⁴⁷. E completa: "Assim, em seu tempo, o Arlequim era ainda dançarino nas praças públicas"⁴⁸.

Talvez não seja casual que o Arlequim vai aparecer até mesmo no pano de fundo que Picasso concebeu para o balé *Parade*, de Erik Satie, com libreto de Jean Cocteau (o qual, aliás, quando vai conhecer Picasso, se veste de Arlequim por saber do gosto do artista pela personagem⁴⁹), embora não haja, na peça musical, referência a essa figura. E eis outro acontecimento a se destacar entre a primeira e a segunda edição do *Arlecchino* de Soffici: Picasso, em fevereiro de 1917, faz sua primeira viagem à Itália, berço da *Commedia dell'arte*, para, junto a Cocteau, encontrar Serguei Diaguilev, que excursionava com os balés russos por cidades italianas. Nesse período, começa a desenvolver os figurinos e os cenários para *Parade*. Fixa-se em Roma e chega a visitar Nápoles. Não encontra Soffici, que estava naquele momento no *front* de batalha. Mas este fica sabendo da passagem do artista pelo país e do que ele estava produzindo então⁵⁰. Foi no estúdio que montou na Via Margutta, 53/b, que Picasso realizou duas grandes pinturas, *A italiana*, hoje na coleção Emil Bührle, de Zurique, e *Arlequim e mulher com colar*, pertencente à coleção do Centre Georges Pompidou. Sobre esta última, anotou Cocteau em seu caderno italiano: "sua obra-prima"⁵¹.

---

44 Vejam-se, por exemplo, as pinturas *Arlequim e Colombina* (c. 1884. Pastel sobre cartão, 41 x 41 cm. Galeria austríaca do Belvedere, Viena) e *Arlequim dançando* (c. 1890. Pastel sobre cartão, 52 x 63 cm. Museu Nacional de Belas Artes, Buenos Aires).

45 Cf. Jerome Robbins Dance Division, The New York Public Library, "Commedia dell'arte", *The New York Public Library Digital Collections*. 1600-1904. Disponível em: <https://digitalcollections.nypl.org/items/3ca15ac-0-05deb-0135-5ec4-4d2b65e46b0>.

46 Maurice Sand, *Masques et bouffons (comédie italienne), tome premier*, Paris: Michel Lévy Freres, 1860, p. 74.

47 *Ibid*.

48 *Ibid*.

49 Cf. John Richardson, *A Life of Picasso*, *op. cit.*, p. 384.

50 Em 21 de fevereiro de 1917, Giuseppe Prezzollini envia carta a Soffici contando que Picasso estará em Roma para pintar os cenários do balé russo (Giuseppe Prezzolini; Ardengo Soffici, *Carteggio I: 1907-1918, op. cit.*, p. 281). Em carta a Giovanni Papini, Soffici pede que este saúde Picasso em nome dele (*ibid.*).

51 Manuscrito de Jean Cocteau reproduzido por Valentina Moncada, *Picasso a Roma*, Milano: Electa, 2007, p. 54.

Voltemos mais uma vez — e por fim — à capa de *Pauliceia desvairada*.

Nela, todos os losangos têm as mesmas dimensões e, ao contrário dos da capa de Soffici, não são delimitados por contornos. A distribuição das cores, como já vimos, não obedece a um padrão regular — o que produz uma impressão de movimento, como se elas bailassem na superfície da página, numa dança também irregular, quebrada, que rompe com o ritmo esperado: numa palavra, desvairada. Não por acaso, o poeta, em "Paisagem nº 2", se identifica com o mais ousado dos bailarinos de então e concebe a cidade como palco dos balés vanguardistas de Diaghilev, que haviam se apresentado mais de uma vez no Brasil, não sem antes propor uma colaboração inédita entre o libretista de *Parade* e o principal teórico da música futurista: "Grande função ao ar livre!/ Bailado de Cocteau com os barulhadores de Russolo!/ Opus 1921./São Paulo é um palco de bailados russos./ Sarabandam a tísica, a ambição, as invejas, os crimes/ e também as apoteoses da ilusão.../ Mas o Nijinsky sou eu!". E termina a estrofe convocando à dança: "Quá, quá, quá! Vamos dançar o fox-trot da desesperança,/ a rir, a rir dos nossos desiguais"[52].

A vibração produzida pelo contraste das cores na capa de *Pauliceia desvairada* reflete a vibração que Mário de Andrade queria introduzir nos poemas. No "Prefácio interessantíssimo", Mário dedica várias páginas ao desenvolvimento de uma teoria da poesia aproximando-a à música, a maior parceira da dança. Afinal, afirma ele: "A poética está muito mais atrasada que a música"[53]. Isso porque, explica Mário, a música "abandonou, talvez mesmo antes do século 8, o regime da melodia quando muito oitavada, para enriquecer-se com os infinitos recursos da harmonia", enquanto a poética, "com rara exceção até meados do século 19 francês, foi essencialmente melódica". Ou seja, Mário estabelece uma contraposição entre a melodia e a harmonia, em favor desta última. A melodia é a sequência de sons que lida horizontalmente na pauta musical, ao passo que a harmonia é resultado da leitura vertical de uma partitura, o que resulta na combinação de diferentes sons, produzidos por diferentes instrumentos ou vozes. Mário assim a define numa fórmula: "Harmonia: combinação de sons simultâneos"; e mostra como essa combinação pode aparecer num poema: "Exemplo: 'Arroubos... Lutas... Setas... Cantigas... Povoar!...'"[54]. É por meio desta combinação inesperada ("poetas como músicos sempre sentiram o grande encanto da dissonância"[55]) que a palavra vibra:

---

52 Mário de Andrade, "Paisagem nº 2", em: *Paulicea desvairada, op. cit.*, p. 99.
53 *Idem*, "Prefácio interessantíssimo", *op. cit.*, p. 23.
54 *Ibid.*, p. 24.
55 *Ibid.*, p. 27.

> Estas palavras não se ligam. Não formam enumeração. Cada uma é frase, período elíptico, reduzido ao mínimo telegráfico.
>
> Se pronuncio "Arroubos", como não faz parte de frase (melodia), a palavra chama a atenção para seu insulamento e fica vibrando, à espera duma frase que lhe faça adquirir significado e QUE NÃO VEM. "Lutas" não dá conclusão alguma a "Arroubos"; e, nas mesmas condições, não fazendo esquecer a primeira palavra, fica vibrando com ela. As outras vozes fazem o mesmo. Assim: em vez de melodia (frase gramatical) temos acorde arpejado, harmonia — o verso harmônico.[56]

Ao tentar traduzir em termos de experiência cotidiana sua teoria poético-musical, Mário reitera a imagem da vibração:

> [...] si você já teve por acaso na vida um acontecimento forte, imprevisto (já teve, naturalmente) recorde-se do tumulto desordenado das muitas ideias que nesse momento lhe tumultuaram no cérebro. Essas ideias, reduzidas ao mínimo telegráfico da palavra, não se continuavam, porque não faziam parte de frase alguma, não tinham resposta, solução, continuidade. Vibravam, ressoavam, amontoavam-se, sobrepunham-se. Sem ligação, sem concordância aparente — embora nascidas do mesmo acontecimento — formavam, pela sucessão rapidíssima, verdadeira simultaneidade, verdadeiras harmonias acompanhando a melodia enérgica e larga do acontecimento.[57]

Explicando, por fim, o modo como se dá a compreensão dos versos por meio desse sistema harmônico, Mário alinha a música, a poesia e a dança:

> A realização da harmonia poética efetua-se na inteligência. A compreensão das artes do tempo nunca é imediata, mas mediata. Na arte do tempo coordenamos atos de memória consecutivos, que assimilamos num todo final. Este todo, resultante de estados de consciência sucessivos, dá a compreensão final, completa da música, poesia, dança terminada.[58]

Recuperando a expressão "audácia vertical" com a qual Mário de Andrade qualificou o Arlequim, diferenciando-o do Pierrô, e buscando compreender não apenas a expressão, mas também a capa do livro à luz dessa teoria poético-musical, podemos dizer que ambas adquirem um sentido também musical, em que partes variadas — desvairadas — se conjugam num todo dissonante.

---

56 *Ibid.*, pp. 24-5.
57 *Ibid.*, p. 28.
58 *Ibid.*, p. 27.

Não podemos deixar de notar ainda que há algo dessa passagem do Arlequim para o arlequinal que parece ecoar na distinção que Mário de Andrade faz, anos depois, entre *músico* e *musical*, no texto "Sejamos musicais", publicado originalmente na *Revista do Brasil*, em 1938:

> Repare-se a diferença entre dizer de alguém que é um músico e de outro alguém, que é um musical. É quase a mesma diferença que vai entre a sempre desilusória dádiva e a sempre ilusionista promessa. O músico é. É o ser que sabe música, é o elemento incomodativo da música. De mais a mais, por maior bem que eu queira ao meu amigo Villa-Lobos, ao meu querido amigo Camargo Guarnieri e outros seres polimelódicos de que tenho a experiência, o músico não deixará jamais de me causar um tal ou qual temor. Às vezes uma séria inquietação.
>
> Já o mundo dos "musicais" é muito mais pacífico, exatamente como entre os corteses de Confúcio. O indivíduo muito musical é exatamente a cortesia da música. É o ser de todas as curiosidades, de todas as esperanças e de todas as compreensões. Até no *facies* se nota a diferença. Todos nós já temos conhecimento de muitos músicos e de muitos musicais, pois reparem: se evocamos um músico, embora todos os músicos desse mundo já muito que tenham rido e sorrido para nós, nós os evocamos sérios. Ao passo que os musicais, estão sempre sorrindo. É o pacifismo, senhores. É a cortesia e a desistência da guerra, do profundo pensamento de Confúcio. Reparem: Beethoven é um músico, Mozart é um musical. E acho que jamais se explicou melhor a diferença entre esses dois batutas.[59]

É uma diferença entre o ser e o "sejamos" (declinação desejosa — e coletiva — do ser), entre o invariável e o variável, entre o estabelecido e o fluido, entre o estático e o dinâmico, entre o sério e o alegre. O musical e o arlequinal são móveis, inconstantes — e os encantos de ambos derivam precisamente desta característica.

A modo de coda, faço uma última observação: é curioso notar a força desta capa de *Pauliceia desvairada*: ela se impôs como uma espécie de imagem-síntese não apenas da poesia de Mário de Andrade como também, em certa medida, do modernismo brasileiro. A imitação de seu padrão ou a simples evocação dele tornam-se recorrentes nas edições sucessivas do livro e também na reunião das *Poesias completas* de Mário, bem como nos livros sobre ele e até mesmo em estudos sobre a Semana de 1922, como o de Marcos Augusto Gonçalves, que finge

---

59 Mário de Andrade, "Sejamos todos musicais", em: *Sejamos todos musicais: as crônicas na 3ª fase da Revista do Brasil*, São Paulo: Alameda, 2013, pp. 40-1. Devo a Eduardo Sterzi a lembrança dessa distinção que Mário de Andrade faz entre *músico* e *musical*.

reproduzir a capa de *Pauliceia desvairada*[60], porém, como uma observação mais atenta faz perceber, reduz o desvario da grade original de losangos coloridos, ao tornar mais definidos os contornos dos losangos, isolando-os em si mesmos, eliminando certa fluidez figurativa e cromática.

---

60  Marcos Augusto Gonçalves, *1922: a semana que não terminou*, São Paulo: Companhia das Letras, 2012.

*Regina Silveira*

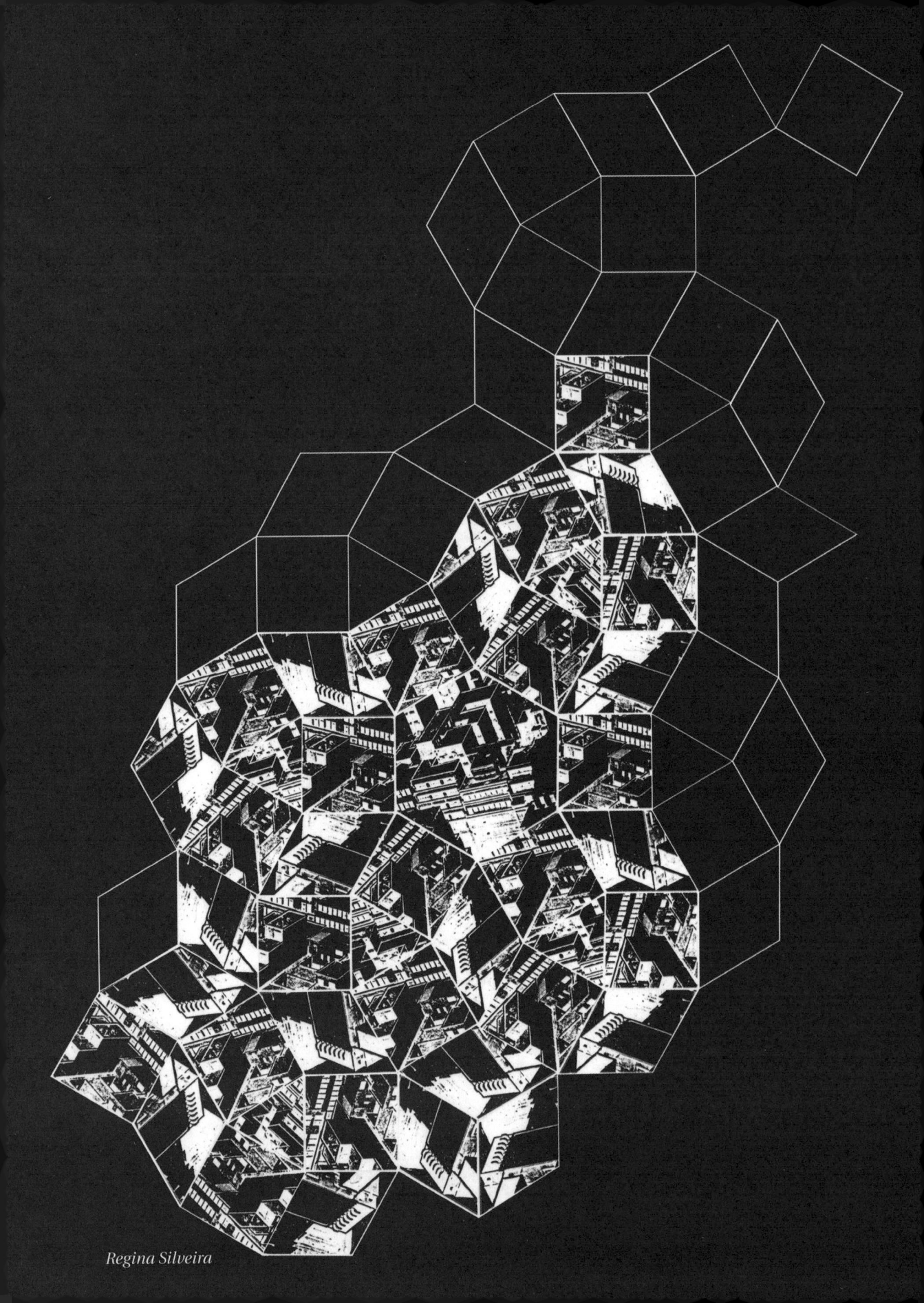

# *PAULICEIA DESVAIRADA*

*Dezembro de 1920
a
Dezembro de 1921*

Regina Silveira

## A MÁRIO DE ANDRADE

*Mestre querido.*

*Nas muitas horas breves que me fizestes ganhar
a vosso lado dizíeis da vossa confiança pela arte
livre e sincera... Não de mim, mas de vossa
experiência recebi a coragem da minha Verdade
e o orgulho do meu Ideal.
Permiti-me que ora vos oferte este livro que
de vós me veio. Prouvera Deus! nunca vos
perturbe a dúvida feroz de Adriano Sixte...
Mas não sei, Mestre, se me perdoareis a distância
mediada entre estes poemas e vossas altíssimas
lições... Recebei no vosso perdão o esforço
do escolhido por vós para único discípulo;
daquele que neste momento de martírio muito
a medo inda vos chama o seu Guia, o seu Mestre,
o seu Senhor.*

*Mário de Andrade
São Paulo, 14 de dezembro de 1921*

# PREFÁCIO INTERESSANTÍSSIMO

*Dans mon pays de fiel et d'or j'en suis la loi.*
E. Verhaeren

Leitor:
Está fundado o Desvairismo.

•

Este prefácio, apesar de interessante, inútil.

•

Alguns dados. Nem todos. Sem conclusões. Para quem me aceita são inúteis ambos. Os curiosos terão prazer em descobrir minhas conclusões, confrontando obra e dados. Para quem me rejeita trabalho perdido explicar o que, antes de ler, já não aceitou.

•

Quando sinto a impulsão lírica escrevo sem pensar tudo o que meu inconsciente me grita. Penso depois: não só para corrigir, como para justificar o que escrevi. Daí a razão deste PREFÁCIO INTERESSANTÍSSIMO.

•

Aliás muito difícil nesta prosa saber onde termina a blague, onde principia a seriedade. Nem eu sei.

•

E desculpe-me por estar tão atrasado dos movimentos artísticos atuais. Sou passadista, confesso. Ninguém pode se libertar duma só vez das teorias-avós que bebeu; e o autor deste livro seria hipócrita se pretendesse representar orientação moderna que ainda não compreende bem.

•

Livro evidentemente impressionista.
Ora, segundo modernos, erro grave o Impressionismo. Os arquitetos fogem do gótico como da arte nova, filiando-se, para além dos tempos históricos, nos volumes elementares: cubo, esfera, etc. Os pintores desdenham Delacroix como Whistler, para se apoiarem na calma construtiva de Rafael, de Ingres, do Greco. Na escultura Rodin é ruim, os imaginários africanos são bons. Os músicos desprezam Debussy, genuflexos diante da polifonia catedralesca de Palestrina e João Sebastião Bach. A poesia...
"tende a despojar o homem de todos os seus aspectos contingentes e efêmeros, para apanhar nele a humanidade"... Sou passadista, confesso.

•

"Este Alcorão nada mais é que uma embrulhada de sonhos confusos e incoerentes. Não é inspiração provinda de Deus, mas criada pelo autor. Maomé não é profeta, é um homem que faz versos. Que se apresente com algum sinal revelador do seu destino, como os antigos profetas". Talvez digam de mim o que disseram do criador de Alá. Diferença cabal entre nós dois: Maomé apresentava-se como profeta; julguei mais conveniente apresentar-me como louco.

•

Você já leu São João Evangelista? Walt Whitman? Mallarmé? Verhaeren?

•

Perto de dez anos metrifiquei, rimei. Exemplo?

## ARTISTA

O meu desejo é ser pintor — Lionardo,
cujo ideal em piedades se acrisola;
fazendo abrir-se ao mundo a ampla corola
do sonho ilustre que em meu peito guardo...

Meu anseio é, trazendo ao fundo pardo
da vida, a cor da veneziana escola,
dar tons de rosa e de ouro, por esmola,
a quanto houver de penedia ou cardo.

Quando encontrar o manancial das tintas
e os pincéis exaltados com que pintas,
Veronese! teus quadros e teus frisos,

irei morar onde as Desgraças moram;
e viverei de colorir sorrisos
nos lábios dos que imprecam ou que choram!

Os srs. Laurindo de Brito, Martins Fontes, Paulo Setúbal, embora não tenham evidentemente a envergadura de Vicente de Carvalho ou de Francisca Júlia, publicam seus versos. E fazem muito bem. Podia, como eles, publicar meus versos metrificados.

•

Não sou futurista (de Marinetti). Disse e repito-o. Tenho pontos de contato com o futurismo. Oswald de Andrade, chamando-me de futurista, errou. A culpa é minha. Sabia da existência do artigo e deixei que saísse. Tal foi o escândalo, que desejei a morte do mundo. Era vaidoso. Quis sair da obscuridade. Hoje tenho orgulho. Não me pesaria reentrar na obscuridade. Pensei que se discutiriam minhas ideias (que nem são minhas): discutiram minhas intenções. Já agora não me calo. Tanto ridicularizariam meu silêncio como esta grita. Andarei a vida de braços no ar, como o *Indiferente* de Watteau.

•

"Alguns leitores ao lerem estas frases (poesia citada) não compreenderam logo. Creio mesmo que é impossível compreender inteiramente à primeira leitura pensamentos assim esquematizados sem uma certa prática. Nem é nisso que um poeta pode queixar-se dos seus leitores. No que estes se tornam condenáveis é em não pensar que um autor que assina não escreve asnidades pelo simples

prazer de experimentar tinta; e que, sob essa extravagância aparente
havia um sentido porventura interessantíssimo, que havia qualquer
coisa por compreender". João Epstein.

•

Há neste mundo um senhor chamado Zdislas Milner. Entretanto
escreveu isto: "O fato duma obra se afastar de preceitos e regras
aprendidas, não dá a medida do seu valor". Perdoe-me dar algum valor
a meu livro. Não há pai que, sendo pai, abandone o filho corcunda que
se afoga, para salvar o lindo herdeiro do vizinho. A ama-de-leite
do conto foi uma grandíssima cabotina desnaturada.

•

Todo escritor acredita na valia do que escreve. Se mostra é por vaidade.
Se não mostra é por vaidade também.

•

Não fujo do ridículo. Tenho companheiros ilustres.

•

O ridículo é muitas vezes subjetivo. Independe do maior ou menor
alvo de quem o sofre. Criamo-lo para vestir com ele quem fere nosso
orgulho, ignorância, esterilidade.

•

Um pouco de teoria?
Acredito que o lirismo, nascido no subconsciente, acrisolado num
pensamento claro ou confuso, cria frases que são versos inteiros,
sem prejuízo de medir tantas sílabas, com acentuação determinada.
Entroncamento é sueto para os condenados da prisão alexandrina. Há
porém raro exemplo dele neste livro. Uso de cachimbo...

•

A inspiração é fugaz, violenta. Qualquer empecilho a perturba e mesmo emudece. Arte, que, somada a Lirismo, dá Poesia[1], não consiste em prejudicar a doida carreira do estado lírico para avisá-lo das pedras e cercas de arame do caminho. Deixe que tropece, caia e se fira. Arte é mondar mais tarde o poema de repetições fastientas, de sentimentalidades românticas, de pormenores inúteis ou inexpressivos.

•

Que Arte não seja porém limpar versos de exageros coloridos. Exagero: símbolo sempre novo da vida como do sonho. Por ele vida e sonho se irmanam. E, consciente, não é defeito, mas meio legítimo de expressão.

•

"O vento senta no ombro das tuas velas!" Shakespeare. Homero já escrevera que a terra mugia debaixo dos pés de homens e cavalos. Mas você deve saber que há milhões de exageros na obra dos mestres.

•

Taine disse que o ideal dum artista consiste em "apresentar, mais que os próprios objetos, completa e claramente qualquer característica essencial e saliente deles, por meio de alterações sistemáticas das relações naturais entre as suas partes, de modo a tornar essa característica mais visível e dominadora". O sr. Luís Carlos, porém, reconheço que tem o direito de citar o mesmo em defesa das suas "Colunas".

•

Já raciocinou sobre o chamado "belo horrível"? É pena. O belo horrível é uma escapatória criada pela dimensão da orelha de certos filósofos para justificar a atração exercida, em todos os tempos, pelo feio sobre os artistas. Não me venham dizer que o artista, reproduzindo o feio, o horrível, faz obra bela. Chamar de belo o que é feio, horrível, só

---

[1] Lirismo + Arte = Poesia, fórmula de Paul Dermée.

porque está expressado com grandeza, comoção, arte, é desvirtuar ou desconhecer o conceito da beleza. Mas feio = pecado... Atrai. Anita Malfatti falava-me outro dia no encanto sempre novo do feio. Ora Anita Malfatti ainda não leu Emílio Bayard: "O fim lógico dum quadro é ser agradável de ver. Todavia comprazem-se os artistas em exprimir o singular encanto da feiura. O artista sublima tudo".

•

Belo da arte: arbitrário, convencional, transitório — questão de moda. Belo da natureza: imutável, objetivo, natural — tem a eternidade que a natureza tiver. Arte não consegue reproduzir natureza, nem este é seu fim. Todos os grandes artistas, ora consciente (Rafael das Madonas, Rodin do *Balzac*, Beethoven da *Pastoral*, Machado de Assis do *Brás Cubas*), ora inconscientemente (a grande maioria) foram deformadores da natureza. Donde infiro que o belo artístico será tanto mais artístico, tanto mais subjetivo quanto mais se afastar do belo natural. Outros infiram o que quiserem. Pouco me importa.

•

Nossos sentidos são frágeis. A percepção das coisas exteriores é fraca, prejudicada por mil véus, provenientes das nossas taras físicas e morais: doenças, preconceitos, indisposições, antipatias, ignorâncias, hereditariedade, circunstâncias de tempo, de lugar, etc... Só idealmente podemos conceber os objetos como os atos na sua inteireza bela ou feia. A arte que, mesmo tirando os seus temas do mundo objetivo, desenvolve-se em comparações afastadas, exageradas, sem exatidão aparente, ou indica os objetos, como um universal, sem delimitação qualificativa nenhuma, tem o poder de nos conduzir a essa idealização livre, musical. Esta idealização livre, subjetiva, permite criar todo um ambiente de realidades ideais onde sentimentos, seres e coisas, belezas e defeitos se apresentam na sua plenitude heroica, que ultrapassa a defeituosa percepção dos sentidos. Não sei que futurismo pode existir em quem quase perfilha a concepção estética de Fichte. Fujamos da natureza! Só assim a arte não se ressentirá da ridícula fraqueza da fotografia... colorida.

•

Não acho mais graça nenhuma nisso da gente submeter comoções a um leito de Procusto para que obtenham, em ritmo convencional, número convencional de sílabas. Já, primeiro livro, usei indiferentemente, sem obrigação de retorno periódico, os diversos metros pares. Agora liberto-me também desse preconceito. Adquiro outros. Razão para que me insultem?

•

Mas não desdenho balouços dançarinos de redondilhas e decassílabos. Acontece a comoção caber neles. Entram pois às vezes no cabaré rítmico dos meus versos. Nesta questão de metros não sou aliado; sou como a Argentina: enriqueço-me.

•

Sobre a ordem? Repugna-me, com efeito, o que Musset chamou: "L'art de servir à point un dénouement bien cuit".

•

Existe a ordem dos colegiais infantes que saem das escolas de mãos dadas, dois a dois. Existe uma ordem nos estudantes das escolas superiores que descem uma escada de quatro em quatro degraus, chocando-se lindamente. Existe uma ordem, inda mais alta, na fúria desencadeada dos elementos.

•

Quem leciona História do Brasil obedecerá a uma ordem que, certo, não consiste em estudar a guerra do Paraguai antes do ilustre acaso de Pedro Álvares. Quem canta seu subconsciente seguirá a ordem imprevista das comoções, das associações de imagens, dos contatos exteriores. Acontece que o tema às vezes descaminha.

•

O impulso lírico clama dentro de nós como turba enfuriada. Seria engraçadíssimo que a esta se dissesse: "Alto lá! Cada qual berre por sua vez; e quem tiver o argumento mais forte, guarde-o para o fim!" A turba é confusão aparente. Quem souber afastar-se idealmente dela, verá o imponente desenvolver-se dessa alma coletiva, falando a retórica exata das reivindicações.

•

Minhas reivindicações? Liberdade. Uso dela; não abuso. Sei embridá-la nas minhas verdades filosóficas e religiosas; porque verdades filosóficas, religiosas, não são convencionais como a Arte, são verdades. Tanto não abuso! Não pretendo obrigar ninguém a seguir-me. Costumo andar sozinho.

•

Virgílio, Homero, não usaram rima. Virgílio, Homero, têm assonâncias admiráveis.

•

A língua brasileira é das mais ricas e sonoras.
E possui o admirabilíssimo "ão".

•

Marinetti foi grande quando redescobriu o poder sugestivo, associativo, simbólico, universal, musical da palavra em liberdade. Aliás: velha como Adão. Marinetti errou: fez dela sistema. É apenas auxiliar poderosíssimo. Uso palavras em liberdade. Sinto que o meu copo é grande demais para mim, e inda bebo no copo dos outros.

•

Sei construir teorias engenhosas. Quer ver?
A poética está muito mais atrasada que a música. Esta abandonou, talvez mesmo antes do século 8, o regime da melodia quando muito oitavada, para enriquecer-se com os infinitos recursos da harmonia. A poética, com rara exceção até meados do século 19 francês, foi essencialmente melódica. Chamo de verso melódico o mesmo que melodia musical: arabesco horizontal de vozes (sons) consecutivas, contendo pensamento inteligível. Ora, se em vez de unicamente usar versos melódicos horizontais:

> "Mnezarete, a divina, a pálida Frineia,
> Comparece ante a austera e rígida assembleia
> Do Areópago supremo..."

fizermos que se sigam palavras sem ligação imediata entre si: estas palavras, pelo fato mesmo de se não seguirem intelectual, gramaticalmente, se sobrepõem umas às outras, para a nossa sensação, formando, não mais melodias, mas harmonias.
Explico melhor:
Harmonia: combinação de sons simultâneos. Exemplo:

> "Arroubos... Lutas... Setas... Cantigas... Povoar!..."

Estas palavras não se ligam. Não formam enumeração. Cada uma é frase, período elíptico, reduzido ao mínimo telegráfico. Se pronuncio "Arroubos", como não faz parte de frase (melodia), a palavra chama a atenção para seu insulamento e fica vibrando, *à espera duma frase que lhe faça adquirir significado e QUE NÃO VEM*. "Lutas" não dá conclusão alguma a "Arroubos"; e, nas mesmas condições, não fazendo esquecer a primeira palavra, fica vibrando com ela. As outras vozes fazem o mesmo. Assim: em vez de melodia (frase gramatical) temos acorde arpejado, harmonia, — o verso harmônico.
Mas, se em vez de usar só palavras soltas, uso frases soltas: mesma sensação de superposição, não já de palavras (notas) mas de frases (melodias). Portanto: polifonia poética.
Assim, em *Pauliceia desvairada* usam-se o verso melódico:

> "São Paulo é um palco de bailados russos";

o verso harmônico:

> "A cainçalha... A Bolsa... As jogatinas...";

e a polifonia poética (um e às vezes dois e mesmo mais versos consecutivos):

> "A engrenagem trepida... A bruma neva..."

Que tal? Não se esqueça porém que outro virá destruir tudo isto que construí.

Para ajuntar à teoria:

## 1º
Os gênios poéticos do passado conseguiram dar maior interesse ao verso melódico, não só criando-o mais belo, como fazendo-o mais variado, mais comotivo, mais imprevisto. Alguns mesmo conseguiram formar harmonias, por vezes ricas. Harmonias porém inconscientes,

esporádicas. Provo inconsciência: Victor Hugo, muita vez harmônico, exclamou depois de ouvir o quarteto do *Rigoletto*: "Façam que possa combinar simultaneamente várias frases e verão de que sou capaz". Encontro anedota em Galli, *Estética musical*. Se non é vero...

2.º
Há certas figuras de retórica em que podemos ver embrião da harmonia oral, como na lição das sinfonias de Pitágoras encontramos germe da harmonia musical. Antítese — genuína dissonância. E se tão apreciada é justo porque poetas como músicos, sempre sentiram o grande encanto da dissonância, de que fala G. Migot.

3.º
Comentário à frase de Hugo. Harmonia oral não se realiza, como a musical, nos sentidos, porque palavras não se fundem como sons, antes baralham-se, tornam-se incompreensíveis. A realização da harmonia poética efetua-se na inteligência. A compreensão das artes do tempo nunca é imediata, mas mediata. Na arte do tempo coordenamos atos de memória consecutivos, que assimilamos num todo final. Este todo, resultante de estados de consciência sucessivos, dá a compreensão final, completa da música, poesia, dança terminada. Victor Hugo errou querendo realizar objetivamente o que se realiza subjetivamente, dentro de nós.

4.º
Os psicólogos não admitirão a teoria... É responder-lhes com o SÓ-QUEM-AMA de Bilac. Ou com os versos de Heine de que Bilac tirou o SÓ-QUEM-AMA. Entretanto: se você já teve por acaso na vida um acontecimento forte, imprevisto (já teve, naturalmente) recorde-se do tumulto desordenado das muitas ideias que nesse momento lhe tumultuaram no cérebro. Essas ideias, reduzidas ao mínimo telegráfico da palavra, não se continuavam, porque não faziam parte de frase alguma, não tinham resposta, solução, continuidade. Vibravam, ressoavam, amontoavam-se, sobrepunham-se. Sem ligação, sem concordância aparente — embora nascidas do mesmo acontecimento — formavam, pela sucessão rapidíssima, verdadeira simultaneidade, verdadeiras harmonias acompanhando a melodia enérgica e larga do acontecimento.

5º

Bilac, *Tarde*, é muitas vezes tentativa de harmonia poética. Daí, em parte ao menos, o estilo novo do livro. Descobriu, para a língua brasileira, a harmonia poética, antes dele empregada raramente (Gonçalves Dias, genialmente, na cena da luta, I-JUCA-PIRAMA). O defeito de Bilac foi não metodizar o invento; tirar dele todas as consequências. Explica-se historicamente seu defeito: *Tarde* é um apogeu. As decadências não vêm depois dos apogeus. O apogeu já é decadência, porque sendo estagnação não pode conter em si um progresso, uma evolução ascensional. Bilac representa uma fase destrutiva da poesia; porque toda perfeição em arte significa destruição. Imagino o seu susto, leitor, lendo isto. Não tenho tempo para explicar: estude, se quiser. O nosso primitivismo representa uma nova fase construtiva. A nós compete esquematizar, metodizar as lições do passado.
Volto ao poeta. Ele fez como os criadores do organum medieval: aceitou harmonias de quartas e de quintas desprezando terceiras, sextas, todos os demais intervalos. O número das suas harmonias é muito restrito. Assim,

"[...] o ar e o chão, a fauna e a flora,

a erva e o pássaro, a pedra e o tronco, os ninhos e a hera,

a água e o réptil, a folha e o inseto, a flor e a fera"

dá impressão duma longa, monótona série de quintas medievais, fastidiosa, excessiva, inútil, incapaz de sugestionar o ouvinte e dar-lhe a sensação do crepúsculo na mata.[2]

•

Lirismo: estado afetivo sublime — vizinho da sublime loucura. Preocupação de métrica e de rima prejudica a naturalidade livre do lirismo objetivado. Por isso poetas sinceros confessam nunca ter escrito seus melhores versos. Rostand por exemplo; e, entre nós, mais ou menos, o sr. Amadeu Amaral. Tenho a felicidade de escrever meus melhores versos. Melhor do que isso não posso fazer.

•

---

[2] Há 6 ou 8 meses expus esta teoria aos meus amigos. Recebo agora, dezembro, número 11 e 12, novembro, da revista *Esprit Nouveau*. Aliás *Esprit Nouveau*: minhas andas neste PREFÁCIO INTERESSANTÍSSIMO. Epstein, continuando o estudo O FENÔMENO LITERÁRIO observa o harmonismo moderno, a que denomina simultaneísmo. Acha-o interessante, mas diz que é 'utopia fisiológica'. Epstein no mesmo erro de Hugo.

Ribot disse algures que inspiração é telegrama cifrado transmitido pela atividade inconsciente à atividade consciente que o traduz. Essa atividade consciente pode ser repartida entre poeta e leitor. Assim aquele não escorcha e esmiúça friamente o momento lírico; e bondosamente concede ao leitor a glória de colaborar nos poemas.

•

"A linguagem admite a forma dubitativa que o mármore não admite". Renan.

•

"Entre o artista plástico e o músico está o poeta, que se avizinha do artista plástico com a sua produção consciente, enquanto atinge as possibilidades do músico no fundo obscuro do inconsciente". De Wagner.

•

Você está reparando de que maneira costumo andar sozinho...

•

Dom Lirismo, ao desembarcar do Eldorado do Inconsciente no cais da terra do Consciente, é inspecionado pela visita médica, a Inteligência, que o alimpa dos macaquinhos e de toda e qualquer doença que possa espalhar confusão, obscuridade na terrinha progressista. Dom Lirismo sofre mais uma visita alfandegária, descoberta por Freud, que a denominou Censura. Sou contrabandista! E contrário à lei da vacina obrigatória.

•

Parece que sou todo instinto... Não é verdade. Há no meu livro, e não me desagrada, tendência pronunciadamente intelectualista. Que quer você? Consigo passar minhas sedas sem pagar direitos. Mas é psicologicamente impossível livrar-me das injeções e dos tônicos.

•

A gramática apareceu depois de organizadas as línguas. Acontece que meu inconsciente não sabe da existência de gramáticas, nem de línguas organizadas. E como Dom Lirismo é contrabandista...

•

Você perceberá com facilidade que se na minha poesia a gramática às vezes é desprezada, graves insultos não sofre neste prefácio interessantíssimo. Prefácio: rojão do meu eu superior. Versos: paisagem do meu eu profundo.

•

Pronomes? Escrevo brasileiro. Se uso ortografia portuguesa é porque, não alterando o resultado, dá-me uma ortografia.

•

Escrever arte moderna não significa jamais para mim representar a vida atual no que tem de exterior: automóveis, cinema, asfalto. Se estas palavras frequentam-me o livro não é porque pense com elas escrever moderno, mas porque sendo meu livro moderno, elas têm nele sua razão de ser.

•

Sei mais que pode ser moderno artista que se inspire na Grécia de Orfeu ou na Lusitânia de Nun'Álvares. Reconheço mais a existência de temas eternos, passíveis de afeiçoar pela modernidade: universo, pátria, amor e a presença-dos-ausentes, ex-gozo-amargo-de-infelizes.

•

Não quis também tentar primitivismo vesgo e insincero. Somos na realidade os primitivos duma era nova. Esteticamente: fui buscar entre as hipóteses feitas por psicólogos, naturalistas e críticos sobre os primitivos das eras passadas, expressão mais humana e livre de arte.

•

O passado é lição para se meditar, não para reproduzir.
    "E tu che se' costì, anima viva,
    Pàrtiti da cotesti che son morti".

•

Por muitos anos procurei-me a mim mesmo. Achei. Agora não me digam que ando à procura da originalidade, porque já descobri onde ela estava, pertence-me, é minha.

●

Quando uma das poesias deste livro foi publicada, muita gente me disse: "Não entendi". Pessoas houve porém que confessaram: "Entendi, mas não senti". Os meus amigos... percebi mais duma vez que sentiam, mas não entendiam. Evidentemente meu livro é bom.

●

Escritor de nome disse dos meus amigos e de mim que ou éramos gênios ou bestas. Acho que tem razão. Sentimos, tanto eu como meus amigos, o anseio do farol. Se fôssemos tão carneiros a ponto de termos escola coletiva, esta seria por certo o "Farolismo". Nosso desejo: alumiar. A extrema-esquerda em que nos colocamos não permite meio-termo. Se gênios: indicaremos o caminho a seguir; bestas: naufrágios por evitar.

●

Canto da minha maneira. Que me importa se me não entendem? Não tenho forças bastantes para me universalizar? Paciência. Com o vário alaúde que construí, me parto por essa selva selvagem da cidade. Como o homem primitivo cantarei a princípio só. Mas canto é agente simpático: faz renascer na alma dum outro predisposto ou apenas sinceramente curioso e livre, o mesmo estado lírico provocado em nós por alegrias, sofrimentos, ideais. Sempre hei-de achar também algum, alguma que se embalarão à cadência libertária dos meus versos. Nesse momento: novo Anfião moreno e caixa-d'óculos, farei que as próprias pedras se reúnam em muralhas à magia do meu cantar. E dentro dessas muralhas esconderemos nossa tribo.

●

Minha mão escreveu a respeito deste livro que "não tinha e não tem nenhuma intenção de o publicar". *Jornal do Comércio*, 6 de junho. Leia frase de Gourmont sobre contradição: 1° volume das *Promenades littéraires*. Rui Barbosa tem sobre ela página lindíssima, não me recordo onde. Há umas palavras também em João Cocteau, *La noce massacrée*.

●

Mas todo este prefácio, com todo o disparate das teorias que contém, não vale coisíssima nenhuma. Quando escrevi *Pauliceia desvairada* não pensei em nada disto. Garanto porém que chorei, que cantei, que ri, que berrei... Eu vivo!

•

Aliás versos não se escrevem para leitura de olhos mudos. Versos cantam-se, urram-se, choram-se. Quem não souber cantar não leia PAISAGEM N° 1. Quem não souber urrar não leia ODE AO BURGUÊS. Quem não souber rezar, não leia RELIGIÃO. Desprezar: A ESCALADA. Sofrer: COLLOQUE SENTIMENTAL. Perdoar: a cantiga do berço, um dos solos de Minha Loucura, das ENFIBRATURAS DO IPIRANGA. Não continuo. Repugna-me dar a chave de meu livro. Quem for como eu tem essa chave.

•

E está acabada a escola poética. "Desvairismo".

•

Próximo livro fundarei outra.

•

E não quero discípulos. Em arte: escola = imbecilidade de muitos para vaidade dum só.

•

Poderia ter citado Gorch Fock. Evitava o PREFÁCIO INTERESSANTÍSSIMO. "Toda canção de liberdade vem do cárcere".

# Prefácio interessantíssimo

*Raul Antelo*

## A lei

Em um velho ensaio de 1980, o poeta Jean-Marie Gleize associava a escrita de um prefácio à prática de um manifesto, na medida em que ambos são atravessados por um desejo de teoria, isto é, uma ambição de ordem. Trata-se de "metodizar" (um verbo muito Mário de Andrade) o campo institucional, nele intervindo para uma correta e eficaz ação política. Busca-se, no fundo, legitimar e fortalecer uma incursão bastarda e anárquica, passando do hábito desviante à lei geral e, consequentemente, fornecendo palavras de ordem para a ocupação de novos espaços. Formalmente, o manifesto é o limite do prefácio, já que ambos pressupõem um misto de registros, didático-pedagógico-polêmicos, que, no caso do manifesto, se potencializam e completam entre si. Funcionalmente, porém, todo manifesto é um prefácio, visto que serve de proposta geral para um conjunto de obras potenciais: ele é um arquiprefácio. Mas cada prefácio indica também a insistência ou consistência do campo, já que, existindo manifesto prévio, dispensa-se o prefácio específico. Portanto, se há prefácio e se, além do mais, ele é *interessantíssimo*, é porque ele funciona de fato como primeiro manifesto.

Discurso prescritivo, ele tanto declara a verdade quanto a combate, traçando um gesto peremptório e performativo. O prefácio é um discurso matricial, em primeira pessoa, que busca, entretanto, de maneira insidiosa (sub-reptícia ou confrontativa com a crítica corriqueira) o consentimento do leitor: "*les préfaces, comme les manifestes ne cessent d'écrire l'histoire de la littérature, — sur le mode, du récit mythique*"[1]. Mas o prefácio é também um discurso suicida: ele se anula na obra que ele mesmo anuncia, ao passo que o manifesto, pelo contrário, absolutiza-se sem exterior. Talvez, nessa compreensão do discurso prefacial, Gleize tenha vislumbrado o que mais recentemente passou a chamar de *pós-poesia*, um ultrapassamento do lírico[2], que acrescenta mais um paradoxo à escrita que nos ocupa.

Vamos, portanto, *mondar* (outro verbo muito Mário) o nosso arquimanifesto. A epígrafe do prefácio, "*Dans mon pays de fiel et d'or j'en suis la loi*", é retirada do

---

1 Jean-Marie Gleize, "Manifestes, préfaces: sur quelques aspects du prescriptif", *Littérature*, Paris: 1980, nº 39, p. 16.
2 *Idem*, "La Post-poésie: un travail d'investigation-élucidation", *Matraga*, Rio de Janeiro: jul.-dez. 2010, vol. 17, nº 27, pp. 121-33; *idem*, "Poesia poor, respostas", *Alea*, trad. Alexandre Rosa, Rio de Janeiro: 2013, vol. 15, nº 2, pp. 438-48.

terceiro verso da última estrofe do poema *"Celui du rien"*, do poeta belga Émile Verhaeren[3]. A lei poética define-se, portanto, equidistante, tanto da bílis negra e melancólica quanto do brilho histérico e estridente da modernidade. Pouco antes desse poema, porém, em abril de 1887, Verhaeren estabelecera que o único mestre simbolista era Mallarmé. Analisando a pintura de Fernand Khnopff, ele sustenta a tese de que o simbolismo grego era a simples concreção do abstrato; porém, o simbolismo moderno procura a abstração do concreto e por isso mesmo ele se opõe à análise microscópica e minuciosa do naturalismo, muito embora acate, mesmo que parcialmente, a filosofia de Taine, que busca afiançar a subjetividade (*moi*) por meio da regularidade (*loi*)[4]. É consciente, contudo, de que a filosofia francesa (Comte, Littré) é positivista, ao passo que a alemã (Kant, Fichte) sustenta a pesquisa simbolista e, mais tarde, a expressionista[5]. Na medida em que o mundo é um pretexto para a ideia, o simbolismo restaura a subjetividade na arte, em vez do objetivismo naturalista, e se define como *"art de pensée, de réflexion, de combinaison, de volonté, donc"*. Mas, longe de fixar um antagonismo dualista entre subjetividade e objetividade, entre simbolismo e naturalismo, *la loi* de Verhaeren desconstrói a dialética franco-alemã e, sem ceder ao improviso, dissemina os traços da nova estética criacionista para a qual carece considerar a frase como algo vivo, autônomo, existente por sua própria linguagem, movida por posição sutil, sábia e sensível e, acima de tudo, ora apoiada, ora lançada, ora brilhante ou meiga, ora crispada ou deslizante e mesmo parada, organismo, criação,

---

3  Émile Verhaeren, *Les Apparus dans mes chemins: Poèmes*, vol. III, 7ª ed., Paris: Mercure de France, 1912.

4  "Taine disse que o ideal dum artista consiste em 'apresentar, mais que os próprios objetos, completa e claramente qualquer característica essencial e saliente deles, por meio de alterações sistemáticas das relações naturais entre as suas partes, de modo a tornar essa característica mais visível e dominadora'". Nessa passagem, Mário glosa a argumentação *"De la nature de l'œuvre d'art"*, desenvolvida na *Philosophie de l'art*, de Hippolyte A. Taine (23ª ed., Paris: Hachette, t. I, cap. V, pp. 41-2). Nesse ponto, Taine, quem, no dizer de Foucault, tentou fazer da psicologia uma filosofia equiparada à mitologia positivista, não é menos ambivalente do que Andrade, já que no texto lido por Mário, que reúne seus cursos na Escola de Belas Artes, busca não só estabelecer as condições de elaboração da obra artística mas, fundamentalmente, fixar as leis (*la loi*...) de sua produção a partir da premissa de Comte de um processo tripartite: imitação/idealização/expressão, ensaiando, assim, uma homologação de três teorias, a da linguagem, a do signo e a da arte, ambição que seria, mais adiante, refutada por Cassirer, quem argumentava que Taine pretendia deduzir e explicar o mundo das formas artísticas a partir das forças físicas, as tais "relações naturais entre as suas partes" do "Prefácio". Cf. Ernst Cassirer, *Logique des sciences de la culture: Cinq études*, trad. Jean Carro e Joël Gaubert, Paris: Éditions du Cerf, 2007, pp. 174-5. Há, contudo, uma outra variável que fica tácita, ou como diria Andrade, "sequestrada", que a poesia se vinculasse irrestritamente ao gozo, nem à *loi* nem a *moi*, porém, a *joi*, "al progetto trobadorico di attingere in un'esperienza terrena il 'dolce gioco' dell'innocente amore edenico, quel joi che per il Dante della Commedia, resta precluso alla condizione umana". Cf. Giorgio Agamben, "L'erotica dei trovatori", *Settanta*, Milão, jan.-mar. 1975, a. 6, nº 1, pp. 85-8.

5  Gottfried Benn, que admitia tê-lo devorado, na tradução de Stefan Zweig, observa em "Problemas da lírica" (1951) que a poesia moderna devota ao processo da criação toda a atenção antes voltada à própria obra, gerando assim o paradoxo de que a reificação do processo criativo nasce da recusa de reificação inscrita na obra de arte. Essa "ironia romântica" perpetua-se ainda em vanguardas posteriores, dadaístas e situacionistas. Ver Hubert Roland, "Un Verhaeren expressionniste. La traduction allemande des Blés mouvants (Die wogende Saat, 1914-1917) par Paul Zech", *Textyles: Revue des lettres belges de langue française*, Hévillers: 2017, nº 50-51, pp. 89-102 (*Verhaeren en son temps*).

corpo e alma extraídos de si e tão perfeitamente criados, e até mesmo mais imortais, certamente, que o próprio criador[6].

Observando então, com parcimônia, *la loi* de Verhaeren, equidistante de *fiel* (socialismo) e *or* (anarquismo), ou antes, fusionando ambos os extremos num efeito *heautontimoroumenos*, ela também postula, com Mallarmé, que nomear um objeto é suprimir três quartos do prazer do poema que consiste em ir adivinhando pouco a pouco, ou seja, sugerir. Outro não é o sonho de quem escreve. É a perfeita utilização desse mistério que constitui o símbolo: evocar aos poucos um objeto para mostrar um estado de alma ou, inversamente, escolher um objeto e extrair dele um estado de alma, através de uma série de adivinhas[7]. É por isso que o método de Mário de Andrade, não só na poesia, mas até mesmo na rapsódia de *Macunaíma*, nada tem de surrealista, como ele próprio admite em carta a Alceu Amoroso Lima:

> Poesia [pra] mim é e tem que ser arte, e portanto, sujeitar-se a todas, se quiserem, misérias da construção do artista, correções, rebusca de efeitos, de originalidade (no bom sentido possível do termo) etc. etc. Estou, como você vê, e sem [pejo] mais próximo dum Mallarmé. E principalmente mais próximo de Rilke e [certos] outros alemães.[8]

Nada inocente, a epígrafe condensa, portanto, o jogo da leitura, que o próprio Verhaeren definira, *vis-à-vis*, com Mallarmé:

> J'ai souvent songé, en lisant *Pages* à ces miroirs placés les uns en face des autres et qui, au bout de leur avenue de clarté, répercutent certes la même image toujours mais combien différente en chacune de leurs cloisons transparentes. De même les phrases approfondies de Mallarmé. Chacune reflète la donnée une, idée ou sentiment, de l'ensemble, mais différemment et la concentrant et comme la suçant vers un dernier foyer, là-bas.[9]

---

[6] *Considérer la phrase comme une chose vivante par elle-même, indépendante, existant par ses mots, mue par leur subtile, savante et sensitive position, et debout, et couchée, et marchant, et emportée, et éclatante, et terne, et nerveuse, et flasque, et roulante, et stagnante: organisme, création, corps et âme tirés de soi et si parfaitement créés, plus immortels certes que leur créateur.* Émile Verhaeren, "Un peintre symboliste", *L'Art moderne*, Bruxelas, abr. 1887, nº 24, pp. 129-31, recuperado como "Le symbolisme", em: *Impressions*, Paris: Mercure de France, 1928, p. 116. Verhaeren teve enorme participação na imprensa belga, desde *La Nation* e *Le National*, jornais liberais progressistas, o católico dissidente *Le progrès*, o periódico anarquista *La société nouvelle* ou as revistas mais artísticas ou literárias, como *La Jeune Belgique* (1881-97) e *L'Art moderne* (1882-1913). A análise que Verhaeren ali realiza em relação a Fernand Khnopff logo reaparecerá nas interpretações de Van Gogh (ou mesmo Gauguin) formuladas por Aurier ("Les Isolés: Vincent Van Gogh", em: *Mercure de France*, jan. 1890, pp. 24-9), bem como na leitura que Camille Mauclair faz de Albert Besnard na *Revue indépendante* (1891). Para os aspectos políticos, cf. Paul Aron, *Les Écrivains belges et le socialisme (1880-1913): L'expérience de l'art social: d'Edmond Picard à Émile Verhaeren*, Bruxelles: Labor, 1985.

[7] Stéphane Mallarmé, *Œuvres complètes*, Paris: Gallimard, 1945, p. 869.

[8] Mário de Andrade, *Correspondência Mário de Andrade & Alceu Amoroso Lima*, ed. Leandro Garcia Rodrigues, São Paulo: Edusp; Rio de Janeiro: PUC-Rio, 2018, pp. 159-60.

[9] Resenha em *L'Art moderne* (17 maio 1891), em: *Impressions, op. cit.*, p. 86. Impossível negar a densa relação

Espelho contra espelho, a linguagem poética seria, de um lado, o equivalente escrito, o próprio texto, da natureza universal; mas, de outro, ela implica o desaparecimento elocutório do poeta, que cede a iniciativa às palavras, mobilizadas pelo choque de sua desigualdade. Mas esta segunda vertente anula a primeira. Com efeito, o poeta some, mas sob a pressão da obra, pelo mesmo movimento que faz desaparecer a realidade natural, de tal sorte que ambos, ao sofrerem mútua destruição, afirmam-se, paradoxalmente, nesse desaparecimento. A natureza é transposta pela palavra no mesmo movimento rítmico que a faz desaparecer, infinitamente; e o poeta, pelo simples fato de falar poeticamente, desaparece nessa fala e se torna o próprio desaparecimento, que se realiza, fantasmaticamente, na linguagem[10]. Nem elegíaca nem celebratória, a linguagem, como o sujeito, torna-se neutra, simples voz de um lirismo impessoal, a da quarta pessoa do singular[11].

## Lirismo

A poesia, reduzida à sua essência silenciosa, toca, nesse ponto, a música, como mobilidade pura[12]. "*Je le crie en moi-même il y a longtemps*" (grito isso dentro de mim mesmo há muito tempo) é o que Mário de Andrade escreve à margem da definição de lirismo de um dos seus escritores-guias, o também belga Paul Dermée. Em outubro de 1920, no primeiro número de *L'Esprit Nouveau*, a revista de Le Corbusier escrita sob a égide de Apollinaire, Mário se depara com "Découverte du lyrisme", artigo em que Dermée define o lirismo como "*le chant de notre vie profonde*", discriminado assim da inteligência pois, como antecipara na revista de Reverdy e Huidobro, da qual aliás foi secretário, "*le lyrisme est d'une autre es-*

---

de Verhaeren com Baudelaire. O grande mérito de Verhaeren, nos diz David Gullentops, é ter desenvolvido seu próprio imaginário a partir das *Flores do mal*. Embora sempre se tenha apontado certo oportunismo muito na moda, em Verhaeren, pode-se concluir, pelo contrário, que a transição baudelairiana facultou ao poeta belga o seu salto em direção a uma escrita de vanguarda. Cf. David Gullentops, "Baudelaire et Verhaeren", *Textyles*, jan. 1994, nº 11, pp. 119-29; *idem*, "Émile Verhaeren concepteur de son oeuvre poétique", *Revue belge de philologie et d'histoire*, Bruxelles: 2018, vol. 96, nº 4, pp. 1135-51.

10 *Mutatis mutandis*, é nesse mesmo sentido que Verhaeren defende, durante a guerra, um nacionalismo belga, desterritorializado, porém, pró-ocidentalista. Émile Verhaeren, "La Tenacidad de Bélgica", *América Latina*, Paris, 1º jun. 1916, vol. 2, nº 6, pp. 17-8. O poeta Charles Frappart evoca esse não lugar de Verhaeren em um texto dedicado a Leopoldo Lugones. Charles Frappart, "La casa de Verhaeren", *La Nota. Revista semanal*, Buenos Aires, 5 dez. 1919, a. 5, nº 225, pp. 1232-5.

11 Jean-Pierre Richard, "Fadeur de Verlaine", em: *Poésie et profondeur*, Paris: Éditions du Seuil, 1955, p. 176.

12 Fragmento 36 do "Prefácio": "A poética está muito mais atrasada que a música. Esta abandonou, talvez mesmo antes do século 8, o regime da melodia quando muito oitavada, para enriquecer-se com os infinitos recursos da harmonia. A poética, com rara exceção até meados do século 19 francês, foi essencialmente melódica".

*sence que la pensée*"[13]. A ideia, que permite a Dermée concluir que "*un créateur, c'est une âme ardente menée par une tête froide*", foi saudada por um amigo de infância de Apollinaire, Louis de Gonzague Frick, como paradigmática de seu "lirismo integral", às vezes carregado de extravagâncias e ornamentos desnecessários, mas logo incorporado por Mário, não só no "Prefácio" ("o lirismo, nascido no subconsciente, acrisolado num pensamento claro ou confuso, cria frases que são versos inteiros, sem prejuízo de medir tantas sílabas, com acentuação determinada"), mas também em *A escrava que não é Isaura*. Todavia, a novidade do ensaio de Dermée não era bem a do lirismo, nem mesmo a da sua potencialização, o *panlirismo* (desenvolvimento de "O escritor e a fantasia", de Freud, defendido no número derradeiro de *L'Esprit Nouveau*, final de 1924), mas a do *surrealismo* (primeira menção ao conceito de *imagens surrealistas*[14]), que ele atribuía a Apollinaire e que se manifesta no "Prefácio" ainda embrionariamente ("Lirismo: estado afetivo sublime — vizinho da sublime loucura"), uma vez que os teóricos da revista apoiavam o universalismo do espírito novo na reivindicação de Freud[15], a partir, no caso de Dermée, de um encontro dele com o psicanalista em 1913 ("Dom Lirismo sofre mais uma visita alfandegária, descoberta por Freud, que a denominou Censura").

Mas se analisarmos com cuidado, suspendendo, precisamente, a censura, o conceito de lirismo já se manifesta na irônica "Dedicatória" da *Pauliceia*, com o sujeito cindido em dois, numa dialética de Amo e Escravo, pioneiramente destacada por Silviano Santiago, entre o mestre das altas lições e o poeta do baixo materialismo ("Prefácio: rojão do meu eu superior. Versos: paisagem do meu eu profundo"). Lembremos esse texto que não é invocação ou apóstrofe a uma divindade ou alteridade mundana, mas apelo a uma parte do próprio sujeito lírico, tal como o verso inicial de *Zone*, aliás, quando Apollinaire admite (para si próprio) estar cansado desse mundo antigo, "*À la fin tu es las de ce monde ancien*". Da mesma forma, em *Pauliceia desvairada*,

---

13 Paul Dermée, "Intelligence et création", *Nord-Sud*, Paris, ago.-set. 1917, nº 6-7, p. 4. Para as leituras de Andrade em *L'Esprit Nouveau*, cf. Lilian Escorel Carvalho, *A revista francesa L'Esprit Nouveau na formação das ideias estéticas e da poética de Mário de Andrade*, Tese — USP, São Paulo: 2008.

14 Em carta a Dermée datada de 1917 (*L'Esprit Nouveau*, jun.-jul. 1924, nº 26), Apollinaire teria nomeado Dermée herdeiro dessa tradição surrealista ainda inexistente, mas o que passa a existir de fato, daí em diante, é uma dupla vertente interpretativa. De um lado, os que veem na morte de Apollinaire o primeiro sinal de um *retour à l'ordre*; e, de outro, a dos que, como Dermée, interpretam a década de 1920 como um novo classicismo voltado à organização do lirismo.

15 Jean Epstein, "Freud ou le Nick-Carterianisme en psychologie", *L'Esprit Nouveau*, mar. 1922, nº 16, pp. 1857-64. Epstein parece incorporar uma distinção introduzida por Adolf von Hildebrand, em *O problema da forma nas artes plásticas* (1893), entre *das Malerische*, o pictórico, e *das Plastische*, o escultórico. A diferenciação é central em *Negerplastik* (1915), de Carl Einstein. Se a nova carga emocional, que abolia a clássica tridimensionalidade autônoma da arte, fornecia enfim à arte de vanguarda uma outra síntese de sentido e forma, abandonar o plástico (Rodin), em nome do surrealismo das imagens, só radicalizava o procedimento. Daí a fórmula do "Prefácio": "Na escultura Rodin é ruim, os imaginários africanos são bons".

Mestre querido.

Nas muitas horas breves que me fizestes ganhar a vosso lado dizíeis da vossa confiança pela arte livre e sincera... Não de mim, mas de vossa experiência recebi a coragem da minha Verdade e o orgulho do meu Ideal.

Permiti-me que ora vos oferte este livro que de vós me veio. Prouvera Deus! nunca vos perturbe a dúvida feroz de Adriano Sixte...

Mas não sei, Mestre, se me perdoareis a distância mediada entre estes poemas e vossas altíssimas lições... Recebei no vosso perdão o esforço do escolhido por vós para único discípulo; daquele que neste momento de martírio muito a medo inda vos chama o seu Guia, o seu Mestre, o seu Senhor.

Mário de Andrade • São Paulo, 14 de dezembro de 1921.

Tocamos, assim, no coração do problema do lirismo, neologismo tardio cuja simples existência decorre da hegemonia romântica na poesia do século XIX. Com efeito, o romantismo projeta, na poética antiga, uma distinção de gêneros (lírico, épico, dramático) que não existia na *República* nem na *Poética*, diálogos em que, como sabemos a partir dos trabalhos de Gérard Genette[16], não há qualquer menção ao lirismo. O novo conceito absolutiza a questão da mimese, remetendo a avaliação do enunciado poético ao princípio da expressão, destinado, como aponta Jacques Rancière, a tornar-se o eixo de uma modernidade entendida como regime de expressividade generalizada[17]. Oculta-se, assim, uma distinção entre diversos modos de enunciação (direta, em primeira pessoa: *diegese*, indireta, por interposta pessoa: *mimese*). Nesse sentido, os gêneros românticos (dentre eles, o lirismo do poema em prosa) nascem dessa dupla distorção[18].

O conceito de lirismo surge, como vemos, quando o adjetivo *lírico* (já usado por Cervantes e Góngora no século XVII[19], mas que só entra na língua france-

---

16 Gérard Genette, *Introdução ao arquitexto*, trad. Cabral Martins, Lisboa: Vega, 1986.

17 Jacques Rancière, *La Parole muette*, Paris: Arthème Fayard/Pluriel, 2010; idem, *Les Bords de la fiction*, Paris: Éditions du Seuil, 2017.

18 *Entre el drama y la novela, entre lo épico y lo mimético — incluso entre la biografía y el drama musical, lo puro subjetivo y lo puro objetivo —, y sin ser, no obstante, del orden de la mezcla, escapando de hecho indudablemente a todas estas categorías existiría tal vez el 'puro lirismo', como por otra parte lo sospechaba Hölderlin. No simplemente la 'poesía', en la que — y hasta cierto punto con demasiada facilidad podía destacarse alguien como Novalis, cuya 'mística' no siempre logra ocultar muy bien, como se sabe, la propensión al derrame subjetivo (lo que no dejara de garantizarle hasta el surrealismo, y más allá aún, la reputación mundial que conocemos y cuyas consecuencias tanto ha sufrido, finalmente, el romanticismo). Sino algo mucho más primitivo e inaccesible, por el contrario; algo distinto, en todo caso, de lo que puede reunirse bajo el concepto (aunque sea inhallable) de 'literatura'*, Philippe Lacoue-Labarthe e Jean-Luc Nancy, *El absoluto literario: teoría de la literatura del romanticismo alemán*, trad. Cecilia González y Laura S. Carugati, Buenos Aires: Eterna Cadencia, 2012, p. 356. Os autores chegam a aventar uma relação entre lirismo, escritura e condição *désœuvrée*.

19 Um crítico igualmente preocupado pelo nacionalismo como o argentino Ricardo Rojas teve escuta para a questão. Cf. Ricardo Rojas, "De Cervantes considerado como poeta lírico", prólogo a Miguel de Cervantes, *Poesías*, Buenos Aires: Universidad Nacional de la Plata, 1916.

sa, segundo a Academia, em 1835) se torna equivalente de *poético* e oscila então entre uma definição positiva (o *canto*[20]: traço destacado em seu aparecimento, em 1829, por Alfred de Vigny) e uma definição restritiva (a ênfase, uso pejorativo veiculado por Théophile Gautier em 1834). Bascula, assim, entre a poesia elevada e de celebração, materializada na *ode*, e a expressão das emoções, tal como se manifesta na *elegia*[21], colocando, no centro (mesmo que descentrado, deslocado, para autores como Maulpoix e Rabaté[22]), a instância subjetiva.

Sintoma histórico de uma época de metamorfoses, o conceito de lirismo encavalga-se assim ao campo da teologia, em função do apelo à transcendência; da retórica, como estratégia da eloquência; e da filosofia pós-kantiana, que autonomiza a estética tornando-a reflexividade prática caudatária de um discurso sobre a criação[23]. Walter Benjamin estudou essa dupla valência da voz como uma imagem dialética, das mais poderosas, aliás, da modernidade:

> Com frequência se tem imaginado a gênese das grandes obras na imagem do nascimento. Esta imagem é dialética; abrange o processo por dois aspectos. Um tem a ver com a concepção criativa e se refere, no temperamento, ao feminino. Este fator feminino se esgota com a conclusão. Dá vida à obra e então se extingue. O que morre no mestre com a criação concluída é aquela parte nele em que a obra foi concebida. Mas eis que a conclusão da obra não é uma coisa morta — e isto nos leva ao outro aspecto do processo. Ele não é alcançável pelo exterior; o polimento e o aprimoramento não podem extraí-lo à força. Ele se consome no interior da própria obra. Aqui também se pode falar de um nascimento. Ou seja, em sua conclusão, a criação torna a parir o criador. Não segundo a sua feminilidade, na qual ela foi concebida, mas no seu elemento masculino. Bem-aventurado, o criador ultrapassa a natureza: pois esta existência que ele recebeu, pela primeira vez, das profundezas escuras do útero ma-

---

20 Lembremos o fragmento 60 do "Prefácio": "Canto da minha maneira. Que me importa se me não entendem? Não tenho forças bastantes para me universalizar? Paciência. Com o vário alaúde que construí, me parto por essa selva selvagem da cidade. Como o homem primitivo cantarei a princípio só. Mas canto é agente simpático: faz renascer na alma dum outro predisposto ou apenas sinceramente curioso e livre, o mesmo estado lírico provocado em nós por alegrias, sofrimentos, ideais. Sempre hei-de achar também algum, alguma que se embalarão à cadência libertária dos meus versos. Nesse momento: novo Anfião moreno e caixa-d'óculos, farei que as próprias pedras se reúnam em muralhas à magia do meu cantar. E dentro dessas muralhas esconderemos nossa tribo".

21 Jean-Michel Maulpoix, *Du lyrisme*, Paris: Corti, 2000.

22 Dominique Rabaté (dir.), *Figures du sujet lyrique*, Paris: PUF, 1996 (em especial, de Jean-Michel Maulpoix, "La quatrième personne du singulier" e, de Dominique Rabaté, "Énonciation poétique, énonciation lyrique").

23 Guillermo de Torre, leitor também das teorias de Jean Epstein, afirma que *las [características singularizantes] fijadas por Epstein, con su tesis de la fatiga intelectual, permanecerán vigentes, como la expresión más exacta y interesante de la estética experimental moderna, construida sobre los problemas del nuevo lirismo.* Guillermo de Torre, "Problemas teóricos y estética experimental del nuevo lirismo", *Cosmópolis*, Madrid: ago. 1921, nº 32, p. 607. O ensaio foi reproduzido simultaneamente pela revista *Nosotros*, em Buenos Aires (set. 1921, a. 15, nº 148, pp. 515-56). Luis Emilio Soto, futuro interlocutor de Mário, também usa o conceito de lirismo em seu artigo "Acotaciones a la poesía sintética" (*Inicial*, Buenos Aires, nov. 1923, a. 1, nº 2).

terno, terá de agradecê-la agora a um reino mais claro. A sua terra natal não é o lugar onde nasceu, mas, sim, ele vem ao mundo onde é a sua terra natal. É o primogênito masculino da obra, que foi por ele concebida.[24]

Em várias oportunidades, Giorgio Agamben retoma essa mesma dinâmica, que podemos legitimamente equiparar à do lirismo[25] e que encontramos, tantas vezes, em Baudelaire, cuja carniça "ao cêntuplo volvia à grandiosa natura/ o que ela em si sempre contém". Nesse traço miserável da circunstância, simultaneamente íntima e coletiva, o poeta tem acesso ao Ideal, valor, de fato, ilustrativo do Belo moderno, e não da poesia pura ou eterna. A partir das *Flores do mal*, a beleza e o bem já não caminham lado a lado e, portanto, o Belo é ora extraído do mal. Em cartas a Louise Colet, Flaubert, quem usa reiteradamente o neologismo, louva "*le lyrisme dans la blague*" (8 maio 1852), define-o como "*la forme la plus naturelle de la poésie*" (15 jul. 1853) e chega mesmo a dizer que, impedido pelo jesuitismo, "*le lyrisme, en France, est une faculté toute nouvelle*" (12 out. 1853). Mas, embora novo, de natural ele pouco tem. Potencialização do artifício, mais força que forma, o lirismo ilustra a tese de Alain Badiou de que a poesia é a mostração das potências da própria língua[26], em que se combinam eterno retorno e partilha das vozes. Não em vão Dermée dedicara um poema a Nietzsche, o artista-saltimbanco de Starobinski, em que a dança do sujeito-voz é circunscrita pela ascensão

---

24 Walter Benjamin, *Rua de mão única*, trad. Rubens Rodrigues Torres Filho e José C. Martins Barbosa, São Paulo: Brasiliense, 1987, p. 277.

25 Por exemplo, no final de "Walter Benjamin e il demonico. Felicità e redenzione storica nel pensiero de Benjamin" (*Aut aut*, Florença: La Nuova Italia, maio-ago. 1982, nº 189-190, pp. 143-63), Agamben nos diz que semelhante a essa é a dinâmica da felicidade: *Dado que también a la felicidad le es inherente una polaridad y una dialéctica. Ella puede asumir 'la figura del himno o la de la elegía'. En el primer caso, la cumbre de la beatitud es lo incumplido, lo no realizado, lo nuevo; en el segundo, la eterna repetición del origen (...) En este punto, en el cual, así como el generador y el generado, así también la memoria y la esperanza, la elegía y el himno, la unavecidad y la repetición se intercambian las partes, llega a cumplimiento la felicidad. Nuevo ángel o nuevo hombre, adviene aquí aquel que nunca ha sido. Pero este nunca sido es la patria — histórica e integralmente actual — de la humanidad.* Giorgio Agamben, *La potencia del pensamiento*, Buenos Aires: Adriana Hidalgo, 2007, pp. 304-6. Estudando, mais tarde, a arqueologia da glória, Agamben afirma que "na poesia moderna, o isolamento hínico da palavra encontrou sua formulação extrema em Mallarmé, que marcou longamente a poesia francesa, conferindo uma intenção hínica genuína a uma inaudita exasperação da *armonia austera*. Esta desarticula e rompe de tal maneira a estrutura métrica do poema que este literalmente explode em um punhado de nomes desligados e disseminados no papel. Isoladas em uma 'suspensão vibrátil' em relação ao seu contexto sintático, as palavras, devolvidas ao *status de nomina sacra* [nomes sagrados], exibem-se agora, segundo Mallarmé, como '*ce qui ne se dit pas du discours*', como aquilo que na língua resiste com tenacidade ao discurso do sentido. Essa explosão hínica do poema é o *Coup de dés* [golpe de dados]. Nessa doxologia irrecitável, o poeta, com um gesto iniciático e, ao mesmo tempo, epilogador, constituiu a lírica moderna como liturgia ateológica (ou melhor, 'teoalógica'), diante da qual a intenção celebrativa da elegia rilkiana aparece decididamente atrasada". Cf. Giorgio Agamben, *O reino e a glória: uma genealogia teológica da economia e do governo*, Homo sacer, II, 2, trad. Selvino J. Assmann, São Paulo: Boitempo, 2011, p. 261.

26 Alain Badiou, *Pequeno manual de inestética*, trad. Marina Appenzeller, São Paulo: Estação Liberdade, 2002, p. 39. Em um pastiche platônico, o mesmo Badiou faz Sócrates admitir que muitos poemas, com efeito, são portadores de afetos de tristeza e de alegria. No entanto, "o lirismo não é tudo na poesia, longe disso". *Idem*, *La república de Platón: diálogo en un prólogo, dieciséis capítulos y un epílogo*, trad. M. del Carmen Rodríguez, Buenos Aires: Fondo de Cultura Económica, 2013, p. 408.

(o "Pão de Ícaros sobre a toalha estática do azul!", das Juvenilidades Auriverdes) e pelo seu oposto, a queda ("Os meus joelhos têm quedas muito crentes", ecoa Minha Loucura no oratório profano "As enfibraturas do Ipiranga")[27]:

> Je danse sur la corde raide
> Quel est ce cri parti d'en bas
> Quelque mourant se désespère
> La cime onduleuse des bois
> Il est minuit
> Je vais nageant dans un ciel d'espérances
> Mes deux mains fidèles volent à mes côtés
> Mes jambes frémissent comme des violons
> L'archet qui vibre tire une plainte déchirante
> Danse
> Sois plus léger que les nuages
> Attache des étoiles vermeilles à tes talons
> Et fais hennir dans les campagnes de la terre
> Les vierges et les étalons
> Les maisons éclateront comme des courges mûres
> La lune en sa nudité neuve
> Fera luire le corps des enfançons
> Et des femmes aux courbes de fleuve
> Il y a un rocher près de l'étoile de l'aube
> D'où je verrai les choses d'assez haut
> Bientôt...
> ... Mais j'ai glissé sur un serpent
> Plus lisse qu'une corde de chanvre
> Les ailes les ailes de Satan...
> Tombe
> en
> silence
> comme une orange trop mûre
> Astre mort

---

27 Além do clássico ensaio de Telê Porto Ancona Lopez ("Arlequim e modernidade", *Revista do Instituto de Estudos Brasileiros*, São Paulo: 1979, nº 21, pp. 85-101), relembremos a leitura mais recente de Maulpoix: *le lyrisme, souvent assimilé à quelque essor icarien de la parole poétique, est toujours menacé par la chute (dans l'emphase, le pathos, dans l'ironie sèche qui est son contraire, ou dans un brutal trou d'air, un brusque retour au réel qui le rend durement au sol). Le lyrisme est une forme d'exaltation que l'étranglement sous diverses espèces menace. Chez Apollinaire, le lyrisme reste très largement une affaire d'élévation et de chute. Mais il dessine un rapport nouveau entre ces deux termes, il propose une articulation singulière, il dépasse le système d'opposition dramatique entre l'en haut et l'en bas, comme entre spleen et idéal*, ultrapassando assim o tradicional esquema romântico. Ver Jean-Michel Maulpoix, "Apollinaire en Arlequin. Observations sur le lyrisme de Guillaume Apollinaire", em: *Problèmes d'Alcools*, Actes de la journée d'études organisée par Sylvie Patron à l'Université Paris Diderot-Paris 7, Paris, jan. 2012.

> fou
> Aéronaute
> Illumine le ciel profond de ton feu pur
> La mort chevauche tes épaules
> Que regretter
> Une torche brûle sur la montagne
> Tu as dansé dans les nuages
> Tombe
> Idéal
> Il y aura dans la campagne
> De petites gens qui se nourriront de ton cadavre.[28]

A circunstância lírica (condensada na figura do *aéronaute*) encontra-se assim em um entrelugar situado a meio caminho do circunstancial e do eterno (esse Outro da história), tal como na "Carta-oceano" de Blaise Cendrars, que reivindica como próprio um extracampo literário[29]. É, portanto, uma *performance*, na medida em que, ao situar seu mundo em um interstício, define o poema como uma saída e como uma passagem, em que o eu, mais do que foco, torna-se meio dessa transferência[30]. Sem mencionar o caráter construído da relação entre dicção e ficção, o lirismo simula assim a transparência ética da escritura, fornecendo ao leitor a ilusão de uma proximidade imediata com a voz criadora. Para um desbravador como Apollinaire (ou mesmo para poetas como Paul Claudel, Blaise Cendrars, Valéry Larbaud), o lirismo conota sempre uma capacidade profética associada à função poética e à fabulação, através do histrionismo que, no caso de Apollinaire, é de quádrupla vertente mítica: a de Apolo, pelo nome; a de Hermes, pela lira; a de Orfeu, pelo pranto; e a de Dioniso, pela força. Não deixa por isso de ser uma construção: Le Corbusier, em linha com seu colaborador Dermée, redige, em 1939, *Le Lyrisme des temps nouveaux et l'urbanisme*, que revela

---

28 Paul Dermée, "Nietzsche", em: *Nord-Sud*, jun. 1917, vol. 1, n° 5, pp. 12-3.

29 Reescrevendo a "Lettre-océan" de Apollinaire, diz Cendrars: "A carta-oceano não é um novo gênero poético/ É uma mensagem prática de tarifa regressiva e bem mais barata do que um rádio/ Faz-se muito uso dela a bordo para resolver os negócios que não se teve tempo de acertar antes da viagem e para dar as últimas instruções/ É também um mensageiro sentimental que vem lhes dar o bom dia da minha parte entre duas escalas tão afastadas como Leixões e Dakar enquanto sabendo que estou no mar por seis dias não se espera receber notícias minhas/ Servir-me-ei dela ainda durante a travessia no Atlântico-sul entre Dakar e Rio de Janeiro para enviar mensagens para trás porque só se pode utilizá-la naquele sentido./ A carta-oceano não foi inventada para fazer poesia/ Mas quando se viaja quando se negocia quando se está a bordo quando se mandam cartas-oceano/ Faz-se poesia". Blaise Cendrars, *Folhas de viagem sul-americanas* (poemas), trad. Sérgio Wax, Belém: Editora Universitária UFPA, 1991, p. 29.

30 Claude Millet (ed.), "Circonstance: l'entre-deux lyrique", em: *La circonstance lyrique. Actes du colloque international de Lille 2005*, Bruxelas: Peter Laing, 2012, p. 28; Karlheinz Stierle, "Identité du discours et transgression lyrique", trad. J.-P. Colin, *Poétique*, 1977, n° 32, pp. 422-41.

o alto impacto nele suscitado pela viagem à Rússia soviética[31]. Paul Valéry, pensando igualmente a voz em ação, estabelece que "*le lyrisme est le développement d'une exclamation*"[32], uma poética do negativo e da depuração. Mas nos antípodas dele, intuindo que o lirismo é um contrato da negatividade que descansa na ideia de um sujeito não mais completamente presente no texto, isto é, mero fingimento ou travestimento, André Breton louva, no quinto número da revista *Littérature*, que Duchamp os tenha desvencilhado do "*lyrisme-chantage*" em favor do *ready-made*[33], e, mais ainda, em *La Révolution surréaliste* (nº 12, p. 53), Breton e Éluard parodiam a definição de Valéry dizendo que "*le lyrisme est le développement d'une protestation*"[34].

A partir dos anos 1920, com a morte de Apollinaire, o fim da *Nord-Sud* de Reverdy, o aparecimento de *L'Esprit Nouveau* e *Littérature*, a apropriação surrealista de Lautréamont e Rimbaud e, por último, a prática de uma eficaz retórica de subversão e intervenção por parte do dadaísmo, o lirismo passa a descansar em uma nova definição contratual, que impõe a visão de um sujeito de pleno direito poético, linha que será continuada por Michel Leiris, Francis Ponge e os formalismos pós-1968 (*Oulipo, Tel Quel, Change, TXT*...). Trata-se de uma vertente que identifica o lirismo com a questão identitária (nação, gênero) para, a seguir, equacionar sua polêmica relação com o exterior, o real[35]. Neste ponto, em

---

31 As piruetas paródicas de Shostakovich na primeira sinfonia coincidem exemplarmente com o desempenho arlequinal de Andrade e, mesmo louvando, posteriormente, seu retorno à ordem, Mário não deixa de salientar "um aproveitamento muito hábil de soluções que a música mecânica está tradicionalizando, 'folclorizando' no povo", algo que ele desenvolvia, paralelamente, em *O banquete*. Cf. Mário de Andrade, "Chostacovich", em: Victor Seroff, *Dimitri Shostakovich*, Rio de Janeiro: O Cruzeiro, 1945, p. 17.

32 Paul Valéry, *Œuvres II*, ed. Jean Hytier, Paris: Gallimard, 1960, p. 549. Nessa linha, Manuel Bandeira retém uma definição de Valéry: "poesia é a tentativa de representar ou de restituir por meio da linguagem articulada aquelas coisas ou aquela coisa que os gestos, as lágrimas, as carícias, os beijos, os suspiros procuram obscuramente exprimir". Manuel Bandeira, "Antologia de definições de poesia", *Letras e Artes*, Rio de Janeiro, 14 jul. 1946, p. 3.

33 É o ponto de partida de Alain Badiou em: *Algunas observaciones sobre Marcel Duchamp*, Madrid: Brumaria, 2019.

34 Breton admite, no "Manifesto surrealista" (1924), ter se safado "como podia, desafiando o lirismo, a golpes de definição e de receitas (os fenômenos Dada não tardariam a se manifestar), e fingindo encontrar uma aplicação da poesia na publicidade (eu sustentava que o mundo acabaria, não por um belo livro, mas por uma bela propaganda do inferno e do céu)".

35 *Le discours critique sur le lyrisme est le refus d'un ordre modélisable selon des règles. Le lyrisme et le métadiscours qui le suit (discours de sympathie: comment en serait-il autrement) se donnent donc comme des formes de régulations visant à empêcher l'élaboration de règles. Le contraste des deux discours de la parole personnelle, le récit autobiographique et le poème lyrique, est éclairant. Le premier entre dans un jeu dont il pose les règles; le second joue avec la possibilité même de règle et construit une forme de régulation dont l'instabilité est le vecteur principal. Son arme, pour bloquer l'instauration de la règle, est de déstabiliser le principe d'extériorité de tout discours critique en l'obligeant à entrer dans l'espace lyrique. [...] Pour le critique, le lyrisme possède un caractère catastrophique: il exacerbe la singularité. En cela il est une forme parasite de la faune littéraire, ne pouvant exister sans un organisme qu'il conteste, qu'il pille, qu'il réfute.* Cf. Emmanuel Boisset, "Lyrisme dans les années vingt: règle et régulation", em: Emmanuel Boujou, *Littératures sous contrat*, Presses Universitaires de Rennes, 2002, pp. 167-80. No seminário 5, sobre as formações do inconsciente, na aula 14 (5 mar. 1958), Jacques Lacan detecta lirismo (palavra que ele só usa em duas ocasiões) na forma perversa em que Genet nos apresenta o

que o próprio saber histórico deve se expor às heterocronias que compõem cada presente, a questão do lirismo confunde-se com a da imaginação ou, por outro, com o conhecimento através das imagens, como meros dispositivos líricos[36]. Em 1927, esgotada a experiência *L'Esprit Nouveau*, Paul Dermée cria, em Bruxelas, com Prampolini e Michel Seuphor (o mesmo Seuphor que fornece a chave de *Água viva* de Clarice Lispector), uma nova revista, *Documents internationaux de L'Esprit Nouveau*. Um ano depois, o poeta romeno Benjamin Fondane, que via o cinema como um "*appareil à lyrisme*", nela estampa "Três roteiros", em cujo prefácio louva o cinema porque ele *accouche de l'arbitraire; il introduit la notion de la quantité lyrique; le point de vue du discontinu, le jeu du simultané; il étaye ses jugements de l'homme sur la dimension-durée* [37]. Nesse mesmo momento, em Maceió, em dezembro de 1928, Mário de Andrade capta uma imagem e dela nos fornece uma tradução cinematográfica:

> Um nadador aproveita o domingo, vem lá da praia longe bordejar o navio. O corpo dele é um jacarandá claro movendo por debaixo d'água com a volúpia cinemática dum ralenti. Como é bonita a raça humana![38]

Nessa imagem (dialética, surrealista...) confluem as duas vertentes aqui exploradas, a partir de Dermée e Le Corbusier, a do lirismo e a da técnica. Podemos assim sintetizá-la: esse fragmento (imitando as legendas do cinema mudo) ilustra que elas são uma das fontes do novo lirismo, feito de versículos mínimos, diferenciados do verso tradicional, ritmicamente irregulares e relativamente lon-

---

mundo contemporâneo em *O balcão*, um enorme *burdel* que atesta o divórcio entre a palavra e o sentido. Cf. Jacques Lacan, *O seminário: livro 5: as formações do inconsciente*, Rio de Janeiro: Jorge Zahar, 1999.

36 A montagem e remontagem de tempos padecidos é uma exposição de anacronismos naquilo mesmo que a imagem dialética supõe como explosão da cronologia. Separa coisas normalmente reunidas e conecta, em compensação, o que está separado, divorciado na vivência, criando abalos e movimentos. Uma imagem nunca é isolada, ela se dá com outras, numa cadeia. Portanto, sua legibilidade depende de uma montagem. Didi-Huberman deriva do atlas de Warburg, do método de Eisenstein (tão marcado por Greco, pela "calma construtiva" do Greco, lemos no "Prefácio"), da imagem dialética benjaminiana, uma contribuição importante em seu trabalho a partir das imagens do Real (as "imagens apesar de tudo" dos campos de concentração). Cf. Georges Didi-Huberman, *Diante do tempo: história da arte e anacronismo das imagens*, trad. Márcia Arbex e Vera Casa Nova, Belo Horizonte: Editora UFMG, 2015; *idem, Remontagens do tempo sofrido: o olho da história*, 2, trad. Luís Lima, Lisboa: KKYM, 2019; *idem, Passés cités par JLG: L'œil de l'histoire*, 5, Paris: Minuit, 2015; *idem*, «Soulèvements poétiques *(poésie, savoir, imagination)*», Po&sie, 2013, vol. 143, nº 1, pp. 153-7; *idem*; Giovanni Careri, *L'histoire de l'art depuis Walter Benjamin*, Paris: Mimesis, 2015; *Désirer désobéir: Ce qui nous soulève*, 1, Paris: Minuit, 2019.

37 Benjamin Fondane, "Trois scenarii", em: Christian Janicot, *Anthologie du cinéma invisible: 100 scénarios pour 100 ans de cinéma*, Paris: Jean-Michel Place/Arte éditions, 1995, p. 253. Em 1936, Fondane filmaria, na Argentina, *Tararira (la bohemia de hoy)*, uma obra sobre o nada, hoje perdida, protagonizada por um quarteto de alaúdes espanhóis, o quarteto Aguilar, que Mário aplaudiu em julho de 1933: "perfeito equilíbrio de som, riqueza refinadíssima de nuanças, admirável dosagem polifônica". Mário de Andrade, *Música e jornalismo: Diário de S.Paulo*, ed. Paulo Castagna, São Paulo: Hucitec/Edusp, 1993, p. 26.

38 Mário de Andrade, *O turista aprendiz*, edição de texto apurado, anotada e acrescida de documentos por Telê Ancona Lopez e Tatiana Longo Figueiredo; Leandro Raniero Fernandes, colaborador, Brasília: Iphan, 2015, p. 265.

gos. Inauguram uma nova prática flexível, que fornece uma ponte ou passagem entre o verso livre e o poema em prosa, fugindo de todo cânone, sem qualquer preocupação retórica, figurativa ou prosódica[39]. Sua linha de fuga será a escrita palimpsestuosa no último Godard, o de *História(s) do cinema*. Bem antes disso, porém, François Berge, comentando os roteiros de Cendrars, nos diz que *il faut commencer par lire la table des matières qui est elle-même une œuvre visuelle, un film abregé*[40]. A inversa é verdadeira. "Parlons peinture", "um lindinho poema dadaísta" de Mário de Andrade, é a apropriação, no melhor estilo *ready-made*, do sumário do *Bulletin de la Vie Artistique* (Paris, 1º jul. 1921, a. 2, nº 13), em que o poeta preza a "sequência lógica sobretudo a ironia magistral" do final, uma joia pura de fineza e de ironia, "uma invenção"[41]. A invenção consiste, precisamente, em rapidez atuando por saltos analógicos, captação visual do instante, elipse, ritmo acelerado, conexões imediatas, montagem cinética, procedimentos todos que acabam tornando o cinema (a pintura) um livro metafísico. Como diz Berge, "*feuilletez l'homme*", ou seja, folheemos os ecos, em Cendrars, de Rimbaud, poeta que queria fixar a vertigem das imagens no texto. Em suma, a montagem poética, o que Andrade chama de lirismo alucinado, funciona como alternativa às contradições filosóficas da síntese hegeliana e à convencional dialética da ordem e do caos[42].

---

[39] Christophe Wall-Romana, "Une source du verset moderne: le cinéma muet", *Études littéraires*, Québec: 2009, a. 40, nº 1, pp. 121-36. Muitos anos depois, Valêncio Xavier detectaria, em *Intolerância* (1916), o início de tramas mais complexas, que em grande parte dependiam das legendas intercaladas, para apreender a história: "Em *Intolerância*, Griffith conta paralela e simultaneamente quatro histórias: a crucificação de Cristo, a queda da Babilônia vista pelo amor de uma camponesa pelo rei Baltazar, o massacre dos huguenotes com a tentativa frustrada de um católico salvar sua noiva protestante e, na época moderna, a luta da esposa para salvar da forca seu marido falsamente acusado de ter matado um policial durante uma greve. A complexa montagem alternada de quatro histórias fluindo primeiro lenta, depois rapidamente — com pausas criadoras de suspense — ao desenlace final mostra o completo domínio da narrativa cinematográfica por Griffith: corte de primeiros planos para planos gerais, cortes antes da ação terminar, movimentos de câmera dinamizando a ação, a ação de uma história interagindo nas outras — quando a história moderna aproxima-se do final as outras já terminaram tragicamente, aumentando o suspense: a esposa salvará o marido? Nunca antes um filme ousara tanto, e *Intolerância* influenciará todo o desenvolvimento posterior da narrativa cinematográfica, e dará as coordenadas para o surgimento da montagem do cinema soviético. Acostumado com narrativas curtas com começo, meio e fim no mesmo espaço-tempo, o público da época não entendeu as três horas de inventividade do filme, e *Intolerância* foi um fracasso de bilheteria". Valêncio Xavier, *100 anos em 100 filmes: escritos sobre cinema*, org. e estabelecimento do texto Maria Salete Borba, Florianópolis: Editora da UFSC, 2020, p. 50. Alberto Cavalcanti, protagonista e testemunha da época, achava que os filmes suecos e russos tiraram o cinema mudo francês do naturalismo melodramático. "Numa desordem e numa falta de união incríveis, a chamada *avant-garde* conseguiu enunciar o importante fato de que o filme era um novo meio de expressão e que, como tal, tinha características próprias". Alberto Cavalcanti, *Filme e realidade*, Rio de Janeiro: Artenova/Embrafilme, 1976, p. 40.

[40] François Berge, "Connaissance de Cendrars", *Scénarios*, em: *Les cahiers du mois*, maio 1925, nº 12, p. 139.

[41] Georgina Koifman (ed.), *Cartas de Mário de Andrade a Prudente de Moraes, neto*, Rio de Janeiro: Nova Fronteira, 1985, p. 156.

[42] Em sua *História da loucura na idade clássica*, Michel Foucault observa que *dans le discours commun au délire et au rêve, se trouvent jointes la possibilité d'un lyrisme du désir et la possibilité d'une poésie du monde; puisque folie et rêve sont à la fois le moment de l'extrême subjectivité et celui de l'ironique objectivité, il n'y a point là contradiction: la poésie du cœur, dans la solitude finale, exaspérée, de son lyrisme, se trouve être par*

São ideias igualmente captadas por Jean Epstein, outro dos críticos-guia de Andrade, que definia o fenômeno literário em função de:

> Vitesse spatiale, vitesse mentale, multiplication des diamètres apparents, extension de l'auto-observation, de l'importance donnée à la vie intérieure, vie cérébrale et la fatigue qui en résulte, telles sont les conditions les plus importantes dans lesquelles se produit le phénomène littéraire contemporain.[43]

Elas causariam um torpor cerebral e uma preguiça que, em *La Poésie d'aujourd'hui* (1921), já permitiam a Epstein teorizar a escrita de Proust ou Cendrars a partir não só do cinema, mas também de Rimbaud[44], quem teria sido o arauto da fotogenia literária. Mas logo a questão torna-se um problema para Andrade, como atesta carta a Pedro Nava (1927)[45] e como deixará claro, mais adiante, o artigo sobre o poeta francês, no sétimo número da revista *Festa*. Na remota hipótese de Rimbaud ter experimentado o "lirismo", não conseguiu, porém, "metodizar" esse seu "lirismo interior", nem desenvolver "as suas qualidades intelectuais", pois faltou-lhe a "fatalidade" do artista, exceção feita de raros "golpes de gênio", como o do *Bateau ivre*, umas poucas *Iluminações* e, acima de tudo, a *Saison en enfer*. O difícil é novo, porém, também imagem. Por isso, lemos no "Prefácio":

> "Alguns leitores ao lerem estas frases (poesia citada) não compreenderam logo. Creio mesmo que é impossível compreender inteiramente à primeira leitura pensamentos assim esquematizados sem uma certa prática. Nem é nisso que um poeta pode queixar-se dos seus leitores. No que estes se tornam condenáveis é em não pensar que um autor que assina não escreve asnidades pelo simples prazer de experimentar tinta; e que, sob essa extravagância aparente havia um sentido porventura interessantíssimo, que havia qualquer coisa por compreender". João Epstein.

---

un immédiat retournement le chant originaire des choses; et le monde, longtemps silencieux en face du tumulte du cœur, y retrouve ses voix (cf. *Folie et déraison: Histoire de la folie à l'âge classique*, Paris: Plon, 1961, p. 639). Um ano depois, em "Le non du père", artigo publicado na *Critique* (mar. 1962, nº 178, pp. 195-209), analisando o livro de Laplanche, *Hölderlin et la question du père*, afirma: *L'œuvre et l'autre que l'œuvre ne parlent de la même chose et dans le même langage qu*'à partir de la limite de l'œuvre. Il est nécessaire que tout discours qui cherche à atteindre l'œuvre en son fond soit, même implicitement, interrogation sur les rapports de la folie et de l'œuvre: non seulement parce que les thèmes du lyrisme et ceux de la psychose se ressemblent, non seulement parce que les structures de l'expérience sont ici et là isomorphes, mais plus profondément parce que l'œuvre tout ensemble pose et franchit la limite qui la fonde, la menace et l'achève.

43 Jean Epstein, "Le phenomène littéraire", *L'Esprit Nouveau*, Paris, jun. 1921, nº 9, p. 966.

44 *Idem*, "Rimbaud", *L'Esprit Nouveau*, Paris, jun. 1922, nº 17.

45 "A técnica processual tem uma importância extraordinária, no fundo vocês todos estão concordando comigo que isso de naturalidade sinceridade e ignorância, tudo isso são fadigas momentâneas de cérebros moços e que já matutaram mais em poucos anos que todos os poetas brasileiros do século passado em todas as suas vidas somadas. Sucedeu que se fatigaram por demais e não aguentaram o tranco, estão bancando os rimbaudzinhos. Não faça assim, faz favor, trabalhe e trabalhe sempre." Mário de Andrade, *Correspondente contumaz: cartas a Pedro Nava (1925-1944)*, Rio de Janeiro: Nova Fronteira, 1982, pp. 80-1.

Epstein (tocado talvez pelo *peut-être* do *Lance de dados*, e não por uma ontologia afirmativa) escreveu que o sentido, para além do bizarro, "*peut être très intéressant*"; mas para Mário, esse sentido, árduo e inacessível, tal como o prefácio, torna-se *interessantíssimo*. Em todo caso, Andrade lança mão de Jean Epstein para o *estudo* demorado, que comporta as misérias da construção do artista, as correções, a rebusca de efeitos; e não para uma "psicanálise fotoelétrica", como dirá o mesmo Epstein em *L'Intelligence d'une machine* (1946). Considera que, no estudo, há progresso, quando Epstein, teórico da quarta dimensão, postulará, pelo contrário, não só que o tempo é uma dimensão do espaço, senão que *la réversibilité du temps, dont on constate la possibilité dans l'univers représenté par le cinématographe, constitue une autre différence capitale par rapport aux propriétés de notre univers habituel*. Sensações extremas, *interessantíssimas*, estudo e espanto traduzem, contudo, um comum sentimento geminado: estuda quem recebeu um choque (a *Erfahrung*, experiência benjaminiana, e não a simples *Erlebnis*, a vivência), um choque do desconhecido (*l'inconnu*), diante do qual fica absolutamente estupefato. Mas se fica atarantado, sofrendo *páthos*, encontra-se também apto ao lirismo, experimentando, simultaneamente, torpor e lucidez, ascensão e queda. Pode não chegar ao fim da pesquisa. Permanecer abandonado, em fragmentos ou fichas. Mas revela, não obstante, que mais importante do que a obra é a inspiração, o telegrama cifrado transmitido pela atividade inconsciente à atividade consciente que o traduz[46], em outras palavras, a alma que busca e demanda. "São Paulo! comoção de minha vida.../ Galicismo a berrar nos desertos da América!"

## A poesia moderna e a negatividade

Detenhamo-nos, então, a título conclusivo, no final do "Prefácio interessantíssimo", fragmentos 63 e 64.

> E está acabada a escola poética. "Desvairismo".
> Próximo livro fundarei outra.

Poder-se-ia pensar que, após o desvairismo, a seguinte etapa seja o *des-bairrismo*. Com efeito, Mário de Andrade empenha-se em retirar a literatura brasileira

---

46 Lemos no "Prefácio": "a inspiração é fugaz, violenta. Qualquer empecilho a perturba e mesmo emudece. Arte, que, somada a Lirismo, dá Poesia, não consiste em prejudicar a doida carreira do estado lírico para avisá-lo das pedras e cercas de arame do caminho. Deixe que tropece, caia e se fira. Arte é mondar mais tarde o poema de repetições fastientas, de sentimentalidades românticas, de pormenores inúteis ou inexpressivos".

do beco identitário mais localista, desejando dar a ela uma ambição universal e duradoura. Na época de *Macunaíma*, escreve de fato em sua coluna do *Diário Nacional* que regionalismo é "caipirismo e saudosismo, comadrismo que não sai do beco e, o que é pior, se contenta com o beco". Essa forma de bairrismo "não adianta nada nem para a consciência da nacionalidade. Antes a conspurca e depaupera-lhe estreitando por demais o campo de manifestação e, por isso, a realidade". Tão limitado bairrismo "é uma praga antinacional. Tão praga como imitar a música italiana ou ser influenciado pelo estilo português"[47]. Em suma, o bairrismo é opaco, ou como dirão os "Poemas da amiga": "Anoiteço feito um bairro,/ Sem brilho algum".

Lembremos agora de outro final, o da rapsódia macunaímica. O cantador narra, "numa fala mansa, muito nova, muito! que era canto e que era cachiri com mel-de-pau, que era boa e possuía a traição das frutas desconhecidas do mato". Nessa língua adâmica[48], mas por isso mesmo do mais puro lirismo, *canto* das profundezas, ouvimos uma elegia ("a tribo se acabara"), dela só restando agora espectros, "a família virara sombras". Porém, o pós-humano, o aruaí, única testemunha do desastre, é que guardou "as frases e feitos do herói". E o homem, o narrador, o cantador, é apenas o artifício, o portador da história. Tentemos entender então a cifra estética que encerram essas frases de dois finais simétricos.

Acaba o desvairismo. Acaba o *epos* originário. Mas a arte não acaba. Torna-se um nada evanescente que sobrevive eternamente a si mesma. "Nada de asas! Nada de poesia! Nada de alegria!" ("Os cortejos"). Ilimitada, mas sem conteúdo, capaz de ser dublada, glosada, a arte vagueia no deserto americano a berrar solitária. "Cada qual berre por sua vez; e quem tiver o argumento mais forte, guarde-o para o fim!" ("Prefácio", fragmento 31). A paisagem devolve ao poeta sua própria imagem, que a fala nova evoca, mas logo abole, na tentativa, que já nasce condenada, de fundar uma certeza transtemporal. O declínio pode assim durar tanto quanto sua própria caminhada, porque seu fim é, justamente, não poder se acabar, não conseguir tornar-se padrão originário do que quer que seja. Lemos em um poema de *Remate de males*, "Momento", mas chamado, antes disso, em carta a Manuel Bandeira (1929), "Crepúsculo": "A gente escapa da vontade,/ Se sente prazeres futuros,/ Chegar em casa,/ Reconhecer-se em naturezas-mortas". A subjetividade artística, múltipla e multifária, porém sem conteúdo, uma simples natureza-morta, é então pura força de negação, que se afirma a si mesma como liberdade (porém comedida, como diz o fragmento 32: "Uso dela; não abuso"). Mas, mesmo assim, à liberdade pertencem, de fato, no fragmento 66, as derradeiras palavras: "Toda canção de liberdade vem do cárcere". Carente de conteúdo específico, o canto sustenta-se em si mes-

---

47 Mário de Andrade, "Regionalismo", *Diário nacional*, São Paulo, 14 fev. 1928, p. 9.

48 Fragmento 35 do "Prefácio interessantíssimo": "o poder sugestivo, associativo, simbólico, universal, musical da palavra em liberdade. Aliás: velha como Adão".

mo, em seu princípio criativo formal, mas, paradoxalmente, isso também permite ao poeta adquirir consciência da mesma infelicidade entrevista por Hegel e formulada por Nietzsche: não há Deus, não há o Todo. É por isso que, mesmo assim, a arte procura sua lei, *la loi*, mas ao constatar, por toda parte, a obnubilação, só lhe resta desejar o real como nada, como vazio, "na noite vazia que não tem fim" ("Moda da cama de Gonçalo Pires", 1924). Nesse sentido, a arte torna-se pura potência de negação, numa dimensão muito mais profunda que as tensões de 1900 entre esteticismo e decadentismo, naturalismo e simbolismo. A essência da arte moderna, enquanto niilismo, não reside apenas numa contestação dos valores herdados, mas em sua sobrevivência, nos espectros do homem e da história, como algo que não se esgota exclusivamente no campo da crítica literária. A essência do niilismo coincide com a essência da arte, com o novo lirismo, justamente, no ponto extremo em que ambos os vetores dirigem-se ao homem como nada. E na medida em que a história do século XX, e mesmo nossa própria história, atualmente, continua governada pelo niilismo, a arte não abandona jamais seu lugar de infinito crepúsculo[49]. Mesmo para os posteriores situacionistas, radicalizando os dadaístas contemporâneos a Mário de Andrade, a situação já não é o devir arte da vida, nem o devir vida da arte, mas a estratégia de se tornar um entrelugar, que é a suspensão do tempo do trabalho, ocupando a obra e o artista um lugar *após o fim*[50]. Um sítio pós-desvairista onde a poesia *des-cria* e institui o reino do que não existe e não pode, designando ao homem como sua vocação suprema, algo que não pode ser enunciado em termos de poder[51].

Se é verdade, como apontávamos no início, que o prefácio é uma *performance* que marca o início de um processo ainda em curso, qual seja, o de que a atividade criativa e programática, cada vez mais, tende a tomar o lugar daquilo que considerávamos *obra de arte*, o "Prefácio interessantíssimo" inaugura a atividade sem obra, no sentido em que contemporâneos são os *artistas sem obra*[52],

---

49 As ideias de Giovanni Urbani, um teórico da restauração italiana, são muito úteis para repensar as categorias de Mário, um teórico do patrimônio artístico e cultural brasileiro. Diria, de resto, que a leitura heideggeriana de Urbani exerce uma enorme influência em pensadores contemporâneos como Agamben. Basta pensar em: "Attualità di Giovanni Urbani", prefácio de Agamben a G. Urbani, *Per una archeologia del presente: scritti sull'arte contemporanea*, Milano: Skira, 2012; em especial, ver o ensaio de Urbani dedicado a Vacchi (pp. 151-5), que é retomado por Agamben logo em sua primeira obra, *O homem sem conteúdo* (1970) e cujos ecos ainda se sentem em textos mais recentes, como *Creazione e anarchia: L'opera nell'età della religione capitalista* (Vicenza: Neri Pozza, 2017).

50 Em 1990, em "Glosse in margine ai *Commentari sulla società dello spettacolo*", Agamben já explicita esse conceito de Guy Debord: "si comprende la natura reale della situazione, solo se la si colloca stoicamente nel luogo che le compete, e, cioè, *dopo* la fine e l'autodistruzione dell'arte e *dopo* il transito della vita attraverso la prova del nichilismo". Giorgio Agamben, "Glosse in margine ai *Commentari sulla società dello spettacolo*", *Democrazia e diritto*, Roma, maio-ago. 1990, ano XXX, nº 3-4, p. 84.

51 Maurice Blanchot, *O livro por vir*, trad. Leyla Perrone-Moisés, São Paulo: Martins Fontes, 2005, p. 333.

52 Jean-Yves Jouannais, *Artistes sans œuvres: "I would prefer not to"*, Paris: Hazan, 1997.

que exibem documentos de uma obra ausente. Revela-se, assim, uma aporia: para a arte moderna, a obra é, de certa forma, um resíduo e um embaraço, um mero efeito terminal da atividade criativa e do gênio do artista (definido em "Inspiração": "Arlequinal!... Traje de losangos... Cinza e ouro..."). Busca assim firmar-se para além daquilo que ela mesma produz, num movimento que vai da obra para a origem da obra, ela mesma tornada a pesquisa inquieta e infinita de sua fonte ou, em outras palavras, coloca seu valor para além da obra produzida, quando, na verdade, obra, artista e operação criativa estão mutuamente ligados entre si, num nó borromeano, de impossível desmanche, porque um nó é formado por um único fio, sem ser um simples anel, já que, com mais de um fio, temos uma cadeia. Uma cadeia borromeana é uma cadeia atada de tal forma que, se cortamos qualquer um dos seus anéis, todos se desfazem. Nesse nó se amarram, entretanto, a combinatória sem substância dos significantes, isto é, a cultura; a dimensão do que se vê ou julgamos ver dos objetos, ou seja, o imaginário; e aquilo que nunca consegue esgotar a sua inscrição, o irrepresentável, o inominável, isto é, o real. "A luz excessiva do estúdio desmancha a carícia do objeto,/ Um frio de vento vem que me pisa tal qual um contato,/ Tudo me choca, me fere, uma angústia me leva,/ Estou vivendo ideias que por si já são destinos/ E não escolho mais minhas visões" ("Pela noite de barulhos espaçados", 1929). Como dirá Jean-Luc Nancy, a poesia não coincide consigo mesma e, talvez, essa não coincidência, essa impropriedade consubstancial, seja o que define, em poucas palavras, a poesia. Podemos, enfim, reescrever a frase final do "Prefácio interessantíssimo": toda canção de liberdade vem da *cadeia*.

*Carlos A. C. Lemos*

# INSPIRAÇÃO

*Onde até na força do verão havia
tempestades de ventos e frios de
crudelíssimo inverno.*

Fr. Luís de Sousa

São Paulo! comoção de minha vida...
Os meus amores são flores feitas de original!...
Arlequinal!... Traje de losangos... Cinza e ouro...
Luz e bruma... Forno e inverno morno...
Elegâncias sutis sem escândalos, sem ciúmes...
Perfumes de Paris... Arys!
Bofetadas líricas no Trianon... Algodoal!...

São Paulo! comoção de minha vida...
Galicismo a berrar nos desertos da América!

# Inspiração[1]

*Victor Knoll*

Qual o sopro que anima o canto do poeta? O que o inspira? O que constitui a sua inspiração? O que move o discurso poético de Mário de Andrade? Que sopro dá alento às suas imagens? Interrogamo-nos acerca de sua inspiração. E "Inspiração" é a primeira composição de *Pauliceia desvairada*; nela temos a pista do que move a alma do poeta.

Poderíamos encontrar, como ponto de partida da descrição, "O trovador", composição imediatamente seguinte a "Inspiração" e em que é enunciado o *sentido* do poeta:

> Sentimentos em mim do asperamente
> dos homens das primeiras eras...
> [...]
> Sou um tupi tangendo um alaúde![2]

Poderíamos também partir de uma composição na qual a cidade de São Paulo é nomeada, como nesta passagem de "Momento":

> Meu pensamento é tal-e-qual São Paulo, é histórico e completo,
> É presente e passado e dele nasce meu ser verdadeiro...[3]

Outra passagem localizada no "Improviso do mal da América", que se encontra, como o exemplo anterior, no livro *Remate de males*, poderia da mesma maneira merecer o nosso primeiro olhar:

> Lá fora o corpo de São Paulo escorre vida ao guampaço dos arranha-céus,
> E dança na ambição compacta de dilúvios de penetras.
> Vão chegando italianos didáticos e nobres;
> Vai chegando a falação barbuda de Unamuno
> Emigrada pro quarto-de-hóspedes acolhedor da Sulamérica;

---

1 Nota dos organizadores: texto extraído de Victor Knoll, *Paciente arlequinada: uma leitura da obra poética de Mário de Andrade*. São Paulo, HUCITEC/Secretaria de Estado da Cultura, 1983. Publicação póstuma, nesta edição autorizada pela filha do autor, Laura Knoll.

2 Referências atualizadas pela edição de *Poesias completas*, edição de texto apurado, anotada e acrescida de documentos por Tatiana Longo Figueiredo e Telê Ancona Lopez. Rio de Janeiro, Nova Fronteira, 2013, p. 78.

3 *Remate de males*, em: *Poesias completas*. Referências atualizadas pela edição de *Poesias completas*, edição de texto apurado, anotada e acrescida de documentos por Tatiana Longo Figueiredo e Telê Ancona Lopez. Rio de Janeiro, Nova Fronteira, 2013, p. 364.

> Bateladas de húngaros, búlgaros, russos se despejam na cidade...
> Trazem vodka no sapiquá de veludo,
> Detestam caninha, detestam mandioca e pimenta,
> Não dançam maxixe, nem dançam catira, nem sabem amar suspirado.[4]

Para citarmos ainda mais um exemplo, encontraríamos um ponto de partida para a descrição do imaginário n'"A meditação sobre o Tietê", este poema imenso que *singra* pelos grandes momentos da aventura poética de Mário de Andrade e escrito em seus últimos dias. "Inspiração" é o primeiro poema da primeira obra considerada por Mário de Andrade como madura, e "A meditação sobre o Tietê" é o último.

Por fim, ainda mais este exemplo, que encontramos n'"A Costela do Grão Cão": a descrição poderia inaugurar-se pelo "Reconhecimento de Nêmesis", em que lemos estes versos:

> Menino, sai!
> Você é o estranho periódico
> Que me separa do ritmo
> Unânime desta vida...
> E o que é pior, você relembra
> Em mim o que geralmente
> Se acaba ao primeiro sopro:
> Você renova a presença
> De mim em mim mesmo... E eu sofro.[5]

Os exemplos poderiam se multiplicar. Em todos os poemas, estaremos na trilha das imagens. Privilegiamos "Inspiração" não por se localizar, na ordem das obras completas, como primeira composição reconhecida por Mário de Andrade como madura; a descrição pode encontrar o seu ponto de partida em qualquer altura da obra poética, em qualquer composição. A ordem histórica das composições ou a sua ordem "arranjada" na sequência dos livros que compõem as *Poesias completas* (que, por sua vez, nem sempre coincide com a ordem histórica das composições) pouco importa. A "ordem" do imaginário tem o seu início e o seu termo em cada composição e em cada imagem. Privilegiamos "Inspiração", precisamente, porque se chama *Inspiração* — porque há uma indicação originária.

Para bem apreendermos o alcance da composição, importa determo-nos em seu próprio título: "Inspiração". E já falamos em sopro, alento, alma e movimento. O primeiro verso diz que São Paulo comove a vida do poeta. São Paulo é o que vivifica o discurso do poeta. É o espírito de seu discurso poético. Já empregamos um leque de palavras que indica o alcance da composição e insinua o sentido de seu título: inspiração.

---

[4] *Op. cit.*, p. 375.
[5] *Op. cit.*, pp. 412-413.

O que é inspiração? Em seu significado mais imediato, inspiração é tomar ar, encher os pulmões de ar, tomar fôlego. Ar que sustenta a vida e, em seguida, permite a palavra articulada, a voz. A inspiração possibilita o dizer. Assim, também a palavra *psyché* significa fôlego, o que sustenta a vida, portanto aquilo que anima. *Psyché*, o sopro que anima: a alma. Inspiração como tomar fôlego é ser tomado por um sopro animador: *Pneuma*. Já por estas indicações vemos que podemos dizer que inspiração é a *anima* do poeta, o que movimenta a sua alma, é o *Pneuma* de seu dizer. Com isso podemos também afirmar que inspiração é a manifestação da alma do poeta. A *psyché* centra o poeta em sua trilha discursiva; é o que conduz a Fantasia do poeta.[6]

Este *Pneuma* é o *entusiasmo* que domina os poetas, os músicos ou os pintores. É o que *corporifica* — pela voz, pelo sopro que se transforma em palavra articulada, pelo dizer — o estro do poeta: a fantasia rica, o engenho poético.

> — Por sobre o torso lívido e canhestro
> da Europa em ruína vem também agora
> brilhar, de manso, o Maio em Sol dum estro:
>
> deixai, floresçam, nos seus tons diversos,
> as rosas matutinas desta flora,
> a primavera destes simples versos.[7]

Estes versos iniciais de *Há uma gota de sangue em cada poema*[8] intitulados como "Prefácio" — antes do feito, antes da *poiesis*, da criação, da produção da voz que diz — são na realidade uma invocação: o apelo do poeta para o eficaz desempenho de seu estro; para que sua criação ganhe *corpo* manifestando os movimentos da alma[9].

Já vemos que nesses versos Mário de Andrade aproxima ou traduz o estro pelo brilho, pelo sol, pelo matutino, pela primavera, por aquilo que floresce. O can-

---

6  Diz Jaeger a propósito de *psyché*: "Esta palavra adquire no século V uma nova ressonância, uma significação mais alta, que só alcança seu pleno sentido com Sócrates. A 'alma', é objetivamente reconhecida como o centro do homem. Dela irradiam todas as suas ações e sua conduta inteira". Jaeger, *Paideia*, F.C.E., 1957, p. 257.

7  *Há uma gota de sangue em cada poema, Obra imatura*. São Paulo, Martins, 1960, p. 11.

8  Embora *Há uma gota de sangue em cada poema* apareça no volume *Obra imatura* — título que poderia gerar algum preconceito em relação às composições quanto à sua consideração —, convém lembrar que é obra reconhecida pelo poeta e por suas próprias mãos inserida em suas *Obras completas*. Como apoio, citamos esta breve passagem de uma carta de Mário de Andrade a Manuel Bandeira: "Aliás tenho sido bem feliz nestes últimos tempos quanto a observação a meu respeito. A mais fina de todas foi feita pelo Mário Pedrosa que me disse que o Remate dava pra ele a impressão de que eu tinha voltado ao mesmo estado de sensibilidade e de ser de 1917 e que o Remate era o mesmo Há uma Gota de Sangue, só que naturalmente com uma elevação que eu não podia ter naquele tempo. Palavra de honra, Manú, tive assim a sensação de que de repente ficava nú diante de alguém. A sensação de uma certeza irremovível que eu mesmo não tinha percebido". CMB, pp. 268-9. "Remate" no texto da carta refere-se ao livro *Remate de males*.

9  Está claro que nestas considerações não se deve aliar "movimento da alma" a lirismo. "Movimento da alma" refere-se ao que anima o canto. O poema como *corpo* é algo de vivo em função da felicidade e propriedade da inspiração e — da maneira como se processa a voz — do discurso poético.

to do poeta que tem sua origem na inspiração é iluminador: dispensa uma visão. É um brotar primaveril: um renascimento do mundo. O sol e a manhã, o florescer e a primavera já estão aqui ligados à criação — à criação que tem sua origem na inspiração. A criação, através do estro (ligado à inspiração) é a corporificação da Fantasia (o sonho, a quimera), que resulta no poema. Lemos na "Exaltação da paz":

> [...]
> É as greis humanas, pela primavera,
> Quando a terra toda é
> florida como uma quimera,
> conduzir para a luz, para a alegria,
> para tudo que é róseo e que é risonho
> para tudo que é poema ou sinfonia,
> para o arrebol, para a esperança, para o sonho!...[10]

Se, de um lado, a Fantasia conduz à luz, a leitura também é um ato iluminador. É o que nos diz a primeira estrofe de "Lundu do escritor difícil":

> Eu sou um escritor difícil
> Que a muita gente enquizila,
> Porém essa culpa é fácil
> De se acabar duma vez:
> É só tirar a cortina
> Que entra luz nesta escurez.[11]

Se o dizer do poeta instaura uma visão, exige também da leitura um olhar claro. O leitor ilumina o poema. Como visão, o poema é anunciação. O leitor deve estar preparado para ver o que a alma do poeta anuncia. Ao dizer de maneira inspirada, o poema colhe o mundo através da palavra e deixa que ele apareça à luz.

Através da palavra, a alma apanha o mundo, e o poema é o seu anúncio. A alma de início comovida — inspirada — agora manifesta o mundo. O mundo se manifesta *publicamente*: para todo olhar que se deixa penetrar por suas significações, isto é, dentro da ordem imagística instaurada, pela luz do discurso poético. O poeta *publica* os seus poemas: os seus feitos inspirados. Anunciar é publicar, manifestar, patentizar, predizer, prever, pressagiar, prenunciar, vaticinar. Eis aí o trabalho do poeta: vaticinar. O poeta é aquele que, ao anunciar o mundo, vaticina: o poeta é um vate.

Entretanto, se de um lado há a força positiva da *iluminação*, de outro, há também o caráter negativo das luzes enganosas. Instala-se uma contradição. A palavra, ao mesmo tempo, revela e oculta.

---

10 *Há uma gota de sangue em cada poema*, pp. 17-8.
11 "Lundu do escritor difícil", *op. cit.*, p. 416.

As luzes fazem traçados em emboladas de luz.
São anúncios. Todas as luzes são anúncios.
Todas as ideias e paixões é tudo anúncio! Tudo só anúncio, só anúncio no mundo![12]

Quando o dizer se esgota e o poema se reduz a uma técnica, já não temos mais o anúncio efetivo, mas "emboladas de luz", um anúncio que é *só* anúncio.

Pôs a boca no mundo e cantou todo o dia,
Porém a voz se fatigou talqualmente os vulcões
E não ficou mais que o instrumento.[13]

Agora, o poema não tem poder iluminador, pois está destituído de mensagem. "Ser o bojo vazio do violão"[14]. Há apenas o instrumento. E o brilho fácil da técnica que se esgota em si mesma. Uma técnica que não concorre para o efetivo dizer.

Tudo ponteios, tudo sons sem resultado,
Reboam ressoam na caixa de todos,
Sem cantos, sem palavras... A voz do homem se acabou.
[...]
E o pinho reboa ressoa se estrala em só anúncio![15]

Então, tudo não passa de anúncio, tudo é apenas anúncio. Temos o verso do verso efetivo — daquele que anuncia o mundo. Agora, o poeta denuncia a luz do anúncio como luz traiçoeira e falsa, a luz que ilude o olhar, a luz de brilho falso. O poema já não é uma *publicação*: antes, liga-se à publicidade. Realiza-se como técnica a serviço de interesses que não concorrem necessariamente para mostrar o mundo, mas para empolgar as consciências.

O poeta está alerta. Em seu próprio canto é anunciado que há anúncios enganosos. Sabe que o trabalho poético ilumina o mundo ao anunciá-lo e que, não obstante, há a luz enganosa dos anúncios. Há o risco do trabalho fácil guiado apenas pela técnica.

[...]
O instrumento saracoteando anúncios de harmonias?
Os críticos analisarão todas as harmonias,
Os pensamentos conceberão sistemas e tonalidades,
Será possível tirar uma regra e a regra viverá setenta-e-um anos...
Mas que é que é o violão que existe e existirá
Além da regra e a regra não diz nada e o violão vê na regra só anúncio!...[16]

---

12 "A Adivinha", *op. cit.* pp. 371-372.
13 "A Adivinha", *op. cit.* p. 370.
14 "A Adivinha", *op. cit.* p. 370.
15 "A Adivinha", *op. cit.* pp. 371-372.
16 "A Adivinha", *op. cit.* p. 372.

Essa contradição alojada no próprio canto é o primeiro sinal da roupa retalhada de Arlequim — de um mundo feito de contradições.

Importa reconhecer que a lei enganosa, o *só* anúncio, está poematizada pelo dizer do poeta. Com isso, o seu canto se afirma como um anúncio. O poeta ao enunciar anuncia o mundo — vaticina.

E o poeta clama:

Deixem que ele possa achar de novo as palavras arcaicas![17]

Dessa maneira, o poeta oscila e se debate entre o valor dos temas eternos (as "palavras arcaicas") que ganham pelos tempos figuras novas e a imperiosidade de iluminar o imediato — de seu canto estar a serviço de um esclarecimento da imediatidade da terra. Pois, quase tudo ainda está encoberto. Aí reside um dos caminhos de sua inspiração.

A metáfora respiratória tem dois termos: inspirar e expirar — o movimento para dentro e o movimento para fora. O poema anuncia — é sinal do mundo —, e por força de sinalizar, ilumina o mundo. O poeta é iluminado porque *inspira* o mundo e o transforma em sinal (o mundo é *transportado*); o poema é *expiração*. Uma enunciação — nele temos a epifania do Verbo.

A revelação do mundo que tem a sua mola propulsora no sopro e nos movimentos da alma, no sopro que anima o canto do poeta e que mostra o mundo como discurso — *lógos* — resulta em um trabalho do espírito. Qual a proveniência de nossa palavra "inspiração"? Vem de *ex-espiratio*, que quer dizer exalação, vapor. E temos o verbo *in-espiro* (*are*), que quer dizer soprar em ou sobre, inspirar, comover, entusiasmar; e ainda mais, *espiro* (*are*), quer dizer soprar, respirar, viver, ser verdadeiro, mostrar. E aí se radica o significado de *spiritus* (*us*), que, como *psyché*, quer dizer sopro, como também vento, brisa, hálito, inspiração, sentimento, e tem como significado derradeiro espírito.

Inspiração é o sopro que movimenta o espírito do poeta e que conduz à ampliação da alma através da voz — do discurso que ilumina o mundo: o *lógos*. Pode-se ainda dizer que inspiração é estar possuído por um sopro divino (ou demoníaco): a inspiração torna o poeta possesso. A inspiração é uma embriaguez que conduz ao canto. E com o canto, a dança:

    Viva a dança!
    Dança viva!
  Vivedouro de alegria!
Eu danço!

---

17 "A Adivinha", *op. cit.* p. 372.

Mãos e pés, músculos, cérebro...
Muito de indústria me fiz careca,
Dei um salão aos meus pensamentos!
Tudo gira,
Tudo vira,
Tudo salta,
Samba,
Valsa,
Canta,
Ri![18]

A inspiração é a explosão dionisíaca que unifica a dança e o canto[19]. O canto é um baile — uma festa — de imagens. É o espírito que agarra o mundo e o conduz para a palavra; e ainda, pela palavra. Porque o mundo também é dança:

Parceiro, tu sabes a dança do ventre
Mas eu vou te ensinar dança melhor.
Olha: a Terra é uma bola.
A bola gira.
Gira o universo.
Os homens giram também.

Tudo é girar, tudo é rodar.[20]

---

[18] *Danças, op. cit.* p. 298.

[19] "Você observe a ideia-refrão básica, que atravessa todo o poema:

Ora vengan los zabumbas
Mas eu não quero estes zabumbas

e enfim, ao acertar a mão, só na XV parte:

Estes zabumbas que eu quero!

Por que 'zabumba'? A explicação é facílima em mim: é a constância coreográfica-dionisíaca que atravessa toda a minha poesia, e pra qual o Roger Bastide já chamou a atenção. Em quase todos os grandes momentos extasiantes, na dor ou na alegria, eu 'me devolvo em dança'. E nesse mesmo 'Carro da Miséria' isso vem claro, logo na primeira parte:

Destino pulha, alma que bem cantaste,
Maxixe agora, samba o coco
E te enlambusa na miséria nacionar!

E logo na parte seguinte eu caio no samba, cantando um coco inteiro, por sinal que tecnicamente exatíssimo embolada e refrão plagiando aliás um coco que eu colhi no Nordeste, 'Meu baralho'." Mário de Andrade, *71 cartas de Mário de Andrade*, Lygia Fernandes (org.), Rio de Janeiro: Livraria São José, s.d., p. 89.

[20] *Op. cit.* p. 306.

Entretanto, a inspiração é uma conquista e o seu sopro tem um comando. É a conquista e o comando da inspiração pelo trabalho paciente. Paciente não quer dizer apenas obstinado, mas *sofrido*: os movimentos da cidade e os movimentos do canto. E nessa paciência, a inspiração é múltipla e dilacerada, retalhada e retalhante — uma dança de muitos ritmos: uma Paciente Arlequinada.

*Mario Cafiero*

## O TROVADOR

Sentimentos em mim do asperamente
dos homens das primeiras eras...
As primaveras de sarcasmo
intermitentemente no meu coração arlequinal...
Intermitentemente...
Outras vezes é um doente, um frio
na minha alma doente como um longo som redondo...
Cantabona! Cantabona!
Dlorom...

Sou um tupi tangendo um alaúde!

# O trovador

*Eduardo Sterzi*

"O trovador" é o segundo poema de *Pauliceia desvairada*, precedido apenas por "Inspiração", que com ele se comunica por vários aspectos, a começar pela recorrência do adjetivo *arlequinal*, definidor do livro e, em alguma medida, do conjunto da poesia de Mário de Andrade[1] — e, por isso mesmo, não exclusivo dos dois. O que é *comoção* no primeiro poema ("São Paulo! comoção de minha vida...") são *sentimentos* no segundo ("Sentimentos em mim do asperamente/ dos homens das primeiras eras"): isto é, o motor do poeta, aquilo que o leva ao poema. Essa comoção comum a ambos os textos — esse impulso sentimental que os anima, soldando, na voz e na letra do poeta, o antigo e o novo, o arcaico e o moderno — encarna-se, mais do que nas palavras, naqueles silenciosos mas expressivos signos que delimitam o canto, ressaltando o que, neles, há de gesto implícito, mas também, talvez, de ruído: as interjeições e os pontos de exclamação (uma característica que, aliás, como o *arlequinal*, também se estende ao restante do livro e a boa parte da subsequente obra poética de Mário).

Além disso, os versos finais de ambos sintetizam, em fórmulas memoráveis, aquele desconcerto de tempos e espaços que constitui a vida cultural brasileira ou, mais amplamente, americana — isto é, a vida cultural que se formou, ou continua a se formar, a partir de séculos de experiência colonial e de apagamento (e consequente resgate, mesmo que, inicialmente, apenas imaginal) das formas de vida autóctones. Quando lemos "Galicismo a berrar nos desertos da América" ou "Sou um tupi tangendo um alaúde", não estamos diante de uma previsível denúncia do caráter inautêntico da cultura nacional ou da vida moderna, com o correspondente anseio por uma situação mais autêntica, isto é, depurada, que comportaria a distinção entre o supostamente próprio ("desertos da América", "tupi") e o supostamente alheio ("galicismo", "alaúde"). Pelo contrário, temos aqui duas afirmações, uma em cada verso, desse desconcerto em sua positividade criadora, isto é, na sua força de montagem e presentificação — o que, nesse passo em alguma medida ainda inaugural da obra de Mário de Andrade (trata-se, afinal, do seu primeiro livro de poemas publicado sob o próprio nome[2]), já deveria servir de alerta para as interpretações ligeiras do seu "nacionalismo", contra

---

[1] Cf. Victor Knoll, *Paciente arlequinada: uma leitura da obra poética de Mário de Andrade*, São Paulo: Hucitec e Secretaria de Estado da Cultura, 1983, especialmente pp. 39-73 (cap. "Na trilha das imagens").

[2] *Há uma gota de sangue em cada poema*, como se sabe, saiu sob o pseudônimo Mário Sobral.

as quais o próprio Mário advertia[3], que costumam perder de vista sobretudo o caráter dramático, e até dilacerado, de sua ideia de nação e dos esforços artísticos, científicos, pedagógicos e institucionais derivados desta ideia[4]. Por mais que esse dilaceramento se dê a ver de modo mais elaborado, arrazoado e explícito em alguns ensaios e cartas, foi justamente nos poemas, concebidos como lugares de expressão de emoções ou comoções complexas (e complexas, sobretudo, porque compósitas, a juntar num único *motto* — que é, antes, *moto*[5], isto é, movimento — impulsos de proveniências antitéticas ou disparatadas), que ele se concretizou de modo mais eficaz e persistente como forma.

Em "O trovador", essa eficácia e essa persistência são garantidas pela densa pauta de sons convergentes. Vagas sonoras atravessam o poema do início ao fim, muitas vezes dissolvendo-se umas nas outras, para tornar a erguer-se em seguida, numa indefinição entre fusão e choque, consonância e dissonância: "sent*imentos em mim* do aspera*mente*", "dos hom*ens*", "inter*mitentemente*" (duas vezes), "doen*te*" (duas vezes também), "tang*endo*"; "*aspera*mente", "*primeiras eras*", "*pr*imave*ras*"; "*um* l*o*ng*o* s*om* red*o*nd*o*", "cantab*o*n*a*" (duas vezes), "dl*orom*" etc. A ordem consonantal de "*sarcasmo*" como que se inverte em "*meu coração*". E a sílaba tônica de "arlequin*al*" repercute, num enlace que acaba por ser também semântico, alterando o sentido prévio de cada um dos termos da equação poética, em "*al*ma" e "*al*aúde". As assonâncias, que por vezes se confundem com rimas internas, se sobrepõem às rimas terminais, que são apenas duas, uma soante (*asperamente/ intermitentemente*) e a outra toante (*redondo/dlorom*), e que, justamente por força dessa sobreposição, perdem algo da ênfase característica da rima, diluindo-se como mais outras franjas de ondas na generalizada rebentação fônica[6].

Com esse esquema de reverberações, com as reticências, com a figuração atmosférica (não por acaso, a noção de *Stimmung* aparece numa das cartas de Bandeira a Mário a propósito de *Pauliceia desvairada*[7] e o sino, instrumento ressonante por excelência, é uma das imagens fundamentais do poema), o poeta transforma "O trovador" em caixa de ressonância na qual ecoa o que está ali, de fato, escrito, mas

---

3 Cf. Mário de Andrade, carta de 26 de abril de 1935 a Sousa da Silveira, em: *Mário de Andrade escreve cartas a Alceu, Meyer e outros*, Lygia Fernandes (org.), Rio de Janeiro: Editora do Autor, 1968, pp. 164-5.

4 Cf., por exemplo, o capítulo inicial ("Música brasileira") do *Ensaio sobre música brasileira* (1928), org. Flávia Camargo Toni, São Paulo: Edusp, 2020, pp. 61-7.

5 Cf. a noção de "moto lírico", em: Mário de Andrade, *A escrava que não é Isaura: discurso sobre algumas tendências da poesia modernista* (1924), em: *Obra imatura*, São Paulo: Martins; Belo Horizonte: Itatiaia, 1980, pp. 225 e 286-7.

6 "Virgílio, Homero, não usaram rima. Virgílio, Homero, têm assonâncias admiráveis" ("Prefácio interessantíssimo", em: *Pauliceia desvairada, op. cit.*, p. 67).

7 Manuel Bandeira, carta de outubro de 1922, em: *Correspondência, op. cit.*, p. 74. Na verdade, depreendo, a partir do contexto da carta e da formação bandeiriana, que a palavra em questão seja *Stimmung*, ali onde o organizador da correspondência conjecturou tratar-se de *storming*.

também aquilo que, não estando escrito, se deixa apreender como desdobramento semiótico (e intersemiótico) do efetivamente grafado, isto é, como alusão intra- e intertextual, assim como contextual. O que há para transler — e mesmo tresler — no poema é talvez tão relevante quanto o convencionalmente legível. Para ficarmos nos termos do "Prefácio interessantíssimo", podemos dizer que estamos aqui diante de um exemplo do *verso harmônico* e da *polifonia poética* levados ao extremo, não apenas como procedimentos de encerramento da tessitura sonora e imagética sobre si mesma, mas também como expedientes de abertura do texto para o seu exterior.

Essa noção de abertura está prevista na própria descrição que Mário dá da harmonia poética. Ele cita um verso do poema "Tietê", também de *Pauliceia desvairada*: "Arroubos... Lutas... Setas... Cantigas... Povoar!...". Temos aí "palavras sem ligação imediata entre si", palavras que, "pelo fato mesmo de se não seguirem intelectual, gramaticalmente, se sobrepõem umas às outras, para a nossa sensação, formando, não mais melodias, mas harmonias". Mário ainda: "Si pronuncio 'Arroubos', como não faz parte de frase (melodia), a palavra chama a atenção para seu insulamento e fica vibrando, à espera duma frase que lhe faça adquirir significado e QUE NÃO VEM. 'Lutas' não dá conclusão alguma a 'Arroubos'; e, nas mesmas condições, não fazendo esquecer a primeira palavra, fica vibrando com ela. As outras vozes fazem o mesmo"[8]. Decisiva, aí, a ideia de que a frase que semantizaria ou ressemantizaria a palavra isolada *não vem*. Cabe ao poema não atender, mas frustrar uma expectativa — que ele mesmo, porém, cria. Mantém-se, portanto, a palavra em estado de iminência, irredutível, portanto, ao discurso. A poesia por vir — a poesia que vem — é aquela que, por definição (isto é, devido à dialética temporal inerente à palavra poética), *não vem*; pelo menos, não de todo, como totalização de um sentido mais ou menos pleno e unívoco: permanecerá, ao mesmo tempo, como reminiscência e promessa, como paradoxo, equívoco e vibração[9]. Como no caso do Ulisses de Fernando Pessoa: "Por não ter vindo foi vindo/ E nos criou"[10]. É na medida em que não vem, que faz o poema ir ao mundo: postular um fora e uma prosa[11] (aliás, é este lugar teórico — metapoético — excessivo com relação aos poemas, ainda que por eles projetado e neles inscrito, que o "Prefácio interessantíssimo" ocupa na economia de *Pauliceia desvairada*, não

---

8 "Prefácio interessantíssimo", *op. cit.*, pp. 68-9.

9 Radica-se aqui a crítica de Mário de Andrade à persistência do "verso de ouro" parnasiano nos poemas de Oswald de Andrade. Cf. carta de 4 de outubro de 1927 a Manuel Bandeira, em: *Correspondência, op. cit.*, p. 355. Mário comenta aí a resenha que escreveu de *Pau Brasil* para o quarto número da revista *Estética*, que, porém, dado que o número nunca saiu, só foi publicada postumamente ("Oswald de Andrade: *Pau Brasil*, Sans Pareil, Paris, 1925", em: *Brasil: 1º tempo modernista — 1917-29 — Documentação*, São Paulo: Instituto de Estudos Brasileiros (IEB-USP), 1972, pp. 225-32).

10 Fernando Pessoa, "Ulysses", em: *Mensagem* (1934); hoje em *Mensagem: poemas esotéricos*, ed. crítica José Augusto Seabra, São Paulo: Scipione, 1997, p. 17.

11 Cf. Giorgio Agamben, "La fine del poema" (1995), em: *Categorie italiane. Studi di poetica e di letteratura*, 2ª ed. aum., Roma e Bari: Laterza, 2010, pp. 138-44.

esgotando, porém, esta demanda; daí que estejamos, ainda hoje, a escrever sobre tais poemas e, sobretudo, a disputar seus significados).

Acrescente-se ainda que a harmonia que Mário tem em vista é aquela que corresponde à constatação, que ele toma de empréstimo ao compositor Georges Migot, de que os poetas, tanto quanto os músicos, "sempre sentiram o grande encanto da dissonância"[12]. Dissonância que não tem sentido apenas técnico, de acordo com o vocabulário da música, mas metafórico — como, de resto, são metafóricas as próprias ideias de harmonia e polifonia quando associadas à poesia, dada a impossibilidade física da simultaneidade, a não ser por meio da mobilização de várias vozes (presenciais ou gravadas), dado o caráter linear da linguagem, que a poesia desafia, mas não abole. O que significa dizer que, por mais que a poesia aspire à harmonia ou à polifonia e a tudo que elas comportam (simultaneidade, dissonância etc.) e por mais que faça dessa aspiração o cerne de sua singularidade entre os usos da linguagem, está condenada à melodia.

O próprio Mário de Andrade, porém, nas digressões musicais de seus textos de teoria da poesia, mas sobretudo nos seus estudos de música, destaca alguns procedimentos que nos permitem pensar a melodia de modo mais complexo, sendo talvez o principal a "melodia infinita". A formulação é de origem wagneriana, como Mário reconhece em *A escrava que não é Isaura* ao tratar justamente das pretensões polifônicas ou simultaneístas em poesia: "Continuar no verso medido é conservar-se na melodia quadrada e preferi-la à melodia infinita de que a música se utiliza sistematicamente desde a moda Wagner sem que ninguém a discuta mais"[13]. Porém, como em seguida observa Mário, a melodia infinita, que Wagner nomeou e consagrou na música de concerto, não precisou do compositor alemão para emergir; pelo contrário, o conceito wagneriano serve a Mário para designar o que foi, durante séculos, o coração da experiência musical, sobretudo nas suas formas, digamos, primitivas, sofrendo restrições apenas a partir de um momento histórico específico que tem interesse para a interpretação de "O trovador":

> A música, desque temos conhecimento dela, começou com a melodia infinita. Assim os fragmentos gregos que possuímos, assim as melodias dos selvagens, assim o canto gregoriano. Depois, influenciada pela poesia provençal, pelas danças e principalmente com a inovação do compasso (da "barra de divisão" como irritadamente diz o belga Closson) a melodia tornou-se quadrada. Muito depois nas lutas românticas do século passado reconheceu que estava em caminho errado e voltou resolutamente à melodia infinita que ninguém discute mais.[14]

---

12 "Prefácio interessantíssimo", *op. cit.*, p. 70.
13 Mário de Andrade, *A escrava que não é Isaura: discurso sobre algumas tendências da poesia modernista*, (1924), em: *Obra imatura*, São Paulo: Martins; Belo Horizonte: Itatiaia, 1980, p. 226.
14 *Ibid.* E Mário acrescenta em nota: "A razão deste 'resolutamente' é que se podem citar exemplos de melodia

No *Ensaio sobre música brasileira*, a melodia infinita será mesmo definidora, tantas vezes, do que de mais original há nos cantos populares. Está nos cocos, nos fandangos paulistas, nos martelos, em "certos lundus muito africanizados", nas parlendas, nos pregões, nos "cantos-de-trabalho sem forma estrófica", nas "rezas das macumbas" etc. "Todas essas formas", diz Mário, "se utilizando de motivos rítmico-melódicos estratificados e circulatórios, nos levando pro rapsodismo da Antiguidade (Egito, Grécia) e nos aproximando dos processos lírico-discursivos dos sacerdotes indianos e cantadores ambulantes russos, nos dão elementos formalísticos e expressivos pra criação da melodia infinita caracteristicamente nacional"[15]. Mais adiante: "Cantam com a sutileza rítmica de quem está falando, com a máxima despreocupação. É muito provável que nessa gente do Nordeste cantando desse jeito, em contraste decidido com a rítmica isoladamente musical e o compasso, é muito possível que nesses nordestinos a gente vá encontrar uma reprodução contemporânea da maneira de cantar dos rapsodos gregos ou do canto cristão primitivo".[16] Nestas passagens, fica claro que, para Mário, é inerente à música a copresença concreta (isto é, filologicamente rastreável) ou imaginária (evocativa, extrapolativa) de espaços e tempos. Todo esse horizonte de reflexão da teoria e da história musical ele carreia para dentro do poema quando o coloca, já desde o título, sob o signo da música e, mais exatamente, do canto — e "O trovador" está longe de ser exemplo único[17], embora seja aquele em que isso ocorre de forma quase programática, talvez por sua posição inaugural na obra do autor.

Dado que *A escrava que não é Isaura*, embora escrito em 1922[18], só foi publicado três anos depois e que o *Ensaio sobre música brasileira* veio a público somente em 1928, podemos ler o emblemático verso final do poema (que, justamente por seu valor de emblema, será retomado, *ipsis litteris*, em "Carnaval carioca", de 1923[19]) como uma antecipação ou preparação — uma síntese poética prospectiva — das considerações há pouco citadas. Se a "melodia infinita", que aparece aí vinculada ao verso livre modernista, é, por um lado, o artifício formal que conecta o que há de mais singular nos cantos populares brasileiros à música "dos selvagens" (mas também a uma corrente subterrânea que atravessa toda a

---

infinita mesmo durante o império da melodia quadrada" (p. 226n).

15 Mário de Andrade, *Ensaio sobre música brasileira* (1928), org. Flávia Camargo Toni, São Paulo: Edusp, 2020, p. 108.

16 *Ibid.*, p. 218.

17 Enumeremos de modo quase randômico, sem intenção de exaurir: "Toada sem álcool", "Toada do Pai-do-Mato", "Rondó pra você", "Coco do major", "Lundu do escritor difícil"... E não esqueçamos um título de livro, *Lira paulistana*. E o próprio *Macunaíma*, como se sabe, é dito *rapsódia*, antes do que *romance*.

18 *A escrava que não é Isaura*, conforme Mário assinala no posfácio do texto, foi escrito em abril e maio de 1922, isto é, pouco mais de um mês depois da Semana de Arte Moderna — e antes da publicação de *Pauliceia desvairada*, em julho daquele ano. Cf. *Obra imatura, op. cit.*, p. 297.

19 *Poesias completas*, p. 166.

história da música) e se, por outro, a ela se opõe à "melodia quadrada" (isto é, enquadrada pelo compasso) que teria surgido justamente, segundo o relato de Mário, a partir da influência da "poesia provençal", podemos ver no verso "Sou um tupi tangendo um alaúde!" menos uma tentativa de conciliação do supostamente nacional com o supostamente universal (isto é, europeu...) do que uma interceptação e uma interrogação do *trovadorismo* pelo selvagem — trovadorismo que, como se sabe, é outro nome para a "poesia provençal" que enquadrara a melodia, cassando-lhe a infinitude. O tupi-trovador é, nesses termos, um antitrovador, e o seu alaúde, portanto, não se deixa resumir a signo de ocidentalidade.

Exemplar quanto a uma interpretação ocidentalizante da obra de Mário de Andrade é o ensaio de Gilda de Mello e Souza sobre o *Macunaíma*, o qual, desde o título, *O tupi e o alaúde*, apresenta "O trovador" como uma espécie de estandarte do deslocamento intelectual brasileiro em direção à Europa, numa jangada de pedra às avessas[20] — interpretação que a sequência de epígrafes só exacerba, começando justamente com o verso final do poema, passando por duas linhas do "Improviso do mal da América" ("Me sinto só branco agora, sem ar neste ar-livre da América!/ Me sinto só branco, só branco em minha alma crivada de raças!") e terminando com uma sentença de *O banquete* ("Nós somos também civilização europeia")[21]. O que se perde aí, nessa montagem que equipara momentos muito distintos da obra, é a dialética e, antes, a ironia de Mário. O alaúde derradeiro operaria, nessa leitura, como que uma rasura do tupi, e o poema cifraria não uma invocação ou incorporação, mas uma despedida dos "sentimentos [...] do asperamente/ dos homens das primeiras eras". O que se perde aí, em suma, é, nos termos do próprio poema, a *intermitência*[22]. Assim como o *arlequinal*.

Não surpreende, portanto, que, quase ao fim do ensaio, Gilda de Mello e Souza diga que, a partir do cotejo "entre a rapsódia brasileira e o romance de cavalaria", seria possível afirmar que o "núcleo central" do livro de Mário — "não obstante os mascaramentos de toda ordem que despistam ininterruptamente o leitor" — "permanece europeu, ou, mais exatamente, *universal*", por vincular-se ao "tema eterno da busca do objeto mágico", de que a Demanda do Graal "representa no Ocidente a realização mais perfeita"[23]. Porém, para além da identificação tão problemática entre "europeu" e "universal" (na qual, hoje, só uma

---

20 Refiro-me, claro, ao romance de José Saramago, *A jangada de pedra* (1986), no qual se fabula a separação da Península Ibérica com relação à Europa e seu indeciso trânsito oceânico até estabilizar-se entre a América Latina e a África.

21 Gilda de Mello e Souza, *O tupi e o alaúde: uma interpretação de Macunaíma*, São Paulo: Duas Cidades, 1979, p. 5.

22 "Intermitentemente": "O advérbio é repetido [...] para sublinhar o fato de que o artista vive alternadamente no passado e no presente". José I. Suárez e Jack E. Tomlins, *Mário de Andrade: The Creative Works*, Lewisburg: Bucknell University Press; Londres: Associated University Press, 2000, p. 55.

23 Gilda de Mello e Souza, *O tupi e o alaúde: uma interpretação de Macunaíma, op. cit.*, p. 92.

caricatura de pensamento insistiria), perde-se de vista também o papel fundamental das *máscaras* na arte de Mário, ou mais amplamente no modernismo brasileiro (das *Máscaras* de Menotti del Picchia àquelas do Teatro da Experiência de Flávio de Carvalho, com muitas outras ocorrências de permeio), sendo todo o modernismo, em certa medida, um vasto sistema de *despistes*, para usar o termo da crítica — mas despiste que, mais do que desviar o leitor de qualquer caminho hermenêutico presumivelmente mais justo ou mais certeiro, o confronta com o fato de que, na vida da criação artística, assim como na vida da linguagem e dos demais signos, *só há máscaras*, sem nenhuma cara verdadeira final (sobretudo a partir do momento — e isto é a modernidade — em que artes e códigos são acionados em estado de autoconsciência poética e semiótica[24]).

Reduzir o *Macunaíma* a um jogo entre a "atração da Europa" e a "fidelidade ao Brasil", como faz Gilda[25], é enfraquecer a rapsódia de 1928. Projetar essa leitura, retrospectivamente, sobre "O trovador" só nos leva para longe do que está acontecendo no poema. Daí que a própria crítica acabe por recordar em seguida, ainda em *O tupi e o alaúde*, aquela teoria da "sinceridade total" ou "verdade total" das máscaras que Mário elaboraria, em 1939, no seu ensaio "Do cabotinismo"[26]. E, nessa mesma abordagem, em ensaio posterior sobre "A poesia de Mário de Andrade", ela chama a atenção para o que podemos denominar, com o vocabulário da "poesia provençal", de *trobar clus* dos seus últimos poemas: "O processo poético que caracteriza a obra de maturidade de Mário é misterioso, intencionalmente oblíquo e portanto difícil. O pensamento sempre aflora camuflado através de símbolos, metáforas, substituições — expediente impenetrável para quem não possui um conhecimento mais profundo, tanto da realidade brasileira, como da biografia do escritor". Trata-se, em suma, de uma poesia que "está sempre disfarçada por trás da multiplicidade das máscaras"[27].

De fato, já desde o início da trajetória de Mário, e não apenas nos seus poemas tardios mais herméticos, as máscaras são múltiplas. E, sobretudo, não são múltiplas apenas na passagem de uma máscara a outra, mas em cada uma delas: mascarar-se é multiplicar-se, é trocar a estabilidade, sempre ilusória, de *uma* identidade pela variabilidade potencialmente infinita da não identidade. É a construção da máscara do tupi-trovador, que aparece como tal apenas ao fim do poema, que acompanhamos, de verso a verso, em "O trovador". "Tupy, or not

---

24 Cf. Décio Pignatari, "A vida em efígie (caos, caso e acaso)" (1967), em: *Contracomunicação* (1971), São Paulo: Perspectiva, 1973, pp. 167-75.

25 Gilda de Mello e Souza, *O tupi e o alaúde: uma interpretação de* Macunaíma, *op. cit.*, p. 93.

26 *Ibid.*, p. 95; Mário de Andrade, "Do cabotinismo" (1939), em: *O empalhador de passarinho* (1946), São Paulo: Martins, 1972, pp. 71-4.

27 Gilda de Mello e Souza, "A poesia de Mário de Andrade" (1988), em: *A ideia e o figurado*, São Paulo: Duas Cidades e 34, 2005, p. 31.

tupy that is the question", escreveria Oswald de Andrade no "Manifesto antropófago"[28]. Em Mário, a questão não se formula disjuntivamente, por meio de um *ou* que, porém, elide o próprio verbo *ser*, como em Oswald, mas conjuntivamente — o que, contudo, não pacifica as tensões coexistentes em cada máscara, muito pelo contrário. A questão talvez seja: como ser tupi *e* não tupi a um só tempo? Ou ainda: como ser trovador *e* não trovador a um só tempo? E também: como ser moderno *e* não moderno a um só tempo? Esta máscara, de resto, deve ajustar-se não apenas ao rosto originalmente já múltiplo, ou dissociado, do poeta, mas também ao da cidade que, como uma musa (por isso, renomeada Pauliceia), é origem e meta, e não apenas objeto, do seu canto. Daí, aliás, que, antes de despontar o alaúde como vibrante palavra final do poema, outro instrumento, este tangido pela e para a cidade, ressoe: o Cantabona.

Embora Mário confira, na sequência que vai desembocar em "Dlorom...", valor de onomatopeia ao vocábulo (daí sua repetição exclamativa constituir sozinha um verso), "Cantabona!" também tem um valor referencial preciso: é o nome do maior dos seis sinos do Mosteiro de São Bento. Com suas cinco toneladas e meia, era também, no momento de sua consagração, o maior sino do Brasil e, conforme foi especulado na imprensa da época, provavelmente também o maior da América do Sul. Os seis sinos foram fabricados na Alemanha em 1912 e chegaram ao Brasil em 1920, sendo consagrados no dia 29 de setembro daquele ano[29] — justamente o ano em que Mário de Andrade começou a escrever *Pauliceia desvairada*. Em suma, se a menção ao sino pode ser vista como uma inscrição da tradição religiosa no poema, é preciso, porém, notar que o que está efetivamente inscrito nele é um signo atualíssimo daquela tradição, contemporâneo ao livro e não menos constitutivo de uma determinada ideia de cidade do que o Theatro Municipal onde ocorreria, dois anos depois, a Semana de Arte Moderna. Lê-se, gravada nele, a sentença latina "*Cantabona sacrosanctæ et individuæ Trinitati*". Ou seja, em versão cristã, o sino celebra a unidade sagrada do múltiplo, na forma da Trindade — o que, em alguma medida, o desvario, em versão profana, inverte, ao cantar a multiplicidade do uno, seja este o poeta ou a cidade.

Os sinos continuarão ressoando na poesia de Mário. A começar pelo próprio Cantabona, agora sem nome próprio, ou um dos seus cinco companheiros no poema XIII de *Losango cáqui*: "Seis horas lá em S. Bento./ Os lampiões fecham os olhos de repente/ À voz de comando do sino" (e o seu som é, agora, "Dlem!

---

28 Oswald de Andrade, "Manifesto antropófago" (1928), em: *A utopia antropofágica*, São Paulo: Globo e Secretaria de Estado da Cultura, 1990, p. 47. Corrijo a grafia com base na publicação original no primeiro número da *Revista de Antropofagia*, porque a frase se elaborava inicialmente toda em inglês, incluindo o etnônimo.

29 "Mosteiro de S. Bento. As solenidades hontem realizadas na egreja abbacial — A festa do Gymnasio", *Correio Paulistano*, 30 set. 1920, p. 4.

Dlem!...", e não "Dlorom...")³⁰. No mesmo livro, no poema XXX ("Jorobabel"): "Os sinos em arremessos/ Bélicos!" confundem-se com a algaravia de Babel, assim descrita: "Um choro aberto sobre o universo desaba/ A badalar... Um choro aberto sobre a Terra/ Em bandos de ais..."³¹. A multiplicidade dos idiomas, que já era importante para a configuração polifônica de *Pauliceia desvairada* (por exemplo: "'Can you dance the tarantella' — 'Ach! ya'"³²), concentra-se aqui no sutil jogo translinguístico em que a palavra inglesa para sino — *bell* — ressoa ao longo do poema, não apenas no próprio nome de *Babel* (e, antes, em *Jorobabel*³³), mas também em *Abel* e *bélicos*, assim como, mais dispersamente, na fórmula *baba o fel*. Mas retornemos ao Cantabona de "O trovador": ao arrepio do que verificaríamos, pouco tempo depois, no "Ditirambo" de Oswald de Andrade (em cujo largo de igreja, "não há nem um sino"), aqui ainda há um sino a marcar as horas, a impor algum ritmo exterior (e de teor religioso) em contraposição à ausência de ritmo interior (e ao próprio desvario moderno que, na sua aceleração frenética, pode ser arrítmico). Este sino-compasso, antitético com relação à melodia infinita e ao verso livre, continuaria a ressoar nos grandes poemas que fecham *Claro enigma* de Drummond, não por acaso, entre os poetas brasileiros, aquele que mais aprendeu com Mário — sobretudo em "A máquina do mundo" ("e no fecho da tarde um sino rouco/ se misturasse ao som dos meus sapatos"), mas, também, em filigrana, reduzido a "som", no "Relógio do Rosário".

Neste ponto, podemos voltar ao alaúde. É esclarecedor, nesse retorno, reabrir o arquivo implícito no poema. Veríamos, por exemplo, que o tupi-trovador já aparecia no *Ensaio sobre a história da literatura do Brasil*, de Gonçalves de Magalhães, publicado no primeiro número da revista *Nitheroy*, em 1836 — texto e periódico decisivos para a constituição do romantismo brasileiro. Do *Roteiro do Brasil*, lido no "manuscrito pertencente à Biblioteca real de Paris", Gonçal-

---

30 Mário de Andrade, *Losango cáqui, ou afetos militares de mistura com os porquês de eu saber alemão* (1924), em: *Poesias completas*, p. 132. De modo mais alusivo, ressoava no poema "Tu", ainda em *Pauliceia*: "Mulher mais longa/ Que os pasmos alucinados/ Das torres de São Bento!" (p. 98).

31 Mário de Andrade, *Losango cáqui, ou afetos militares de mistura com os porquês de eu saber alemão* (1924), em: *Poesias completas*, p. 143.

32 "Rua de São Bento", em: *Pauliceia desvairada, op. cit.*, p. 85.

33 Nome do líder israelita que conduziu o primeiro retorno dos judeus da Babilônia para Jerusalém e que, por descender de Davi, consta na genealogia de Jesus. Seu nome é grafado, mais comumente, *Zorobabel*. Adna Candido de Paula, que estudou o poema na sua dissertação de mestrado intitulada *A Jorobabel marioandradina: poesia e crença*, viu em Jorobabel, além da referência direta ao líder do primeiro regresso a Jerusalém, um "anagrama" (melhor talvez fosse dizer um *paragrama*) no qual podemos ler os nomes de Jó, Abel, Babel, Joel e mesmo Jerusalém e Noé (Teoria e História Literária — Unicamp, 2002, p. 48). Mário, em carta datada de 23 de dezembro de 1927 a Alceu Amoroso Lima, explica não só como lhe surgiu a palavra-título, mas, a partir desta palavra, todo o poema, como sequência de "associações" — "quer as de assonância (imagens) quer as do momento doloroso que atravessamos (ideias)" —, todas servindo para caracterizar "a tragicidade tumultuária do tempo nosso, do povo na época atual". Cf. *71 cartas de Mário de Andrade*, Lygia Fernandes (org.), Rio de Janeiro: Livraria São José, s.d., pp. 19-20.

ves de Magalhães cita os elogios aos dotes musicais e poéticos de Tupinambás, Tamoios e Caetés — assim como assinala a estima que seus ouvintes lhes devotavam, o que teria garantido aos cantores indígenas não só acolhida em toda parte, mas, antes, salvo-conduto, inclusive nos territórios dos seus inimigos: "Tal veneração para os poetas, e músicos, lembra-nos esses Trovadores, que de Estado em Estado livremente peregrinavam, e ante quem se abriam as portas dos castelos dos senhores da média idade [...]"[34]. E não é sem significado que, na disposição da matéria neste primeiro número da Nitheroy, ao ensaio de Gonçalves de Magalhães se suceda aquele de Manuel de Araújo Porto-Alegre dedicado às "Ideias sobre a música", no qual também se alude, pouco antes das considerações específicas sobre a música no Brasil, aos "*Trovadores com seus alaúdes*, vagando pela Europa, fazendo as delícias dos Duques"[35]. Como no texto anterior, a poesia é associada à música e funciona como passaporte de livre acesso: "[...] e os seus sons, semelhantes aos das trombetas de Jericó, abriam as portas dos castelos, e as pontes levadiças lânguidas caíam do alto das muralhas, franqueando-lhes o seio dos torreões, onde em lauta mesa, rodeados de baixelas d'ouro, celebravam as armas, e o amor"[36]. Podemos, em verossímil ficção poético-filológica, ler o último verso de "O trovador" como uma síntese combinatória dessas passagens de Gonçalves de Magalhães e Porto-Alegre.

Não só o alaúde não é um instrumento originariamente europeu, mas médio-oriental, mais exatamente persa (os nomes que recebeu nas línguas europeias — *laúd*, *liuto*, *luth*, *lute*... — derivam diretamente do árabe *'ud* ou *al 'ud*[37]), como também o trovadorismo tem, conforme se lê ainda na Nitheroy, origem no Crescente:

> Os Árabes foram os primeiros povos entre os quais reluziu o crepúsculo da civilização moderna; possuindo Monarcas amadores do progresso, as letras e as artes reinaram em Damasco e em Bagdá; Abderraman sendo forçado por causa de intrigas civis a desamparar as populosas e ricas cidades da Arábia, escolhe a Espanha para seu novo Império, a ela transporta a ilustração de seu país natal, funda escolas em Sevilha, Granada e Córdoba, que tornam-se em pouco tempo os focos da ciência. O industrialismo, a atividade e a inteligência Árabe, unidas ao cultivo das letras e das artes, fazem da Espanha a nação a mais civilizada da Europa. Esta última recebe as impressões daquela, e assim o gosto e o renascimento das letras se espalha na Europa.

---

34 D. J. G. de Magalhaens [Domingos José Gonçalves de Magalhães], "Ensaio sobre a historia da litteratura do Brasil", *Nitheroy, Revista Brasiliense*, 1, 1836, p. 156.

35 Grifo meu.

36 M. de Araújo Porto-Alegre, "Ideias sobre a Musica", *Nitheroy*, 1, 1836, pp. 160-83 (citação na p. 172).

37 Willi Apel, *Harvard Dictionary of Music*, ed. rev. e aum., Cambridge: The Belknap Press of Harvard University Press, 1974, p. 490.

> Os Poetas são os primeiros representantes da civilização moderna; correm de cidade em cidade, celebrando a guerra, os amores e a galanteria; ao som do alaúde comunicam o calórico do entusiasmo aos gelados corações de seus compatriotas, inventam uma nova poesia, toda de sentimento, pintura fiel da natureza, acomodada às crenças, aos usos e costumes da época; e cousa admirável, à influência dos Árabes devemos nós a nossa poesia, a poesia moderna, que pertence a nossa civilização, a nossas ideias; os Árabes eram pintores excelentes da natureza, cantaram as belezas de suas pátrias campinas e se elevaram ao ideal, inventando mágicas, fadas e milhares doutras produções de seus cérebros poéticos. Os trovadores e outros poetas da Europa, que saíram da escola Árabe, modificaram e acomodaram a sua poesia à religião Cristã, que eles professavam, e portanto começavam a compor mistérios sagrados, isto é, poemetos em diálogos, onde se teciam louvores à virgem, e em que entravam, como atores, Anjos, Arcanjos, diabos e homens. A prova cabal de que foi da influência dos Árabes que teve origem a Poesia, que nós apelidamos Romântica, está em que somente na Espanha da idade média se encontra o espírito, a essência verdadeira desta poesia; os Árabes foram expulsos pelos Cristãos, mas os benefícios da civilização, que eles tinham acarretado à Espanha, ficam. Foi esta Poesia semi-Árabe que inspirou Dante, o maior gênio dos modernos, foram suas engenhosas e pomposas ficções que eletrizaram mais tarde Ariosto e Tasso.[38]

**Podemos lembrar, quanto a isso, que o próprio Mário, na "parábola" com que reconta alegoricamente a história da poesia moderna no início de *A escrava que não é Isaura*, insiste nessa origem oriental:**

> ...e Adão viu Iavé tirar-lhe da costela um ser que os homens se obstinam em proclamar a coisa mais perfeita da criação: Eva. Invejoso e macaco o primeiro homem resolveu criar também. E como não soubesse ainda cirurgia para uma operação tão interna quanto extraordinária tirou da língua um outro ser. Era também — primeiro plágio! — uma mulher. Humana, cósmica e bela. E para exemplo das gerações futuras Adão colocou essa mulher nua e eterna no cume do Ararat. Depois do pecado porém indo visitar sua criatura notou-lhe a maravilhosa nudez. Envergonhou-se. Colocou-lhe uma primeira coberta: a folha de parra.
> 
> Caim, porque lhe sobrassem rebanhos com o testamento forçado de Abel, cobriu a mulher com um velocino alvíssimo. Segunda e mais completa indumentária.
> 
> E cada nova geração e as raças novas sem tirar as vestes já existentes sobre a escrava do Ararat sobre ela depunham os novos refinamentos do trajar. Os gregos enfim deram-lhe o coturno. Os romanos o peplo. Qual lhe dava um colar, qual uma axorca. Os indianos, pérolas; os persas, rosas; os chins, ventarolas.
> 
> E os séculos depois dos séculos...
> 
> Um vagabundo genial nascido a 20 de Outubro de 1854 passou uma vez junto do monte. E admirou-se de, em vez do Ararat de terra, encontrar um Gaurisancar de sedas, setins, chapéus, joias, botinas, máscaras, espartilhos... que sei lá! Mas

---

38 J. M. Pereira da Silva, "Estudos sobre a litteratura", *Nitheroy. Revista Brasiliense*, 2, 1836, pp. 233-5.

o vagabundo quis ver o monte e deu um chute de 20 anos naquela heterogênea rouparia. Tudo desapareceu por encanto. E o menino descobriu a mulher nua, angustiada, ignara, falando por sons musicais, desconhecendo as novas línguas, selvagem, áspera, livre, ingênua, sincera.

A escrava do Ararat chamava-se Poesia.

O vagabundo genial era Artur Rimbaud.

Essa mulher escandalosamente nua é que os poetas modernistas se puseram a adorar... Pois não há de causar estranheza tanta pele exposta ao vento à sociedade educadíssima, vestida e policiada da época atual?[39]

Observe-se, de passagem, que Rimbaud, nesta fábula, desempenha uma função muito semelhante à do "papagaio verde de bico dourado" no "Epílogo" de *Macunaíma*, aquele que contou ao autor do romance-rapsódia as histórias de Macunaíma depois do fim do herói e de toda a sua tribo, transformando-o em *cantor* — mas poderíamos também dizer *trovador*, já que, em pormenor significativo, traz em suas mãos um instrumento de corda (não um alaúde, mas uma viola):

> Tudo ele contou pro homem e depois abriu asa rumo de Lisboa. E o homem sou eu, minha gente, e eu fiquei pra vos contar a história. Por isso que vim aqui. Me acocorei em riba destas folhas, catei meus carrapatos, ponteei minha violinha e em toque rasgado botei a boca no mundo cantando na fala impura as frases e os casos de Macunaíma, herói de nossa gente.[40]

Lá como cá, estamos diante de uma experiência de transferência ou circulação da palavra que pertence, ao mesmo tempo, ao *testemunho* e à *paródia*.

Mas podemos levar a associação entre "O trovador" e a rapsódia de 1928 além desse trânsito de mão dupla entre o conto e o canto. A contraposição entre o aspecto invernal — "Outras vezes é um doente, um frio" — e as "primaveras de sarcasmo", que aparece também em outros poemas de *Pauliceia desvairada*, faz lembrar os mitos e ritos de vegetação que Frazer estudou em *The Golden Bough*; que Eliot colocou, neste mesmo 1922, na base de *The Waste Land*; e que Mário glosaria, na década seguinte, nos seus estudos sobre os Congos[41]. Há, portanto,

---

39 Mário de Andrade, *A escrava que não é Isaura: discurso sobre algumas tendências da poesia modernista*, (1924), em: *Obra imatura, op. cit.*, pp. 201-2.

40 Mário de Andrade, *Macunaíma, o herói sem nenhum caráter* (1928), ed. crítica Telê Porto Ancona Lopez, Madrid, Paris, México, Buenos Aires, São Paulo, Rio de Janeiro e Lima: ALLCA XX, 1996, p. 168.

41 Mário de Andrade, "Os Congos — I", "Os Congos — II", "Os Congos — III" e "Os Congos — IV (conclusão)", em *Música e jornalismo. Diário de S. Paulo*, org. Paulo Castagna, São Paulo: Hucitec e Edusp, 1993: pp. 149-53, 158-61, 162-4, 177-80. Cf. James Frazer, *The Golden Bough. A Study in Comparative Religion*, subtítulo substituído, a partir da segunda edição, por *A Study in Magic and Religion*. O livro cresceu a cada edição: 1890, 2 v.; 1900, 3 v.; 1906-1915, 12 v. (aos quais se acrescentaria mais um volume em 1937); a edição mais conhecida, porém, é aquela condensada num único volume, publicada pela primeira vez em 1922, mesmo ano da publicação do poema de T. S. Eliot, *The Waste Land* (de início, sem as notas que depois seriam inseparáveis dos versos, nas revistas *The Criterion* e *The Dial*, respectivamente em outubro e novembro daquele

uma estrutura temporal circular ou recursiva implícita no poema, que diz respeito à possibilidade do renascimento primaveril da terra (ou, aqui, como em Eliot, da cidade e da civilização) depois de sua morte invernal. Se assim é, se o sino dobra na cadência de um frio que é meteorológico mas também psíquico — é na "alma doente" do poeta que ele se manifesta "como um longo som redondo"[42] —, o alaúde talvez possa ser visto como um signo da primavera. E então vale lembrar mais uma vez o percurso geo-histórico do instrumento, que acompanha o do Sol: do Oriente em direção ao Ocidente, antes de chegar às mãos do tupi-trovador. E é ele, o poeta, que ocupa aí — no triunfo do último verso — o papel que a tradição (nos congados de origem africana, nos mitos de Tammuz-Adônis, Átis e Osíris, nos romances do Graal...) reserva ao deus ou rei redivivo, agora, porém, em contexto democrático (isto é, no léxico do livro, *desvairado*): "O coroamento festivo do rei novo é prática universal, é o que a gente pode chamar de 'Elementar Gedanke', noção espontânea. A própria natureza dá exemplos veementes, contundentes, muito expressivos disso, com o aspecto festivoso da arraiada ao nascer do sol, e da terra, ao ressurgir da primavera após o inverno"[43].

O ponto de exclamação que encerra o poema concentra, graficamente, esta festa — que, porém, como toda festa, tem hora para acabar. De acordo com o que observa Mário a propósito do reis dos Congos — "reis ânuos", ou seja, temporários — no folclore afro-brasileiro, também se pode dizer do trovador-tupi, tal como ele aparece em *Pauliceia desvairada*, que "não é o representante da nação, não é o representante da coletividade, mas, por assim dizer, o contra-representante dela". A ele cabe encarnar — não mais "misticamente", como ocorria nos ritos originais, mas como *mascarada* — "o princípio contrário, o elemento contraditório", representando "a vida feliz ou desgraçada e a prosperidade ou decadência da tribo"[44]. Visto neste quadro, o tupi-trovador se apresenta como uma perfeita antecipação de Macunaíma, também ele um "contra-representante" mais do que representante e, por isso mesmo, também ele destinado a morrer e renascer diversas vezes, até sua metamorfose última em constelação.

---

ano; como livro, em dezembro, pela editora Boni & Liveright, de Nova York), hoje em *The Complete Poems and Plays: 1909-1950*, New York, San Diego and London: Harcourt Brace, 1980, pp. 37-55.

42 Um breve olhar lançado sobre a história dos sinos na poesia brasileira já nos mostra como seu som está vinculado, na imensa maioria das vezes, a alguma algidez — dos "lúgubres responsos" de Alphonsus de Guimaraens ("A catedral") até o "sino rouco" de Drummond ("A máquina do mundo").

43 Mário de Andrade, "Os Congos — I", *op. cit.*, pp. 149-50.

44 *Ibid.*, p. 150.

*Cristiano Mascaro*

## OS CORTEJOS

Monotonias das minhas retinas...
Serpentinas de entes frementes a se desenrolar...
Todos os sempres das minhas visões! "Bon giorno, caro."

Horríveis as cidades!
Vaidades e mais vaidades...
Nada de asas! Nada de poesia! Nada de alegria!
Oh! os tumultuários das ausências!
Pauliceia — a grande boca de mil dentes;
e os jorros dentre a língua trissulca
de pus e de mais pus de distinção...

Giram homens fracos, baixos, magros...
Serpentinas de entes frementes a se desenrolar...

Estes homens de São Paulo,
todos iguais e desiguais,
quando vivem dentro dos meus olhos tão ricos,
parecem-me uns macacos, uns macacos.

# O vento corta os seres pelo meio[1]

*José Antonio Pasta Júnior*

> *Tu és demagogia. A própria vida abstrata tem vergonha*
> *De ti*[2]
>
> Mário de Andrade

Entre os poemas que compõem *Pauliceia desvairada*, de Mário de Andrade, "Os cortejos" tem tido um destino singular. Na aluvião de estudos, do mais vário teor, a respeito do livro, verifica-se que é um dos textos mais citados e reproduzidos, especialmente quando se deseja documentar com presteza a presença, na obra, dos temas da cidade grande. Em utilizações dessa natureza, compreende-se que o texto, muitas vezes, seja destituído de sua qualidade própria de poema. Em compensação, mesmo em estudos mais especializados, só muito raramente, até onde pude ver, ele é objeto de análise ou de consideração mais detidas. Quando isso ocorre, porém, trata-se mais frequentemente de pôr em relevo, nele, os presumíveis defeitos de fatura, a carência de acabamento formal, o déficit de unidade expressiva, a falta de coesão de tons, ou seja, infrações variadas ao que talvez seja o mais persistente dos critérios de ajuizamento estético: a complexão formal, a unidade artística ou como se queira chamá-lo. Os mais judiciosos desses estudos também lhe anotam as bruscas mudanças de registro discursivo, a irresolução das tensões internas, além, naturalmente, da carência de unidade artística — nada disso, a meu ver, estando propriamente errado. Entretanto, judiciosos que são, tais estudos suspendem, prudentemente, o juízo de valor mais terminante, lembrando, com razão, que o próprio autor advertira que alguns desses "defeitos" poderiam ser, na verdade, "circunstância de beleza"[3].

Em suma, o poema, em seu destino singular, converte-se em ferramenta dos espíritos práticos, aberração dos estetas e cautela dos judiciosos. Instrumentalizado, rejeitado ou, no melhor dos casos, com *sursis*, "Os cortejos" tem sido alvo de reiterada indigitação negativa, exercida sobre ele em um grau e com uma frequência que ignoram os demais poemas do livro, ainda quando lhes sejam apontados "defeitos", o que não tem faltado. Razão bastante para impô-lo à consideração, sopra aos ouvidos o tão difamado Espírito-Que-Sempre-Nega.

---

1 Mário de Andrade, "Momento (abril de 1937)", em: *Grã cão do outubro*.
2 *Idem*, "A meditação sobre o Tietê", em: *Lira paulistana*.
3 Não creio enganar-me, ao ver um excelente exemplo dessa crítica judiciosa, no bom sentido da palavra, em: J. L. Lafetá, "A representação do sujeito lírico na *Pauliceia desvairada*", em: *A dimensão da noite*, São Paulo: Duas Cidades/Editora 34, 2004, p. 253.

Se é lícito aplicar ao caso uma pequena alegoria interpretativa, pode-se dizer que "Os cortejos" é o *pharmakós* do livro[4]. No seu exíguo corpo de dezesseis versos, mais o título, ele inocula e deixa atuar a essência da negatividade que poderia tornar impossível a existência mesma da cidade dos poemas, que é a *Pauliceia desvairada*. Ele o faz ao preço de sua ruína (a posteridade o registrou como sua deformidade), mas, ao fazê-lo, ele purga a grei do veneno que a ameaça; torna-se, então, também o seu remédio, perfazendo, com isso, a conhecida ambivalência do *pharmakós*, que é a de ser, ao mesmo tempo, infecção e exutório. Como tudo que é recalcado, essa negatividade não se extingue, simplesmente, e ameaça repontar em vários outros poemas. Salvo engano, em nenhum deles, entretanto, ela assume o caráter estrutural que tem em "Os cortejos". Nesses poemas, ela se manifesta antes como um aspecto entre outros, geralmente associado a um dado logradouro e a um rudimento de anedota, entretecidos, ambos, a uma rede de imagens, na qual se esbatem e transfundem, configurando-se, desse modo, uma espécie de "paisagismo sentimental", conforme o definiu o próprio Mário de Andrade[5].

Para abreviar, diga-se apenas que, em "Os cortejos", sobre não haver nenhum logradouro nem, propriamente, anedota, são justamente essas tramas de imagens que vêm abaixo; nele, caem seguidamente as redes do imaginário, como se diz hoje das redes eletrônicas, as quais, nesse poema, só se reerguem para, de novo, melhor cair — o que torna perceptível a presença de uma força negativa, que, assim, se vê atuar em estado quase puro, e que pede para ser identificada.

Denuncia o teor sacrificial de "Os cortejos", como se verá, o fato de que naquelas ocasiões em que a mencionada negatividade ameaça irromper, renitente, em certos poemas, um verso de "Os cortejos" é prontamente convocado, trazendo de novo à ação, a título de contraveneno, a rememoração do sacrifício da vítima expiatória, e sua virtude salvífica. Na sagrada partícula do poema-*pharmakós*, comunga-se, reunida, a comunidade da *Pauliceia desvairada*. Desse modo, ele pertence profundamente à grei, e, o que o faz diferente é, igualmente, o que revela a sua participação mais íntima na trama comum. Torna-se, assim, o portador do segredo irrevelado da pólis.

Como já ficou sugerido, esse segredo é consubstancial à feição de ruína, que assume o poema. Porém, não se trata, no caso, da vulgar afetação pós-moderna e paranoica da ruína: constituído como sacrifício e despedaçamento (este último registrado pela posteridade como falta de unidade artística), o poema já se forma como ruína, o que lhe transparece na face como seu peculiar caráter

---

[4] *Pharmakós* designa a vítima expiatória, aquele indivíduo que é imolado ou expulso da cidade, em expiação das culpas de outro ou da comunidade. De uma extensíssima bibliografia sobre o assunto, pode-se ler, por exemplo, René Girard, *Le bouc émissaire*, Paris: Grasset & Fasquelle, 2006 e, do mesmo autor, *A violência e o sagrado*, São Paulo: Paz e Terra, 1998, entre outros.

[5] Mário de Andrade, *A escrava que não é Isaura*, em: *Obra imatura*, São Paulo: Martins; Belo Horizonte: Editora Itatiaia, 1980, p. 229. De agora em diante, apenas *Escrava*.

enigmático. Embora a voz lírica passe recibo — clamoroso — do trauma, permanece obscuro, cifrado na estrutura paradoxal do texto, o sentido real de seu desconjuntamento. De fato, que culpas carrega o poema-*pharmakós*? Por que ele é como é, desconforme, fraturado, penoso, irresolvido e, até, abstrato? Por que assim o fez o poeta e, o que é mais, por que o conservou, plantando-o no limiar do livro? Imaturidade artística, psicologismo, subjetivismo romântico, ideologias exóticas — tudo isso, e mais, já se invocou como causa provável.

Embora essas alegadas limitações possam ter parte no caso, parece haver razões suficientes para se pensar o contrário, a saber, que essa conformação congenitamente ruinosa deriva menos de uma qualquer inépcia que da aplicação deliberada e refletida de um plano de composição adrede estabelecido, o que não deixa de ser interessante, em um poeta que, naquele momento, pleiteava um papel de maior relevo para o "inconsciente" e o "subconsciente", na "impulsão lírica"[6]. No caso de "Os cortejos", esse projeto compositivo configura-se sobretudo como uma *psicologia da composição*[7], tendo em vista que o palco dos eventos que nele se dramatizam é o da interioridade do eu lírico. De certo modo, todo o desenvolvimento do texto é orientado pela figuração do *itinerarium mentis* do eu lírico, a braços com essa matéria que o antagoniza e põe em causa a própria possibilidade da poesia lírica. Tal percurso pouco ou nada terá de errático, entretanto, na medida em que cumpre o roteiro canônico das vicissitudes do sujeito lírico na modernidade, tanto quanto seja possível extrair-se esse indispensável parâmetro daquele que talvez seja o mais percuciente dos estudos sobre esse assunto — o conjunto dos estudos baudelairianos de Walter Benjamin[8].

A sequência sumária dos passos desse roteiro, desde já se pode enunciá-la, para se verificar depois: o encontro da multidão; o sempre igual e a vivência do choque; o predomínio da visão; ruptura e grito da voz lírica, vencida; a imigração e a grande cidade; passagem ao registro prosaico; a perda da auréola; a forma-mercadoria. Aos passos desse roteiro, pautado pelo andamento da voz lírica, associam-se, no poema, fortes complexos de imagem-som (votados entretanto à perdição e à ruína), que será preciso observar. Tão importantes quanto esses complexos, se não mais, são os conteúdos anímicos ou psicológicos, evocados pelas mutações que a voz lírica sofre ao longo do poema, conteúdos esses que, de modo flagrante e até surpreendente, correspondem de perto, realmente muito

---

6  *Idem*, "Prefácio interessantíssimo", em: *Poesias completas*, vol. 1, Rio de Janeiro: Nova Fronteira, 2013, p. 59. De agora em diante apenas "Prefácio".

7  Não se alude, aqui, ao poema "Psicologia da composição", de J. Cabral de Melo Neto, mas, sim, ao conhecido estudo de E. A. Poe, "A filosofia da composição", tendo em vista que, justamente, ele reivindica como positivo o planejamento da obra, além de que Mário de Andrade muito o apreciava.

8  Para os fins deste estudo, procurei concentrar-me no conjunto intitulado *Charles Baudelaire: Un poète lyrique à l'apogée du capitalisme* e, em particular, no estudo "Sur quelques thèmes baudelairiens", Paris: Payot, 1982. As traduções das citações são minhas.

perto — tanto quanto um texto poético possa corresponder a uma investigação de cunho sociológico —, às características "espirituais" dos habitantes da grande cidade, tal como as distinguiu Georg Simmel em "As grandes cidades e a vida do espírito (1903)"[9] e, anteriormente, sobretudo na parte final de sua extraordinária *Filosofia do dinheiro* (1900)[10]. Em que pesem as diferenças das matrizes teóricas, laços mais estreitos do que se costuma reconhecer ligam os estudos baudelairianos de Benjamin, dos anos de 1930, a esses trabalhos de Simmel, o que talvez torne menos suspeita de ecletismo a referência conjunta a ambos que aqui se faz. Restrinjo-me muito intencionalmente a eles, Benjamin e Simmel, não só para limitar, tanto quanto possível, o quadro teórico, tornando-o assim mais transparente e aferível, como, também, para melhor explorar sua excepcional afinidade com os materiais em estudo. Também as vicissitudes da vida do espírito na grande cidade, levantadas por Simmel, podem ser, desde já, sumariadas: intensificação da vida nervosa; fadiga e caráter *blasé*; primado do entendimento sobre a emoção; a equalização do dinheiro; reserva e aversão face às multidões; a busca da distinção; cosmopolitismo e cidade grande. Salta à vista o parentesco dessas características, extraídas de Simmel, com os passos de Benjamin, acima elencados. Entretanto, o interesse de ambos, para este estudo, em que compareçam na qualidade de parâmetros, só se poderá demonstrar, evidentemente, à medida que forem confrontados com o poema de Mário de Andrade, cuja análise, verso a verso, dará a pauta efetiva do trabalho.

Simmel sintetizou as complexas questões que levanta, resumindo-as na crescente "preponderância daquilo que se pode denominar espírito objetivo sobre o espírito subjetivo"[11], na cultura moderna das cidades, desproporção, essa, que arrasta consigo muitas das veleidades de afirmação do indivíduo — entre as quais não se poderia deixar de incluir a disposição constitutivamente subjetiva da poesia lírica; Benjamin, por sua vez, o diz com todas as letras, ao referir-se ao caráter "heroico" que reveste a aposta do lírico Baudelaire, no auge do capitalismo: "E não se deve esquecer, finalmente, que vários dos temas [baudelairianos] aqui considerados põem em questão até mesmo a possibilidade da poesia lírica"[12].

*Tomado em seu valor de face*, "Os cortejos", como já se sugeriu aqui, é a dramatização "psíquica"[13] dessa incompatibilidade. Todavia, ao encená-la, o poema acabará por dar a ver, tudo indica que à revelia do autor, também uma segunda ordem de incompatibilidade, que lhe é associada — a dos descompassos entre o programa modernista e a matéria histórica local, paulistana e brasileira, na qual

---

9  Georg Simmel, "As grandes cidades e a vida do espírito (1903)", *Mana*, Rio de Janeiro: 2005, vol. 11, nº 2, 577-591.
10 *Idem*, *Philosophie de l'argent*, Paris: PUF, 2014.
11 *Idem*, "As grandes cidades e a vida do espírito (1903)", *op. cit.*, p. 588.
12 W. Benjamin, *op. cit.*, p. 205.
13 Mário de Andrade, *Escrava*, *op. cit.*, p. 292. O autor classifica o que fez, em sua poesia, como "realismo psíquico".

os pressupostos da lírica moderna não estão dados, ou melhor, estão e não estão, na medida em que compareçam apenas de modo deslocado e distorcido. Por isso, a colação do lirismo modernista de *Pauliceia desvairada* com a pauta benjaminiana, se, por um lado, pode ser justificada e até mesmo indispensável, por outro, revela-se de eficácia limitada. Aplicar, sem mais, uma chave de braço benjaminiana ao livro e, em particular, a "Os cortejos", como se se tratasse diretamente de Paris ou de Berlim, de onde lhes vêm os modelos (procedimento bastante frequente ao menos desde os anos de 1980), pode obrigar o pobre texto a confessar até o que ele não fez, mas não poderá fazê-lo entregar o que eventualmente recalca ou o que, de algum modo, lhe escapa.

Dito isto, a entrada em matéria de "Os cortejos" ocorre já no título, e não poderia ser mais canonicamente *moderna*, se tivermos em conta a perspectiva benjaminiana: nele se dá o encontro com a multidão. "A multidão — nenhum tema se impôs aos literatos do século XIX investido de tantas missões."[14] "A multidão era o véu movente através do qual Baudelaire via Paris"[15], escreveu Benjamin, em "Sobre alguns temas baudelairianos". Também com esse caráter de tema e, ao mesmo tempo, de mediação turva e perturbadora, que teria em Baudelaire, a multidão se impõe ao eu lírico de *Pauliceia desvairada*, quando, egresso das cogitações algo paratextuais e metapoéticas dos dois poemas iniciais do livro, ele, pela primeira vez, desce à rua e defronta a cidade, que lhe aparece sob a espécie da multidão. De certo modo, tudo o que a isto se sucede, em "Os cortejos", será o registro das reverberações desse encontro decisivo.

Curiosamente, entretanto, a multidão não é, aí, chamada pelo seu nome. Ela vem involucrada na imagem "cortejos". Uma operação de decriptação será necessária para assegurar que o referente da imagem é mesmo a multidão, o que só se fará com o recurso ao segundo verso do poema, por sua vez uma alegoria, que será também necessário decodificar: "Serpentinas de entes frementes a se desenrolar..." — imagens, por sua vez, cuja referência só se confirmará inteiramente no final do poema, do verso 11 em diante. Os versos se repetem e se retomam, repropõem-se, traduzem-se uns nos outros, estabelecendo, desse modo, uma espécie de avanço recursivo, que pedirá interpretação. A camada imagética relativamente densa, já desde os primeiros versos, sugere o desejo premente de se qualificar a multidão. Que ela já surja rodeada de uma corola de significações parece indicar o esforço de integrá-la a uma ordem superior de sentido, como se, nela, algo de intratável se manifestasse — uma espécie de inteiramente outro, excessivamente perturbador para ser deixado em sua existência nua. É preciso não se enganar quanto a isso: trata-se, nessa sequência, da "vivência [*Erlebnis*] do choque", diria Benjamin, própria da multidão moderna, e do decorrente esforço

---

14 W. Benjamin, *op. cit.*, p. 164.
15 *Ibid.*, p. 169.

do poeta para elevá-la à categoria de verdadeira experiência [*Erfahrung*][16]. "Naqueles que a viram pela primeira vez, a multidão das grandes cidades não despertou senão angústia, repugnância, horror. Aos olhos de Poe, ela tem algo de bárbaro [...]", anotou Benjamin[17]. Assim também a experimentou o sujeito lírico de "Os cortejos", que, no título e nos três primeiros versos do poema, tentará dar conta dessa vivência de choque, valendo-se da superposição dos procedimentos de descrevê-la e de procurar incorporá-la poeticamente. Para esse combate, "Monotonias das minhas retinas...", verso primeiro e cheio de funções no poema, apresenta suas armas: um decassílabo, dito imperfeito, com acento na quarta, sétima e décima sílabas, todas gritantes em *i* agudo, sucedendo, em contraste, os *o* redondos, graves, três vezes reiterados de "Monotonias"; os *i* agudos mencionados, já em seguida, irão compor, com a sucessão de *a* de "minhas retinas", a assonância *i-a*, que se estenderá até o início do verso seguinte, "Serpentinas [...]", o qual também não fará por menos, como se verá. Tudo, ou quase, que a (estranha) música do verso pode oferecer ao seu significado é posto em ação, para dar corpo sonoro à vivência exasperante da repetição do mesmo. O vezo de se conceber o choque apenas como a irrupção do inesperado pode impedir de reconhecê-lo, aí, nesse verso repetitivo, medido, escandido, martelado, cujo assunto ostensivo é justamente o sempre igual. No entanto, o sempre igual é a verdade do choque, se é possível dizê-lo dessa maneira. A sucessão de choques, inerente à experiência da multidão e de seus sucedâneos, impede a formação do momento significativo e, de algum modo, único e memorável, fazendo, ao contrário, que cada momento, fechado sobre si e isolado do que o precede, não seja mais que sua estrita repetição[18]. Constitui-se, assim, um retorno indefinido do mesmo, em que os momentos, apreendidos pela consciência como um sempre igual, esterilizam-se para a experiência poética[19]. Não por acaso, Benjamin explica esse processo estabelecendo uma correlação surpreendente: "A vivência do choque, tal como a experimenta o passante no meio da multidão, corresponde à 'vivência' do operário às voltas com a máquina"[20] — vivência na qual o corpo humano se vê condicionado a uma sucessão de gestos mecânicos, repetidos e idênticos, que a sequência do filme de Chaplin, hoje ironicamente reproduzida à saciedade, converteu em emblema dos *Tempos modernos*. Na verdade, todo esse processo encontrava-se magistralmente prefigurado em "*Les sept vieillards*", de Baudelaire, o tremendo poema da "*Fourmillante cité, cité pleine de rêves,/ Où le spectre en plein jour raccroche le passant!*", no qual o cortejo pesadelar das sete sinistras personagens

---

16 *Ibid.*, p. 207.
17 *Ibid.*, p. 178.
18 *Ibid.*, p. 183.
19 *Ibid.*, p. 159.
20 *Ibid.*, p. 182.

figura o sempre igual dos momentos que se sucedem, cada um deles surgindo como um "*Sosie inexorable, ironique et fatal,/ Dégoûtant Phénix, fils et père de lui-même* [...]". Aterrado, o poeta "vira as costas" a esse "*cortège infernal*"[21]. Como se vê, nada falta aí, sequer o "*cortège*", o que projeta "Os cortejos", de Mário de Andrade, guardadas todas as distâncias, que são enormes, como uma refração espectral, no Brasil, do poema baudelairiano, sem que nada, salvo engano, autorize a postular alguma filiação ou a descartá-la inteiramente. O verso das "Monotonias" capta esse processo *in medias res*, quando ele já se encontra instalado e já produz seus efeitos, manifestando-se como fadiga, cansaço intelectual, que provoca a fuga do eu lírico na direção das associações imagéticas derivativas, processo que Mário de Andrade conhecia bem, e definiu reiteradamente, como se verá.

O estreito nexo que une o choque, o sempre igual e o cansaço intelectual surge de modo marcante em Simmel, especialmente na descrição do que ele chama de "caráter *blasé*":

> Talvez não haja nenhum fenômeno anímico que seja reservado de modo tão incondicional à cidade grande como o caráter *blasé*. Ele é inicialmente a consequência daqueles estímulos nervosos — que se alteram rapidamente e se condensam em seus antagonismos — dos quais nos parece provir também a intensificação da intelectualidade [...] na cidade grande [...]. A essência do caráter *blasé* é o embotamento frente à distinção das coisas; não no sentido de que elas não sejam percebidas, como no caso dos parvos, mas sim de tal modo que o significado e o valor da distinção das coisas e, com isso, das próprias coisas, são sentidos como nulos. Elas aparecem ao *blasé* em uma tonalidade acinzentada e baça, e não vale a pena preferir umas em relação às outras.[22]

"A sensibilidade moderna, antes hipersensibilidade, provocada pelos sucessos fortes continuados da vida e pelo cansaço intelectual, tornou-nos uns imaginativos de uma abundância fenomenal", escreveu Mário de Andrade, em *A escrava que não é Isaura*[23], referindo-se à imaginação associativa desenfreada. E ainda: "O raciocínio, agora que desde a meninice nos empanturram de veraci-

---

[21] Charles Baudelaire, *Les Fleurs du mal: Œuvres complètes (O.C.)*, v. I., Paris: Gallimard, La Pléiade, 2016, pp. 87-8. No plano da alegoria política, esse sósia dos infernos pode bem corresponder a Napoleão III, duplo asqueroso do primeiro Napoleão, "*Napoléon le Petit*", no dizer de Hugo, "o sobrinho de seu tio", aquele que se repete como farsa, em *O 18 Brumário de Luís Bonaparte*, de Karl Marx; no plano econômico e social mais amplo, o do incremento da produção em massa de mercadorias, na *Paris — capital do século XIX*. Entretanto, a repulsiva personagem pode figurar como um *caso* da replicação generalizada, promovida pela colonização crescente dos mundos da vida pela forma-mercadoria; ou, ainda, pode ser visto como uma personificação desse movimento, no seu duplo papel de Imperador e *boutiquier*, instalado no *sommet* da máquina do Estado.

[22] G. Simmel, *op. cit.*, p. 581.

[23] Mário de Andrade, *Escrava, op. cit.*, p. 240.

dades catalogadas, cansa-nos e CANSA-NOS [maiúsculas do autor]. Em questão de meia hora de jornal passa-nos pelo espírito quantidade enorme de notícias científicas, filosóficas, esportivas, políticas, artísticas, mancheias de verdades, erros, hipóteses. [...] Comoções e mais comoções, geralmente de ordem intelectual"[24]. O mesmo, em Mário de Andrade, se dá na vivência das ruas da cidade: "Não há passeio, não há atravessar as ruas em que ela [a "cisma" = *rêverie*, devaneio imaginativo] não seja mais ou menos o nosso estado psicológico"[25], induzido pelo choque ou pela "comoção", no dizer do autor.

Vivência do choque, cansaço intelectual, sempre igual, o caráter *blasé*: "Monotonias das minhas retinas...", enuncia, concentradamente, a voz lírica, no mesmo instante em que se lança às mencionadas associação de imagens e replicação de sons, que lutam para descrever e resgatar para a experiência poética essa vivência que é infensa a ela, endereçando-se antes ao intelecto — ou ao "entendimento", como dirá Simmel[26] — que à imaginação. O fogo de barragem dos recursos sonoros mobilizados pelo verso dá cobertura a uma solerte metonímia, que, sem dizer água-vai, transfere, de um golpe, a monotonia do mundo exterior (o sempre igual da multidão urbana) para as retinas do poeta.

Observe-se que, sonoroso e musicalmente marioandradino que seja o poema, é no campo visual que ele traça com firmeza a sua isotopia perceptiva dominante: as "retinas" do primeiro verso já a introduzem de modo incisivo, enquanto o terceiro verso a glosa e confirma exclamativamente, para fazê-la, depois, rebater no seu penúltimo verso, "quando vivem dentro dos meus olhos tão ricos", onde o seu sentido se completará. De certo modo, em "Os cortejos", até os sons destinam-se antes a ser vistos que ouvidos, na medida em que estão obsessivamente empenhados em dar concreção ao retorno do mesmo. Demonstra-o o caso das "Monotonias", as quais, como que esquecidas de seu indelével étimo sonoro, vão estampar-se na patente visualidade das "retinas", em uma quase-sinestesia encoberta. No contexto, ao predomínio do entendimento/raciocínio sobre a imaginação, corresponde o da visão sobre a audição. Para que a monotonia das retinas se expusesse inteiramente como cansaço e bruta repetição do mesmo, seria preciso esperar até que o verso "na vida de minhas retinas tão fatigadas", de Carlos Drummond de Andrade, viesse a retomá-la, no contexto ostensivamente repetitivo de "No meio do caminho".

No verso "Serpentinas de entes frementes a se desenrolar...", o segundo do poema, é uma nova batalha que se trava pela integração poética da matéria intratável. Lança-se mão de recursos extraordinários; uma imagem com vocação frustrada para *métaphore filée* desdobra-se em duas e reifica o cortejo-multidão,

---

24 *Ibid.*, p. 252.
25 *Ibid.*, p. 242.
26 G. Simmel, *op. cit.*, p. 578.

transformando-o em serpentinas a se desenrolar, o que elas fazem tanto no modo infinitivo quanto no mau infinito das reticências... O movimento mecânico, que faz os "entes" girarem repetidamente sobre si mesmos, em círculos iguais, figura o fracasso da diferença e o retorno do mesmo. As sonoridades mobilizam um homeoteleuto, nada menos (o que irá se repetir em cidades/vaidades/vaidades), conforme o classificou Adrien Roig[27], recurso que consiste em encadear palavras de terminações idênticas, "entes" e "frementes", sem contar a homofonia oculta em "entes", contido em "Serpentinas", que, por sua vez, faz rima interna com "retinas". Acentuação e ritmo reiteram essa ênfase, mas não se aspira aqui à exaustividade. As próprias designações homeoteleuto e homofonia já indicam a interversão do mesmo e do outro e o império do retorno do mesmo.

A conotação carnavalesca evidente que "Serpentinas" agrega a "cortejos" só se poderia sustentar, no contexto negativo do poema, caso se concebesse o carnaval sob o aspecto de suas afinidades mais arcaicas e profundas com o grotesco — na medida em que este, o grotesco, teria no seu núcleo a experiência do "que-não-deveria-existir"[28], ou seja, do negativo. De fato, o desenvolvimento do poema irá mostrar que é exatamente disso que se trata. Essa possibilidade, todavia, já está contida *in nuce* na própria substituição de "multidões" por "cortejos". Essa palavra, na verdade, já dá uma primeira configuração à multidão moderna, conferindo-lhe uma forma determinada. Em primeira instância, essa "forma" é semelhante à que divisaram, com espanto, os primeiros a descrevê-la, observando-a em Londres: Poe a vê como "dois fluxos densos e contínuos de gente [que] corriam diante da porta", escoando em sentidos contrários[29]; Engels, em passagem célebre, que Benjamin reproduz extensamente, a vê como "duas correntes de multidão, que caminham em direções opostas", e considera que ela tenha "qualquer coisa de repugnante, que revolta a natureza humana"[30]. A palavra "cortejos" também supõe esse fluxo direcionado, e indicia a existência das ruas, que não são nomeadas. Não se trata, portanto, da turba esparramada, da massa "aberta" e sem bordas, de que fala, por exemplo, o Elias Canetti de *Massa e poder*[31], mas de massas com formação e direção determinadas.

Com efeito, a noção de "cortejo" acrescenta, ainda, algo mais: trata-se de multidões submetidas a alguma espécie de comando; algo não só as conforma, como também as dirige. São massas *atuadas*, pode-se dizer, agidas por uma força que as *fataliza*, para usar uma expressão do tempo e do gosto de Mário de

---

27 Adrien Roig, "Ensaio de interpretação de *Pauliceia desvairada*", em: *Modernismo e realismo*, Rio de Janeiro: Presença, 1981, p. 163.
28 Wolfgang Kayser, *O grotesco*, São Paulo: Perspectiva, 2013, p. 61.
29 E. A. Poe, "O homem da multidão". Utilizei aqui a tradução de Dorothée de Bruchard. Disponível em: <https://operigodobelo.files.wordpress.com>. Acesso em: 25 ago. 2021.
30 F. Engels, *A situação da classe trabalhadora na Inglaterra*, São Paulo: Boitempo, 2010, p. 67.
31 Elias Canetti, *Massa e poder*, São Paulo: Companhia das Letras, 2008, pp. 13 ss.

Andrade[32], que significa marcar irrevogavelmente, determinar, destinar de modo inapelável. Em "cortejos", essas massas comportam-se como se cumprissem algum rito obscuro, que, nem por permanecer ignoto, ou por causa disso, deixa de ser inquietante e, até, repulsivo, como já o sentiram Engels e Baudelaire. Move-as uma força oculta, cujo caráter enigmático é justamente o mote de Poe, em "O homem da multidão". Para melhor acentuá-lo, a esse caráter enigmático, o autor resolveu expressá-lo em alemão, o que não deixa de ter graça: "*es lässt sich nicht lesen*" — "não se deixa ler" —, disse Poe sobre o "homem da multidão"[33], ao compará-lo com certo livro germânico, tido por impenetrável. Justamente por serem atuados por uma força que não diz o seu nome, esses cortejos constituem-se como fantasmagorias, que não só se projetam na dimensão alucinatória do poema, como também irão tomar corpo em sua *imagerie* de caráter grotesco. Antes, porém, que essa passagem ao grotesco se consume, a mencionada feição enigmática e fantasmagórica já terá adensado a um ponto tal o referido caráter intratável da multidão, que o eu lírico tomba, vencido, no combate que o vimos travar. Segundo Benjamin, Baudelaire teria registrado esse fracasso — o *échec* moderno por excelência — diante do choque, "com uma imagem ofuscante. Ele fala de um duelo em que o artista grita de terror antes de ser vencido. Esse duelo é o processo mesmo da criação literária"[34]. Trata-se da *fantasque escrime*, como ele a nomeou, no poema "Le Soleil", de *Les Fleurs du mal*[35].

Em "Os cortejos", é esse grito que encerra a primeira parte do poema e reboa, ainda, no início de sua segunda parte: "Todos os sempres das minhas visões! 'Bon giorno, caro'". (Sic. Desde a primeira edição de *Pauliceia desvairada* até as edições críticas mais recentes, a saudação do imigrante aparece, invariavelmente, grafada dessa maneira: "*Bon giorno*", em lugar de "*Buon giorno*" ou "*Buongiorno*", como pediria a língua italiana. Tanto se pode estar diante de um erro autoral ou tipográfico, que se perpetuou, como de uma expressão da vontade autoral, com a intenção de figurar a prática de um italiano macarrônico, por exemplo.) O verso exprime sinteticamente a experiência do sempre igual, que se vinha encenando nos dois versos anteriores, mas a voz lírica agora lhe imprime a marca algo sinistra de uma estranheza paradoxalmente familiar. Pelo jeito, o cumprimento do imigrante foi a gota d'água, além de indicar o caráter cosmopolita inerente à grande cidade moderna: "As grandes cidades são também os locais do cosmopolitismo", diz Simmel[36]. "A imigração como uma chave da grande

---

32 Cf., por exemplo, *Café: tragédia coral em três atos. O poema*, "A fome vai fatalizar os braços/ Grão pequenino do café!"; "Mas uma voz te mandará do espaço/ A lei maior te fataliza o braço!". Mário de Andrade, *Poesias completas*, vol. 1, *op. cit.*, pp. 582 e 589, respectivamente.

33 E. A. Poe, "O homem da multidão", *op. cit.*, p. 32.

34 W. Benjamin, *op. cit.*, p. 160.

35 Charles Baudelaire, "*Le Soleil*", *op. cit.*, p. 83.

36 G. Simmel, *op. cit.*, p. 585.

cidade", anotou Benjamin, no "Zentralpark"[37]. A grande cidade moderna é, já, em alguma escala, uma *presentificação* do mercado mundial, não só o das *coisas feitas* (ideias, inclusive), como também o da própria força de trabalho. Assim, uma vez que contém o que a ultrapassa, ela já não é somente grande, mas também incomensurável e paradoxal. Torna-se, por isso, de certo modo, inapreensível e, portanto, perturbadora. É matéria que a desmedida vota ao sublime ou ao grotesco, os quais, nos casos mais altos, se conjugam e complicam. Nas primeiras décadas do século XX, embora a São Paulo de Mário de Andrade, com menos de seiscentos mil habitantes em 1922, estivesse ainda em via de firmar-se como tal, o ritmo, ao mesmo tempo acelerado e descompassado, com que o fazia dava a esse processo um caráter particularmente vertiginoso e caótico, que *Pauliceia desvairada*, já desde o título, exprime de múltiplas maneiras.

O registro, nesse verso exclamativo, do fracasso do eu lírico ante a matéria inassimilável da cidade grande, cuja ocorrência no poema de Mário de Andrade, aqui, se procura evidenciar, foi identificado, em um ponto preciso, com desconcertante simplicidade, por José Paulo Paes:

> O tema da metrópole moderna aparece em *Pauliceia desvairada* com o mesmo sentido que tem na poesia de Baudelaire e Reverdy, onde, segundo Mortimer Guiney, é "símbolo da matéria fria, estática e indiferente, criada pelo homem na tentativa de estabelecer uma ponte entre si e o mundo exterior [...]". Essa relação problemática é marcada, na estilística de inovação de *Pauliceia desvairada*, pela frequência com que advérbios e infinitivos são substantivados pela anteposição do artigo: "os sempres", "os aplaudires", "os tambéns" [...] etc. *Aponta semelhante recurso para uma reificação da circunstância, indicativa de um malogro do Eu em avir-se com ela, de um desencontro entre a magnitude do desejo e a escala do possível*. Outrossim, o fato de a substantivação se fazer sempre no plural envolve a ideia de total e desalentadora repetitividade [...].[38]

Heterolinguístico, macarrônico, cortado em dois, inespecífico etc., o verso em pauta tem muito de um desastre e, desse modo, iconiza o "malogro" de que fala Paes. Constituído, inicialmente, por um decassílabo que não se segura sozinho e logo adquire uma *coda* italianizante, seu único florão, ou seja, sua única tentativa de alçar poeticamente a linguagem, consiste em substantivar o advérbio, recurso que, ironicamente, passa recibo de um fracasso. É preciso certo esforço para se lograr um verso assim, tão desconforme, e, sem dúvida, também se precisa de bastante consciência do processo compositivo em curso. Note-se, ainda, que, para maior contraste com o que o precede, desaparecem dele a lingua-

---

37 W. Benjamin, *op. cit.*, p. 229.
38 José Paulo Paes, "Cinco livros do modernismo brasileiro", *Estudos avançados*, São Paulo: USP, 1988, nº 2(3), pp. 93-4 (grifo meu).

gem figurada, os recursos extraordinários das sonoridades, quer dizer, as marcas que tradicionalmente elevam o coturno estético da poesia. Ele desce praticamente a uma percepção de prosa, que seria completa, não fosse a única joia que ostenta, o malfadado advérbio substantivado. O "realismo" da fala do imigrante, reproduzida entre aspas, joga a pá de cal. Estamos à beira do prosaico *sans phrase*, que irá dominar amplamente os quatro versos seguintes, nos quais o poema dramatiza a mencionada queda das redes do imaginário. A cadeia de associações de imagens, que se desdobrava *con brio*, entra subitamente em colapso. Não é mais à imaginação que a voz lírica agora faz apelo, mas ao entendimento, diria Simmel; o regime aurático da aparição única e inesgotável dá lugar ao regime discursivo, essencialmente "antiartístico", poderia dizer Benjamin[39]. O enlevo estético se rompe, e a unidade artística do poema está gravemente comprometida, para não dizer arruinada. Seu desequilíbrio formal é flagrante, e a posteridade, quando não se mostrou simplesmente indiferente, registrou-o apenas como defeito estético, conforme se antecipou, aqui.

A voz lírica, todavia, está bem consciente desses desequilíbrios e do caráter antiartístico que lhes subjaz, tanto que faz, de ambos, seu tema ostensivo, nos versos que se seguem. Consciente do processo todo está também Mário de Andrade, que, nas notas mais "técnicas" apostas a *A escrava que não é Isaura*, assim o descreve:

> As associações de imagens são como pequenos eclipses da atenção produzidos pela fadiga. Mas a atenção logo retoma seu império conduzindo o poeta ao movimento lírico inicial ou a um outro que dele deriva ou a ele se aparente [...]. Blaise Cendrars exagerando [nas associações de imagens] como fez Luís Aranha, numa parte do "*Prose du Transsibérien*", vê-se obrigado a interromper a evolução do poema para verificar o estado psicológico em que está. E assim termina aliás uma interessantíssima, longa série de associações: "*Autant d'images — associations que je ne peux pas développer dans mes vers/Car je suis encore fort mauvais poète, etc.*" — para voltar de novo ao assunto lírico do poema. Retorno violento em demasia. Interrupção sem motivo. Quebra do êxtase. Desequilíbrio [...].[40]

Talvez a exposição não seja a mais fluida possível, mas distingue-se com razoável nitidez a sequência: choque (comoção lírica); fadiga intelectual; associação de imagens; excesso; ruptura do processo imagético; quebra do enlevo; mudança do registro discursivo; desequilíbrio formal. Parte importante da estrutura de "Os cortejos" já se encontra, assim, sumariada, nesse comentário de caráter teórico. Adiante, no curso do poema, depois dessa primeira grande crise, e, sucedendo a um reerguimento em *fortissimo* das redes do imaginário, outro colapso

---

39 W. Benjamin, *op. cit.*, p. 198.
40 Mário de Andrade, *Escrava*, *op. cit.*, p. 286.

se produzirá, confirmando o procedimento que aqui se procura descrever. Por ora, anotemos que, na esteira do macarrônico "*Bon giorno*", instala-se espacialmente no poema um branco, um vazio, cujo silêncio virá quebrar a vociferação do eu lírico: "Horríveis as cidades!". O grito de horror registrado por Benjamin assume, aqui, certa literalidade. A intensidade emocional não oculta, contudo, seu caráter judicativo, eminentemente prosaico, que o verso seguinte, "Vaidades e mais vaidades...", irá situar em definitivo na esfera dos juízos morais. Acresce que o fará, como se vê, com uma alusão indisfarçável ao *Eclesiastes*, o que, se não lhe garante caução imediatamente religiosa, ancora-o no livro sapiencial, por excelência, da Bíblia, o *Qohélet*, ou *O que sabe*[41]. O trecho deste a que o poema alude é o que contém seu postulado mais famoso, aquele que proclama, tanto na ordem cósmica como na das coisas humanas, justamente a regência do eterno retorno do mesmo e a vanidade incurável de tudo. O eu lírico não está para brincadeiras nem, tampouco, parece disposto a admitir a *skepsis* do leitor, nem mesmo uma sombra de dúvida, em relação a seus juízos, que se querem absolutos.

Trata-se de uma negatividade em toda linha, que o verso subsequente, "Nada de asas! Nada de poesia! Nada de alegria!", elevará à terceira potência, negando três vezes, no que concentra e explicita a incompatibilidade entre a matéria-cidade e a poesia, a qual já corria intensa, mas apenas implícita, nos versos antecedentes. A "poesia" e a "alegria" aí comparecem como elas mesmas, e as "asas" apresentam uma figura, na qual não é difícil de se ver a faculdade da imaginação[42], tolhida em seus voos, interdição de elevar-se que faz pensar na obsessão de horizontalidade — "Nada de subidas ou verticais!/ Amamos as chatezas horizontais!" — dos "Orientalismos Convencionais", em "As enfibraturas do Ipiranga". Por essa razão, ou por outras que me escapam, o poeta parece valorizar muito esse verso, que é aquele que mais se repete ao longo de *Pauliceia desvairada*. Victor Knoll chama de "versos reversejados"[43] aqueles que os poemas vão retomando, e o "Nada de asas [...]" chega na frente de todos, ressurgindo, inteiro ou em pedaços, em "A escalada", "A caçada", "Anhangabaú" e "Colloque sentimental". Como sabe o leitor, considero plausível a hipótese de que a tripla negação o credencia a funcionar como contraveneno às emersões do que possa ameaçar a própria possibilidade da poesia, surgidas ao longo do livro, motivo pelo qual ele é reversejado.

Do grito "Horríveis as cidades!" em diante, pelos três versos subsequentes, o eu lírico faz uma verdadeira travessia do deserto — a vanidade de tudo, a tripla

---

41 Cf. Haroldo de Campos (trad.), *Qohélet. O que sabe. Eclesiastes*, 2ª ed., São Paulo: Perspectiva, 2019.

42 Em *A escrava que não é Isaura*, Mário de Andrade refere-se a "asa" nos seguintes termos: "Embora a atenção para o poeta modernista se sujeite curiosa ao borboletear do subconsciente — asa trépida que se deixa levar pela brisa das associações [...]". Cf. *op. cit.*, p. 243.

43 Victor Knoll, *Paciente arlequinada: uma leitura da obra poética de Mário de Andrade*, São Paulo: Hucitec/Secretaria do Estado da Cultura, 1983, p. 75.

negação etc. —, à qual o aparentemente anódino verso 7, "Oh! os tumultuários das ausências!", vem trazer não um ponto-final, mas a lembrança de que o exílio da sacrificada consciência lírica se dá junto ao grande número, isto é, em meio à cidade e à multidão dos "entes frementes", onde ela faz a experiência paradoxal da presença-ausência, ou seja, da solidão superpovoada, pois "em nenhum lugar alguém se sente tão solitário e abandonado quanto precisamente na multidão da cidade grande"[44], como anotou Simmel. "*Multitude, solitude*"[45] é expressão célebre do importante poema em prosa "*Les foules*", de Baudelaire. Essa ideia pode ter se tornado um lugar-comum, mas é também uma experiência anímica inseparável da metrópole moderna, e dela característica, como percebeu Simmel. É a multidão dos concorrentes, diria um observador orientado, por exemplo, pelo marxismo, concorrência cujo potencial de horror ajuda a entender o salto, apenas aparentemente súbito, que o poema executa, em seguida, em direção ao grotesco:

> Pauliceia — a grande boca de mil dentes;
> e os jorros dentre a língua trissulca
> de pus e de mais pus de distinção...

O genérico "as cidades", ditas "horríveis", recebe agora um nome próprio: "Pauliceia". Também não é mais a "São Paulo!", comoção da vida do poeta, tal como aparece no citadíssimo verso que abre o livro, mas uma entidade já outra, sem prejuízo de continuar sendo sempre a mesma. Enunciado, aí, pela primeira vez, depois de sua aparição no título da obra, o nome "Pauliceia" já carrega no seu bojo uma profusão de significações. A força estranha que percorre subterraneamente o poema já carreou para ele a atmosfera inquietante dos "cortejos", os giros mecânicos do sempre igual, a vivência do choque, o fracasso do eu lírico, o desengano do *Eclesiastes*, a negação da poesia etc. — longa série de vicissitudes que o verso "Oh! os tumultuários das ausências!" reconduz à multidão. Toda essa sobrecarga de sentido, assim, é produzida pelas ondas de choque oriundas da expansão semântica de um ente único e múltiplo, a multidão inumerável, fatalizada, adversa, que, desde o título do poema, apresenta-se como mediação universal da cidade. Feita dessa pletora de "entes frementes", a Pauliceia surge, nessa altura do poema, como um ente de entes, sujeito coletivo, uma espécie paulistana de Leviatã, talvez parente longínquo daqueles de Hobbes e de Jó[46], sem que aqui se postule qualquer filiação direta. Entificada, a cidade adquire uma estranha vida autônoma; em uma palavra, ela se *animiza*. Não se costuma

---

[44] G. Simmel, *op. cit.*, p. 585.

[45] Charles Baudelaire, "*Les foules*", em: *Le Spleen de Paris, Œuvres complètes (O.C.)*, Paris: Gallimard, La Pléiade, 2016, v. I, p. 291.

[46] Mário de Andrade, *Escrava, op. cit.*, p. 267. Encontra-se, nessa página, evidência da leitura do *Livro de Jó* por Mário de Andrade.

observar que *Pauliceia desvairada* é um título animista (bisavô torto de *Terra em transe*, também ele animista, além de também referente ao desvario nacional), característica, em parte, mas só em parte, herdada dos títulos de Verhaeren — *Les Campagnes hallucinées* e *Les Villes tentaculaires* —, que a intuição de Mário de Andrade amalgamou e pôs em ação. Essa característica ressurge, forte, já no verso "Pauliceia — a grande boca de mil dentes;", no qual a cidade pletórica se *encarna* em um ser monstruoso. A sequência imagética, em que essa primeira imagem compulsivamente se desdobra, nos dois versos seguintes, dá corpo a essa percepção de uma vida autônoma, o que projeta a cidade como uma grande fantasmagoria. Essa aparição fantasmagórica da cidade faz par, portanto, com o desdobramento automático da linguagem, na cadeia de imagens, como se, nesse movimento, também ela ganhasse vida própria e tomasse a dianteira sobre os sujeitos — fenômeno que conduz diretamente ao coração mesmo da concepção grotesca da linguagem. No grotesco, "Ela [a linguagem], o nosso instrumento familiar e indispensável para o nosso estar-no-mundo, mostra-se de repente voluntariosa, estranha, animada demoniacamente, e arrasta o homem ao noturno e ao inumano"[47], no dizer de Wolfgang Kayser.

Também a grande "boca arreganhada (goela e dentes)" é imagem crucial no grotesco carnavalesco, julga Bakhtin, que a observa da perspectiva da festa popular[48]. Trata-se da mesma enorme boca rabelaisiana que Auerbach analisa em "O mundo na boca de Pantagruel"[49], tão imensa que nela cabem províncias inteiras e, até, se plantam repolhos. Em "Os cortejos", entretanto, a *imagerie* que se desdobra a partir dessa grande boca grotesca frisa o sinistro e o monstruoso: em meio a seus "mil dentes", projeta-se uma "língua trissulca", de onde brotam jorros "de pus e de mais pus". Para garantia do horrendo, o verso vai até o repugnante — a mais perfeita antítese do belo.

Se esse "repuxo de imagens"[50] (Mário de Andrade) entronca-se na linhagem do grotesco, o que o traz à superfície e o faz jorrar horrores no poema, entretanto, é o empuxo programático do "exagero" vanguardista, várias vezes defendido por Mário de Andrade[51] — em particular, o exagero combinado à deformação e ao gosto do feio, característico do Expressionismo, conforme explicita o nosso autor[52]. Sem deixar de ser grotesco, antes pelo contrário, o monstro-Pauliceia é modernista, e performado pelas vanguardas do início do século XX.

---

47 W. Kayser, *op. cit.*, p. 132.

48 M. Bakhtine, *L'œuvre de François Rabelais et la culture populaire au Moyen-Âge et sous la Renaissance*, Paris: Gallimard, 1978, p. 323.

49 E. Auerbach, *Mimesis*, São Paulo: Perspectiva, 1971, p. 225.

50 Mário de Andrade, *Escrava, op. cit.*, p. 218.

51 *Idem, Escrava, op. cit.*, pp. 237 e 241; *Prefácio, op. cit.*, p. 63.

52 *Idem, Escrava, op. cit*, p. 281.

Ocorre, porém, que aquela "língua trissulca" pertence a uma cobra parnasiana, de *pedigree* clássico e latino, inencontrável no Butantan, mas encontradiça na corrente de imagens da tradição ocidental. Salvo melhor juízo, a primeira vez em que ela armou o bote foi nas *Geórgicas*, de Virgílio: "*Cum positis novus exuviis, nitidusque juventa,/ volvitur, aut catulus tectis, aut ova relinquens,/ Arduus ad Solem, et linguis micat ore trisulcis*" (*Geórgicas*, 3. 437-439). Ameaçadora, ela "Vibra direita ao Sol trífidas línguas"[53], conforme traduziu Manuel Odorico Mendes. O poeta latino repetirá o mesmo verso na *Eneida* (2. 474-475)[54], em que a cobra será símile de Pirro, quando este se apresta, muito animado, a assassinar o velho Príamo. A mesma serpente virgiliana conhecerá, ainda, uma aparição, em terras brasílicas, no épico jesuitíssimo *De Gestis Mendi de Saa*, de José de Anchieta, ocasião em que representará Calvino, que o jesuíta considerava cobra criada. Não é de crer, entretanto, que tenha sido diretamente nessas fontes em latim que Mário de Andrade apanhou a dita cobra de língua trissulca, mas, sim, no soneto "Lubricus anguis", de Raimundo Correia[55], em que a vetusta víbora pagã comparece, já ultracristianizada, sob o calcanhar justiçador da Virgem Maria:

LUBRICUS ANGUIS

Quando a mulher perdeu a deleitosa
Paz e os jardins da habitação primeva,
Chata a cabeça inda não tinha a seva
Serpente que a seus pés silva raivosa;

Mas a língua trissulca que na treva
Falaz vibra, é a mesma venenosa
Língua que à luz puríssima e radiosa
Do Paraíso, outrora, enganou Eva...

Bendita a planta da Mulher, que a esmaga!
Bendita! A este vil monstro, de ora avante,
Ninguém mais sobre a Terra desconheça!

E ele a marca indelével sempre traga
Do rijo calcanhar firme e possante,
Que lhe achatou, impávido, a cabeça!

---

53 Para uma reunião e análise de grande proveito das cobras virgilianas, cf. Robson T. Cesila, "As serpentes de Virgílio e de Odorico Mendes: efeitos poéticos e autotextualidade em *Geórgicas*, 3.414-439 e em passos do canto 2 de *Eneida*", *Nuntius Antiquus*, Belo Horizonte: 2019, vol. 15, nº 2, pp. 123-4.
54 Cf. Virgílio, *Eneida* (bilíngue), São Paulo: Editora 34, 2016, p. 168.
55 Raimundo Correia, "*Lubricus anguis*", em: *Aleluias*, Porto: Edições Ecopy/Ministério de Cultura do Brasil, 2013, p. 103.

O soneto encontra-se citado e recebe breve comentário (desfavorável) nos "Mestres do passado"[56] (1921), série de artigos em que o poeta modernista analisara os parnasianos nacionais, declarando-os pretéritos. O que é mais, foi reencontrar o soneto também na assim chamada "*marginalia*" de Mário de Andrade, que lhe apôs, na página correspondente das *Poesias*, de Raimundo Correia, a tradução de "trissulca" como "Ou tribido [*sic*], dividido em três"[57]. A grande boca, por sua vez, de onde se projeta a dita língua, bem, essa provavelmente é de Olavo Bilac, mais precisamente, do soneto VII, da *Via Láctea*, no qual "bocas de serpentes" se põe a rimar com "arreganhando os dentes", o que deixou injuriado Mário de Andrade, que anotou: "Alô! Rima, quantos crimes se cometem por tua causa! [...] a boca enorme do mundo 'arreganha' desastradamente os dentes pois que é preciso rimar com serpentes..."[58].

Não se trata, aqui, de navegar no "intertexto", de fetichizar fontes e influências, de glorificar reacionariamente alguma reminiscência retórica, nem, tampouco, de acusar algum plágio, ou coisa que o valha. Trata-se de observar que o poema executa convictamente seu roteiro moderno com os meios que supostamente deixava para trás. A importância desse fato é evidente por si mesma, e o impõe à consideração. Porém, mais importante que o fato em si é o modo como ele se dá. Afinal, a modernidade, no momento mesmo em que se outorga esse nome, ou seja, em Baudelaire, não cessa de superpor o antigo e o novo. O parâmetro está, é claro, no mesmo Baudelaire, e se torna mais transparente no arquicélebre poema "Le cygne"[59], no qual o destino de Andrômaca (por coincidência, personagem do mesmo ciclo lendário troiano de que participou a nossa cobra), viúva de Heitor e presa de guerra, é posto em paralelo com a modernização predatória de Paris, para, assim, trazer à tona a fragilidade de ambos e a violência do processo que os subjuga, assim como aos demais danados da Terra (entre os quais se encontrava o então exilado Victor Hugo, a quem o poema é dedicado). Benjamin: "É por essa precariedade que a modernidade, em fim de contas e no que tem de mais profundo, se casa e se alia com o antigo"[60]. Se é possível ser tão breve em assunto dessa envergadura, o poema do cisne mais que expõe, exibe, mesmo, alegoricamente, essa conjunção de passado e presente; ostenta seu caráter consciente; e extrai dela uma reflexão histórica, que ultrapassa o mito. Ou seja, tudo o que não ocorre em "Os cortejos", em que o passado é reposto sem mais; a consciência desse fato não comparece ou é recalcada; e a virtualidade

---

56 Mário de Andrade, "Mestres do passado", em: Mário da Silva Brito, *História do modernismo brasileiro I: antecedentes da Semana de Arte Moderna*, Rio de Janeiro: Civilização Brasileira, 1974, p. 269.

57 Lígia R. B. Kimori, *"Sou passadista, confesso": Mário de Andrade leitor dos parnasianos brasileiros e franceses* (2 vols.), São Paulo, Tese — USP, São Paulo: 2019, p. 550. "Tribido" por tríf́ido deve ser apenas erro de digitação.

58 *Ibid.*, p. 467.

59 Charles Baudelaire, *Les Fleurs du mal: O.C.*, v. I, *op. cit.*, pp. 85-6.

60 W. Benjamin, *op. cit.*, p. 121.

histórica da experiência fica por isso mesmo, substituída por um aceno longínquo ao mito do eterno retorno.

Inconsciente dessas hibridações de moderno e arcaico seguramente não estava o escritor estudioso e refletido que era Mário de Andrade. Os testemunhos de sua consciência dos fatos poderiam facilmente multiplicar-se, mas devo, aqui, limitar-me ao indispensável, começando por uma carta de 1928, significativamente endereçada a Paulo Prado, em que o poeta diz: "Se é certo que nos poemas [de *Pauliceia desvairada*] falo em Cocteau e Russolo garanto para você que esses versos foram ajuntados mais tarde, quando principiei me inteirando do que era o modernismo. Agora, junto dessas invenções é enorme também o poder de orelhas parnasianas e simbolistas que estão por debaixo da pele do leão modernista que veste o livro"[61]. Embora a carta lhes seja posterior, o relato não deixa dúvida de que remonta, pelo menos, aos tempos da publicação de *Pauliceia desvairada* (1922) a consciência desse estranho parnaso-modernismo, do qual o episódio da cobra, de fato, nem de longe é manifestação isolada, no livro, apesar de ser das mais clamorosas. Como sabe todo leitor de *Pauliceia desvairada*, já no "Prefácio interessantíssimo", o autor diz, e repete: "Sou passadista, confesso", alegando que "Ninguém pode se libertar duma só vez das teorias-avós que bebeu". Seja na carta de 1928, seja no "Prefácio interessantíssimo", entretanto, essa justaposição de antigo e moderno nada tem de problemática; ao contrário, ela aparece como a mais esperável e tranquila das coisas deste mundo, como se fora o benigno convívio de avós e netos, em um pacífico e estável lar patriarcal — idealizado, evidentemente. Esperável, tranquila, benigna: em uma palavra, ela aparece como *natural*, isto é, ideológica a mais não poder. Para confirmar essa tendência à naturalização, bastaria lembrar o modo pelo qual o modernista brasileiro (na já citada *A escrava que não é Isaura*, que é da mesma época) reage ao poeta revolucionário Maiakóvski, quando este, em poema muito conhecido, pede aos escritores "um salto para o futuro!", e os apostrofa com um "Apaga o antigo do teu coração!":

> Eu por mim não estou de acordo com aquele salto para o futuro. Vejo Lineu a rir da linda ignorância do poeta. Também não me convenço de que se deva apagar o antigo. Não há necessidade disso para continuar para frente. Demais: o antigo é de grande utilidade. Os tolos caem em pasmaceira diante dele e a gente pode continuar seu caminho, livre de tão nojenta companhia.

Sim, é o célebre naturalista Lineu, do século XVIII, que se invoca, para desqualificar o poeta bolchevique, que, contrariando as leis da natureza, prega a ruptura e um salto para diante. Certamente, o escritor brasileiro alude à conhecida

---

61 Cf. M. A. de Moraes, "*Pauliceia desvairada* nas malhas da memória", *O eixo e a roda*, Belo Horizonte: 2015, vol. 24, nº 2, pp. 113-43.

máxima *natura non facit saltus*, "a natureza não dá saltos", difundida pelo naturalista sueco, embora, no seu contexto próprio, ela não diga bem a mesma coisa que Mário de Andrade pretende fazê-la dizer. A essa naturalização da cultura (e, com ela, da ordem social, diga-se) segue-se a bravata quanto à utilidade do antigo: no regime de sucessão histórica que nela se preconiza, o passado, que não se preserva nem se abandona, não é justaposto ao novo, de modo alegorizante (como em um certo Oswald de Andrade e alguns de seus sucessores); tampouco é objeto de uma superação dialética, que o suprimiria, conservando-o em uma síntese mais alta etc. Em vez disso, ele, aí, converte-se em instrumento de uma espécie de malandragem histórica, que aplicaria um passa-moleque, nos adversários dos poetas modernistas.

Como se vê, uma coisa é ter consciência dessa conjunção seu tanto *disparate*, e outra, bem diferente, é dar conta das exigências de perspectivação histórica e política da matéria, indispensáveis para dela se tirar as devidas consequências artísticas, ou seja, para formalizá-la literariamente, sem falseá-la. Esse passo propriamente crítico, evidentemente, não é dado, e o fato é empurrado para uma espécie de inconsciente do poema. Quando, porém, as orelhas parnasianas e simbolistas aparecem, é a pele do leão modernista que se revela como artifício. Metáforas à parte, a contradição irresolvida entre o roteiro modernista e seus meios de execução denuncia o que ele tem de pré-formado, de factício e de ideológico. Falando dos recursos de estilo empregados pelos precursores das vanguardas europeias contemporâneas, diz Mário de Andrade: "Mas certos processos técnicos empregados por aqueles precursores — *processos derivados do cansaço intelectual em que viviam* [grifos do autor] — elevaram-se agora a receitas. Usam-se quotidianamente"[62]. De fato, a realização da pauta moderna, em "Os cortejos", tem algo do aviamento de uma receita, e receita importada, cuja fórmula é bem discernível nos textos críticos do autor. No entanto, expressões como as que aqui se empregam, como pauta, roteiro canônico, receita etc., podem sugerir que Mário de Andrade os encontrou prontos e acabados, já nas suas origens, e apenas os aplicou por aqui. Mas não é esse o caso. As fórmulas que ele de fato empregou em "Os cortejos" e em outras partes são produto de longa apuração e laborioso trabalho de síntese, operado por ele, que, durante vários anos, aplicou-se no estudo e na comparação das publicações vanguardistas, sobretudo da Europa, inçadas de variações, contradições e dissensões, que ele ia deslindando, avaliando e, embora com resultados bastante desiguais, *comparando com sua própria experiência*, crivo que nunca abandonou. Encontrou, provavelmente, algumas sínteses encaminhadas na *L'Esprit Nouveau*, que de fato tinha essa vocação, revista que ele colecionou com particular zelo, conforme se pode constatar nos estudos especializados de Maria Helena Grembecki e Lilian

---

62 Mário de Andrade, *Escrava*, op. cit., p. 286.

Escorel[63], a respeito dos quais não posso me alongar aqui. As sínteses que apurou e pôs em ação, contraditoriamente que seja, constituem, já, uma façanha de atualização intelectual e, se as tivesse sistematizado, o que não pretendeu, teria realizado, àquela altura, e nestas baixas latitudes, algo espantoso.

De toda maneira, ao *naturalizar* a conjunção de arcaísmo e modernização, subtraindo-a, desse modo, à percepção, "Os cortejos" cria, muito involuntariamente, um homólogo dos mais perfeitos do que se veio a chamar de modernização conservadora. Tão perfeito, que não se deixa perceber como tal, exatamente como ocorre com o processo correspondente, na sua matriz histórica, o qual faz passar, sob a aparência de uma modernização em toda linha, o movimento de reposição do atraso que lhe é intrínseco. De certo modo, a encenação ostensiva da incompatibilidade, eminentemente moderna, entre a poesia lírica e a cidade grande faz eclipsar-se, como em um gesto de prestidigitação, a segunda ordem de incompatibilidade, aquela que opõe a pauta modernista, de matriz europeia, à reposição do atraso inerente à modernização local, então em curso. Assim, procedimentos artísticos que supõem o pareamento de momentos distintos, tipicamente vanguardistas e presentes no poema — verso harmônico, associação de imagens, simultaneidades etc. —, põem-se a dar cobertura às conjunções de incompatíveis, próprias da modernização conservadora, comportamento que definitivamente não os recomenda, fazendo desconfiar do papel que, de fato, desempenhavam já no seu contexto europeu de origem. No plano das autorrepresentações do poeta e da obra, embora em outros níveis possa apresentar diferentes sentidos, o figurino de Arlequim, além de alinhado com o *dernier cri* das vanguardas europeias da época, é o equivalente desse gesto de prestidigitação: sua veste de losangos contrastados exibe, estilizadamente, essas conjunções de opostos, mas apenas para convertê-las em um *modo de ser*.

Homologando estruturalmente os dinamismos recursivos da matéria histórica local, o poema a duplica, cola-se a ela, não produzindo a distância necessária à crítica. Ao contrário, ele se revela implicado na ordem de coisas a que se opõe veementemente. A virulência com que tantas vezes a insulta é antes testemunho dessa implicação do que do oposto, se lembrarmos que o insulto ao burguês, as mais das vezes, é clássica demonstração de impotência política[64]. Sob esse aspecto, o poema se torna expressão de uma mentalidade para a qual modernização não tem nada a ver com superação do atraso, bem ao contrário. O efeito disso, no plano da percepção literária do tempo, é o estabelecimento de um regime de temporalidade de todo ambivalente, para o qual o presente é

---

63 Cf. M. H. Grenbecki, *Mário de Andrade e L'Esprit Nouveau*, São Paulo: IEB-USP, 1969; Lilian Escorel, *L'Esprit Nouveau nas estantes de Mário de Andrade*, São Paulo: Humanitas/Fapesp, 2012.

64 Para o insulto ao burguês como manifestação de impotência política, cf. Dolf Oehler. *Quadros parisienses: estética antiburguesa em Baudelaire, Daumier e Heine (1830-1848)*. São Paulo: Companhia das Letras, 1997.

diferente do passado, ao mesmo tempo em que é a sua repetição. Havendo e não havendo diferença, o presente se configura como uma espécie de duplo do passado, estrutura insidiosa, que captura a negatividade e bloqueia a superação, apontando, ao contrário, para uma oscilação infinita entre o mesmo e o outro, mais próxima de um eterno retorno do mesmo, ou seja, do mito, que da história. Não era outra a mentalidade que regia, como o recuo histórico permite ver com menor dificuldade, a "modernização" programática que, naquelas décadas iniciais do século XX, se executava na cidade de São Paulo, conduzida por elites econômicas cujos interesses estratégicos, que hoje se vão conhecendo melhor, infelizmente não é possível discutir aqui. Comungavam todos na euforia de uma modernização metropolitana ostensiva, que, no entanto, se fazia com base na expansão de uma economia agrária, a cafeeira, de cariz ainda colonial, e em uma industrialização cuja relativa incipiência não a impedia de ser exploradora e de multiplicar a miséria — do que dão notícia já a grande greve de 1917 e, no mesmo 1922, a fundação do Partido Comunista Brasileiro. Dessa mentalidade participavam, igualmente, as frações das elites econômicas que acolhiam a agitação modernista e patrocinaram a Semana de Arte Moderna (1922), com a diferença de que estas últimas se mostravam ciosas de modernização artística, em moldes europeus. Do ponto de vista das macroestruturas econômicas e de sua história, essa diferença específica era quase nada, ao passo que, do ponto de vista das artes e da percepção estética em geral, ela é quase tudo, além de ser, também, economicamente determinada e socialmente funcional.

Essa especificação de classe, "Os cortejos" a capta com muita argúcia, e a registra numa palavra decisiva: *distinção*. Para simplificar, diga-se que, nas entranhas (purulentas) do monstro-Pauliceia, vige uma luta por distinção, travada entre os "entes frementes" que o compõem, concorrentes uns dos outros. Precisamente desse modo entendeu Simmel essa luta por distinção — como um fenômeno anímico, exponencial nas grandes cidades, originariamente econômico (a necessidade de distinguir-se na "luta pelo cliente")[65], mas que se desdobra, finalmente, em luta, digamos, simbólica, na qual a distinção é mobilizada como garantia de reconhecimento da personalidade e de uma supremacia social qualquer, único modo de existir do eu débil, que só se pode perceber como um si mesmo "mediante o desvio pela consciência dos outros"[66]. O frenesi de distinguir-se não conhece limites (por isso é "pus" e "mais pus"), e vai desde o "heroísmo" do dândi baudelairiano até a semostração convulsa dos tipos teratológicos, que, atualmente, passando-se por críticos, filósofos e, até, revolucionários, fazem-se guiar pelos macetes da propaganda & *marketing*, sua verdadeira formação. Tornada tema sociológico de relevo, em um percurso reflexivo que se acelerou sobretudo

---

[65] G. Simmel, *op. cit.*, p. 587.
[66] *Ibid.*, p. 587.

mais perto do final do século XIX, mas que não tenho espaço para explorar aqui, essa luta por distinção foi retomada, já no final dos anos 1970, por Pierre Bourdieu, que escreveu (com o característico rigor sociológico, que espalha ódio e pânico entre desconstrucionistas e assemelhados, pois que os pega com a boca na botija) o celebérrimo *A distinção: crítica social do julgamento*[67]. Em comum, se é possível reduzir tanto, os estudiosos da "distinção" têm a percepção, menos ou mais determinada, de que aquilo que se chama de "gosto" — o que abriga todos os fenômenos ligados ao ajuizamento estético — é desdobramento simbólico da ordem econômica, que, embora concebendo-se como autônomo, ou seja, descolado dela, é instrumento da constituição e da reprodução da ordem social. Nessa chave é que apanhou a "distinção" o poema de Mário de Andrade, fazendo-a associar-se às precedentes "vaidades", a cujo caráter moral imprime, agora, uma torção mais decididamente social, porque da ordem dos conflitos de interesses que se ferem coletivamente. Observando-se esse aspecto do poema pela óptica da distinção bourdieusiana, vê-se que seus cortejos/multidão implicam certo diagrama de classes sociais, do qual fica praticamente excluído o contingente proletário, ou das classes populares. A distinção de gosto abrange todas as camadas sociais, inclusive as que empurra para a margem do jogo, mas a luta pela distinção se trava, de modo patético, é verdade, nos estratos sociais médios e superiores, nos quais certo acúmulo de capital cria a folga simbólica que permite e solicita essas figurações belicosas de si e dos outros, das quais o proletariado, por definição sem capital, fica tacitamente à margem. Tudo se passa, em "Os cortejos", como se a luta social que vem ao caso fosse a que se fere entre "as pessoas *Esprit Nouveau*"[68], como dizia elogiosamente Mário de Andrade, e os adversários da arte moderna, ou seja, uma disputa de "gosto" *como distinção*, e não entre o capitalismo e o proletariado. Esse diagrama de classes, implícito em "Os cortejos", só vem a furo, com feição de apoteose, no fecho do livro, nas já citadas "Enfibraturas", em que o actante coletivo "Sandapilários Indiferentes" representa o operariado e a gente pobre, que se identificam com a ópera italiana do século XIX e caem fora do jogo[69], que se passa entre agentes burgueses[70].

---

67 P. Bourdieu, *A distinção: crítica social do julgamento*, São Paulo: Edusp; Porto Alegre: Zouk, 2007.

68 Mário de Andrade, *Escrava, op. cit.*, p. 258.

69 "Sandapilários", do latim "*sandapila*: espécie de padiola ou caixão (para a classe baixa)". Considera-se que a forma *sandapilarius* refere-se aos carregadores desses caixões, tão pobres quanto os defuntos, provavelmente, o que não deixaria dúvida de que seu equivalente moderno seriam os proletários. Para uma interpretação completamente diferente da palavra, cf., em Benedito Nunes, a ideia (que, todavia, não acabo de entender) de que "O substantivo *sandeu*, mais o verbo *pilar* (moer), com o sufixo *ario*, deu o adjetivo sandapilário (aqueles que moem e remoem tolices)". Cf. Benedito Nunes, "Mário de Andrade: as enfibraturas do modernismo", 3861.15264-1PB.pdfbeneditonunes. http://www.researchgate.net>fulltext

70 Desse modo, o diagrama de classes sociais das "Enfibraturas" acaba por privar-se dos representantes do polo social inferior, porém, ao menos, os faz sair em cena aberta, o que, a meu ver, é um penhor de honestidade intelectual. No polo social oposto, entretanto, faz-se notar uma ausência conspícua, para a qual não há qualquer advertência ou aviso: lá não se encontram os ricos de vanguarda, se assim se pode dizer, patrocinadores dos

Ao longo das décadas seguintes, em paralelo com o que ocorria praticamente em todo o mundo, um novo e muito significativo imaginário das massas se irá formar, em Mário de Andrade, e ainda estará em desenvolvimento nas suas derradeiras obras, nas quais as imagens da multidão, postas em marcha na *Pauliceia desvairada* e, particularmente, em "Os cortejos", chegarão, afinal, a seu destino — trajetória que, aqui, todavia, não cabe examinar.

Crítico acerbo da distinção, que é "vaidades e mais vaidades" e "pus" e "mais pus", a qual tão admiravelmente registrou e pôs no lugar que lhe cabe na modernidade, o eu lírico de "Os cortejos", quatro passos adiante, vai praticá-la em grande estilo. Contrapondo-se a "Estes homens de São Paulo,/ todos iguais e desiguais," tão massificados, dirá ele: "quando vivem dentro dos meus olhos tão ricos,/ parecem-me uns macacos, uns macacos". Se isso não é distinção, não sei o que será. Claro, no contexto do poema, os "olhos tão ricos" são os do poeta lírico, aptos e prontos a captar "os conjuntos de imagens que, surgidas da memória involuntária, tendem a se agrupar, como um nimbo, em torno dos objetos oferecidos à intuição", formando "a sua aura", diz Benjamin[71]. O poeta cultiva em si um "corimbo de almas diferentes", que lhe permite acolher toda a inumerável variedade que se lhe antolha, já advertira Mário de Andrade, nos "Mestres do passado"[72]. Ser (tradicionalmente) de exceção, o poeta, nesse caso, não desce de seu alto coturno, como se dizia antigamente, ou do salto, como prosaicamente se diz hoje em dia. Em língua baudelairiano-benjaminiana, ele não admite deixar cair a sua "auréola"[73], mesmo com as cotoveladas e choques da multidão, ativamente postos em cena pelo poema, e nos quais parecia ter ficado claro, para o eu lírico, que os objetos da metrópole intratável não erguem os olhos para fitá-lo de volta, não lhe retribuem, correspondencialmente, o lírico olhar, tão rico[74], que ele lhes dirige. Culmina, aqui, a citada isotopia da visão, que, tendo percorrido o poema, revela-se, ao cabo, como o anseio, finalmente decepcionado, por um olhar correspondencial, da mesma família daquele que, oniricamente, mas só

---

modernistas e, portanto, essenciais no jogo, já que os ditos ricos não se enquadram nas "Senectudes Tremulinas" (ricaços esteticamente reacionários) nem nos "Orientalismos Convencionais" (agentes ideológicos do conservantismo). No bate-boca cantado das "Enfibraturas", esses ricos *avant-gardistes* ficam propriamente *au-dessus de la mêlée*, a menos que se queira incluí-los no batalhão das "Juvenilidades Auriverdes", o que, a meu ver, seria forçar demais a nota: sobre terem passado da idade, difícil fazer marchar naquele chão do vale, de braços dados com "Minha Loucura", Paulo Prado, a respectiva Dona Marinette, Dona Olívia Penteado e *tutti quanti*. Não custa lembrar que as "Enfibraturas" não são *O rei da vela*. Pode-se alegar que eles lá não se encontram, de corpo presente, porque os moços auriverdes, isto é, os modernistas, seriam os seus bastantes representantes, o que, sob certos aspectos, não deixa de ser verdade — mas não melhora muito as coisas, além de referendar o que corre implícito já em "Os cortejos". No *panache* das "Enfibraturas", que é dos grandes, fica faltando a pluma mais alta, e a mais *chic*.

71 W. Benjamin, *op. cit.*, pp. 196 ss.
72 Mário de Andrade, "Mestres do passado", em: Mário da Silva Brito, *op. cit.*, p. 256.
73 Cf. W. Benjamin, *op. cit.*, p. 206; Charles Baudelaire, "Perte d'auréole", em: *Le Spleen de Paris. O.C.* v. I, *op. cit.*, p. 352.
74 W. Benjamin, *op. cit.*, pp. 198 ss.

oniricamente, se levanta nas *Correspondances* baudelairianas. Configura-se, desse modo, no poema, uma curiosa modernidade radical, mas aureolada. Escusado enfatizar que esse ponto de vista alinhava-se com o da fração dita "aristocrática" da burguesia paulistana, para a qual a arte moderna, de padrão europeu, representava sua derradeira distinção, sobretudo frente aos novos-ricos, muitos deles imigrantes ou seus descendentes, cuja dinheirama recente erguia, então, entre outros testemunhos de seu triunfo, os palacetes inefáveis da avenida Paulista.

Para maior contradição, o verso dos "olhos tão ricos" (na situação, o emprego de "ricos" é até constrangedor) é enunciado em um contexto já inteiramente prosaico. A quebra do regime poético se dera justamente quando o procedimento da superposição de imagens atingira o seu auge, na produção da cobra-Pauliceia, como se o exagero que lhe é constitutivo tivesse queimado os fusíveis das redes imaginárias e provocado novamente sua queda. Os versos 11 e 12, "Giram homens fracos, baixos, magros.../ Serpentinas de entes frementes a se desenrolar...", têm algo de uma dobradiça, na armação do poema, articulando, de novo por intermédio do grotesco, a passagem do poético ao prosaico. A representação daqueles homens tão prejudicados não é propriamente realista, como se figurasse uma espécie de degeneração física real, mas, sim, grotesca, no que adverte para o sentido também grotesco que subjaz a "Serpentinas" — palavra que, relida agora, depois da aparição da grande cobra parnasiana, mostra que ambas pertencem à mesma família ofídica, revelando a "serpente" que sempre esteve escondida nas "serpentinas" carnavalescas — e que poderia ter passado batido.

A partir daí, é de novo a terra calcinada do pior prosaico, habitada aqui e ali pelas criaturas do grotesco, numa espécie de real piorado e assombrado: "Pauliceia" regride a um geográfico "São Paulo"; as serpentinas são cobras; os "entes frementes", apenas homens danificados e, finalmente, "uns macacos, uns macacos", com os quais se completa o pequeno bestiário do poema — uma espécie de variante grotesca de minijângal à Kipling. A associação de imagens que percorre o poema, produzindo uma série de metamorfoses lírico-grotescas e, paradoxalmente, unificando-o por meio da cisão continuada, estanca de vez, quando chega a "uns macacos, uns macacos", que apenas se repetem, isto é, duplicam-se, prometendo fazê-lo *ad infinitum*, numa espécie de fim de linha que, todavia, nunca se acaba. Vistas as coisas por esse ângulo, encontramo-nos diante de um generalizado desencantamento do mundo. Curiosa *Entzauberung*, entretanto, na qual o mundo se desencanta inteiramente, mas continua enfeitiçado por uma espécie de demônio da mimese, cuja especialidade é a de tudo fazer se replicar. De um tal mundo, o macaco parece ser o animal totêmico, escolhido para o posto, em vista de sua universalmente presumida tendência à imitação[75]. Quem,

---

75 Para uma interessante e erudita incursão pelo tema mimese/macacos/filosofia/arte, cf. David Bouvier, *Kléos* (UFRJ), Rio de Janeiro, 2005-6, nº 9/10, pp. 9-37.

pois, é esse demônio da mimese? Em Marcos 5:9, tendo o Salvador perguntado a um demônio qual era o seu nome, respondeu-Lhe ele: "— O meu nome é Legião", o que era verdade naquele tempo e mais ainda no tempo de agora. O nosso demônio, entretanto, se fosse sincero, responderia: — O meu nome é mercadoria, mas também pode me chamar de dinheiro, que é mais ou menos a mesma coisa, sob outra forma. Também poderia ter respondido: — O meu nome é multidão; o que, além de ser mais rente ao poema "Os cortejos", também seria verdade, mas nos obrigaria a percorrer de novo um sem-número de mediações, para finalmente terminar no mesmo ponto, pois, como se viu, a verdade da multidão da grande cidade é solidão e concorrência, quer dizer, mercado e mercadoria. Na *"Fourmillante cité, cité pleine de rêves"*, o espectro, em plena luz do dia, agarra o passante: ela, a mercadoria/dinheiro, é que torna os "homens de São Paulo" "iguais e desiguais". Ao executar o roteiro da modernidade, o poeta lírico carreou, com ele, também a sua *partner* indefectível, a forma-mercadoria. Completando sua explicação do sentimento de indiferenciação geral que rege o citado "caráter *blasé*" dos habitantes da metrópole moderna, diz Simmel:

> Essa disposição anímica é o reflexo subjetivo fiel da economia monetária completamente difusa. Na medida em que o dinheiro compensa de modo igual toda a pluralidade das coisas [...]; exprime todas as distinções qualitativas entre elas mediante distinções do quanto; na medida em que o dinheiro, na sua ausência de cor e sua indiferença, se alça a denominador comum de todos os valores, ele se torna o mais terrível nivelador, ele corrói irremediavelmente o núcleo das coisas, sua peculiaridade, seu valor específico, sua incomparabilidade [...].[76]

O poema de Mário de Andrade não nomeia essa potência niveladora mas, sem de fato apreendê-la, registra de inúmeras maneiras, como se diria de um sismógrafo, a sua presença, que, embora positivada, só se deixa perceber por seus efeitos, sempre ruinosos. É sua força que, indiferenciadora, impede a poesia; é ela que paira como uma atmosfera de sinistro sobre os cortejos fatalizados; ela, ainda, que animiza a cidade-fantasmagoria; ela, também, que rege o grotesco de um "mundo alheado", "como se um *id*, um espírito estranho, inumano, se houvesse introduzido na alma", para dizê-lo com Kayser[77].

Não reconhecida como o que é, a forma-mercadoria, ao invés de ser governada pela forma do poema, põe-se a governá-la. Atuado por ela, o poema passa a replicar a sua lógica, que consiste em tornar iguais os desiguais, ou seja, a fazer que o outro seja o mesmo. Pudemos vê-la em ação, reduplicando as sonoridades do poema, enchendo-as de homofonias, homeoteleutos, assonâncias; tornando

---

76 G. Simmel, *op. cit.*, pp. 581-2.
77 W. Kayser, *op. cit.*, p. 159.

cada verso a "tradução" do anterior e, assim, o duplicando; desdobrando-se em um associacionismo, no qual as imagens são sempre outras e as mesmas — de tal modo que toda a cadeia imagética, como que tomada por uma *mania*, parece desentranhar-se inteira de uma única imagem, que passa por todas as formas, sem deixar, por isso, de ser ela mesma (como se diz do *valor*), e assim por diante. Mas também pudemos ver a sua lógica de interversão do mesmo e do outro fazendo, do poeta moderno, o contrabandista do arcaico; do inimigo da distinção de classe, um seu praticante; do espontâneo, o dirigido; do presente, o duplo do passado e, da história, o mito. Tudo isso levado a um ponto tal, que o próprio poeta, na dedicatória do livro, parte-se em dois, dirigindo-se a si mesmo como a um outro, convertendo-se em um duplo. Evocada no início destas linhas, a figura antitética do *pharmakós*, em "Os cortejos", assim como em qualquer de suas encarnações brasileiras posteriores à Independência, longe de ser um *primeiro*, não faz mais que *atuar*, como um sintoma, e sempre em sentido regressivo, essa ambivalência generalizada, cuja matriz, entretanto, é econômica e social.

Para simplificar, diga-se que "Os cortejos", com grande sensibilidade e equivalente insciência, *imita* a forma-mercadoria. Compreende-se: seu poder de sedução é prodigioso, e seu prestígio, incomensurável, principalmente em países novos e cálidos. O poema experimenta, assim, em seu próprio corpo, até o dilaceramento, o paradoxo de que sua feição mimética (que, no fundo, é também a de tudo o que se chamou de arte) participa, agora, do mesmo mimetismo que põe em xeque a sua poesia. Se o ponto de vista que orienta a composição fosse o do proletário, talvez não o fizesse: teria ciência de que se encontrar na condição de mercadoria não é nada bom, nem convém. Não foi por outra razão que, logo adiante, ainda na década de 1920, mas sobretudo ao longo dos anos 1930, tanto a arte quanto o pensamento estético que se politizaram revolucionariamente puseram obstáculos à mimese. Nestas brenhas de modernização perversa, a constituição de um tal ponto de vista, objeto da luta de classes em toda parte, era particularmente problemática, e dará lugar a um dos principais dramas internos não só da obra como também da vida de Mário de Andrade. Em 1933, vendo em retrospecto aqueles tempos iniciais, seu desbocado companheiro das primeiras campanhas modernistas, Oswald de Andrade, resumirá, do seguinte modo, essa dificuldade: "A situação 'revolucionária' desta bosta mental sul-americana apresentava-se assim: o contrário do burguês não era o proletário — era o boêmio! As massas, ignoradas no território e como hoje, sob a completa devassidão econômica dos políticos e dos ricos. Os intelectuais brincando de roda. De vez em quando davam tiros entre rimas"[78]. Bons velhos tempos.

---

78 Oswald de Andrade, Prefácio a *Serafim Ponte Grande*, Rio de Janeiro: Civilização Brasileira, 1972, pp. 131-2.

*Sergio Fingermann*

## A ESCALADA

(Maçonariamente.)
— Alcantilações!... Ladeiras sem conto!...
Estas cruzes, estas crucificações da honra!...
— Não há ponto final no morro das ambições.
As bebedeiras do vinho dos aplaudires...
Champanhações... Cospe os fardos!

(São Paulo é trono.) — E as imensidões das escadarias!...
— Queres te assentar no pincaro mais alto? Catedral?...
— Estas cadeias da virtude!...
— Tripinga-te! (Os empurrões dos braços em segredo.)
Principiarás escravo, irás a Chico-Rei!

(Há fita de série no Colombo,
*O empurrão na escuridão*. Filme nacional.)
— Adeus lírios do Cubatão para os que andam sozinhos!
 (Sono tre tustune per i ragazzini.)
— Estes mil quilos da crença!...
— Tripinga-te! Alcançarás o sólio e o sol sonante!
Cospe os fardos! Cospe os fardos!
Vê que facilidade as tais asas?...
 (Toca a banda do Fieramosca: Pa, pa, pa, pum!
Toca a banda da polícia: Ta, ra, ta, tchim!)
És rei! Olha o rei nu!
Que é dos teus fardos, Hermes Pança?!
— Deixei-os lá nas margens das escadarias,
onde nas violetas corria o rio dos olhos de minha mãe...
— Sossega. És rico, és grandíssimo, és monarca!
Alguém agora t'os virá trazer.

(E ei-lo na curul do vesgo Olho-na-Treva.)

# O poeta nas alturas: uma leitura de "A escalada"

*Celia Pedrosa*

A leitura de um poema específico, além do foco em pequenos detalhes de fatura, cuja dimensão assim fica ampliada, pode propiciar uma visão mais matizada também do processo de sua produção e inscrição em diversos e imprevistos conjuntos e situações de escrita e leitura. Longe, portanto, de qualquer fechamento formal ou contextualizante, relativizam-se limites entre interioridade e exterioridade e percebem-se novos efeitos de singularização.

Abordado desse modo, "A escalada" incorpora e ao mesmo tempo atribui a *Pauliceia desvairada* uma dinâmica instável, dando a ver aberturas, lacunas e movimentos de sentido em sua materialidade em princípio coesa. Ele é o quarto dos vinte e um poemas reunidos na primeira concepção de *Pauliceia*. Além disso, tem lugar de destaque no "Prefácio interessantíssimo", anexado a ela para, a pedido do editor Monteiro Lobato, esclarecer as motivações do que este considerara um pouco vendável "vermelho grito de guerra" e com isso viabilizar sua publicação[1]. Nele o poeta avisa:

> Quem não souber cantar não leia PAISAGEM Nº 1. Quem não souber urrar não leia ODE AO BURGUÊS. Quem não souber rezar, não leia RELIGIÃO. Desprezar: A ESCALADA. Sofrer: COLLOQUE SENTIMENTAL. Perdoar: a cantiga do berço, um dos solos de Minha Loucura, das ENFIBRATURAS DO IPIRANGA.[2]

O "Prefácio" não alcança seu objetivo: o livro só ganhará publicação cerca de um ano depois. E o destaque inicial dado a tais poemas não impedirá que Mário, como faz também com o próprio "Prefácio," retire "A escalada", junto a outro aí referido, "Religião", da segunda edição de *Pauliceia*, incluída na coletânea a que dá o nome de *Poesias,* publicada em 1941. Nesta, junto com os poemas do livro seguinte, *Losango cáqui,* de 1926, apenas onze de *Pauliceia* são retomados para constituir uma primeira parte nomeada "Estouro" — associada assim ao

---

[1] Para o levantamento de dados biobibliográficos da escrita de *Pauliceia desvairada*, bem como da correspondência de Mário de Andrade a ela relativa, foram fundamentais o ensaio de Marcos Antonio de Moraes, "*Pauliceia desvairada* nas malhas da memória" (2015) e as notas e comentários que enriquecem a edição das *Poesias completas* organizada por Telê Ancona Lopez e Tatiana Longo Figueiredo (2013). A pequena mensagem de Lobato aí referida encontra-se no IEB-USP, no arquivo Mário de Andrade, "Série Correspondências", e foi mencionada em: Moraes, *op. cit.*, p. 180.

[2] Andrade, 1972, p. 31.

que significara para Mário tanto sua escrita quanto o movimento modernista: "estouro de boiada", "sacra fúria", "grito"[3]. Além de "A escalada" e "Religião", são retirados "O Trovador", "Os cortejos", "Rua de São Bento", "Tietê", "Tristura", "Domingo", "Anhangabaú", "A Caçada" e "Paisagem nº 2".

Não se conhece registro de uma explicação do poeta sobre critérios para tal corte. Mas há interessantes depoimentos espalhados ao longo de sua vasta correspondência — assim como nos artigos que publicava em jornal, e mesmo em ensaios de maior fôlego. Aproximados, eles testemunham a intensa relação entre vida afetiva e vida literária e cultural, que atribui uma circunstancialidade problemática à sua produção, alimentando-a de inquietação e autocrítica.

Mantendo-se constantes, inquietação e autocrítica acabam por provocar reavaliações que impõem a cada texto deslocado e ao livro que com ele se perfazia a possibilidade de novos começos. Desse modo, eles se apresentam e reapresentam enquanto *ato de escrita* que releva de uma temporalidade vária e desestabiliza ordenações cronológicas muito unívocas. Não por acaso, *Pauliceia desvairada* é publicado em julho de 1922, quase seis meses depois da Semana de Arte Moderna, cena inaugural do modernismo, de que virá a ser considerado um dos principais símbolos. Tal circunstância convida a perceber um caráter performativo e anacrônico do livro, como se a demora, devida também a dificuldades pessoais do escritor, indicasse uma primeira forma de distanciamento e já introduzisse um crivo relativizante e diferenciador no ímpeto heroico inicial do movimento.

Outras relações entre começos e recomeços da atividade de Mário podem ser estabelecidas, inclusive com o provisório final causado por seu precoce falecimento, em 1945, e com desdobramentos futuros para além dele. Disso tudo testemunha em especial a dramática rememoração empreendida na conferência "O movimento modernista", proferida em 1942 e depois incluída no livro *Aspectos da literatura brasileira*, de 1944. Nessa ocasião, lembra sobre *Pauliceia* que, após briga em família por incompreensões quanto a suas opções estéticas:

> Fiquei alucinado, palavra de honra. Minha vontade era bater. Jantei por dentro, num estado inimaginável de estraçalho. Depois subi para o meu quarto, era noitinha, na intenção de me arranjar, sair, espairecer um bocado, botar uma bomba no centro do mundo. Me lembro que cheguei à sacada, olhando sem ver o meu largo [do Paissandu]. Ruídos, luzes, falas abertas subindo dos choferes de aluguel. Eu estava aparentemente calmo, como que indestinado. Não sei o que me deu. Fui até a escrivaninha, abri um caderno, escrevi o título em que jamais pensara, "Pauliceia desvairada". O estouro chegara afinal, depois de quase ano de angústias interrogativas. Entre desgostos, trabalhos urgentes, dívidas, brigas, em pouco mais de uma semana estava jogado no papel um canto bárbaro, duas vezes maior talvez do que isso que o trabalho de arte deu num livro.[4]

---

[3] Santiago e Frota, 2002, pp. 103, 150 e 260.
[4] Andrade, 1972, pp. 233-4.

Alguns anos antes, em 1940, em carta a Henriqueta Lisboa, sobre a preparação do volume *Poesias*, Mário já expusera seu intuito de "talvez polir algumas arestas e alimpar de cacoetes de combate alguns de meus livros publicados que mais estimo"[5]. No exercício dessas depurações, confirma a importância da conjunção de lirismo e técnica, inspiração e trabalho de arte, que propusera desde o "Prefácio" mesmo da *Pauliceia*. Em carta a Ascenso Ferreira, ainda em 1927, lembra, a propósito das alterações impostas aos originais antes da publicação:

> Um amigo daqui escutou a primeira leitura de *Pauliceia* e uns quatro meses depois tornou a escutar outra me disse admirado que quase que não compreendia a mudança radical havida. Eu tinha corrigido tudo e se tivesse ainda aqui a primeira redação palavra que havia de mandar pra você observar que mudança profunda e radical.[6]

E mesmo depois dessa "mudança profunda e radical", Mário não interrompe o processo que levará a alterações posteriores. Em carta a Manuel Bandeira, de junho de 1922, cerca de um mês apenas antes da publicação, ele diz a respeito do livro: "Tenho as provas aqui na secretária. Não me esquecerei do teu exemplar. Mas, amigo, como já estou longe dela!..."[7]. Em outubro do mesmo ano, em nova carta a Bandeira entregue junto com um exemplar da primeira edição, ele vai declarar justo o contrário:

> *Pauliceia* é a cristalização de 20 meses de dúvidas, de sofrimentos, de cóleras. É uma bomba. Arrebentou. [...] *Pauliceia* me é excessivamente cara. É o meu lago onde passeio às vezes, para me recordar de uma época de vida.[8]

Pouco depois, em 1924, em correspondência com Oneyda Alvarenga, para quem envia vários poemas nunca publicados posteriormente, anexa "Reza de fim de ano (5º Noturno)", pensado para inclusão em *Losango cáqui*. Nessa "Reza", o poeta confessa:

> [...] Pauliceia alegre farrista,
> Sacudida em fordes dodges
> 23 no relógio do Correio.
> Yes, we have no bananas...
> Mas ninguém se incomoda!
> Pauliceia dança empetecada de cinemas e confeitarias...
> [...] Não vejo mais as torres! Não vejo mais as torres!
> E unicamente nos livros que falam de arquitetura

---

5 Souza, 2010, p. 113.
6 Inojosa, s.d, pp. 339-40.
7 Moraes, 2001, p. 62.
8 *Ibid.*, p. 69.

> Ainda se encontram teus campanários, Senhor,
> Assustados, agrupados que nem urus durante a chuvarada.
> No entanto eu penso na arquitetura maravilhosa da tua Trindade.
> Pauliceia tornou-se indiferente para mim.[9]

É interessante lembrar aqui que o "estouro" criador que deu origem ao livro, narrado mais acima, também se deu num final de ano, numa noite de dezembro, podendo então ser associado a esse canto noturno e, com ele, a uma forma de reza, que não deixa de representar, contraditoriamente, uma afirmação de descrença. E à "Pauliceia" pode ser aí atribuída uma outra dupla referência — tanto ao livro quanto à cidade que o poeta quer nele encarnar e cantar — marcando repetida e exclamativamente a imagem das *torres,* por carregar o valor de *altura* que caracteriza desde o título também o poema "A escalada". Na "Reza" associada de imediato à arquitetura religiosa, essa imagem contribuirá em outros textos e momentos para figurar também um valor mais amplo atribuído a diferentes formas de *alturas* e, através destas, ao poema e à cidade como espaços simultâneos de entusiasmo e tristeza, combate e refúgio, agitação e reflexão, inserção e distanciamento.

Tal interligação entre poema, poeta e cidade é enfatizada muito fortemente no título mesmo de seu último livro, *Lira paulistana*, terminado em 1945 e incluído no volume *Poesias completas*, publicado pela editora Martins em 1955. Na *Lira* aparece o importante poema "A meditação sobre o Tietê". Com ele o poeta reencena esse gesto misto de inserção e distanciamento da imagem metamórfica da cidade/rio — face à qual emerge e se afoga de início a imagem subjetivante das "altas torres do meu coração exausto", para finalizar transformada em "alga escusa nas águas do meu Tietê"[10].

Percebe-se assim que em sua escrita na e da cidade, Mário performa uma vontade tensionada por diversos impulsos de altura, entre voos e escaladas — que provocam diferentes leituras a partir mesmo do gesto autoral. Não por acaso, desde a dedicatória da *Pauliceia* — excluída também da publicação de 1941 — ele apresenta a autoria como uma subjetividade dividida entre memória, criação e recriação, desdobrando-se em mestre e discípulo, emissor e destinatário de si mesmo: "A MÁRIO DE ANDRADE",

> Mestre querido.
>
> Nas muitas horas breves que me fizeste ganhar
> a vosso lado dizíeis da vossa confiança pela arte
> livre e sincera [...]

---

9   Andrade, 2013b, p. 152.
10  *Idem*, 1972, pp. 305-14.

> Recebei no vosso perdão o esforço
> do escolhido por vós para único discípulo;
> daquele que neste momento de martírio muito
> a medo inda vos chama o seu guia, o seu Mestre,
> o seu Senhor.[11]

Esse movimento de paródia da pretensão autoral funciona também como paródia de uma visão conservadora de tradição. Escrito em tom que mimetiza o de uma invocação religiosa, ele atinge de novo a própria fé católica que orienta sua formação e não vai abandonar totalmente, como apontado no poema-reza que lamenta a ausência das torres das igrejas na Pauliceia. Na verdade, a relação entre tradição e modernidade é um dos aspectos mais importantes de sua prática poética e reflexão crítica.

Por isso, embora reconhecesse seus pontos de contato com o movimento futurista, a necessidade de conjugar entusiasmo pela vida moderna e consciência histórica reflexiva leva Mário, por exemplo, a rejeitar o discurso que serviria para "representar a vida atual no que tem de exterior: automóveis, cinema, asfalto". "Reconheço mais a existência de temas eternos, passíveis de afeiçoar pela modernidade: universo, pátria, amor e a presença-dos-ausentes, ex-gozo-amargo--de-infelizes"[12]. Essa rejeição reaparece no artigo "Futurista?!", que publica em 1921, no *Jornal do Comércio*, como réplica ao texto em que Oswald de Andrade assim o definira. Aí, Mário mais uma vez se duplica, referindo-se a si mesmo como um "amigo" com quem comungava "exatissimamente" as mesmas ideias, sobre o qual revela "influência" de "todas as escolas poéticas".

A vontade dividida, que o leva a continuamente endossar ou reavaliar o que escreve, como leitor de si mesmo, e a fazer conviver combativamente presente e passado, entusiasmo e pessimismo, identificação e diferenciação, pode servir de pista para a exclusão dos poemas de que tratamos aqui. Ressalte-se entre eles a presença d'"O trovador", que se tornará um dos mais citados do escritor, por conta dos versos em que propõe a síntese dolorosa do "tupi tangendo um alaúde". Do mesmo modo, "Paisagem nº 2", em que define São Paulo como "um palco de bailados russos", destacado no "Prefácio", e sempre muito citado a partir daí, como exemplo de verso harmônico, para esclarecer a importância que atribui à conjugação entre harmonia e polifonia, trazida por ele da música para a poesia.

Uma leitura atenta dá a ver que nesse palco apenas "sarabandam a tísica, a ambição, as invejas, os crimes/ e também as apoteoses da ilusão...". Em "O trovador", dominam os "Sentimentos em mim do asperamente", "As primaveras do sarcasmo". Ou seja, nesses poemas, como nos outros excluídos, a duplicida-

---

11 *Ibid.*, p. 11.
12 *Ibid.*, pp. 28-2.

de que impulsiona a vida e a obra de Mário parece dar lugar a um sentimento predominantemente negativo, em relação a si mesmo e à cidade: "Nada de asas, nada de poesia, nada de alegria", conforme versos que aparecem repetidas vezes, inclusive em outros dos poemas excluídos — "A caçada", "Os cortejos" — e em "Colloque sentimental"; neste ligeiramente modificado para "Nada de asas, nada de alegria". Nesse sentido, eles falham em relação ao que está proposto no "Prefácio" — "Deve-se manter os exageros coloridos, símbolo sempre novo da vida e do sonho" —, tendendo a mostrar a cidade/musa/alma do poeta como recortada apenas "num cor de cinza sem odor...", conforme se vê em "Paisagem nº 2".

A propósito dessa tensão constante entre entusiasmo e visada crítica, importante referência para Mário é a poesia de Émile Verhaeren, considerada em si mesma e também como signo de uma modernidade dividida entre experiência do desencanto e aposta ainda utópica. Sua leitura de Verhaeren está com certeza ligada a esse modo de viver e encenar a habitação da cidade, como a epígrafe de *Pauliceia*, emprestada do poeta belga, já bem o indica: "*Das mon pays de fiel et d'or, j'en suis la loi*". Ele é mencionado também no "Prefácio" em frase dirigida ao leitor, na qual Mário o argui sobre suas leituras, esboçando um paideuma provocantemente vário: "Você já leu São João Evangelista? Walt Whitman? Mallarmé? Verhaeren?". São João remete à fé religiosa e ao modo apostolar com que Mário exercita sua liderança ao longo do processo de explosão e consolidação do modernismo. E o texto de seu evangelho tem em comum, também com a poesia de Walt Whitman, o tom elevado, eloquente, que já observamos na dedicatória e caracterizará, em modo parodístico, muitos poemas de Mário, inclusive "A escalada".

Mas talvez seja também importante associar a figura do apóstolo do apocalipse a um outro movimento excessivo de linguagem, caracterizado por relações melódicas e harmônicas entre muitas imagens predominantemente visuais. "Venha e veja", diz o evangelista no texto bíblico de revelação[13] — que parece ecoar nos tantos poemas-paisagens de Mário. Nestes, a visão perceptiva se abre a um jogo multifacetado entre cubismo, impressionismo e expressionismo, que gera *chiaroscuri* e outros contrastes entre cores, tons, ritmos, elevações e profundezas.

É muito relevante nesse aspecto sua avaliação da importância da primeira exposição expressionista e cubista de Anita Malfatti, de 1917, para a descoberta do modernismo, como declara em carta de 1928 a Augusto Meyer, ao relatar seu percurso biográfico desde então[14]. E rememora na conferência final sobre o movimento, colocando no mesmo plano de influência da pintora o escultor Victor Brecheret, ressaltando que este "não provinha da Alemanha, como Anita Malfatti, vinha de Roma. Mas também importava escurezas menos latinas"[15].

---

13 Eduardo Sterzi escreveu interessante ensaio sobre o apocalipse de imagens em Mário de Andrade, a partir de uma leitura de *Macunaíma* (Sterzi, 2019).
14 *Apud* Moraes, 2015, p. 186.
15 Andrade, 1974, p. 233.

Lembre-se que foi a compra de uma escultura da cabeça de Cristo feita pelo artista que, provocando reações muito negativas de sua família católica, provocou também em decorrência o "estouro" que deu origem à *Pauliceia*[16] — reafirmando um vínculo entre poesia e imagem, entre criação e tradição artística e religiosa. Lembre-se ainda que na formação de Mário a descoberta da poesia moderna se deu por volta de 1910, através do ensino de padres belgas do colégio São Bento, que o apresentaram a Verhaeren e outros poetas católicos[17]. Em carta a Augusto Meyer, de 1928, Mário fala de um poema seminal, escrito em 1919, depois desaparecido, inspirado no poeta belga[18]. Embora em "O movimento modernista" afirme só ter conhecido Verhaeren num "deslumbramento", nesse mesmo ensaio confirma ter sido a leitura de *Les Villes tentaculaires* (1895) que o levara, em 1920, a conceber "um livro de poesias modernas, em verso livre, sobre a minha cidade"[19].

Através do poeta simbolista, estabelece-se então outro laço com a referência andradina a Walt Whitman — considerado "inventor" do verso livre moderno — laço em que, mais uma vez, se manifesta o vínculo de invenção e tradição, na medida em que a opção por tal forma poética remete a uma dupla e diferenciada herança, anglo-germânica e francesa [20]. Esse aspecto é justamente um dos que Mallarmé, citado por Mário ao lado dos poetas belga e norte-americano na enumeração acima comentada, também destacara em Verhaeren, valorizando o verso livre saído "da velha forja, em fusão e sob todos os seus aspectos, até mesmo [se] alongar em fim de estrofe fora de sua medida de rigor". Maria de Jesus Cabral, que nos traz essa opinião de Mallarmé[21], vai citá-lo novamente quando considera que os procedimentos de Verhaeren representam "uma transição que se resolve [...] por uma forte correspondência entre o poético e o ético [...] para quem aceita *'questionner d'impatience la possibilité d'autre chose'*"[22].

Na formação de Mário, arma-se assim uma constelação contraditória de leituras e deslumbramentos que aproxima diferentes formas de pulsão poética e ética — desde a mística e a racionalizante até as de pertencimento e de expansão, entre utopias e naufrágios. Elas convidam a uma compreensão mais complexa da modernidade e também do nosso modernismo em suas demandas e impasses. Na poesia de Verhaeren ele encontrou todos esses aspectos, que serviam à

---

16 *Ibid.*, p. 234.

17 Tércio, 2019, p. 35.

18 Fernandes, 1968, p. 51.

19 Andrade, 1974, p. 233.

20 Paulo Henriques Britto faz interessante análise das relações entre a inovação de Whitman e as duas tradições de verso livre, lembrando sua introdução no Brasil por Mário de Andrade e Manuel Bandeira (2012).

21 Cabral, 2016, p. 26.

22 *Ibid.*, p. 36.

encenação da relação entre subjetividade, vida urbana e a crise produtiva que ela impunha à relação do poeta com sua linguagem. No poema "A alma da cidade", do livro *Cidades tentaculares*, podemos ler:

> Cidade de mil anos,
> De ar áspero e profundo,
> E sempre apesar do peso do fardo
> De gente minando seu orgulho exaltado,
> Ela resiste aos estragos do mundo.
> Que procelas, seus nervos! Que mar, seu coração!
> Que esforços de vontade escondem seus mistérios!
> Vitoriosa, absorve a terra,
> Vencida, é do universo a sedução;
> E sempre, em seus triunfos ou derrotas,
> Surge, gigante, e o grito soa e seu nome rebrilha,
> E a claridade, em focos de ouro, a noite trilha
> E chega até astros ignotos![23]

A imagem da cidade, apresentada através de uma visualidade pulsional, é associada à mistura de noite e claridade, aspereza e sedução, carregada de tempo passado, mas num movimento de ascensão que permite ao poeta e ao poema "evadir-se da autofilia dolorosa" e alcançar "uma sobrevida por metamorfose" imagética, conforme o crítico Christian Berg[24]. Esse movimento está associado ao do sonho, cuja força, produzida por um trabalho que não opõe corpo e mente, "se forja nas cabeças e no suor/ Dos braços no trabalho e frontes cheias de clarões;/ Vê-o a cidade a vir do fundo das gargantas...":

> O sonho! Ele é mais alto do que as fumaradas
> Que ela despeja, envenenadas,
> Em torno a si, rumo à amplidão;
> Mesmo no medo, mesmo na rotina,
> Ele está lá, na noite, que domina,
> E é com a profusão
> De estrelas de ouro e de negras coroas
> Que se acendem na tarde, entoando loas.[25]

A ascensão é possível apesar e junto com o peso exercido pelo tempo que lhe serve e ao poema de lastro e impulso — como materializado no movimento de *ritornello* do verso-refrão — "Oh! Os séculos e séculos sobre esta cidade!". Esse

---

23 Verhaeren, 1999, p. 23.
24 *Apud* Cabral, 2016, p. 28.
25 Verhaeren, 1999, p. 27.

lastro-impulso é bem diverso daquele peso figurado nos poemas sobre o aspecto talvez mais negativo da vida moderna, o orgulho e a ambição — nomeados como *fardos* que impedem o voo nesse tipo de ascensão, representado pelas imagens interpenetradas semântica e fonicamente da escada e da escalada, associadas também à queda. Assim, no poema "A bolsa", nomeada como "palácio louco", lemos:

> O monumento do ouro espera o meio-dia
> Vir acordar o ardor que a vida lhe ilumina.
> Quantos sonhos, qual rubros vinhos,
> Entremeiam sua chama e os remoinhos
> De cima a baixo do palácio louco!
> O ganho vil e monstruoso
> Lá se enovela como nós.
> E crê-se ver febril ressabio
> Voar, de fronte em fronte, lábio em lábio,
> E alvoroçar-se e rebrilhar
> E em patamares crepitar
> Pelas escadas, a rolar.[26]

Na poesia de Mário, o movimento ascensional também tem duplo valor, indicando por um lado positivamente a poesia como sonho, voo e alegria — associação que é denunciada como ausente nos versos referidos de início, excluídos da segunda publicação de *Pauliceia*. Em "A escalada" também se nota essa ausência. Nele a subjetividade lírica, sem designação pronominal, como que ausente da cena descrita, marca no entanto presença pelo tom interlocutivo e eloquente — comum, como vimos, a Whitman e Verhaeren. E essa presença se define, também como em Whitman e Verhaeren, por desprezo à vaidade e à ambição, que se neste último é representada pelo palácio da bolsa de valores, no poema de Mário ganha feição alegórica, fragmentária:

> (Maçonariamente.)
> — Alcantilações!... Ladeiras sem conto!...
> Estas cruzes, estas crucificações da honra!
> Não há ponto final no morro das ambições.
> [...]
>
> (São Paulo é o trono.) — E as imensidões das escadarias!...
> Queres te assentar no pínearo mais alto? Catedral?...
> — Estas cadeias da virtude!...
> — Tripinga-te! (Os empurrões dos braços em segredo.)
> Principiarás escravo, irás a Chico-Rei![27]

---

26 *Ibid.*, p. 77.
27 Andrade, 1972, p. 33.

Nesses versos, vemos referências, através de imagens abstratas e concretas — cruzes, cadeias, honra, virtude... —, não só à maçonaria e a seu ritual, "com os empurrões dos braços em segredo", na escuridão, mas também à Igreja, cujos valores morais são desvelados em relação com sua importante força política na então jovem República. Uma e outra aparecem associadas à escravidão, que se uniram para libertar do modo oportunista e precário que se conhece, e Mário denuncia através da transformação do escravo em Chico-Rei — figura lendária de rei angolano escravizado no Brasil. A elas se misturam, entre outras, referências ao tradicional conto de Hans Christian Andersen que contrapõe a imagem elevada da realeza à sua verdade em forma de nudez; e, ainda, a uma personagem que funde os nomes de Hermes, que liga mitologia e magia na tradição maçônica, e Pança, redobramento caricatural e subalternizado de Dom Quixote e paródia de suas ambições de nobreza, sentado na "curul do vesgo Olho-na-Treva", imagem tecida de referência histórica erudita e esoterismo: "És rei! Olha o rei nu! Que é dos teus fardos, Hermes Pança?!".

Esse caráter híbrido e fragmentário se constitui em diferentes níveis. Primeiramente, no fluxo em que se combinam diferentes tipos de verso livre, sem rimas, ora mais ora menos regulares quanto à metrificação e à divisão em hemistíquios. Isso também ocorre com seu agrupamento em quatro estrofes de vários tamanhos, combinando o crescente ao abrupto decrescente final, numa estrofe de verso único, e relacionadas internamente pela presença espaçada, um em cada uma, de versos de construção paralelística: "Estas cruzes, estas crucificações da honra!...", "— Estas cadeias da virtude!..." e "— Estes mil quilos da crença!...". A isso se acresce a mistura de registros discursivos, ora narrativos, ora descritivos, ora em discurso direto, que incluem também referências eruditas e populares, históricas e cotidianas, como vimos acima, num jogo de proximidade e simultâneo distanciamento marcado ainda por colocações entre parênteses. Todos esses procedimentos implicam ainda na apresentação visual irregular e excessiva do poema sobre o branco da página, combinando contrações e expansões[28].

Uns e outros articulam diferentes espaços e referências de poder, todos associados a imagens de altura que hibridizam o natural e o cultural, o concreto e o abstrato — alcantilações, ladeiras, morro das ambições, píncaro mais alto, catedral, escadarias, sólio, curul... Essas imagens visuais são combinadas com aspectos de uma paisagem sonora como a produzida pela música da tradicional banda Fieramosca e a do Theatro Colombo, onde a população paulistana podia assistir filmes, peças e dançar em bailes carnavalescos. E o poema se compõe assim, como pequena cena operística, em que os valores da ambição e do progresso capitalistas se concretizam através de um "apocalipse de imagens" entretecido

---

28 Todas essas características estariam presentes na tradição do verso livre moderno, tal como compreendida por Paulo Henriques Britto no texto acima referido.

de vozes dissonantes — fusão vocal-visual sintetizada na imagem do poder e da riqueza como "sólio", "sol sonante", trono-estrela-moeda:

> (Há fita de série no Colombo,
> *O empurrão na escuridão*. Filme nacional.)
> — Adeus lírios do Cubatão para os que andam sozinhos!
> (Sono tre tustune per i ragazzini.)
> — Estes mil quilos da crença!...
> — Tripinga-te! Alcançarás o sólio e o sol sonante!
> Cospe os fardos! Cospe os fardos!
> Vê que facilidade as tais asas?...
> (Toca a banda do Fieramosca: Pa, pa, pa, pum!
> Toca a banda da polícia: ta, ra, ta, tchim!)[29]

Essa combinação de eloquência e apresentação visual e sonora de diferentes espaços, situações, vozes, é organizada e simultaneamente desestabilizada pela presença intensa de uma pontuação que praticamente se recusa ao ponto-final. Das dez vezes em que este aparece, seis estão em versos entre parênteses, e uma num que ironicamente diz: "— Não há ponto final no morro das ambições." — o que fragiliza sua função de fechamento. Impulsionado e fendido por muitas e várias marcas de pontuação exclamativa e interrogativa, além de travessões e reticências, o poema como que deixa em aberto os versos em princípio fechados em si mesmos, pois sem nenhum *enjambement*, remetendo-os a um destinatário ora anônimo, ora nomeado por alcunhas ligadas a uma conjunção de mito e história, nacionais e também universais.

Muito frequentemente usada por Mário, a combinação de exclamação, interrogação e reticências aí mostrada performa uma escrita que, intensa, mas porosa e paratática, abre espaço para os leitores-interlocutores provocados por invectivas que os situam em meio ao movimento poético de escalada. Ressalte-se entre elas a que se repete quase como um refrão — procedimento também constante em Verhaeren —, mas um refrão indisciplinado, irregular (como os próprios versos), ao mesmo tempo repetição e diferimento, ora ao fim, ora ao início, ora ao meio de versos e estrofes, ora contraído, ora expandido: "Champanhações... Cospe os fardos!", "Cospe os fardos!", "Cospe os fardos! Cospe os fardos! Vê que facilidade as tais asas?", "Que é dos teus fardos, Hermes Pança?!".

Ele aparece novamente em outro dos poemas excluídos da segunda edição de *Pauliceia*, "A caçada", em que o movimento de escalada, também associado a valores negativos, integra mais uma vez diferentes tempos, diferentes origens:

---

29 Andrade, 1972, p. 34.

> A bruma neva... Clamor de vitórias e dolos...
> Monte São Bernardo sem cães para os alvíssimos!
> Cataclismos de heroísmos... O vento gela...
> Os cinismos plantando o estandarte;
> enviando para o universo
> novas cartas-de-Vaz-Caminha!...
> Os Abéis quase todos muito ruins
> a escalar, em lama, a glória..
> Cospe os fardos!
> [...][30]

Tanto o movimento vertical de elevação com posterior queda — glória e lama — quanto o movimento horizontal, que torna porosos os versos do poema e seu encadeamento, abertos para fora de si mesmos, remetem a outro poeta importante do final do século XX: Charles Baudelaire. Embora pouco referido por Mário, não há como não associar os versos acima, em que, através do neologismo "Tripinga-te", a voz poética convoca o interlocutor ao embebedamento, e os famosos versos em que o poeta francês reafirma uma visão dúplice sobre seu tempo e um gesto também dúplice de endereçamento a um contemporâneo fraterno e hipócrita. Emblematizado no poema-abertura de *As flores do mal*, "Ao leitor", ele reaparece em "Embriagai-vos", de *Pequenos poemas em prosa*: "É necessário estar sempre bêbedo. Tudo se reduz a isso; eis o único problema. Para não sentirdes o fardo horrível do tempo, que vos abate e vos faz pender para a terra, é preciso que vos embriagueis sem cessar"[31].

A referência ao movimento ascensional, à alucinação alcoólica, aos *fardos* da ambição e do orgulho, confrontados aqui com o da finitude, assim como a retomada e a atualização da tradição do verso livre e a interlocução aproximam então o poema de Mário de referências importantes da cultura francesa — fundamental à vida literária do seu tempo. E ela vai estar presente em outro refrão indisciplinado que atravessa sua poesia sem se repetir regularmente em poemas específicos, para além da *Pauliceia*, desde *Remate de males* a *Poemas da amiga*, *O carro da miséria*, chegando à *Lira paulistana*: "Ôh espelhos, Pireneus, caiçaras", "Ôh espelhos, Pireneus, caiçaras insistentes". A respeito dele, no manuscrito de *O turista aprendiz*, de 1943, o diário registra, em 5 de julho de 1927, Mário enfatizando a altitude, associada à audácia e inquietude:

> Que calmaria serena... Que mundo de águas lisas, fluidas... Que espelho claro... As caiçaras nos portos... Uma ausência plena de inquietações, de audácias, de Pireneus ambiciosos...[32]

---

30 *Ibid.*, pp. 42-4.
31 Baudelaire, 1995, p. 123.
32 Andrade, 1976, p. 138.

Mais tarde, em texto nomeado "Pireneus, espelhos, caiçaras", encontrado dentro do exemplar de trabalho do livro *Poesias*, de 1941, Mário retoma esse tema:

> Esta é uma das expressões nascidas mais espontaneamente em mim, e das que mais me deslumbraram... Nunca pude saber o sentido exato dessas palavras, mas elas porém ficaram em mim como um refrão do significado íntimo do meu ser. Procurei me analisar e achei uma explicação "plausível" pra "Pireneus, caiçaras". Me parece que tem visivelmente aí uma antítese: a pesquisa violenta, exacerbada, voluntária do Brasil, explodindo num brasileirismo violento "caiçara", e a minha mania de estudar, de me cultivar, que me fazia tão livre, tão longínquo do Brasil, fulgindo na palavra Pireneus.[33]

Instalando montanhas francesas na planura de rios e florestas amazônicos, Mário mais uma vez estende a visualidade alegórica de sua poesia, que assim mistura no íntimo em verdade êxtimo do seu ser, como num espelho fraturado, paisagem e pensamento, enraizamento e desenraizamento, impulso lírico e inscrição social, salientando a contradição que neles e deles se desdobra. O movimento ascensional aqui é associado ao estudo, à pesquisa e também à alegria e libertação, ausentes dos poemas excluídos — como "A escalada", em que alerta: "Vê que facilidade as tais asas?" —, e contraposto ao deles, numa forma de censura ética mas também estética. Falando sobre a escalada mesquinha da ambição e da vaidade, enfatizando nela apenas o *fardo* negativo, que o poeta não deixará de perceber mais adiante em sua própria trajetória intelectual, como na de seu grupo modernista[34], esses poemas não conseguiriam alçar voo.

Desse modo, Mário parece atualizar certa concepção de sublime poético que, longe de implicar transcendência, releva de um investimento na força imanente ao mais concreto e terrestre. E só pode ser de algum modo alcançada por uma espécie de dialética interminável entre emoção e trabalho, alegria e reflexividade, aproximação e distanciamento. Com ela, sim, se poderia tentar alcançar uma altura enraizada no chão, como aquela que em carta a Drummond, de fevereiro de 1945, pouco antes de sua morte, como um gesto de testamento, semelhante ao representado pelo poema "A meditação sobre o Tietê"[35], ele nos convida provocativamente a reencontrar na antiga e desprestigiada imagem da "torre de marfim", na qual ressoam polifonicamente as tantas escaladas e alturas que habitam sua poesia:

---

33 Andrade, 2013b.
34 Andrade, 1973.
35 Assim Antonio Candido considerou esse último poema de Mário, uma última forma de interlocução com sua cidade, com o rio que a atravessa, com seus leitores presentes e futuros (Candido, 1992).

Pela primeira vez se impôs a mim o meu, nosso destino de artistas: a Torre de Marfim. Eu sou um torre-de-marfim e só posso e devo ser legitimamente um torre-de--marfim. Só um anjo da guarda perfeito me impediu escrever um artigo sobre isso no dia em que descobri que sou torre-de-marfim. Mas sobrou o anjo da guarda, felizmente, imagine o confusionismo que isso ia dar e o aproveitamento dos f-da-puta. Porque, está claro, a torre-de-marfim não quer nem pode significar não-se-importismo e arte-purismo. Mas o intelectual, o artista, pela natureza, pela sua definição mesma de não-conformista, não pode perder a sua profissão, se duplicando na profissão de político. Ele pensa, meu Deus! e a sua verdade é irrecusável pra ele. Qualquer concessão interessada pra ele, pra sua posição política, o desmoraliza, e qualquer combinação, qualquer concessão o infama. É da sua torre-de-marfim que ele deve combater, jogar desde o guspe até o raio de Júpiter incendiando cidades. Mas da sua torre.[36]

## REFERÊNCIAS BIBLIOGRÁFICAS

ANDRADE, Mário de. *Poesias completas*. vol. 1. Edição de texto apurado, anotada e acrescida de documentos por Tatiana Longo Figueiredo e Telê Ancona Lopez. 2 vol. Nova Fronteira: Rio de Janeiro, 2013a.

_____. *Poesias completas*. vol. 2. Edição de texto apurado, anotada e acrescida de documentos por Tatiana Longo Figueiredo e Telê Ancona Lopez. 2 vol. Nova Fronteira: Rio de Janeiro, 2013b.

_____. *O turista aprendiz*. Estabelecimento de texto, introd. e notas Telê Ancona Lopez. São Paulo: Duas Cidades/Secretaria da Cultura, Ciência e Tecnologia, 1976.

_____. "O movimento modernista". Em: *Aspectos da literatura brasileira*. 5ª ed. São Paulo: Martins, 1974, pp. 231-55.

_____. "A elegia de abril". Em: *Aspectos da literatura brasileira*. 5ª ed. São Paulo: Martins, 1974, pp. 185-95.

_____. "Tasso da Silveira". Em: *O empalhador de passarinhos*. Rio de Janeiro: Nova Fronteira, 2012, pp. 73-82.

BAUDELAIRE, Charles. *Poesia e prosa*. Org. Ivo Barroso. Trad. Aurélio Buarque de Holanda Ferreira. Rio de Janeiro: Nova Aguilar, 1995.

BRITO, Mário da Silva. *História do modernismo brasileiro: antecedentes da Semana de Arte Moderna*. 3ª ed. Rio de Janeiro: Civilização Brasileira/MEC, 1971.

BRITTO, Paulo Henriques. "Para uma tipologia do verso livre em português e inglês". Em: WEINHARDT, Marilene *et al*. Ética e estética nos estudos literários. Curitiba: UFPR, 2012.

CABRAL, Maria de Jesus. "*Le Passeur d'eau* de Émile Verhaeren: o apelo de uma nova poética". *Non plus*. São Paulo: USP, jul.-dez. 2016, ano 5, nº 10, pp. 24-38.

CANDIDO, Antonio. "O poeta itinerante". Em: *O discurso e a cidade*. São Paulo: Duas Cidades, 1993, pp. 257-78.

_____. "Lembrança de Mário de Andrade". Em: *Brigada ligeira e outros escritos*. São Paulo: Edunesp, 1992, pp. 209-214.

DEGUY, Michel. "Situação". Trad. Marcos Siscar. *Revista Inimigo Rumor*. Rio de Janeiro, 2º sem. 2001, nº 11, pp. 25-31.

FERNANDES, L. (org). *Mário de Andrade escreve cartas a Alceu, Meyer e outros*. Rio de Janeiro: Editora do Autor, 1968.

INOJOSA, J. *O movimento modernista em Pernambuco*. vol. 3. Rio de Janeiro: Ed. Guanabara, s.d.

JASON, Tércio. *Em busca da alma brasileira: biografia de Mário de Andrade*. Rio de Janeiro: Estação Brasil, 2019.

LOPES, Telê Ancona; FIGUEIREDO, Tatiana Longo. "Poesias completas: um livro multifário" (introd.). Em: ANDRADE, Mário. *Poesias completas*. Rio de Janeiro: Nova Fronteira, 2013.

MORAES, Marcos Antonio de. "Pauliceia desvairada nas malhas da memória". *O eixo e a roda: revista de literatura brasileira*. Belo Horizonte: 2015, vol. 24, nº 2, pp. 173-93.

_____. (org., introd. e notas). *Correspondência Mário de Andrade & Manuel Bandeira*. 2ª ed. São Paulo: Edusp/IEB-USP, 2001.

SANTIAGO, S. (prefácio e notas); FROTA, L. C. (org. e pesquisa iconográfica). *Carlos & Mário: correspondência completa entre Carlos Drummond de Andrade (inédita) e Mário de Andrade*. Rio de Janeiro: Bem-Te-Vi, 2002.

SOUZA, Eneida Maria de (org.). *Correspondência Mário de Andrade & Henriqueta Lisboa*. São Paulo: IEB-USP/Edusp/Peirópolis, 2010

STERZI, Eduardo. "Mário de Andrade e o apocalipse de imagens". *Revista Remate de Males*. Campinas: Unicamp, jan.-jun. 2019, vol. 39, nº 1, pp. 246-64.

VERHAEREN, Émile. *Cidades tentaculares*. Trad. José Jeronymo Rivera. Brasília: Thesaurus, 1999.

---

36 Santiago e Frota, 2002, p. 539.

*Lauro Escorel*

# RUA DE SÃO BENTO

Triângulo.

Há navios de vela para os meus naufrágios!
E os cantares da uiara rua de São Bento...

Entre estas duas ondas plúmbeas de casas plúmbeas,
as minhas delícias das asfixias da alma!
Há leilão. Há feira de carnes brancas. Pobres arrozais!
Pobres brisas sem pelúcias lisas a alisar!
A cainçalha... A Bolsa... As jogatinas...

Não tenho navios de vela para mais naufrágios!
Faltam-me as forças! Falta-me o ar!
Mas qual! Não há sequer um porto morto!
— Can you dance the tarantella? — Ach! ya.
São as califórnias duma vida milionária
numa cidade arlequinal...

O Clube Comercial... A Padaria Espiritual...
Mas a desilusão dos sombrais amorosos
põe majoration temporaire, 100%$^{nt}$!...

Minha Loucura, acalma-te!
Veste o water-proof dos tambéns!
Nem chegarás tão cedo
à fábrica de tecidos dos teus êxtases;
telefone: Além, 3991...
Entre estas duas ondas plúmbeas de casas plúmbeas,
vê, lá nos muito-ao-longes do horizonte,
a sua chaminé de céu azul!

# Os losangos no triângulo

*Sérgio Alcides*

O poema se inicia como drama, pela rubrica que lhe dá uma situação, um cenário: "Triângulo"[1]. Alguma pesquisa logo revela o topônimo: era chamado assim o coração comercial, financeiro e social de São Paulo, localizado no centro antigo, dentro e nas margens do perímetro formado pelas ruas Direita, 15 de Novembro e de São Bento. Aí transcorre a ação de que o poema quer parecer um registro, que incorpora uma sintaxe do teatro; ou, igualmente dramática, da anotação rápida em diário, tomada por sujeito em trânsito.

O processo estava bem difundido. Ocorre inúmeras vezes na poesia ambulante de Blaise Cendrars; por exemplo, em seus *Poemas elásticos*, que podem começar com data e local ("1910 / Castellamare")[2] ou pela mera indicação de um ateliê coletivo da vanguarda parisiense, em Montparnasse ("La Ruche")[3]. Também é frequente entre os futuristas, pioneiros do culto à velocidade e da escrita telegráfica, como se vê na abertura de um poema famoso de Soffici: "A Firenze in Via Tornabuoni"[4]. O *incipit* já é vida nova, ação no espaço, poesia em movimento, lugar de encontrões e disparidades várias.

A ninguém pareceriam "regionais" os exemplos europeus citados. Mas essa impressão pesou na primeira recepção de *Pauliceia desvairada*, mesmo entre leitores simpáticos ao livro. Em resenha muito favorável, o crítico mais importante do país, nessa época, apontava o "regionalismo urbano" de Mário de Andrade como um defeito difícil de evitar: "Mas é São Paulo", escreveu Tristão de Ataíde, em jornal do Rio de Janeiro; o poeta tão inovador "só pode ser compreendido em seus pormenores, em suas alusões constantes a coisas locais, por um paulista ou habitante de lá"[5]. Manuel Bandeira, pernambucano radicado na capital federal, não discordava: era um livro "estranho e delicioso", mas "tão paulista que em muitos pontos se torna incompreensível"[6]. Tácito de Almeida, apesar de ser paulista (de Campinas),

---

1 Mário de Andrade, "Rua de São Bento", em: *Poesias completas*, vol. 1, edição de texto apurado, anotada e acrescida de documentos por Tatiana Longo Figueiredo e Telê Ancona Lopez, Rio de Janeiro: Nova Fronteira, 2013, pp. 82-3. Citarei sempre o texto dessa edição, pela numeração dos versos, entre parênteses.

2 Blaise Cendrars, "Tour", de *Dix-neuf poèmes élastiques* (1919), em: *Du monde entier au coeur du monde: Œuvres complètes, vol. 1; Anthologie nègre*, Paris: Denoël, 1963, p. 54.

3 *Ibid.*, p. 59.

4 Ardegno Soffici, "Firenze", em: *BÏF§ZF+18: simultaneità e chimismi lirici*, 2ª ed., Florença: Vallechi, 1919, p. 23.

5 Tristão de Ataíde (Alceu Amoroso Lima), "Vida literária (*Pauliceia desvairada*)", *O Jornal*, Rio de Janeiro, 7 jan. 1923.

6 Manuel Bandeira, "Mário de Andrade", *Árvore Nova*, Rio de Janeiro, out. 1922, nº 3, p. 163; reimpresso em: M. Bandeira, *Crônicas inéditas*, vol. 1, São Paulo: Cosac Naify, 2008, pp. 23-7.

também reagiu ao caráter "todo regional" da poesia nova: "Somente quem conhece bem São Paulo é que pode devidamente admirar seus versos"[7].

Até hoje a pecha é às vezes evocada. Com bairrismo, Ruy Castro faz essa provocação ao mencionar o "forte sabor regionalista" do manuscrito ainda inédito que Mário apresentou aos amigos do Rio, em novembro de 1921[8]. Não é impossível que as objeções desse tipo tenham contribuído para que "Rua de São Bento" e outros poemas de *Pauliceia desvairada* tenham sido excluídos da edição das *Poesias* organizada pelo autor em 1941[9].

Entretanto, cem anos depois da publicação original, cabe indagar quantos paulistanos ainda sabem que o nome de uma simples figura geométrica já significou tanta coisa mais, na sua cidade. E seria difícil para a maioria crer que um dia foi preciso vestir roupa fina e sapato engraxado para circular por quarteirões há muito esquecidos pela burguesia e nem sempre lembrados pela limpeza urbana. Atualmente, sob intensa poluição visual e sonora, a região está voltada para o comércio popular; os importados não vêm da França nem da Alemanha, da Inglaterra nem da Suécia, do Canadá ou dos Estados Unidos — e sim da China, a preços demolidores para a indústria brasileira que, naquele mesmo espaço, na década de 1920, tentava se afirmar em meio às companhias estrangeiras.

O que talvez fosse difícil compreender fora de São Paulo pode ter se tornado um enigma também dentro da cidade. No entanto, para os leitores de poesia, a ruína dos contextos também traz vantagens: menos atrelado a uma referencialidade que já nem existe, o poema se fortalece como realidade simbólica mais autônoma, que mostra melhor o que tem de especificamente poético. Os obsessivos não resistirão ao desejo de cercá-lo de outras fontes, mas acabarão descobrindo que a própria tentativa de reconstruir o mundo referencial perdido também depende de uma *poiesis*, e poderão assim questionar de um modo mais avisado a relação entre a ficção e o real que ela evoca.

## A rua de São Bento em 1921

Do que não saberiam os leitores cariocas e pernambucanos, diante de um título como "Rua de São Bento", na época em que o poema foi escrito? Tratava-se de um dos endereços aonde se podia ir ver "o progresso de São Paulo" cantado por Oswald de Andrade (que cita a rua 15)[10]. Todos os setores de uma economia

---

7 Carlos Alberto de Araújo (Tácito de Almeida), "Livros e Revistas (*Pauliceia desvairada*)", *Klaxon: mensário de arte moderna*, São Paulo, nov. 1922, nº 7, p. 13.

8 Ruy Castro, *Metrópole à beira-mar: o Rio moderno dos anos 20*, São Paulo: Companhia das Letras, 2019, p. 110.

9 Mário de Andrade, *Poesias*, São Paulo: Martins, 1941.

10 Oswald de Andrade, "Canto do regresso à pátria" (de *Pau-Brasil*, 1925), em: O. de Andrade, *Obras completas*, vol. 7: *poesias reunidas*. Rio de Janeiro: Civilização Brasileira, 1974, p. 144.

dinâmica se faziam presentes no seu catálogo: o comércio com lojas refinadas de modas e bens de consumo importados, toda uma infraestrutura de serviços para a clientela burguesa e pequeno-burguesa, a indústria com os escritórios administrativos de numerosas companhias brasileiras e multinacionais, a base citadina da agropecuária paulista, com seus agentes de exportação, mais o complexo financeiro, com bancos nacionais e estrangeiros, companhias de seguros e a Bolsa, além de numerosas firmas de corretagem, representações e negócios vários, com vasta presença de profissionais liberais como advogados, médicos e dentistas, e as redações de alguns dos veículos mais importantes da imprensa[11].

Pode-se admitir que, nessa dinâmica, a rua apareça na poesia como "metonímia da cidade de São Paulo em processo de industrialização"[12], mas só se entendermos por "cidade" o que diz Anita Malfatti, em suas recordações daquele tempo: "De São Paulo, o que se considerava a Cidade era o Triângulo. 'Vamos à Cidade' significava 'Vamos para o Triângulo'"[13]. Os arrabaldes ficavam de fora, parados no tempo da sociedade tradicional, enquanto no centro explodia a modernidade periférica, desvairada, com todas as suas contradições. Era ali que a *finesse* provinciana da alta burguesia, frequentadora na rua de São Bento de lojas como Au Bon Marché de Paris (nº 10), À La Ville de Londres (nº 33-A) e Au Palais Royal (nº 72), defrontava-se com os letreiros luminosos que indicavam a invasão de capitais norte-americanos, dispostos a condenar ao anacronismo sua empoada francofilia: Citibank (nº 2), Standard Oil (nº 2-A), Lidgerwood (nº 29-C), Remington (nº 59), Singer (nº 80-A) etc. Ali o Mappin Stores, de origem britânica, instalara a primeira loja de departamentos do país, atraindo para o Triângulo uma clientela bem menos "exclusiva"; simbolicamente, ocuparia logo o palacete do Barão de Iguape, na esquina com a rua Direita, em frente à praça onde esse patriarca da família Prado media forças com o da Independência do Brasil.

Na mesma via, erguiam-se ícones da dependência pós-colonial e da condenação secular ao agronegócio: o London Bank (nº 19), a companhia de navegação Royal Mail Steam (esquina com a rua da Quitanda), o British Bank of South America (nº 44), o Banco do Minho (nº 48), o Banco Holandês da América do Sul (nº 63) e várias outras firmas estrangeiras ligadas à exportação de café, algodão, açúcar e outras *commodities*. Lado a lado se afirmavam empresas da indústria paulista, sobretudo do setor têxtil, mas não só: a Cia. Nacional de Tecidos de Juta (nº 23-A), a metalurgia Lafonte (nº 43), a Cia. Paulista de Eletricidade (nº 55), as Indústrias

---

11 Cf. *Almanak Laemmert* 77 (1921), vol. 2, "Estado de São Paulo" — que é a principal fonte das informações a seguir, consultada, como vários outros periódicos do mesmo ano, na base da Hemeroteca Digital da Biblioteca Nacional. Disponível em: <http://bndigital.bn.gov.br/hemeroteca-digital/>. Acesso em: set. 2021.

12 Marlene de Castro Correia, "Mário de Andrade, poeta: dilemas e tensões, ganhos e perdas", em: M. de C. Correia, *Poesia de dois Andrades (e outros temas)*, Rio de Janeiro: Azougue, 2010, p. 59.

13 Anita Malfatti, "A chegada da arte moderna ao Brasil", em: *Pinacoteca do Estado de São Paulo: conferências de 1951*, São Paulo: Pinacoteca, 1951, p. 21.

Químicas Reunidas (nº 61) e, entre muitas mais, o conglomerado do *self-made man* português Pereira Inácio, o "rei do algodão", criador da Votorantim (nº 47).

A expansão caótica desse núcleo moderno estava assegurada pelo estabelecimento nas proximidades, à rua Líbero Badaró nº 11, da multinacional City of São Paulo Improvements Co. Ltd., que empenhava capital inglês, francês, belga e russo no setor imobiliário, quase totalmente desvairado, em face da tibieza dos controles públicos e da corrupção das autoridades[14]. A três quadras ficava a sede da Light and Power Co. Ltd., igualmente multinacional, de capital canadense-anglo-norte-americano, que explorava o colossal monopólio do fornecimento de gás, energia elétrica, transporte coletivo, telefonia e água encanada[15]. Ironicamente, estava sediada na praça Antônio Prado, que tinha o nome do prefeito que tentara civilizar minimamente os privilégios selvagens da empresa, sem êxito. Porém ficava na rua de São Bento nº 29 a Companhia Prado Chaves, grande exportadora de café, dirigida por seu filho, o magnata modernista Paulo Prado, que foi um dos financiadores e idealizadores da Semana de Arte Moderna[16].

O Triângulo era, desse modo, lugar de entrelaçamento, conluio e fricção de interesses do grande capital estrangeiro e das oligarquias paulistas, com a emergência inovadora e também tensa de uma grande diversidade social. Em seus quarteirões, a cidade se comunicava com a modernidade ocidental — importando gramofones de último tipo, máquinas de escrever maviosas, automóveis confortáveis, perfumes de Paris e bonecas alemãs — sem poder a ela integrar-se à mesma altura e incapaz de estender seus benefícios à imensa maioria da população. Era essa a problemática crucial que estadistas, intelectuais e artistas brasileiros tinham em comum na década de 1920, enquanto descascava constrangedoramente o verniz liberal da República Velha. Foi a problemática à qual o modernismo procurou dar um conjunto de respostas.

## A "ordem das comoções"

De certo modo, esse ambiente em transformação caótica e acelerada estava pressuposto no título "Rua de São Bento" e criava o cenário para o drama em poesia que os 25 versos do poema desempenham. Que a pressuposição falhasse fora de São Paulo, assim como também falharia na cidade transformada, décadas depois, apenas comprova a eficácia e a modernidade de sua poética de confronto e desafio à circunstância imediata. Para Mário, deve ter soado equivocada ou até

---

14 Cf. Nicolau Sevcenko, *Orfeu extático na metrópole:. São Paulo, sociedade e cultura nos frementes anos 20*, São Paulo: Companhia das Letras, 1992, p. 126.

15 *Ibid.*, pp. 122 ss.

16 Cf. Carlos Eduardo Ornelas Berriel, *Tietê, Tejo, Sena: a obra de Paulo Prado*, Campinas-SP: Unicamp, 2013.

"passadista" a própria ideia de "compreensão", em leitura de poesia, subjacente aos comentários citados acima, de Tristão de Ataíde, Bandeira e Tácito. Com todo o barulho trazido pelo desembarque dos preceitos futuristas, seu compromisso era com o presente da vida — mas não tanto como empiria, e sim como efeito, tal como se manifestasse à consciência subjetiva. Seu procedimento seria seguir a "ordem imprevista das comoções", como afirma no "Prefácio interessantíssimo"[17]. O principal estava menos na referência externa — a representação da "vida atual no que tem de exterior"[18] do que nas reações subjetivas ao real. Estas seriam a matéria a modelar em poema. "Canto da minha maneira. Que me importa se me não entendem? Não tenho forças bastantes para me universalizar? Paciência"[19].

Recapitulando aspectos fundamentais da poética romântica, que sabe incrementar com elementos da estética simbolista, da psicanálise e do "estouro" das vanguardas, Mário declara sua crença na "impulsão lírica", de natureza subconsciente e tida como sublime[20]. Uma decorrência ética dessa estrita fidelidade a si mesmo é ceder ao leitor "a glória de colaborar nos poemas" — porque o poeta se exime de "escorchar e esmiuçar" seu "momento lírico"[21]. Bandeira, embora incerto sobre as fenomenações triangulares na poesia, compreendeu bem a proposição do amigo: "Em vez de fazer o verso como uma melodia simples, serve-se o poeta de palavras soltas, de frases soltas, que, por isso mesmo que são desconexas, ficam vibrando em nossa imaginação, que as compõe depois numa síntese harmônica"[22].

O resenhista glosa — e sutilmente ajusta, como uma estética da recepção *avant la lettre* — a teoria do "verso harmônico" postulada no "Prefácio". Diz Mário aí que harmônicos (e não "melódicos") são os versos compostos por "palavras sem ligação imediata entre si", cada uma como "período elíptico, reduzido ao mínimo telegráfico"[23]. Quando precisa citar um exemplo, recorre a um verso de "Rua de São Bento": "A cainçalha... A Bolsa... As jogatinas..." (v. 8).

A sequência desconexa lembra o arranjo posterior de "espelhos", "Pireneus" e "caiçaras" em *Remate de males*, de 1930[24]. Aqui, no entanto, o logradouro oferecia uma ligação, porque a Bolsa de Mercadorias de São Paulo estava nele instalada desde 1918, ocupando parte do pomposo Palacete Germaine (nº 59), que pertencera

---

17 Mário de Andrade, "Prefácio interessantíssimo", em: *Poesias completas*, vol. 1, *op. cit.*, p. 66.

18 *Ibid.*, p. 73.

19 *Ibid.*, p. 74.

20 *Ibid.*, p. 59.

21 *Ibid.*, p. 72.

22 M. Bandeira, *Crônicas inéditas*, vol. 1, *op. cit.*, p. 25.

23 "Prefácio interessantíssimo", *op. cit.*, p. 68. Sobre a influência do futurismo italiano nesses postulados, cf. Telê Porto Ancona Lopez, "Arlequim e modernidade", em: T. P. A. Lopez, *Mariodeandradiando*, São Paulo: Hucitec, 1996, p. 21.

24 Mário de Andrade, "Eu sou trezentos...", em: *Poesias completas*, vol. 1, *op. cit.*, p. 295; ver também "Poemas da amiga", IV, p. 388.

a Germaine Burchard, viúva do negociante alemão Martin Burchard. Mais adiante, na direção do Largo de São Bento, ficava a redação da *Cigarra* (nº 93-A), uma das principais revistas ilustradas da cidade, que nos ajuda — casualmente — a esclarecer um dos termos associados nesse verso ao órgão financeiro: "Com a expressão *cainçalha*", diz um cronista anônimo, "designamos um grupo de indivíduos vis, de baixos sentimentos"[25]; era outro modo de dizer "canalha", como coletivo (com a mesma injusta ofensa aos cães). A outra associação elíptica, que os dicionários definem como "hábito ou vício do jogo", dispensa maiores esclarecimentos. Ao final do verso, tem-se a impressão de um ambiente, se não hostil, pelo menos traiçoeiro ou perigoso, impressão que é o resultado harmônico das elipses que, no verso, parecem saltar entre um quarteirão e outro da elegante rua de São Bento.

Mário poderia ter escolhido outro exemplo de "verso harmônico", nesse mesmo poema: "Há leilão. Há feiras de carnes brancas. Pobres arrozais!" (v. 6). É mais uma tríade, em que os elementos consonantes também se relacionam à mercancia, sendo este o assunto que pavimenta todo o texto. A princípio, o poeta parece referir-se a atividades de compra e venda no centro comercial da cidade pós-colonial, que é onde ela se conecta ao mundo rural, por um lado, e ao mercado externo, por outro, enquanto se diferencia e dinamiza também um mercado interno e o mundo híbrido que surge de tantos cruzamentos. Mas a "ordem das comoções" se intercala entre o mundo referencial e a ficção que dele se apropria: a voz exclamativa e desvairada do sujeito desde o primeiro verso conturba a significação imediata e desperta a suspeita de duplicidade. Na gíria paulistana da mesma época, "leiloeiro" era todo golpista de rua, "cavador", que atraía incautos para negócios imperdíveis, para afinal extorqui-los — em mais um "leilão de cavação"[26]. *A Cigarra* informa que as "carnes brancas", preferíveis para dietas especiais, são "vitela, miolos, rim de vitela, galinha, peru"[27] — mas *O Furão*, "órgão oficial da boemia paulistana", editado na mesma rua (nº 14), noticiava a vida noturna intensa de mil cabarés, *dancings*, bares e *nightclubs* situados por ali, onde belas artistas de nomes afrancesados, italianíssimos ou espanhóis atraíam o público masculino, de segunda a segunda, até altas horas da madrugada; entre elas talvez se achasse Lolita González, a prostituta compassiva de um poema de Ribeiro Couto ambientado nas margens do Triângulo[28]. Os "pobres arrozais" nos devolveriam à inocência: seriam uma alusão aos campos despidos, depois de colhida a mercadoria; mas o verso seguinte, labial e enlanguescido, reitera a sugestão de erotismo: "Pobres brisas sem pelúcias lisas a alisar!" (v. 7).

---

25 "Crônica", *A Cigarra*, São Paulo, 15 out. 1922, ano 10, nº 194, s. p.

26 Cf. "São Paulo, a terra maravilhosa. A praga dos leilões", *O Combate*, São Paulo, 15 mar. 1923, p. 1.

27 "Tratamento dos obesos", *A Cigarra*, São Paulo, 1º fev. 1920, ano 7, nº 129, s. p.

28 Cf., por exemplo, a notícia (com foto) da chegada de Rose de Mai, "consagrada bailarina que fez as delícias do público do Royal Pigalle", da rua Formosa nº 10, em: *O Furão*, São Paulo, 22 maio 1920, ano 6, 262, p. 1; "Lolita González", em: Ribeiro Couto, *Um homem na multidão*, Rio de Janeiro: Odeon, 1926, p. 38.

Conhecer bem São Paulo, em 1921, como cidadão, ou hoje, como historiador, não garante nenhum passeio sem tropeços pela "Rua de São Bento". Mais importante seria tentar compreender — ou pelo menos questionar — as comoções do seu calçamento letrado, em poesia.

## Um desvario "polifônico"

O poema também serviria para ilustrar a "polifonia poética" postulada na mesma passagem do "Prefácio interessantíssimo", quanto à superposição de frases soltas, "um e às vezes dois e mesmo mais versos consecutivos"[29]. Por essa via entendemos que estamos diante de uma das composições mais radicais de *Pauliceia desvairada*, "polifônica" do início ao fim. Desde o começo, o leitor é atirado em situação ao mesmo tempo urbana e marítima:

Triângulo.

Há navios de vela para os meus naufrágios!
E os cantares da uiara rua de São Bento... (vv. 1-3)

A oscilação entre a cidade e o mar prossegue e se intercala com outros motivos, em sucessão quase frenética[30]. A tal ponto é assim que as instâncias contrastadas se fundem: "Entre estas duas ondas plúmbeas de casas plúmbeas" (vv. 4 e 23). É o verso que se repete em posições quase simétricas, no fim e no início, não como refrão, mas como os dois lados de uma rua, cujo espaço o poema procura abarcar. Por esse entremeio circula o sujeito, que talvez preferisse zarpar para longe, mas sofre a atração da uiara logradoura, com suas bem entoadas aliterações em *rr* amolecidas por *aa* e *uu*. E é mais um tema sobreposto, por meio do qual a sedução moderna, importada, é assimilada a um contexto local, onde pode ficar simbolizada por figura supostamente ameríndia, que lhe infunde uma feição erótica[31].

O perigo é iminente. O drama avança. Mas a "ordem das comoções" impossibilita uma paráfrase que de fato sirva de apoio ao comentário ao poema. Não basta pesquisar a realidade extinta — a primeira Bolsa (v. 8), o Clube Comercial e a Padaria Espiritual (v. 15), por exemplo. É preciso abordar ao mesmo tempo os elementos compostos e o modo de compor. O compromisso com a imediatez se volta para a modernidade das ruas tanto quanto para a das técnicas poéticas. Daí

---

29 "Prefácio interessantíssimo", *op. cit.*, p. 69.

30 Cf. Marlene de Castro Correia, "Mário de Andrade, poeta", *op. cit.*, pp. 58-60; ver também: Vicência Maria Freitas Jaguaribe, "A cidade moderna e a busca de um território para a poesia", *Língua e Literatura*, vol. 20, 1992-1993, pp. 81-102.

31 Sobre o caráter híbrido, de origem europeia, da *uiara*, cf. Luís da Câmara Cascudo, "Ipupiaras, botos e mães d'água...", em: L. da C. Cascudo, *Geografia dos mitos brasileiros*, São Paulo: Global, 2002, pp. 147-68.

o poema inteiro ser uma experiência com o simultaneísmo de que todos falavam desde os primeiros manifestos futuristas.

Tristão de Ataíde, meio encantado, meio atônito, fez reservas a "esse instrumento rico e perigoso da polifonia poética". Mas deu um testemunho nítido do espanto que ela causou em 1922:

> Poesia de ação — quando estamos habituados à poesia contemplativa. Poesia do presente — quando estamos habituados à poesia alongada no tempo ou na distância [...]. Poesia de simultaneidade — quando estamos habituados à poesia de tema único, com variações secundárias.[32]

O trecho resume a natureza dramática de uma poética que foi então percebida como inaudita.

Entretanto, convém evitar um mal-entendido frequente sobre o termo "polifonia": em Mário, ele indica a sobreposição de temas díspares, e não necessariamente multiplicidade de "vozes" (no sentido dado por Mikhail Bakhtin). Todos os *flashes* simultâneos de "Rua de São Bento" vêm convergir num ponto único: o sujeito, que tenta espelhar-se na "cidade arlequinal" (v. 14). É por isso que, ao exaltar o "lirismo simultâneo" de Mário contra o "gagaísmo" e a "literatolice" dos passadistas, Ronald de Carvalho se referiu sobretudo à "intensidade com que ele traduz as impressões que as coisas lhe sugerem"[33]. A vanguarda na *Pauliceia* mantinha intocada a primazia do sujeito. Talvez residisse aí, para além do seu pacifismo, parte das resistências de Mário à belicosa escola futurista, que propugnava uma "consciência múltipla e simultânea num mesmo indivíduo"[34].

"Minha Loucura, acalma-te!" — diz o poeta (v. 18) a essa espécie de refração de si mesmo aqui evocada pela primeira vez na sequência lírica de *Pauliceia desvairada*. Ela reaparece em "Paisagem nº 3" (v. 9), insinua-se em "Religião" (v. 28) e desempenha uma das vozes principais do "oratório profano" que arremata o livro, "As enfibraturas do Ipiranga"[35]. Mas é uma voz diretamente associada ao "eu": a *minha* Loucura. A ela, como "Soprano ligeiro", cabem as passagens mais líricas do texto, entre as quais a belíssima "cantiga de adormentar" que fecha o livro[36]. É a companheira sempre solidária das "Juvenilidades Auriverdes", que reúnem os heróis "loucos, sublimes, tombando exaustos"[37], entre os quais seria natural o alistamento do sujeito de "Rua de São Bento". Sua voz "tem dedos mui-

---

[32] Tristão de Ataíde, "Vida literária (*Pauliceia desvairada*)", *op. cit.*

[33] Ronald de Carvalho, "Os 'independentes' de São Paulo", *O Jornal*, Rio de Janeiro, 26 dez. 1922.

[34] F. T. Marinetti, "Distruzione della sintassi. Immaginazione senza fili. Parole in libertà" (1913), em: G. D. Bonino (org.), *Manifesti futuristi*, Milão: Bur, 2009, p. 112.

[35] Mário de Andrade, "As enfibraturas do Ipiranga", em: *Poesias completas*, vol. 1, *op. cit.*, pp. 111-27.

[36] *Ibid.*, pp. 125-7.

[37] *Ibid.*, p. 125.

to claros,/ que vão roçar nos lábios do Senhor" (vv. 98-9), a confirmar o ideal de poesia exposto no "Prefácio": "Lirismo: estado afetivo sublime — vizinho da sublime loucura"[38].

A técnica da significação polifônica em "Rua de São Bento" é empregada nessa direção ascensional, a partir do sujeito refratado. O desvario criador se impõe no poema como componente fundamental da *persona* poética adotada. "Maomé apresentava-se como profeta", diz o autor, no "Prefácio"; "julguei mais conveniente apresentar-me como louco"[39].

## A ilusão do Arlequim

A simultaneidade moderna também confluía nos endereços. O Clube Comercial funcionava no mesmo palacete que a Bolsa de Mercadorias (nº 59), como contraface recreativa e cultural da especulação financeira. O salão se abria para bailes, recitais de música e conferências, assim como para exposições, como a que Anita Malfatti apresentou ali mesmo, de 18 de novembro a 4 de dezembro de 1920[40]. A Padaria Espiritual mencionada é a iniciativa da Casa Freire (nº 34-B), loja de louças, objetos de decoração e livros de arte, onde o comerciante cearense José da Cunha Freire manteve uma seção para divulgar novidades literárias e artísticas, com selo editorial que recebeu o nome do movimento literário surgido no Ceará em finais do século anterior[41]. As duas entidades atuavam para envigorar uma vida social e cultural que Mário percebia como bem mais bisonha do que moderna: em sua "terra sem salões", escreve ele no mesmo ano de 1921, "o hábito social é uma pura ilusão"[42].

O que seria tal hábito? O próprio poeta, dublê de cronista urbano, explica-se:

> É o costume de não existir e pensar sozinho e só para si; é o impulso que nos obriga a formar um ambiente elevado de pensamento para viver, para gozar a vida na multiplicidade de suas feições. É a necessidade da contradição alheia, da ideia de outrem, do estímulo e do exemplo, do comentário e da conversação... É a

---

38 "Prefácio interessantíssimo", *op. cit.*, p. 71.

39 *Ibid.*, p. 60.

40 "Registro de arte. Exposição de pintura", *Correio Paulistano*, São Paulo, 19 nov. 1920, p. 4. Cf. para documentação: <http://ver-anitamalfatti.ieb.usp.br/1920-2/>, em especial o livro de presença, no qual uma das primeiras assinaturas é a de Mário de Andrade. Acesso em: set. 2021. Em meados de 1921, o clube se mudaria para uma sede própria, bem perto, na rua Líbero Badaró.

41 Cf. Ana Paula Nascimento, "São Paulo: meio artístico e as exposições (1895-1929)", em: Arthur Valle; Camila Dazzi (org.), *Oitocentos: arte brasileira do Império à República*, Rio de Janeiro: Edur-UFRJ, 2010, pp. 71-84; e Milena Ribeiro Martins, *Lobato edita Lobato: história das edições dos contos lobatianos*, tese (Doutorado) — Unicamp, Campinas-SP: 2003, p. 76.

42 Mário de Andrade, "De São Paulo — V", em: *De São Paulo: cinco crônicas de Mário de Andrade, 1920-1921*, org., introd. e notas de Telê Ancona Lopez, São Paulo: Senac, 2004, p. 109; originalmente publicado na *Ilustração Brasileira*, Rio de Janeiro, maio 1921, ano 3, nº 9, s. p.

utilização do olhar amigo, para que o nosso se ilumine; duma segunda voz, para que a nossa cante; duma inteligência estranha, para que a nossa germine. Este é o hábito social sentido pela humanidade inteira.[43]

Compreende-se que o conceito, assim formulado em tom quase elegíaco, manifesta o ideal de uma esfera do público cultivado. O pressuposto universalista, ao final do trecho, facilita ainda mais a assimilação do "hábito social" àquilo que Jürgen Habermas definiu como "o fórum no qual pessoas privadas se reúnem para formar um público"[44]. Seus espaços são variados: incluem-se desde o salão literário até o cabaré boêmio, o teatro e o cinema, os cafés de Paris assim como as padarias de São Paulo, as bibliotecas públicas e a porta das livrarias — onde quer que se observe a sociedade engajada em "debate público crítico"[45].

Mas, entre o ideal manifesto e seu desembarque no real do Triângulo paulistano (polígono excêntrico, no mínimo, diante das capitais do Iluminismo europeu), a esfera pública nem precisa de mudança para se mostrar estruturalmente transformada e enviesada pela lógica do mercado. Na rua que precisa fazer esforços para ser um palco moderno, mas é mais espontaneamente um entreposto pós-colonial, o envigoramento momentâneo ou meramente pontual da vida social apenas fortalece a sedução que entre cantares e pregões assedia o sujeito em "Rua de São Bento". Isso se evidencia pelo contraste entre as reticências da evocação e o teor adversativo e irônico dos versos seguintes:

O Clube Comercial... A Padaria Espiritual...
Mas a desilusão dos sombrais amorosos
põe *majoration temporaire*, 100%[nt]!... (vv. 15-7)

A aspiração culta, "espiritual" e clubista desaba na especulação que encarece o custo de vida. De permeio, com uso irônico da forma, infiltra-se um alexandrino precioso, desiludido e passadista, saudoso de uma sombra bucólica improvável.

A constatação do preçário reajustado se dá depois de rápida cena de cabaré, digna das páginas do *Furão*. O hábito social é outro; uma voz convidativa pergunta em multilínguas: "Can you dance the tarantella?". E logo respondem: "Ach! ya!" (v. 12). O sujeito comenta, polifônico:

São as califórnias duma vida milionária
numa cidade arlequinal... (vv. 13-4)

---

43 *Ibid.*
44 Jürgen Habermas, *The Structural Transformation of the Public Sphere. An Inquiry into a Category of Bourgeois Society*, trad. Thomas Burger, com assistência de Frederick Lawrence, Cambridge MA: MIT, 1991, p. 25.
45 *Ibid*, pp. 51 ss.

Corremos aos dicionários. Cândido de Figueiredo define "califórnia" como "caverna profunda", mas hesita: "Relaciona-se com furna?"[46]. O wiktionary.org cita a utopia de uma ilha de amazonas descrita em certo romance espanhol[47]. Houaiss fala em "corrida disputada por mais de dois cavalos", com a acepção figurada de "algo que traz ou propicia riqueza"[48]. O leitor fica enfurnado na incerteza, em pleno faroeste, a pensar na fantasia exótica de terras distantes, onde a corrida do ouro leva ao enriquecimento rápido, até se dar conta de que a terra distante está sob os próprios pés[49].

A acrobacia — ter a cabeça num hemisfério e os pés em outro — é bem a situação a que Mário de Andrade chamaria de *arlequinal*. Figura conhecida da antiga *Commedia dell'arte*, o Arlequim, com seu traje de losangos remendados, é outra componente fundamental da *persona* poética em *Pauliceia desvairada*, por meio da qual o sujeito mira a si próprio na cidade[50]. Em "Rua de São Bento" essa identificação está apenas esboçada. É a cidade em transformação que, fascinante e imprevisível, adquire o caráter do servente tão desastrado quanto acrobático, criançõo e demoníaco, movido por "um instintivo desejo de mudança humana" que por vezes o envolve nas maiores trapalhadas[51]. Ao ler que São Paulo é uma cidade "arlequinal", o leitor que busca ambientar-se no Triângulo de 1921 pensa logo em Truffaldino, o extravagante "servidor de dois patrões" de Goldoni[52]: de um lado, os bancos estrangeiros, o monopólio das multinacionais e seu domínio sobre o poder local; de outro, o esforço nacional por emancipação e a sociedade paulistana que se diversifica sem aparar suas profundas clivagens.

## O telefone do além

O empenho contra a precariedade do "hábito social" talvez abrisse a possibilidade de uma ruptura de fato emancipatória. Mas outras duplicidades arlequinais

---

46 Cândido de Figueiredo, *Novo dicionário da língua portuguesa*, vol. 1, Lisboa: A. M. Teixeira, 1913, p. 301.

47 Disponível em: <https://en.wiktionary.org/wiki/California#English>. Acesso em: set. 2021.

48 Antonio Houaiss; Mauro de Salles Villar, *Grande dicionário Houaiss da língua portuguesa*, Rio de Janeiro: Instituto Antonio Houaiss e Objetiva, 2001. Disponível em: <https://houaiss.uol.com.br>. Acesso em: set. 2021 (verbete "califórnia").

49 O trecho já foi apontado, com menção à *tarantella*, como "manifestação da dança como dissolução de um movimento subjetivo que chegou a ponto extremo"; Leandro Pasini, *A apreensão do desconcerto: subjetividade e nação na poesia de Mário de Andrade*, São Paulo: Nankin, 2013, nº 50, p. 103.

50 Cf. nesses termos: João Luiz Lafetá, *Figuração da intimidade: imagens na poesia de Mário de Andrade*, São Paulo: Martins Fontes, 1986, pp. 16-33; e, como "motivo que organiza esteticamente *Pauliceia desvairada*": Telê Porto Ancona Lopez, "Arlequim e modernidade", *Revista do IEB*, São Paulo: 1979, nº 21, pp. 85-100.

51 Michele Bottini, "You Must Have Heard of Harlequin…", trad. S. A. McGehee & M. J. Grady, em: Judith Chaffee; Olly Crick, *The Routledge Companion to Commedia dell'Arte*, Londres, Nova York: Routledge, 2015, p. 55.

52 Truffaldino é o Arlequim dessa comédia, de 1745; Carlo Goldoni, *Il servitore di due padroni*, Milão: Einaudi, col. Letteratura Italiana, s.d.

se projetavam. Como atacar os modelos tradicionais (europeus) tirando os figurinos das revistas de vanguarda (europeias)? Como insultar o "burguês-níquel" pós-colonial sem tirar os olhos da cotação do café no mercado externo? Como romper com as tradições sem se desvencilhar do vínculo de dependência com a oligarquia provincial? Como buscar a si mesmo atirando-se na multidão indiferenciada, assim como quem vai às compras no Mappin? Ou ainda: como incorporar a multidão com tanto medo de com ela confundir-se e nela se perder?

"Rua de São Bento" termina com a proposta de um acordo moderado. Diz o sujeito à sua Loucura, para acalmá-la: "veste o *water-proof* dos tambéns" (v. 19). O termo estranho seria uma referência aos outros, confundidos na "massa desindividualizada e automatizada", segundo a convincente interpretação de Marlene de Castro Correia[53]. Na *Pauliceia desvairada*, eles se contrapõem aos "cabelos aléns" que a noite passa, como pomada, "nas feridas de ardor dos mutilados"[54]. A diferenciação do sujeito dependeria de o "hábito social" não ser ilusório. Propõe-se o adiamento das expectativas:

> Nem chegarás tão cedo
> à fábrica de tecidos dos teus êxtases;
> telefone: Além 3991... (vv. 20-2)

Uma oportunidade para sonhar se abre com as quatro letras que, na época, antecediam os números de telefone. O ideal sublime é guardado no bolso do sobretudo impermeável. O sujeito se entrega à rua como bom "também", despedindo-se com um dístico decassílabo que aquieta a versificação desvairada:

> vê, lá nos muito-ao-longes do horizonte,
> a sua chaminé de céu azul! (vv. 24-5)

Uma conciliação provisória põe fim à polifonia, e chegando aí o leitor terá atravessado a "Rua de São Bento".

Do início ao fim, transcorre uma ação. É o drama do sujeito que se arrisca a naufragar na circunstância aliciadora da uiara vida moderna, indiferenciado na multidão da urbe superexcitante. A asfixia (v. 5) e os êxtases (v. 21) se misturam, com pouco velada sugestão erótica, entre os edifícios de chumbo que se erguem de ambos os lados, enquanto se adia o anseio pela quietude do "céu azul" (v. 25),

---

[53] Marlene de Castro Correia, "Mário de Andrade, poeta", *op. cit.*, p. 60.
[54] "As enfibraturas do Ipiranga", em: M. de Andrade, *Poesias completas*, *op. cit.*, vol. 1, p. 127. Sobre a substantivação de advérbios e adjetivos em *Pauliceia desvairada*, vista como "reificação da circunstância", ver: José Paulo Paes, "Cinco livros do modernismo brasileiro", em: J. P. Paes, *Armazém literário: ensaios*. São Paulo, 2008, p. 280.

a placidez de um "porto morto" (v. 11)⁵⁵. Na encenação, porém, não há adiamento de um confronto com os códigos de sociabilidade dominantes no Triângulo, à sombra contábil de um capitalismo dependente e periférico, que ameaçava reduzir a vida social à mera troca de mercadorias, e mal disfarçava sob o asfalto recente o "pântano paternalista" onde — como diz Cacaso — o meio literário vivia "praticamente atolado"⁵⁶.

Nessa poesia da ação, algum real se deixa ver apenas sob a espécie de seus efeitos sobre o sujeito, que se refrata, mas não perde o protagonismo. Conhecer bem a rua de São Bento de 1921 ajuda a compreender melhor o poema "no que tem de exterior", mas por dentro não chega a esclarecer o "momento lírico" aberto na página, ainda por "escorchar e esmiuçar"⁵⁷; o conhecimento extrínseco serve principalmente para apanhar numa só aresta a imagem fundamental de todo um plano social contra o qual a *Pauliceia desvairada* se rebelava, bem como para avaliar os limites e as contradições dessa sublevação.

A pesquisa filológica e histórica traz à tona uma parte da riqueza original do poema; quase contemplamos a forma exata de seu engaste no tempo extinto e no corpo mesmo da cidade passada, como faz o arqueólogo diante de uma gema antiga que se desprendeu de algum anel irresgatável. Mas seu modo de ir soltando-se do real vivido, seu caminho para o absoluto, fica mais e mais obliterado. O que no caso também constitui perda substancial, porque a erosão da referência intensifica o efeito harmônico e polifônico moderno, prescrito no "Prefácio", efeito certamente dissonante e inquietador, por entregar o leitor a um desamparo que praticamente o obriga a reagir e "colaborar" na criação de sentidos, se não quiser virar a página incólume, como quem cruza uma rua banal, sem sofrer nenhuma experiência de fato estética.

---

55 Essa última expressão denota enseada de águas calmas, boa para lançar âncora; no século XVI, foi usada a respeito da baía de Guanabara, por exemplo; Gabriel Soares de Sousa, *Tratado descritivo do Brasil em 1587*, Salvador: CDPB, 2013, p. 135.

56 Cacaso (Antônio Carlos de Brito), "Alegria da casa", em: Cacaso, *Não quero prosa*, org. e seleção de Vilma Arêas, Rio de Janeiro: Editora da UFRJ, 1997, p. 180.

57 Mário de Andrade, "Prefácio interessantíssimo"; em: *Poesias completas*, vol. 1, *op. cit.*, p. 72.

*Alberto Martins*

## O REBANHO

Oh! minhas alucinações!
Vi os deputados, chapéus altos,
sob o pálio vesperal, feito de mangas-rosas,
saírem de mãos dadas do Congresso...
Como um possesso num acesso em meus aplausos
aos salvadores do meu estado amado!...

Desciam, inteligentes, de mãos dadas,
entre o trepidar dos táxis vascolejantes,
a rua Marechal Deodoro...
Oh! minhas alucinações!
Como um possesso num acesso em meus aplausos
aos heróis do meu estado amado!...

E as esperanças de ver tudo salvo!
Duas mil reformas, três projetos...
Emigram os futuros noturnos...
E verde, verde, verde!...
Oh! minhas alucinações!
Mas os deputados, chapéus altos,
mudavam-se pouco a pouco em cabras!
Crescem-lhes os cornos, descem-lhes as barbinhas...
E vi que os chapéus altos do meu estado amado,
com os triângulos de madeira no pescoço,
nos verdes esperanças, sob as franjas de ouro da tarde,
se punham a pastar
rente do palácio do senhor presidente...
Oh! minhas alucinações!

# Pauliceia de neblina e caprina

*Ariovaldo Vidal*

## A construção

Num dos fragmentos do "Prefácio interessantíssimo", Mário de Andrade procura dar a chave de leitura dos poemas de *Pauliceia desvairada* no que se refere à matéria emocional dos versos; ou seja, se a concepção de poesia enquanto construção material, "artística", está em todo o "Prefácio" desse "novo Anfião moreno e caixa-d'óculos"; no fragmento mencionado, o Anfião parece indicar ao leitor, de modo despreocupado, a emoção "primitiva" de cada poema construído em seu alaúde "vário", em meio à "selva selvagem da cidade". Diz o poeta:

> Mas todo este prefácio, com todo o disparate das teorias que contém, não vale coisíssima nenhuma. Quando escrevi *Pauliceia desvairada* não pensei em nada disto. Garanto porém que chorei, que cantei, que ri, que berrei... Eu vivo!
>
> •
>
> Aliás versos não se escrevem para leitura de olhos mudos. Versos cantam-se, urram-se, choram-se. Quem não souber cantar não leia "Paisagem nº 1". Quem não souber urrar não leia "Ode ao burguês". Quem não souber rezar, não leia "Religião". Desprezar: "A escalada". Sofrer: "Colloque sentimental". Perdoar: a cantiga do berço, um dos solos de "Minha Loucura", das "Enfibraturas do Ipiranga". Não continuo. Repugna-me dar a chave de meu livro. Quem for como eu tem essa chave.[1]

Assim, a emoção vária dos poemas vai do canto ao urro, do desprezo ao perdão. E parece ser justamente o desprezo (na verdade, mais desencanto que desprezo) a emoção e atitude do eu lírico no poema "O rebanho", que será objeto de nosso comentário. Deve-se ter em mente, contudo, que a emoção se apresenta em diferentes tonalidades, e a atitude, seja qual for, carrega consigo os valores que se manifestam já nas tonalidades mencionadas[2]. Deve-se registrar também que a emoção implicada nos poemas — e anunciada com tanta ênfase e orgulho pelo trovador solitário — não fala necessariamente contra o rigor da forma, ainda que o livro tenha sido lido com restrições por esse lado na crítica de alguns de

---

1 Mário de Andrade, "Prefácio interessantíssimo", em: *Poesias completas*, vol. 1, edição de texto, notas e documentação de Tatiana Longo Figueiredo e Telê Ancona Lopez, Rio de Janeiro: Nova Fronteira, 2013, p. 75.
2 Refiro-me neste ponto ao conhecido ensaio de Alfredo Bosi, "A interpretação da obra literária", em que o crítico trata das relações entre perspectiva e tom, ambos determinando-se mutuamente. Cf. *Céu, inferno: ensaios de crítica literária e ideológica*, São Paulo: Ática, 1988, especialmente pp. 278-80.

seus melhores leitores; o problema da relação entre o apuro da forma e o desconcerto do resultado final ganhará uma feição particular neste caso.

Sexto poema de *Pauliceia desvairada*, "O rebanho" se distingue nitidamente dos anteriores por dois traços complementares: não tem o "poético" da visão que havia nos cinco poemas que o antecedem, feito daqueles "exageros coloridos" que o poeta mencionava no "Prefácio", em que a visão se extasiava no arlequim das cores e casas de comércio; e não tem também, por isso mesmo, o pontilhismo prismático da visão fragmentada, que dá aos versos dos poemas iniciais o tumulto da cidade em desvario, em que tudo se cola a tudo na vibrante polifonia poética. Assim, o sexto poema surge para dar maior prosaísmo ao livro, não só quanto à matéria, mas também quanto à fatura dos versos, essencialmente "melódicos", para continuar no "Prefácio", matéria e forma dando a conhecer o outro lado de uma Pauliceia nem tão desvairada assim.

Dessa forma, é possível fazer com o poema a distinção entre uma Pauliceia desvairada (a cidade lírica com a qual o sujeito se funde e reconhece como a si mesmo) e a cidade com sua pasmaceira, contra a qual se debateu o verso modernista ("Toda canção de liberdade vem do cárcere"). Mas justamente pelo prosaísmo, "O rebanho" é um poema depurado em relação a outros. Para ficar num único exemplo, não há nele aquele vezo de linguagem no uso de substantivações e plurais — o "vinho dos aplaudires"; os "olhos saudosos dos ontens"; a "Lua dos seus perdoares!", alguns de vários casos de uma linguagem com ligeiro sabor passadista.

O poema é formado por três estrofes, sendo a terceira a maior delas, contendo o dobro de versos das anteriores (6, 6, 14), mas claramente contendo também uma divisão interna que oferece equilíbrio e simetria ao conjunto[3].

A primeira estrofe se abre com a evocação "Oh! minhas alucinações!", que retorna ao poema por quatro vezes. As alucinações evocadas (ou invocadas) pelo eu lírico referem-se a uma cena que mistura o sublime e o prosaico, o bucólico da tarde com os deputados saindo do Congresso paulista de mãos dadas, num crepúsculo de tonalidade impressionista, um raro momento do poema em que o verso ganha ou se encaminha para a condição da harmonia tal como formulada no "Prefácio". O suntuoso da cena — melhor dizendo, o *sagrado* da cena — aparece já na notação viva do céu que cobre ou unge suas excelências, sobrepondo na mesma imagem o pálio, a véspera (quase vésperas) e a beleza cromática de

---

3 Para fazer um pequeno comentário ao léxico, os termos "presidente" e "Congresso", na nomenclatura anterior a 1930, referem-se respectivamente ao governador do estado e à Assembleia Legislativa; na leitura, utilizo os termos livremente.

mangas-rosas. O quadro se completa com a exaltação esfuziante do eu lírico, que aplaude "como um possesso num acesso" os "salvadores" de seu "estado amado"[4].

Diferente do comum do livro, neste caso estamos diante de um poema mais "comportado" quanto à forma, sem a fragmentação dos demais. Fica claro que o trabalho com o verso livre possui um recorte preciso; para falar com Antonio Candido, aqui o poema mostra que, de fato, "o conceito é a medida do verso livre bem feito"[5]. Talvez a melhor explicação para o termo "conceito" seja dizer que o verso livre é uma unidade precisa de pensamento ou imagem, sem a necessidade da coincidência sintática, mas em que se manifesta a "correlação funcional entre o ritmo e o significado", exigindo que o ritmo seja marcado, ainda que livre[6]. O curioso é que o crítico vai buscar exemplos justamente na poesia de Mário de Andrade para mostrar o que considera verso livre efetivo e verso livre desfibrado, sem que ritmo e significado formem uma unidade viva.

Em nosso poema, já na primeira estrofe é possível perceber um caso de fluência e rigor com que Mário trabalha o verso livre, pedra de toque do movimento, dando a ele uma condição depurada. Depois do verso que abre o poema e cumpre o papel de um ritornelo feito de evocação (ou invocação) e exclamações — na verdade, um octossílabo pausado —, os três versos seguintes se põem a narrar o quadro que se oferece ao eu, sendo que os versos são construídos criando uma clara simetria, um dos recursos de *travamento* rítmico do verso livre. Assim, os dois primeiros são versos bimembres ("Vi os deputados, chapéus altos,/ sob o pálio vesperal, feito de mangas--rosas"), criando as locuções que situam a ação observada pelo sujeito lírico de maneira simétrica, com pausas expressivas — outro recurso decisivo do verso livre que, neste caso, sugere o andamento vagaroso próprio das procissões, enquanto a tarde serenamente luminosa beatifica os "salvadores" do estado amado. E o terceiro verso da sintaxe narrativa vem num ritmo fluente, sem pausa, para desencadear no sujeito lírico seu arrebatamento: "saírem de mãos dadas do Congresso...".

Os dois versos finais da estrofe vão tratar desse arrebatamento de maneira intensa, reforçado não só pela extensão do primeiro deles, cadenciado e longo, como também pela sonoridade muito expressiva de ambos os versos. Vou me deter apenas no caso sonoro mais ostensivo que, pelo excesso no livro todo, desagradou a Manuel Bandeira[7].

---

4  Não se pode deixar de notar aqui a força pictórica da imagem das mangas-rosas, que o modernismo tirou à realidade sensorial dos quintais brasileiros, não só do estado amado, assim como a imagem da alma do Eu em "Reconhecimento de Nêmesis", ponto alto da poesia de Mário, que "está negra tal-e-qual/ fruta seca de goiaba!".

5  Antonio Candido, *O estudo analítico do poema*, 4ª ed., São Paulo: Associação Editorial Humanitas, 2004, p. 97.

6  Para a identificação do ritmo mesmo fora da metrificação, penso ser de grande utilidade a noção de *célula métrica* que Cavalcanti Proença vai buscar em Pius Servien. Cf. *Ritmo e poesia*, Rio de Janeiro: Organização Simões, 1955.

7  Refiro-me à recepção de Bandeira em carta, quando Mário lhe envia o exemplar de *Pauliceia desvairada*, que se mostra muito incomodado com alguns excessos no livro, reconhecidos por Mário; ainda assim, além de notações

Os versos que fecham a estrofe criam um movimento circular ao retomar o verso de abertura, explicando a que alucinação se refere o eu. Assim, o eu alucinado vê os deputados saindo do Congresso na tarde de beleza luminosa, de mãos dadas, e como um possuído aplaude em transe suas excelências. Os dois versos formam unidade sintático-semântica que se liga ao verbo decisivo do segundo verso — "Vi" —, formando a unidade da estrofe: "Vi os deputados... como um possesso...". Para intensificar o êxtase em que se encontra, a voz fala alto e de maneira muito expressiva, através de uma espécie de quiasmo sonoro, pois se abre com a expressão "possesso num acesso", no primeiro dos dois versos, e se fecha com "estado amado", no segundo, tudo contribuindo para a circularidade na construção do poema. Na verdade, essas terminações idênticas aparecem em momentos-chave da expressão arrebatada do eu lírico, criando harmonia entre imagem e som: ao ver os deputados como um *possesso num acesso*; ao sentir a salvo seu *estado amado*; ao sonhar que foram afastados os *futuros noturnos* (na terceira estrofe)[8].

A técnica do verso livre também contribui para essa expressão do sujeito lírico, pois o verso livre trouxe para o poema certa modulação tonal maior do que a dos versos metrificados, que acabam de algum modo por atenuar os efeitos da entoação que, nos versos livres, parece justamente livre para a maior expansão dos sentimentos — o que retoma o comentário do poeta no "Prefácio" sobre a emoção gerada em cada poema. Assim, pela matéria o poema tenderia a distender a curva tonal justamente pelo prosaísmo da cena; mas a presença exaltada do eu, especialmente na primeira parte, torna a expressão mais viva, o que também aponta para a problematização que virá mais tarde.

A segunda estrofe corresponde a uma segunda cena da pequena narrativa, trazendo ao poema um segundo espaço (a rua) que forma um contínuo com o primeiro. Na primeira estrofe, o eu entusiástico ficava em êxtase ao ver os deputados saírem do Congresso. O poema se abria justamente com o verbo "ver", em primeira pessoa, como marca decisiva da condição iluminadora do lirismo. Bastaria, nesse sentido, pensar em casos presentes na poesia lírica de Bandeira que se abrem com esse verbo — "Eu vi uma rosa", "Vi uma estrela tão alta" e outros —, falando dessa visão sublime. E não é outra a visão do eu do poema: também ele tem uma visão que se poderia chamar de epifânica, dada a exaltação que dele se apossa.

Essa segunda estrofe desdobra a anterior, mantendo com ela a simetria do tamanho. Dividida em duas unidades de três versos, a primeira reitera a harmonia

---

elogiosas, Bandeira reconhece o lugar histórico do livro. Cf. Marcos Antonio de Moraes (org. introd. e notas), *Correspondência Mário de Andrade & Manuel Bandeira*, 2ª ed., São Paulo: Edusp/IEB-USP, 2001, pp. 69-75.

8  Ainda que tratadas comumente como casos de *rima interna*, ou mesmo *eco*, essas expressões correspondem à figura sonora (pouco usada) do *homeoteleuto* (finais iguais, semelhantes), figura recorrente também na prosa de ficção.

entre os deputados, que saíram do Congresso de mãos dadas e, de mãos dadas, descem a rua Marechal Deodoro (com reticências) no meio dos táxis que sacolejam, o que mostra que os deputados descem do pálio vesperal para a rua prosaica — da procissão ao profano —, mas ainda assim de mãos dadas, numa atmosfera toda ela pueril e senil, ainda que tratada de modo elevado pela voz do poema.

Ressalte-se, no segundo verso ("entre o trepidar dos táxis vascolejantes"), a bela solução encontrada pelo poeta no plano sonoro. A expressão contém duas informações complementares: os veículos trepidam e sacolejam; ou seja, uma primeira informação de sonoridade áspera (o choque com o calçamento), e uma segunda de sonoridade mais branda (o vascolejo). Assim, na primeira parte a sonoridade se faz com o travamento das oclusivas e vibrantes (en*tre* o *trepidar d*os *tá*x*i*s), ancoradas também na assonância estridente dos /*i*/s e /*e*/s átonos (na verdade, a expressão cumpre uma função paronomástica, tal como formula Jakobson em seu ensaio canônico). O adjetivo que qualifica os veículos que sacolejam, e atenua a estridência, é formado por fricativas e lateral (*v*a*s*co*l*e*j*ante*s*), contrastando com a secura da cadeia anterior, sendo que a noção de movimento da imagem é amparada também na alternância das vogais abertas/ fechadas, bem como no contraste entre os /*a*/s oral e nasal, este tônico, reforçando a homologia do movimento e dando ao verso como um todo a construção sonora em harmonia imitativa.

É certo que o eu lírico não economiza em exclamações e reticências: para 26 versos, há pelo menos 21 pontuações dessa ordem. Ou seja, o poema todo é marcado pelas exclamações da subjetividade diante das cenas, bem como pelas marcações de sugestão implicadas nas reticências, também elas expressão ostensiva de um eu que não se contém e quer prolongar o seu entusiasmo. No caso do verso com o nome da rua, as reticências podem ser lidas com uma ponta de ironia, como aparecerá mais claramente na estrofe seguinte; aqui, contudo, a primeira impressão é a de que o eu quer mesmo estender nas reticências sua efusão diante da imagem elevada e próxima.

E a parte final, com o retorno dos três versos, completa a mudança de registro, pois as personagens agora são exaltadas como "heróis", o que só faz aumentar o deslumbramento do eu com a proximidade e grandeza das figuras, vendo seus heróis descerem a rua a pé, ainda de mãos dadas, em meio ao povo, fazendo contrastar sua atitude modesta e sábia (são "inteligentes"!) com a imponência moderna dos táxis. Dessa forma, cria-se um caminho de mão dupla na estrofe central, pois de um lado há um movimento de rebaixamento da figura dos parlamentares, que deixam o céu róseo do Congresso em procissão e se misturam aos pedestres, *descendo* a rua Marechal Deodoro; de outro, porém, há um movimento para o eu de elevação dos mesmos congressistas, pois é lá que devem estar, misturados ao povo, como homens, mais que homens, "heróis".

A terceira estrofe, como foi dito, possui uma divisão interna em cinco e nove versos; mas justamente porque ocorre a transformação decisiva no poema, a estrofe toda é um contínuo, sem separação. Na primeira parte, o eu lírico expande ainda mais a "alucinação", com "as esperanças de ver tudo salvo!", ao pensar no futuro "verde, verde, verde" que a união dos congressistas reserva a seu "estado amado", graças à aprovação de "duas mil reformas" e "três projetos...". Agora, sim, parece mais evidente a presença da ironia nas reticências, pela discrepância dos números, ainda que mesmo aqui a ironia surja mais de uma voz que está por trás do eu lírico, mexendo seus cordéis, do que da voz deslumbrada.

Essa primeira parte da estrofe se fecha com o ritornelo da evocação/invocação ("Oh! minhas alucinações!"), que comparece ao poema pela terceira vez, atingindo o ápice da exaltação do eu, confiante num futuro livre de ameaças, pois graças aos nobres congressistas, "emigram os futuros noturnos...". Logo em seguida, porém, na segunda parte da estrofe, surge a terceira e decisiva cena da pequena narrativa, com a volta ao espaço do poder: o "palácio do senhor presidente". Nesta, que se abre com uma adversativa, começa a ocorrer a transformação das personagens: "Mas os deputados, chapéus altos,/ mudavam-se pouco a pouco em cabras!".

A metamorfose tem em tudo um caráter depreciativo, como parece ser próprio a uma representação satírica, a começar pela mudança de gênero, lastreando o preconceito todo implicado no lugar-comum do símbolo[9]. A simetria entre as duas figuras — deputado/cabra — apoia-se portanto na convenção do gênero e no imaginário popular sobre o animal, justificando as relações que o poema faz:

> Crescem-lhes os cornos, descem-lhes as barbinhas...
> E vi que os chapéus altos do meu estado amado,
> com os triângulos de madeira no pescoço,
> nos verdes esperanças, sob as franjas de ouro da tarde,
> se punham a pastar
> rente do palácio do senhor presidente...

O signo que faz a passagem decisiva do que é natureza para a degradação moral está na presença do humano na figura caprina, ou seja, o triângulo no pescoço, que impõe a condição de moralidade a todas as características do animal, que são apenas naturais. Assim, o que era signo de virilidade, nobreza e sabedoria se degrada em sujeição: o que era chapéu alto vira "corno"; o que era

---

[9] João Adolfo Hansen define a sátira como gênero dialógico entre a voz satírica e moralizante e o satirizado, um misto incongruente e obsceno, como é o caso do *sátiro*, meio homem meio bode, mencionado noutro ponto. Cf. "Anatomia da sátira", em: Brunno V. G. Vieira; Márcio Thamos (org.), *Permanência clássica: visões contemporâneas da Antiguidade greco-romana*, São Paulo: Escrituras, 2011, p. 167. Ainda que a questão aqui não seja de natureza propriamente sexual, diz o autor que a tópica do sexo na tradição do gênero tende a ter um caráter misógino (p. 160).

barba vira "barbinha"; o que era gravata vira "triângulo de madeira"[10]. Não seria de todo ruim, nos tempos que correm, muitos deputados e deputadas virarem cabras, ainda que fosse cruel com os dóceis caprinos; mas como o homem é um animal político, a transformação completa se frustra: o que se tornou cabra, ato contínuo, vira cabresto.

O verso que cumpre a função do ritornelo comparece quatro vezes marcando a composição estrutural das estrofes: abre a primeira, com a visão dos nobres deputados saindo do Congresso; medeia a segunda, com a visão quase em delírio dos deputados misturados ao povo (ao menos andando na rua); marca a divisão da terceira estrofe, com os sonhos verdes de futuro; e finalmente, encerra o poema com certa tonalidade de lamento e desencanto: "Oh! minhas alucinações!" [11].

Cada um dos retornos desse verso, que marca a subjetividade exposta, se adensa com a matéria que o precede, dentro do velho preceito jakobsoniano das equivalências que constroem uma sequência, o que justamente prepara a mudança de sentido, dando ao verso final o caráter de revelação. Cada retorno é, portanto, uma progressão no sentido, criando no poema um movimento de retomadas que se cumpre como "operação dupla e ondeante: progressivo-regressiva, regressivo-progressiva"[12]. Assim, nas primeiras três aparições, as "alucinações" surgem especialmente com o sentido de arrebatamento, possessão etc.; mas, com a última, há uma troca de sinal: onde começa a alucinação, começa a realidade, e o que era sonho vira sátira.

O quadro se completa "sob as franjas de ouro da tarde", imagem ainda vincada de impressionismo que volta para o contraste final entre a beleza do pôr do sol paulistano (mas agora não "pálio" e "manga-rosa" e, sim, "ouro"...) e os caprinos que pastam a grama verde (hoje azul) "rente do palácio do senhor presidente". Pela simetria do espaço no poema — descendo a rua a pé (lugar do povo) e pastando rente ao palácio (lugar do poder) —, os versos finais dão às personagens a imagem da traição — e invertem perversamente a imagem pueril das mãos dadas, este o ponto alto do poema. E a matéria prosaica se estende tanto ao recorte do verso livre quanto ao ritmo: no caso do primeiro, os versos mais longos contrastam com o antepenúltimo verso curto ("se punham a pastar"), que resume o núcleo da desonra; no caso do ritmo, este passou da procissão ao pedestre e, agora, do pedestre à andadura do pasto.

---

10 A gravata e a barba não estão mencionadas, mas a associação é evidente pela relação de contiguidade/similaridade própria da linguagem poética, podendo ser facilmente incorporadas à figura num movimento inverso ao da primeira imagem: se o chapéu leva ao corno, a barbinha traz a barba e o triângulo, a gravata.

11 E note-se nesses versos finais a reificação dos congressistas, pois "os chapéus altos... se punham a pastar".

12 Alfredo Bosi, "Imagem, discurso", em: *O ser e o tempo da poesia*, 6ª ed., São Paulo: Companhia das Letras, 2000, p. 41.

## O desconcerto

Ao tratar da questão dos gêneros, Wolfgang Kayser faz uma distinção fundamental entre diferentes atitudes da voz que se manifesta no poema lírico: a *canção* (essência do lírico), a *apóstrofe* (uma atitude dramática em meio à lírica) e a *enunciação*, que nos interessa mais de perto, como atitude da épica no seio da lírica. E não seria difícil encontrar em *Pauliceia desvairada* algum exemplo para cada caso: a *canção*, presente em inúmeros poemas, como "Inspiração", para citar o primeiro; a *apóstrofe*, presente num poema como "Ode ao burguês"; e a *enunciação*, cuja configuração parece se fazer no poema que estamos lendo.

Diz ele que uma das atitudes básicas no âmbito da lírica é a do eu (ou de uma voz que não se nomeia) que se encontra diante de um "objeto" que toca seu olhar, e ao qual o eu apreende e exprime. Como ficou dito, a essa atitude do lírico Kayser dá o nome de *enunciação lírica*, marcada por um traço de distanciamento que é da natureza da épica, ainda que o poema continue "absolutamente dentro do lírico". Assim, configura-se a presença de um objeto, pessoa ou acontecimento que está identificado e existe independente da subjetividade do eu; a apreensão traduz-se na forma de narração ou descrição de um quadro, ou mesmo de uma reflexão concentrada de natureza sentenciosa, de tal modo que a linguagem acabe por ser mais ordenada do que a das outras formas. Mas Kayser faz uma observação valorativa (sempre perigosa), que pode advir de uma discrepância de forças:

> Quando entre a unidade do estilo e a unidade da atitude surgem discrepâncias intransponíveis, a obra torna-se frágil. Onde, por exemplo, é necessário exprimir a essência da verdade de uma experiência, onde, portanto, há como base a atitude do enunciar sentencioso, a poesia falha, falta-lhe a unidade da obra de arte autêntica, se a expressão tiver o tom totalmente próprio da canção.[13]

Ressalvado o caráter prescritivo do manual, parece haver algo desse problema no poema que estamos lendo, e que se liga a outros aspectos. Chamo atenção para dois deles: o primeiro, a composição das imagens; o segundo, o propósito da sátira.

O primeiro aspecto remete a um dos pressupostos do "Prefácio interessantíssimo". No artigo segundo, do acréscimo à teoria, diz o poeta: "Antítese — genuína dissonância. E se tão apreciada é justo porque poetas como músicos, sempre sentiram o grande encanto da dissonância"[14]. Nesse comentário, fica evidente que um recurso fundamental do livro será a antítese, entendendo-se a figura de linguagem de forma ampla, como expressão de toda e qualquer dis-

---

13 Wolfgang Kayser, "Atitudes e formas do lírico", *Análise e interpretação da obra literária*, trad. de Paulo Quintela, 7ª ed., Coimbra: Arménio Amado, 1985, p. 378.

14 *Poesias completas, op. cit.*, p. 69.

sonância. Ora, o eu lírico fala em meio a uma cidade moderna e "desvairada", cujas dissonâncias são inéditas na vida social e na poesia brasileira até então. Vejamos: São Paulo é um palco de bailado russo com crimes e tísicos; domingo tem missa e jogo do Paulistano; há uma uiara na rua de São Bento; passa um São Bobo tralalando, e a guarda civil dando voz de prisão; havia chuva e eis o sol; as pernas das costureirinhas lembram as bailarinas; a alma da Pauliceia é cinza, mas as cascatas são violetas; um bonde sapateia nos trilhos; há barões lampiões e condes Joões; os Abéis são ruins e escalam a glória na lama; tem um aeroplano que vai de Mogi a Paris; tem até mesmo um tupi tocando um alaúde — e os próprios desníveis (ou vários níveis) de linguagem entram nessa conta, e se tornam fascínio tanto no calor da hora quanto cem anos depois. Logo, parece estar pressuposta no livro a certeza de que todo contraste se justifica e tem lastro na realidade. E quanto maior o contraste (a antítese), melhor o resultado, pois fala de modo mais expressivo da vida arlequinal. Com isso, a declaração de princípio registrada antes — versos vivem-se, e o eu lírico chorou, riu, odiou, amou, e é o quanto lhe basta — completa-se agora com o reconhecimento de que todas as emoções encontrarão eco na realidade, pois ser e cidade são um só[15].

Entretanto, essas aproximações (no máximo contrastantes) não têm em todos os casos a mesma força para apreender a cidade em suas contradições; nem mesmo para dar com a mesma intensidade a visão arlequinal que está na base de tudo. E o poema que estamos lendo parece ser um caso claro nesse sentido, sobretudo pela implicação política da fantasia. Na primeira parte, chama atenção o exagero das imagens e da perspectiva do eu, que busca situar-se numa posição extrema de credulidade para fazer realçar a decepção que vem ao final com os deputados que, em vez de "salvar o estado amado" e "tudo", preferem o cabresto do governador.

O problema não está na alegoria satírica da segunda parte: está nas imagens da primeira, ancoradas na puerilidade da voz lírica falando de suas alucinações e esperanças, o que necessariamente compromete a segunda. Ou seja, cria-se um contraste aberrante entre os dois planos do poema, não só pela crença ingênua no teatro farsesco da política partidária, mas pelo modo como o eu, digamos assim, está encenado: o que era para ser expressão da sabedoria do tolo (ou do São Bobo), que vai mostrando as sandices da razão, acaba por se configurar como personagem pueril, dada a representação interior que não tem a

---

15 Nesse ponto, encontra-se uma questão central para os críticos do livro e da poética de Mário, ou seja, as implicações da subjetividade na representação da cidade, com diferentes perspectivas. Cf. Roberto Schwarz, "O psicologismo na poética de Mário de Andrade", *A sereia e o desconfiado*, 2ª ed., Rio de Janeiro: Paz e Terra, 1981; Luiz Costa Lima, "Permanência e mudança na poesia de Mário de Andrade", *Lira e antilira: Mário, Drummond, Cabral*, 2ª ed., Rio de Janeiro: Topbooks, 1995; Telê Ancona Lopez, "Arlequim e modernidade", *Mariodeandradiando*, São Paulo: Hucitec, 1996; João Luiz Lafetá, "A representação do sujeito lírico na *Pauliceia desvairada*", em: *A dimensão da noite e outros ensaios*, org. de Antonio Arnoni Prado, São Paulo: Livraria Duas Cidades/ Editora 34, 2004; o ensaio consta também de Alfredo Bosi (org.), *Leitura de poesia*, São Paulo: Ática, 1996.

consistência que deveria ter, o que compromete, como foi dito, o todo da representação exterior. Nesse sentido, cria-se um desacerto no poema em questão, pois o que é *dissonância* (conceito do "Prefácio") em outros momentos fortes do livro aparece ali como *desconcerto*, pelo contraste de uma fantasia que não vai além do contraste[16].

O fato de a voz que fala no poema ser uma *persona* — o tolo sábio, o São Bobo —, e não expressão confessional do poeta, se distancia da oposição que faz Wolfgang Kayser entre a linguagem da canção e a enunciação lírica; entretanto, é preciso modular a noção de *persona* neste caso, pois, dada a atmosfera do livro, a voz que fala é em muito expressão de uma subjetividade, mesmo que não espontânea (como, de resto, nunca é inteiramente). Ou seja, a noção de *persona* supõe um afastamento crítico e, via de regra, analítico; mas o que se ouve no poema é uma voz que expressa sua interioridade de maneira infantil. Sendo assim, não importa tanto se é ou não uma *persona* para o resultado final, que fala de uma ingenuidade que não tem a força crítica que poderia ter; dizendo de outro modo, a cena armada pelo diretor resulta em algo estático, sem um movimento mais vivo de contradição, que a matéria pede.

O segundo aspecto que contribui (ou talvez seja decisivo) para desconcertar o poema que estamos lendo — ressalvada a qualidade formal apontada na primeira parte deste texto, também força do poema — é o indefinido dos termos que articulam a relação entre a *persona* e o quadro social (explicitamente político); em outras palavras, as intenções da sátira, sobre o que falarei brevemente. Disse acima que a discrepância muito intencionada entre as duas partes imagéticas do poema cria seu desconcerto. De fato, o sujeito lírico parece confiar demais nas oposições, certo de que o exagero dos opostos necessariamente tem força poética. Nesse sentido, é significativo o segundo verso da última estrofe: "Duas mil reformas, três projetos...". É o verso que concentra a reivindicação do eu e que, portanto, justifica a desilusão com os parlamentares que preferem pastar a grama do governador.

O primeiro ponto a observar é a discrepância dos números, o que aponta para a ironia do comentário; ou seja, a discrepância desmente os números. Mas o problema não está só na indigência dos "três" projetos: está também, e até mais, na exageração das "duas mil" reformas, mostrando que a reivindicação não particulariza nada que possa passar a ideia de consistência. À medida que o eu se coloca como a *persona* satírica, chama para si a voz da razão, da moralidade; mas ele está falando em nome de quê? Ou, por outro lado, qual o "sentido virtuoso proposto"?[17] A rigor, tomando o verso literalmente, o que o eu lírico estaria cobrando dos no-

---

16 Para essa interpretação, apoio-me, está claro, nas ideias de Roberto Schwarz.
17 "Anatomia da sátira", *op. cit.*, p. 167.

bres deputados é que trabalhassem mais, já que o segundo número desmente o primeiro — diga-se, de passagem, que, dependendo de qual deputado e partido, seria um favor se não "trabalhasse". Não há determinação nenhuma no centro do poema; ao final, a dimensão crítica está na conivência dos deputados com os interesses palacianos, o que faz a imagem das mãos dadas do início figurar como um gesto de cumplicidade (e traição) — a rigor, é esse o ponto mais crítico do poema, como foi dito. As reformas e projetos do verso em questão demonstrariam a autonomia do legislativo; verso que ainda assim parece ficar meio solto (sem nenhuma contundência, até pelo exagero) na sintaxe das imagens.

Mas volto ao ponto: o problema não está (em princípio) na alegoria das cabras; está na fantasia do eu que não traz consigo o lastro de realidade; aqui também o mesmo problema dos *contrastes exagerados*, que são a contraface das *dissonâncias arlequinais*. Ele sonha em "ver tudo salvo". Tudo o quê? Salvar do quê? Para quem? As perguntas, que não fariam sentido em outro contexto, com outro tema, fazem sentido aqui justamente pelo traço de obra estritamente política que há no poema. Certamente, o problema não está em amar o estado, a cidade, de origem ou adoção. O problema não está em amar, pois essa condição fala, antes de tudo, da identidade do sujeito lírico com a geografia física e humana da cidade ou estado. Mas essa indefinição acaba por tornar a sátira da parte final bastante prejudicada, girando em falso, no conjunto desprovida de contundência poética.

Ao sair dos limites do poema para uma breve contextualização no livro, obra e vida do autor, com a dificuldade implicada, mesmo que para um único parágrafo, é possível ensaiar alguma determinação para o que ficou indeterminado nas generalizações da voz do poema. Pode-se dizer que esse "tudo" que atormenta o eu lírico passa decisivamente pelo "largo coro de ouro das sacas de café", uma das "Paisagens" queridas da Pauliceia e do estado amado (sofrendo com os "mutismos presidenciais" e conivências parlamentares da política perrepista). Assim, querer salvar "tudo" é querer salvar sobretudo o café. E o café é Paulo Prado, a Semana, o Municipal, o Conservatório, a Pinacoteca, a Sociedade de Cultura Artística, o Pensionato Artístico, o progresso de São Paulo, do país... Diga-se, porém, que Mário não era Paulo Prado, não era Menotti del Picchia, nem qualquer outro do grupo, em sua biografia material, intelectual e artística. O café era "tudo" nesse momento; só não era ainda o conflito entre capital e trabalho, que virá mais tarde em sua poesia, quando o poeta olhar para a *Pauliceia desvalida* e perceber que, mais do que a falta do café, há falta do pão[18].

---

18 Nesse sentido, não posso deixar de mencionar a bela balada de Pedro, em *Lira paulistana*, que começa com o verso "Agora eu quero cantar", um antecedente claro do "Pedro pedreiro", de Chico Buarque.

"Mas é que, assim como está, *Pauliceia* me é excessivamente cara. É o meu lago onde passeio às vezes, para me recordar de uma época de vida." Com essas frases dirigidas a Manuel Bandeira, nas cartas mencionadas, Mário se situava diante do livro assumindo o lugar dele na sua trajetória ("É uma bomba. Arrebentou. Era preciso que arrebentasse"), e sabendo que sua trajetória estava apenas começando ("A minha obra mais universal, mais humana virá mais tarde").

De fato, sua poesia conhecerá uma grande transformação, acompanhando sua transformação intelectual e a expansão de sua obra como um todo. Como diz João Luiz Lafetá, com os livros escritos a partir de 1930, temos a "consciência do *poeta político*" que, situado "no interior da luta de classes", empreende "a denúncia da exploração social", sem abandonar (ao contrário) "suas inquietações íntimas"[19], sem também deixar de perambular com sua lira pela cidade que amou como ninguém.

---

[19] João Luiz Lafetá, "A poesia de Mário de Andrade", em: *A dimensão da noite e outros ensaios*, op. cit., pp. 319-20.

*Feres Lourenço Khoury*

## TIETÊ

Era uma vez um rio...
Porém os Borbas-Gatos dos ultranacionais esperiamente!

Havia nas manhãs cheias de sol do entusiasmo
as monções da ambição...
E as gigânteas vitórias!
As embarcações singravam rumo do abismal Descaminho...
Arroubos... Lutas... Setas... Cantigas... Povoar!
Ritmos de Brecheret!... E a santificação da morte!
Foram-se os ouros!... E o hoje das turmalinas!...

— Nadador! vamos partir pela via dum Mato-Grosso?
— Io! Mai!... (Mais dez braçadas.
Quina Migone. Hat Stores. Meia de seda.)
Vado a pranzare con la Ruth.

# Tietê

## *Vera Chalmers*

O poema é uma alegoria da moderna cidade de São Paulo e, como tal, conta uma breve história do rio Tietê, que atravessa seu espaço geográfico, desde os tempos imemoriais, desde a Colônia até a contemporaneidade do poeta narrador. "Tietê" enuncia o título do poema; o poeta narrador diz, a seguir, como o contador da fábula: "Era uma vez um rio..." e produz a ambiguidade sobre o caráter vetusto da sua identidade. Mas este verso inicial não dá o nome ao rio, deixando em suspenso sua identificação primitiva na frase, produzindo um sentido ambíguo, ampliado pela reticência. A fábula vem em seguida, no enunciado do verso seguinte: "Era uma vez um rio...", o qual abre a narrativa:

Porém os Borbas-Gatos dos ultranacionalistas esperiamente!

Neste verso, o patronímico Borba Gato do descobridor do ouro e prata de Sabará, do século XVII, torna-se na palavra composta hifenizada no plural, "Borbas-Gatos", o gentílico da genealogia das famílias tradicionais patriarcais dos barões do café, e transforma-se no emblema do bandeirismo em voga. Bem como, ao modo do neologismo do advérbio da analogia "esperiamente", a qual remete aos ítalo-paulistas, como os Matarazzo e os Crespi, impulsionadores da industrialização e da urbanização acelerada da cidade de São Paulo, que se reúnem no Clube Esperia à margem do rio Tietê e compõem a elite ufanista bandeirante, às vésperas das comemorações do centenário da Independência. A efusão lírica promove o estranhamento do enunciado da frase sem o verbo, das palavras em liberdade, expressas sem os elementos de ligação do discurso comunicativo, na polifonia do verso modernista.

A estrofe seguinte faz o relato da expansão paulista nos séculos XVI e XVII. Os dois primeiros versos condensam a estória da mobilidade paulista, na composição à maneira do discurso lógico causal da narrativa histórica, no verso em prosa:

Havia nas manhãs cheias de sol do entusiasmo
as monções da ambição...
E as gigânteas vitórias!
As embarcações singravam rumo do abismal Descaminho...
Arroubos... Lutas... Setas... Cantigas... Povoar!

O lugar e o tempo do enunciado são as monções paulistas de extração e de povoação, esclarece a segunda estrofe. Os sinais gráficos de reticência e exclamação comentam a ação que o verso exprime, ampliando o sentido e dando ritmo cadenciado à sequência temporal da narrativa. O neologismo do adjetivo "gigânteas" conota a oralidade da linguagem poética, um achado da língua brasileira do autor. O poema não menciona as expedições de preação, embora a cultura material indígena estivesse presente entre os povoadores de São Paulo de Piratininga desde os primeiros tempos. De simples entreposto à entrada do planalto, o povoado foi durante muito tempo um pobre assentamento vicentino, até o início do século XVII, quando melhora um pouco a vida do paulistano. Mesmo assim, de acordo com os inventários estudados por Alcântara Machado, em seu livro *Vida e morte do bandeirante,* publicado em 1929, os haveres eram poucos, como explica Sérgio Milliet no prefácio, "A vida cotidiana do nosso bandeirante". As "peças de serviço", como dizem os documentos compulsados por Alcântara Machado, não eram sujeitos à avaliação sistemática entre os bens legados, mas quase toda a "gente de obrigação" era indígena.

A indigência da vida paulista dos primeiros tempos impulsionava os habitantes para o sertão, menos como oportunidade de glória que como solução de urgência, em luta permanente contra o meio hostil, escreve o prefaciador. A terra para o cultivo da cana-de-açúcar não era o massapê de Pernambuco, o qual fixava o senhor de engenho à propriedade. O cultivo do trigo e da vinha não geravam a riqueza almejada. Sobrava terra e faltava gente; o paulista corria o sertão em busca do braço indígena para a colonização. Nos inventários seiscentistas, os indígenas legados, nos primeiros tempos, não passam de dois a três: um para a caça, outro para a pesca e outro para o serviço da casa. A terra não é partilhada, mas sim as benfeitorias. Apenas vinte dos quatrocentos inventários seiscentistas delatam alguma abastança. Os escravos eventualmente avaliados valem mais que as casas ou as propriedades imobiliárias e quase tanto quanto a mobília e as ferramentas de uso cotidiano. Mas uma saia do "reino de Londres" vale a importância pela qual também são tombadas as casas de Gracia Rodrigues, mulher de Pero Leme. As cortinas de Baltazar da Silva valem metade do preço da fazenda, nos ensina Sérgio Milliet em seu prefácio[1]. Os juízes não permitem que as "peças de serviço" sejam avaliadas à maneira de outros bens do espólio, antes do último quartel do século XVII. O que não impede que o cabeça do casal as descreva à justiça e as partilhe entre os herdeiros, apesar da proibição de sua Majestade, resolvida a não reconhecer legalmente o tráfico de escravos na Colônia. Assim, é por um motivo justo, e não por modéstia, que vários testadores chamam de pobreza o seu patrimônio. "Este declara ter partido a pobreza que tinha com o

---

[1] Antônio de Alcântara Machado, *Vida e morte do bandeirante.* Disponível em: <https://pt.scribd.com/doc/260807202/Vida-e-Morte-do-Bandeirante-Alcantara-Machado-pdf>, p. 18.

filho do primeiro leito. Aquele recomenda aos herdeiros não avexarem a esposa, senão se parta igualmente aquilo que se achar desta pobreza"[2].

Aos poucos a pobreza legada pelo paulista vai se modificando. Os inventários denotam um aumento da riqueza por volta do primeiro quartel do século XVII. A preação fraudulenta sucessiva do aldeamento do Guará por Antônio Raposo Tavares e Manuel Preto faz o padre Marsila escrever que a vida dos paulistas na época é um "ir e vir e trazer e vender índios"[3]. O indígena torna-se uma mercadoria de valor, contra a disposição prévia da Coroa portuguesa, que relutava em legalizar o aprisionamento e a escravização do natural da terra. As expedições dos sertanistas contra as reduções dos jesuítas espanhóis e a penetração dos sertões em busca do ouro constituem os móveis da expansão paulista, a qual ultrapassa os confins dos limites do Tratado de Tordesilhas, cujas fronteiras não eram bem conhecidas de ninguém. Por volta de 1620, os inventários mostram um aumento do patrimônio. Assim, no legado de Catarina de Pontes, proprietária de considerável sítio e fazenda "no termo adonde chamam Ipiranga"[4], a terra é avaliada junto aos bens móveis. Nas cercanias de 1650, passam os imóveis a constituir a parcela mais alta da riqueza privada, esclarece o autor. Na vila, as casas de dois lances já exibem as posses de seus moradores. Nas fazendas e nos sítios, as casas de dois lances também se apresentam. As fazendas produzem tudo que é necessário para o provento da casa-grande e da lavoura, graças ao braço dos "negros da Guiné" importados pelos colonos. A vida rural predomina sobre a urbana; os casarões da vila são povoados por ocasião das festas e solenidades. Com o ciclo do ouro que se abre com a descoberta das minas das Gerais, os inventários, perto do século XVIII, apresentam um certo fausto e poder dos senhores adventícios de Piratininga.

A segunda estrofe do poema, como já dissemos, trata da expansão paulista rumo ao oeste, no ciclo das monções. Ao abordar as "estradas móveis", Sérgio Buarque de Holanda, em seu livro *Monções*, publicado em 1945 — portanto posterior à publicação de *Pauliceia desvairada*, de Mário de Andrade —, discorre sobre o ciclo do ouro de Cuiabá e Mato Grosso, que se abre depois de exauridas as minas das Gerais, por volta da segunda década do século XVIII. Como nos relata em seu ensaio historiográfico o já citado Sérgio Buarque de Holanda, os caminhos d'água não eram muito usados pelos nossos sertanistas, apesar da nossa rede hidrográfica. Os caminhantes preferiam as rudes vias de comunicação cortadas pelos naturais da terra nos caminhos do sertão. Mais de um cronista se tem referido às "vias nacionais" nativas, tais como a estrada real dos Guaranis, que partia de Cananeia e dirigia-se a sudoeste para a região de Iguaçu e Piqueri. Esses são caminhos para pedestres, os quais exigiam muita energia física dos

---

2 Antônio de Alcântara Machado, *Vida e morte do bandeirante, op. cit.*, p. 42.
3 *Ibid.*, p. 235.
4 *Ibid.*, p. 42.

caminhantes afeitos à fome, à sede, ao cansaço, "somados ao senso topográfico levado ao extremo, a familiaridade com a natureza agreste"[5]. Os rios eram considerados um estorvo ou um meio complementar de penetração na mata.

O fluxo dos caminhos fluviais começou a ser explorado por volta de 1719, quando da descoberta das minas de Cuiabá por Miguel Sutil. A fama dessas minas logo se espalhou, atribuindo-se estórias fantasiosas sobre elas, as quais atraiam sertanistas e aventureiros de toda parte, em busca do ouro abundante e de fácil extração. A procura das minas do Cuiabá foi tão grande que os veios logo se esgotaram. Mas os caminhos d'água do Cuiabá eram arriscados, e muitos exploradores naufragaram ou perderam suas canoas no Tietê e no Paraná. Em 1724, quando as explorações ainda estavam vigentes, o governador Rodrigues César de Menezes queixava-se em carta a el-rei de que as canoas empregadas no comércio do Cuiabá não carregavam mais do que sessenta arrobas, incluindo o peso das pessoas embarcadas. Dois anos depois, escrevendo já de Cuiabá, para onde se transportara com 308 canoas, o governador confirma que só tinham chegado ao destino mil pessoas, "havendo muitos falecidos afogados e perdidas várias canoas"[6]. O autor presume que o total de embarcados teria sido superior a 3 mil e, se eram 308 canoas, se poderia afirmar que cada uma, entre sertanistas e mareantes, levaria dez homens. Os depoimentos de época não são muito elucidativos a respeito das questões materiais das monções paulistas. Há documentos como a carta do conde de Azambuja ao de Val Reis, escrita em 1727, na qual ele narra os sucessos de sua viagem para seu Governo do Mato Grosso. O documento relata que o navegante saíra de Sorocaba com quatorze negros e três canoas suas, perdeu duas no caminho; dos negros vendeu seis dele, que tinha comprado fiado em Sorocaba. Para finalizar, remata que, "de vinte e três canoas que saíram de Sorocaba, chegamos só quatorze a Cuiabá; as nove perderam-se e o mesmo sucedeu às mais tropas e sucede cada ano nesta viagem"[7].

Mas, com o crescimento da frequência das viagens fluviais rumo ao Cuiabá e o aumento do comércio para a região das minas, começam a faltar as árvores de tamanho adequado para a construção de canoas em algumas florestas marginais do rio Tietê e dos seus afluentes, escreve o autor. A destruição sistemática e progressiva dos gigantes florestais coincide com o esgotamento também progressivo das minas do Brasil Central, desde a primeira metade do século XVIII. Com o crescimento das viagens terrestres para as minas recentes de Goiás, as expedições terrestres suplantam as estradas d'água de Cuiabá. A ambição de povoar ermos em todos os maus passos do Tietê utiliza os caminhos terrestres com

---

[5] Sérgio Buarque de Holanda, *Monções e capítulos da expansão paulista*, org. Laura de Mello e Souza e André Sekkel Cerqueira, São Paulo: Companhia das Letras, 2014, p. 43.

[6] *Ibid.*, p. 61, nota 19.

[7] *Ibid.*, p. 151, nota 22.

bois de tração e as varações de canoas, permitindo a economia de mareantes, já na metade do século XVIII. A transferência de número apreciável de colonos, que estavam na boca do sertão, não era praticável na época das monções, nos ensina Sérgio Buarque de Holanda. "Quando afinal, em 1856 e 1858, se efetuam as primeiras tratativas para o povoamento das terras do Itapeva e do Avanhandava, mediante a formação de vilas militares, foi a ausência de boas comunicações, mais do que a insalubridade das terras, o que condenou as tentativas ao malogro"[8]. A navegação fluvial já não oferecia atrativos aos homens do planalto.

Os três primeiros versos da segunda estrofe, como já dissemos, condensam a narrativa alegórica sobre a penetração dos sertões pelas estradas móveis do Tietê. O poema é contemporâneo ao discurso encomiástico de Afonso d'Escragnolle Taunay, "A glória das monções", pronunciado na inauguração do Parque das Monções em Porto Feliz, no dia 26 de abril de 1920. O ideário referente às monções do Tietê estava em voga e merecia uma comemoração oficial em nome do Museu Paulista, do qual Taunay era diretor. A narrativa marioandradina do poema é corroborada posteriormente pelos ensaístas modernistas já mencionados, Alcântara Machado e Sérgio Buarque de Holanda, em suas pesquisas sobre a vida paulista nos Seiscentos e Setecentos.

Os historiadores narram o entusiasmo de mamelucos e sertanistas pela partida ao desconhecido sertão; as monções de extração saíam por volta das oito da manhã e paravam à beira dos rios por volta das cinco da tarde, devido ao denso nevoeiro que cobria os rios. Os navegantes buscavam a fortuna na descoberta do ouro. O lirismo do poeta também denota uma narrativa pertinente, resultado do conhecimento do tema tratado:

> As embarcações singravam rumo do abismal Descaminho...

O poeta refere-se às pirogas que subiam o Tietê em busca das minas do Cuiabá e do Mato Grosso. A via do Paranapiacaba-Ivinheima levava a uma Casa de Registro perto da barranca do Paraná, acima da barra do Pardo. A passagem por esse caminho daria lugar, por força, "a muito descaminho do ouro, em prejuízo do Real Erário"[9]. As pirogas são, com poucas modificações por quase um século, o meio de transporte dos indígenas, datadas de muito tempo antes da chegada dos adventícios aos sertões. A presença dessas magras canoas em águas do Tietê e do Paraná está documentada, segundo o autor, desde 1628, quando da viagem do governador castelhano Luis de Céspedes Xería ao Paraguai. Os exploradores andarilhos desde sempre utilizavam as canoas de casca, fabricadas de cascas de árvores encontradas à margem dos rios, as quais serviam para varar as

---

8  *Ibid.*, p. 72.
9  *Ibid.*, p. 90.

águas, sendo abandonadas nos caminhos, quando não mais serviam. As canoas de casca são especialmente indicadas para os rios encachoeirados como o Tietê. Escolhido "o tronco linheiro e com seiva", é retirada a casca do topo à raiz, unindo as pontas com cipós, e aberto o bojo por meio de travessões de pau[10]. A vantagem da canoa de casca é que ela podia ser transportada pelos andarilhos com facilidade e abandonada depois de atravessar os maus passos.

Com a normalização do tráfego fluvial para o Cuiabá, a canoa de pau inteiriço, de fácil fabricação escavando a fogo, machado e enxó, era usada onde a navegação se fazia sem obstáculos, no curso inferior, "depois da barra do Aripuana e em muitos trechos do curso superior, antes do salto de Santo Antônio"[11]. A piroga foi utilizada durante toda a exploração do ouro do Cuiabá e do Mato Grosso. O recurso à matéria-prima indígena pelos primeiros colonos e seus descendentes manteve também a técnica de construção naval dos naturais da terra e as características da piroga: sem quilha, sem leme, sem velas. Com o aumento das expedições, as embarcações já começam a comportar algumas comodidades, tais como remos à maneira de choupos de espontão, varas de ferro para subir os rios e coberta de lona para proteger das chuvas. Como nos ensina o ensaísta, a relação entre o comprimento e a largura já serve para caracterizar a estreiteza destas canoas, a popa e a proa são agudas, o que faz lembrar as lançadeiras[12]. O casco mede cinco a seis centímetros, e as canoas flutuam apenas por pouco mais de um palmo fora d'água. Os mareantes remavam de pé. Ainda de acordo com o ensaísta, o uso desse modelo de canoas das monções do Cuiabá não foi exclusivo do Tietê, mas chegou até as regiões mais afastadas, sendo chamadas de "paulistas". Durante o longo processo de adaptação do adventício ao planalto, era usual que utilizasse a experiência do indígena com a natureza agreste e rude, não apenas as estradas trilhadas pelo andarilho, mas também as estradas d'água.

O terceiro verso da segunda estrofe:

Arroubos... Lutas... Setas... Cantigas... Povoar!

Configura uma breve epopeia modernista das monções de povoação. Em vez de nomear o herói da ação, o poema personifica a exaltação que acomete os desbravadores dos sertões do Mato Grosso. O verso enumera os episódios de luta pela conquista da terra e o assentamento do colono. As reticências que marcam os intervalos entre as ações amplificam o significado e marcam o tempo da narrativa.

As monções de povoamento se estabelecem à margem das estradas d'água desde o início do tráfego fluvial para o Cuiabá, mas as monções de povoamento

---

10 *Ibid.*, p. 48.
11 *Ibid.*, p. 48.
12 *Ibid.*, p. 60.

intensificam-se em meados do século XVIII com a normalização do tráfego comercial ao Cuiabá, cujos caminhos vão levar até o Pará. Com a decadência da mineração no Cuiabá, não cessa o tráfego fluvial; o comércio cria uma nova cultura sedentária, que diverge do ímpeto aventureiro, o qual caracteriza a mobilidade do paulista vicentino. Isso se dá pois a atividade comercial exige a manutenção de uma certa regularidade no transporte fluvial cheio de perigos, para o transporte de mercadorias, que têm de atingir em boa forma o seu destino. A atividade constante de ir e vir necessita de apoio em terra. A rota seguida desde Arariguaba "vai assumindo cada vez mais o caráter de uma via de trânsito regular"[13]. O que estimula a navegação, então, já não é o ânimo aventureiro, mas o lucro que promete o comércio com o remoto sertão. Os altos preços que alcançam as mercadorias compensam os riscos da expedição. As canoas de comércio já apresentam algumas inovações em relação às da travessia da mineração do Cuiabá, tais como as canoas toldadas, tornando-se um veículo ordinário de comerciantes, "mais cautelosos e mais exigentes" do que os precursores sertanistas[14]. A adaptação das canoas indígenas às atividades do transporte e do tráfego normal foi feita a partir da experiência ganha ao longo da utilização das rotas de comércio. A crescente familiaridade com os rios sertanejos tinha ensinado às expedições fluviais de cunho comercial o desbravamento das comunicações entre o Mato Grosso e o Pará. Porém a navegação fluvial cai em desuso com a descoberta das minas e dos caminhos terrestres de Goiás. Sérgio Buarque de Holanda nos relata que, no ano de 1818, o capitão-mor de Porto Feliz chegou a se queixar que "já não havia ali práticos, pilotos e proeiros para mais de seis ou oito canoas"[15]. A partir de então e sobretudo depois da Independência, as viagens fluviais vão escasseando até desaparecer.

Com a decadência da mineração no Cuiabá, como vimos, não cessou o tráfego fluvial, com a normalização das estradas d'água entre São Paulo e o Mato Grosso. O comércio intensificou-se graças à descoberta das minas do Mato Grosso em 1734. A rota seguida desde Arariguaba foi "assumindo cada vez mais o caráter de uma via de trânsito regular"[16], pois as primeiras monções do Cuiabá recrutavam a mesma gente "fagueira e turbulenta"[17] que constituía as bandeiras do século XVII. No entanto, a atividade comercial exigia a manutenção de uma certa regularidade no transporte cheio de perigos para a mercadoria, a qual tinha de atingir, como vimos, em boa forma o seu destino, em atividade constante de ir e vir. A adaptação das canoas indígenas às necessidades do transporte e do tráfego normal foi feita pela experiência ao longo da utilização das rotas de comércio. A

---

13 *Ibid.*, p. 81.
14 *Ibid.*, p. 90.
15 *Ibid.*, p. 98.
16 *Ibid.*, p. 89.
17 *Ibid.*, p. 105.

atividade comercial precisava de apoio em terra. Por este motivo, além dos artigos destinados ao uso dos viajantes, tinham de transportar também aqueles indispensáveis à manutenção de um arraial. A escolha da rota mais adequada para a atividade constante do comércio podia ser, entre outras, pelos rios Tietê, Pardo e Anhanduí-Guaçu[18]. Porém a navegação comercial fluvial caiu em desuso com as minas e os caminhos terrestres de Goiás. A partir de então e sobretudo depois da Independência, as viagens fluviais viriam a desaparecer, por volta de 1898[19].

O ritmo sincopado da narrativa da epopeia da colonização traduz-se no verso seguinte na obra de Brecheret:

Ritmos de Brecheret!... E a santificação da morte!

Há, portanto, a analogia entre a cadência da narrativa das monções e a disposição das figuras hieráticas das bandeiras na maquete da escultura do *Monumento às Bandeiras* de Victor Brecheret. O monumento datado de 1920, configura um arranco rumo ao oeste, em bloco compacto, dramático e ritmado. Para o grupo modernista em formação, o escultor Brecheret foi a maior descoberta, feita por acaso, em janeiro, no Palácio das Indústrias em construção. A descoberta do ateliê do escultor feita por Di Cavalcanti e Oswald de Andrade transformou-se no estandarte da luta dos modernistas contra o meio artístico provinciano. Logo passaram a formar uma comissão, com Monteiro Lobato, Menotti del Picchia e Oswald de Andrade, a fim de inscrevê-lo no concurso aberto pelo estado de São Paulo para o Monumento à Independência, no contexto das comemorações do centenário da Independência em 1922. A maquete de gesso foi exposta a partir de 28 de julho de 1920 na Casa Byington, na rua 15 de Novembro. O governador do estado, Washington Luís, esteve presente na inauguração[20]. O projeto de Brecheret apoiado pelos modernistas opunha-se ao projeto acadêmico de Ettore Ximenes, escultor de origem italiana, que foi afinal o vencedor do concurso, ao qual também concorreu o escultor português Teixeira Lopes, apoiado pela colônia portuguesa. A disputa gerou polêmica, na qual se envolveram os modernistas.

Menotti del Picchia foi o autor do "Memorial" do Monumento de Brecheret, publicado na *Papel e Tinta* (São Paulo-Rio de Janeiro, 1920, ano 1, nº 3)[21]. O autor afirma que a epopeia da Conquista da Terra não se fragmenta em episódios, por isso o monumento foi inicialmente concebido em bloco, exprimindo no seu conjunto, "pela sóbria imponência de suas linhas e pela solidez de seus grupos, as

---

18 *Ibid.*, p. 90.

19 *Ibid.*, p. 98.

20 Marta Rossetti Batista, *Bandeiras de Brecheret: história de um monumento (1929-1953)*, São Paulo: Departamento do Patrimônio histórico, 1985, p. 28.

21 Marta Rosseti Batista; Telê Ancona Lopez; Yone Soares de Lima, *Brasil: 1º tempo modernista. Documentação*, São Paulo: Instituto de Estudos Brasileiros-USP, 1972, p. 54.

duas forças criadoras da Epopeia: Audácia consciente e Heroísmo almejado"[22]. Ainda prossegue: "O grupo monumental que é a coluna dorsal do monumento foi movido ritmicamente de maneira a sugerir uma 'entrada'"[23]. No centro da escultura, uma Vitória

> espalma as asas que cobrem piedosamente os "Sacrificados"; isto é, aqueles sertanistas que tombaram nas ciladas da selva, nas insídias das febres, nas emboscadas dos guerreiros nus e bravios. O grupo carrega o "Arado", símbolo da obra humana, da fertilidade consciente, que vai substituir a ferocidade selvagem e tropical do sertão americano. Na cauda da expedição com o esporão agudo voltado para o alto, os heróis arrastam a canoa das "monções", destinada a singrar o Tietê histórico que... a fugir, pouco a pouco se perde no majestoso, vago, infinito sertão...[24]

A figura enigmática que pompeia na frente do monumento, solene como uma deusa, é a "Terra Brasileira"[25]. Os grupos laterais são as "Insídias da Ilusão", mulheres enigmáticas e serpentinas; do outro lado as "Insídias do Sertão" exprimem as Lesírias e as Febres, as Emboscadas e as Feras, a Fome e a Morte. O Memorial finaliza: "Criamos assim um grupo Central vencendo as insídias guiados pelos seus Gênios, encaminhando-se para a Terra conquistada e forte e eterna pátria brasileira"[26]. Na parte posterior, a Ânfora que contém água do Tietê, sagrado pela glória das monções. E termina: "Fica aí expresso o nosso conceito"[27]. Na polêmica que se segue à apresentação pública da maquete, vários modernistas escrevem em jornais e revistas em defesa da obra de Brecheret. Oswald de Andrade defende a expressividade da figura dos bandeirantes, com seus músculos desmesurados e tensos, e a caminhada heroica de seus passos, os quais constituem o bloco central da escultura, na coluna "Questões de Arte"[28]. Como diz Mário de Andrade, em "Crônicas de Malazarte" (*América Brasileira*, Rio de Janeiro, 1924)[29], foi "nesse delírio de profunda raiva que *Pauliceia desvairada* foi escrita, no final de 1920". A obra de Brecheret está ligada à produção do grupo modernista; o escultor é personagem de *Os condenados*, de Oswald de Andrade.

---

22 *Ibid.*, p. 54.
23 *Ibid.*, p. 54.
24 *Ibid.*, p. 55.
25 *Ibid.*, p. 55.
26 *Ibid.*, p. 55.
27 *Ibid.*, p. 56.
28 *Ibid.*, p. 33.
29 *Ibid.*, p. 31.

O quinto verso resume o terceiro e o quarto versos e encerra o ciclo do ouro:

Foram-se os ouros!... E o hoje das turmalinas!...

A curta narrativa da breve epopeia das monções e a marcha das bandeiras de Brecheret, descrita acima no memorial de Menotti del Picchia, inscrevem-se na tradição do poema narrativo da epopeia da colonização, configurada nos poemas "Uraguai", de 1769, de Basílio da Gama; "Caramuru", de 1781, de Frei José de Santa Rita Durão; e "O caçador de esmeraldas", de 1902, de Olavo Bilac, na literatura brasileira. A literatura do século XVIII procura dar dignidade aos relatos dos cronistas e genealogistas e aos relatórios apologéticos a respeito da Conquista, tais como a "Nobiliarquia paulista", de Pedro Taques, de 1760. Os portugueses e os naturais da terra são os protagonistas dos embates, que glorificam a tradição da épica, que antecede o romantismo, na representação da peculiaridade brasileira em relação a Portugal, no naturismo e no indianismo. Mas a construção do gênero não se faz sem contradições e cumplicidades estruturais, como assinala Antonio Candido no ensaio "Estrutura literária e função histórica"[30].

O "Uraguai" relata as lutas pela destruição da República Guarani de Sete Povos das Missões. O General Andrade, das tropas portuguesas e espanholas, abre a narrativa dos feitos desastrosos da primeira campanha de guerra contra as missões jesuíticas. No campo de luta, sobressai-se pela valentia e destreza o indígena Sepé; no entanto, ele é atingido no peito pela arma de fogo do governador espanhol. A luta parece perdida, até que o indígena Cocambo, num ímpeto de coragem e ardil, lança fogo ao mato seco que cobre as margens do Uruguai, atingindo o acampamento do inimigo. A ação de Cocambo é comparada pelo narrador à façanha de Ulisses no incêndio de Troia. A simpatia do poeta narrador parece dirigida aos guerreiros indígenas. Os soldados são apanhados de surpresa, até que se alinham e partem organizados no ataque aos colonos dos Sete Povos e, pela superioridade em armas de fogo, vencem a guerra. O poema narrativo tem lances vigorosos de luta, nos quais os chefes indígenas se sobressaem pela bravura, mas são derrotados no final. O caráter da natureza valorosa dos colonizadores, elogiados no Canto Primeiro, fica prejudicado pela superioridade dos feitos dos guerreiros Sepé e Cocambo, nomeados e individualizados em meio à tropa anônima dos colonizadores. O General é representado como homem generoso e compassivo diante do massacre dos povos das Missões, pois seus adversários

---

30 Antonio Candido, "Estrutura literária e função histórica", em: *Literatura e sociedade*, 9ª ed., Rio de Janeiro: Ouro sobre Azul, 2006. Disponível em:
<https://joaocamillopenna.files.wordpress.com/2014/03/candido-literatura-e-sociedade-copy.pdf>.

são os padres jesuítas Balda e Tadeu, mas os colonos não são poupados. Dessa forma a epopeia fica deslocada e retórica e é escamoteada a ética da trama da narrativa. Pois o colonizador, vencedor da batalha, é um herói ambíguo, dividido entre a compaixão e a atrocidade. A tradição da épica entre nós é deslocada pelas contradições sociais e pela ambivalência do indigenismo de Basílio da Gama.

O "Caramuru", de Frei José de Santa Rita Durão, é outro poema épico antecessor do indianismo e do naturismo prenunciadores do romantismo. A ação se passa, entre outros incidentes, durante a colonização da Bahia. A narrativa épica percorre vários espaços e acontecimentos da formação da Colônia. O poema narrativo é catalisador das tendências que vão formar o nacionalismo dos românticos e procura dignificar a tradição dos cronistas, como já dissemos a propósito do "Uraguai", de Basílio da Gama. Mas o "Caramuru" procura configurar uma nobreza indígena na caracterização de Paraguaçu, que, no entanto, é branca e rosa, domina a língua dos brancos e serve de intérprete entre Diogo e Gupeva. Por sua vez, Diogo vai se aculturando à vida indígena, após tornar-se o Caramuru, por usar arma de fogo para combater os antropófagos. Fato que se dá logo depois do naufrágio, ao desembarcar na Bahia, no início da narrativa. Ele se torna amigo de Gupeva, que o recebe em sua taba como hóspede, pois, para o indígena, Diogo tornara-se da ordem do sagrado, o Filho do Trovão. Porém o vilão Jararaca adverte os guerreiros sobre o perigo da aproximação entre Gupeva e Diogo. Ele então investe com os guerreiros contra as terras de Gupeva. O antagonista de Gupeva adverte os outros guerreiros sobre o destino dos tupis, que se aliaram aos portugueses e tiveram sua cultura dizimada pela guerra e pela dominação à qual se submeteram, o que levou esses incautos a ver:

> Tomar-lhes esses estranhos já vizinos,
> Escravas as mulheres, c'os filhos
> (Canto XXXIV)

A fala é eloquente e lúcida sobre o destino dos povos indígenas sob a dominação do europeu. Jararaca não participa da crença do Caramuru, é infiel aos ritos do Filho do Trovão. Ele vê em Diogo apenas um emboaba; e em Gupeva, um ingênuo colaborador do civilizado. Jararaca convoca à guerra, como já dissemos, e invade a aldeia de Gupeva, mas é derrotado pela explosão de fogo atiçada por Diogo e pela valentia do combate, no qual Paraguaçu se destaca ao lado das amazonas. A bravura de Jararaca o valoriza como herói, em contraste com o ardil civilizado de Diogo, que usa arma de fogo para manipular o sagrado para a cultura indígena e sobrepor-se à luta.

De acordo com Antonio Candido[31], as nossas tradições da epopeia são "'dúplices', devendo o poeta, se quiser ser nacional, harmonizar os indígenas com os portugueses"[32]. Assim, ao final da narrativa dos conflitos dos colonizadores com os invasores franceses, batavos e belgas, relatados no sonho profético de Paraguaçu, a cena do trono de Itamaracá é expressiva. Após ser entronizada como rainha em Itaparica, a brasileira Paraguaçu, agora a Dama Catarina, após o casamento na França com Diogo, cede o trono a Mem de Sá, em nome da boa administração dos interesses da Colônia portuguesa e da propagação da fé cristã da Contrarreforma. A indígena aculturada aos costumes europeus submete-se à tutela do colonizador. Antonio Candido discute o conceito de ambiguidade[33] na caracterização de Diogo-Caramuru e Paraguaçu-Catarina. O hibridismo cultural leva à criação de oposições, as quais só serão resolvidas na síntese operada pela cultura dominante por meio da religião, no poema de Durão. A literatura foi considerada pelos românticos como parcela de seu esforço construtivo mais amplo da mentalidade nacionalista. Nesse sentido, Santa Rita Durão escreve uma epopeia "eminentemente religiosa, antipombalina"[34]. Durão exalta a obra colonizadora "principalmente na medida em que era uma empresa religiosa, uma incorporação do gentio ao universo da fé católica"[35].

Desse modo, embora Basílio da Gama escreva uma epopeia pombalina contra as missões jesuíticas do Paraguai, a equiparação de Cacombe a Ulisses não é apenas um recurso estilístico, mas revela a intenção do autor de construir um herói épico legítimo na figura do indígena, revelador da tendência do indianismo já em voga, antecedendo a preconização do nacionalismo pelos românticos. A tradição da épica entre nós é deslocada pelas contradições da sociedade, a qual é representada pela caracterização ambígua de General Andrade, a autoridade colonial dominadora e pelo indígena rebelde derrotado no conflito. Basílio da Gama no que pese suas brilhantes evocações da vida indígena escreve a apologia do colonizador português pombalino. Assim como no "Caramuru" de Durão, a religião busca operar a síntese do hibridismo, observado na sociedade.

O poema narrativo de Olavo Bilac, "O caçador de esmeraldas", de 1902, segue a tradição da épica da colonização, como já dissemos. O poema narra a lenda de Fernão Dias Paes Leme, atraído e fascinado pelo mito indígena do Vupurabuçu, a serra que esplende, dos Tapajós. O sertanista morre no Sumidouro em 1681,

---

31 Antonio Candido, *Formação da literatura brasileira: momentos decisivos,* vol. 2 (1830-1880), São Paulo: Martins Editora, 1969.
32 *Ibid.*, p. 10.
33 Antonio Candido, "Estrutura literária e função histórica", em: *Literatura e sociedade, op. cit.*, p. 185.
34 *Ibid.*, p. 183.
35 *Ibid.*, p. 182.

no engano das turmalinas, pedras verdes sem valor. O herói ambíguo morre dividido entre a ambição do colonizador e a verdade do mito sagrado dos indígenas, depois da expedição de sete anos pelo sertão em busca das esmeraldas. Bilac nos apresenta um anti-herói, ao fim despojado de tudo, mais próximo da lírica do que da epopeia, um herói moribundo e equivocado:

> Verdes sonhos!... é a jornada ao país da Loucura!
> (Canto II)

diz Bilac em seu poema. Mário de Andrade, no último verso da segunda estrofe, ironiza o mito popular:

> Foram-se os ouros!... E o hoje das turmalinas!...

O que serão as verdes turmalinas de hoje em 1921? O ouro negro talvez; o café em sua marcha para o oeste, rumo à terra roxa. O avanço da cultura do café rumo ao oeste do estado percorre o caminho desbravado pelos sertanistas do século XVIII. A mobilidade paulista observada pelos historiadores desperta novamente rumo a oeste séculos depois, com o cultivo do café, vindo do Paraíba do Sul fluminense. A crônica nobiliárquica dos paulistas é restaurada pelos barões do café, tais como Paulo Prado e outros, criadores da imigração subsidiada dos estrangeiros, como os italianos, para a lavoura do café. A expansão para o oeste é propiciada pela política do Partido Republicano Paulista (PRP) de Washington Luís, cognominado o "abridor de estradas", para povoação e escoamento da produção do café. A ironia de Mário volta-se para o cotidiano da vida urbana paulistana à véspera da celebração do centenário da Independência. Mas para o poeta a história talvez não se imite...

A terceira estrofe do poema de Mário de Andrade consiste na organização de uma cena, na qual se contrapõem o poeta narrador e o esportista italiano do Tietê metropolitano. O poeta interpela provocativamente o seu interlocutor, o nadador. A travessia junto ao Clube Esperia se faz por lazer e esporte em 1921:

> — Nadador! Vamos partir pela via dum Mato-Grosso?

A pergunta é capciosa e carrega as várias camadas de significação da temporalidade sedimentadas no Tietê: a penetração do sertão no século XVII e o ciclo do ouro no XVIII, as monções de povoação, a penetração do café rumo ao oeste, a industrialização e a urbanização da cidade de São Paulo. À petulância do paulistano o ítalo-paulista responde negativamente e dá mais dez braçadas nas águas do Tietê. O nadador se exprime em sua língua de origem, o italiano, corrente nas ruas da cidade de São Paulo naquela época, recusando o ambíguo convite. Pois o imigrante de segunda geração não se mostra um aventureiro abridor de fazenda para o oeste, porém mira as comodidades da vida urbana. O poeta narrador ironiza o seu sedentarismo, fruidor do lazer da natação, dos prazeres da vida em sociedade:

Vado a pranzare con la Ruth.

O que inclui o consumo dos produtos industrializados, oferecidos nas lojas de luxo da rua Líbero Badaró: Quina Mignone, Hat Stores, Meias de Seda. A última estrofe marca o cosmopolitismo da cidade, que põe em movimento a já mencionada mobilidade expansionista do paulista para o oeste do estado e o incensado progresso da cidade de São Paulo. O poema termina no modo irônico, pelo rebaixamento da ambição do ítalo-paulistano.

## REFERÊNCIAS BIBLIOGRÁFICAS

ANDRADE, Mário. *Pauliceia desvairada. Poesias completas*. vol. 1. Edição de texto apurado, anotada e acrescida de documentos por Tatiana Longo Figueiredo e Telê Ancona Lopez. Rio de Janeiro: Nova Fronteira, 2013.

BATISTA, Marta Rossetti. *Bandeiras de Brecheret: história de um monumento (1929-1953)*. São Paulo: Departamento do Patrimônio histórico, 1985.

BATISTA, Marta Rossetti, LOPEZ, Telê Ancona, LIMA, Yone Soares de. *Brasil: 1º tempo modernista. Documentação*. São Paulo: Instituto de Estudos Brasileiros-USP, 1972.

BILAC, Olavo. *O caçador de esmeraldas*. Disponível em:
<http://www.dominiopublico.gov.br/download/texto/ua000248.pdf >.

CANDIDO, Antonio. *Formação da literatura brasileira: momentos decisivos (1830-1880)*. São Paulo: Martins, 1969.

CANDIDO, Antonio. "Estrutura literária e função histórica", *Literatura e sociedade*. 9ª ed. Rio de Janeiro: Ouro sobre Azul, 2006. Disponível em:
<https://joaocamillopenna.files.wordpress.com/2014/03/candido-literatura-e-sociedade-copy.pdf>.

DURÃO, Frei José de Santa Rita. *Caramuru*. Disponível em:
<http://objdigital.bn.br/Acervo_Digital/livros_eletronicos/caramuru.pdf>.

GAMA, Basílio da. *O Uraguai*. Disponível em:
<http://www.dominiopublico.gov.br/download/texto/bn000094.pdf>.

HOLANDA, Sérgio Buarque de. *Monções e capítulos da expansão paulista*. Org. Laura de Mello e Souza e André Sekkel Cerqueira. São Paulo: Companhia das Letras, 2014.

MACHADO, Antônio de Alcântara. *Vida e morte do bandeirante*. Disponível em:
<https://pt.scribd.com/doc/260807202/Vida-Morte-do-Bandeirante-Alcantara-Machado-pdf>.

*Lasar Segall*

# PAISAGEM Nº 1

Minha Londres das neblinas finas!
Pleno verão. Os dez mil milhões de rosas paulistanas.
Há neve de perfumes no ar.
Faz frio, muito frio...
E a ironia das pernas das costureirinhas
parecidas com bailarinas...
O vento é como uma navalha
nas mãos dum espanhol. Arlequinal!...
Há duas horas queimou sol.
Daqui a duas horas queima sol.

Passa um São Bobo, cantando, sob os plátanos,
um tralalá... A guarda-cívica! Prisão!
Necessidade a prisão
para que haja civilização?
Meu coração sente-se muito triste...
Enquanto o cinzento das ruas arrepiadas
dialoga um lamento com o vento...

Meu coração sente-se muito alegre!
Este friozinho arrebitado
dá uma vontade de sorrir!
E sigo. E vou sentindo,
à inquieta alacridade da invernia,
como um gosto de lágrimas na boca...

# Minha Londres das neblinas finas...
*Silviano Santiago*

### Friozinho arrebitado — "Paisagem nº 1" no livro

Reunidos e publicados em 1922, os poemas de *Pauliceia desvairada* são a estrela-guia que leva o leitor de hoje a reencontrar o poeta Mário de Andrade no ano de 1932, na pele de cidadão politizado. Neste ano, o governo paulista quer assumir o poder central da nação brasileira, em oposição à ocupação provisória da presidência por Getúlio Vargas. É municipal e urbano o projeto industrial anunciado prematuramente por *Pauliceia desvairada*. Torna-se estadual no decorrer da década de 1920 e ambiciona se confundir com a realidade nacional na década seguinte. Em 1932, o estado de São Paulo visa a tomar assento no Palácio do Catete. A empreitada, objetivando a vitória final, favorece e levanta em praça pública uma normatização da legislação e do processo eleitoral, que será defendida com unhas e dentes.

Desde o golpe de 1930, Getúlio Vargas é defensor do processo centralizador e autoritário de urbanização e modernização da sociedade e da economia brasileiras, processo também defendido pelos tenentistas desde as eleições de 1922. Foram eles os articuladores de sucessivas e coesas insurreições políticas. Em meados de 1932, as forças paulistas lideradas pelo general Isidoro Dias Lopes batem de frente contra a presidência da República e os estados da União que lhe são fiéis.

(A partir de 1964, Glauber Rocha retirará do megafone dos tenentistas as palavras de ordem de seus primeiros filmes. Tendo-as como motivação artística, define a liderança de Antônio das Mortes, matador de cangaceiro e de beato, na terra do sol. Escute-se a voz de Sérgio Ricardo.)

No início da década de 1920, os poemas de Mário de Andrade visam a (1) clicar em várias facetas a paisagem urbana singular da capital paulista, (2) registrar a presença física e a fala de figuras pitorescas do cotidiano citadino, (3) expressar evidentes motivações para modestas revoluções sociopolíticas nacionais, de caráter afetivo e socializante e (4) anotar observações poéticas e críticas sobre a emergência no Novo Mundo duma metrópole multiétnica e a se industrializar com o apoio do capital britânico.

Os poemas abraçam, abençoam e favorizam o *melting-pot* urbano, a trabalhar e a se divertir com o sorriso inspirado pelo "friozinho arrebitado", atributo singular da paisagem. Ratifico o atributo festivo com três versos: "Meu coração sente-se muito alegre!/ Este friozinho arrebatado/ Dá uma vontade de sorrir!". Para dar o primeiro passo na organização estilística do verso e do poema extraio palavras de significado oposto do mesmo texto: "Meu coração sente-se muito triste...". Não há efeito paródico no jogo entre opostos, conta a intermitência (uma finalização não conclusiva, preciso) como forma de composição.

Tudo somado, auguram-se formidáveis transformações na condução do progresso da capital e do estado paulista e, por futura rebeldia política, da nação brasileira. As transformações progressistas têm seu primeiro poema-cartaz na "Paisagem nº 1". São enunciadas e divulgadas no ano em que a política do café com leite chega ao ápice e se encaminha para o *crack* da bolsa de valores norte-americana e a falência na produção cafeeira. Premonitório, o progresso econômico se presentifica numa jovem metrópole regional, dada poeticamente como "desvairada" — informa o adjetivo arrevesado no título do livro.

No país solar, o trabalho e a preguiça se associam e convivem com o "cinzento das ruas arrepiadas", e o repudiam. Se associados, trabalho e diversão se deixam cortejar por entusiasmado "tralalá", assoviado ou entoado por um São Bobo. Na "inquieta alacridade da invernia" — para continuar a citar o poema em leitura – premedita-se nova fase no ciclo econômico brasileiro, a da industrialização. Desde então e sempre, a guarda-cívica está e estará de olhos e ouvidos abertos. "Prisão!" Na *Pauliceia desvairada*, é proibido proibir, até o tralalá insosso do São Bobo.

Inédito nas representações de país tropical, o modelo climático da paisagem paulista inspira também o sentimento de *liberdade democrática*. Em silêncio, Mário de Andrade subscreve e enriquece o verso "Flor amorosa de três raças tristes", do parnasiano Olavo Bilac, e só questiona o adjetivo "triste" que, na interpretação do amigo Paulo Prado, continuará a qualificar o brasileiro de maneira desfavorável. Inspirado pelo anseio de liberdade, o poeta se sente levado a abarcar e a configurar a atual composição do povo brasileiro como tendo sido enriquecida pelas recentes ondas migratórias, originadas das populações empobrecidas das duas margens do Mediterrâneo. A composição pluriétnica do povo paulista torna-se mais complexa e mais injusta.

Os losangos coloridos da *vestimenta poética e paisagística* energizam positivamente "o gosto de lágrimas na boca" e abrigam afavelmente a variedade infinita de cidadãs e de cidadãos. *Pauliceia desvairada* é a favor do progresso pelo trabalho humano e, alto astral, aposta na vitória modernista da alegria *arlequinal* sobre a tristeza amorosa de Olavo Bilac.

Faz frio, muito frio...
E a ironia das pernas das costureirinhas
Parecidas com bailarinas...

Na paisagem friolenta, destacam-se as bem torneadas e ordeiras pernas das costureirinhas. Transformam-se em metáfora viva do operariado humilde. Em pequenos *ensembles* rítmicos, a trotarem contra o vento cortante nas calçadas da cidade, elas aquecem os respectivos corpos. As pernas ágeis do *ensemble* são tão *irônicas* quanto as pernas criativas e originais das bailarinas na barra, a se aprontarem para o espetáculo em ensaio repetitivo e cansativo. A fadiga diária das costureirinhas a caminhar até o ateliê de costura ou a fábrica de roupas é a garantia do fortalecimento e do relaxamento dos músculos na hora do trabalho concentrado e meticuloso na máquina de costura. O corpo obedece à lei de maior rentabilidade na *performance*, que os especialistas em dança chamam ironicamente de "*la loi de la détente*". O relaxamento do corpo no palco vem do seu aquecimento prévio na barra de ensaio.

(*Pauliceia desvairada* e as costureirinhas metafóricas mal suspeitam que, em 1936, o vagabundo Carlitos, munido da chave de apertar a porca de parafusos e com a atenção superaquecida, ganhará o sorriso crítico e afiado do espectador brasileiro ao ser obrigado a fazer malabarismos na linha de montagem duma fábrica. Em sequência famosa do filme *Tempos modernos*, o operário enlouquece e, à vista de todo o planeta, é esmagado e moído pela máquina. O vagabundo está a endossar a ironia expressa pelo *ensemble* de costureirinhas, ou de responsabilidade do poeta, pintor de paisagem.)

Será que o inédito agrupamento humano conseguirá retirar a nação brasileira das mãos da oligarquia rural, responsável pelo atraso civilizacional que nos vem sendo atribuído como fatalidade? Será que o povo da metrópole conseguirá entregar a nação pós-colonial ao futuro industrial? Uma "ode" perde o entusiasmo lírico originário, se extravia e passa a expressar o "ódio" à elite brasileira. O ódio ao burguês. A paisagem *atual* é outra: "Olha a vida dos nossos setembros!/ Fará sol? Choverá? Arlequinal!"[1]. Na vanguarda *operária* paulista, o jogo de palavras proposto pela *paródia* falará sempre mais alto. Oswald de Andrade que o repita!

Na atual paisagem desvairada, Portugal e França, tradicionais referências metropolitanas ao progresso ocidental no Brasil tropical, perdem oportunidade e prestígio. A luz que faz a estrela-guia brilhar no céu paulista é britânica: "Minha Londres das neblinas finas..." — eis o verso que descortina a "Paisagem nº 1". O adjetivo possessivo, em primeira pessoa do singular, é do agrado do cidadão Mário de Andrade. Em nada objetivo, é tão desbravador quanto o foi o bandeirante.

Por exigência cristã, Mário tinha assassinado o poeta simbolista Stéphane Mallarmé. Tampouco tinha demonstrado paixão pelo contemporâneo Paul Claudel, que foi o embaixador da França no Brasil em 1917 e chegou a negociar a exportação de café paulista com a família Prado. Privilegia o belga Émile Verhaeren (1855-1916),

---

[1] "Ode ao burguês", em: *Poesias completas*, p. 36 (versão digital).

nascido em Sint-Amands. Telê Ancona Lopez informa que por volta de 1910 é que Mário lê pela primeira vez o escritor "cristão de aspirações socialistas". Era, então, aluno ouvinte no curso de literatura universal oferecido pela Faculdade de Filosofia do mosteiro de São Bento. O curso era vinculado à Universidade de Louvain, responsável, a seu turno, pela formação em direito do poeta belga.

Émile Verhaeren não é só o poeta de *Les Villes tentaculaires*, de 1895. É o autor do pouco lembrado *Les Campagnes hallucinées*, de 1893, e, ainda, de *Les Apparus dans mes chemins*, plaquete de poemas de 1891, praticamente desconhecida do leitor brasileiro. No decorrer da segunda década do século XX, as três coleções de poemas foram lidas e relidas por Mário de Andrade.

A epígrafe do "Prefácio interessantíssimo", tomada de empréstimo a poema de Émile Verhaeren, ratifica a admiração. Cito o verso em epígrafe: "Em meu país de fel e de ouro/eu sou a lei". A admiração será sancionada pelo adjetivo *desvairada/hallucinée*, a qualificar o substantivo *Pauliceia*.

Qual é o peso e o significado do destaque concedido por Mário de Andrade ao dístico alheio e ao adjetivo comum a dois títulos de livros de poemas?

Julgo que a leitura das coleções de poemas de Verhaeren tenha sido uma das pedras do alicerce da compreensão que Mário de Andrade teve das mudanças pelas quais a nação brasileira teria de passar durante a Primeira Guerra Mundial e logo depois de assinado o Tratado de Versalhes (1919). Desenhadas na cronologia de publicação dos livros, a paisagem dos "campos desvairados" *transita* para a das "cidades tentaculares". Associadas, anunciam, ainda em época histórica, duplamente distanciada, a paisagem do golpe de 1930 e a da rebelião de 1932.

A publicação de *Les Campagnes hallucinées* precede de dois anos simbólicos *Les Villes tentaculaires*. *Les Apparus dans mes chemins*, os poemas mais novos, vêm na rabeira.

Na obra de Verhaeren, o adjetivo *halluciné*/desvairado qualifica a zona rural europeia face à exigência maior da industrialização urbana das metrópoles do Velho Mundo. *Halluciné* adjetiva a mão de obra rural a abandonar em desordem o campo para se transformar em massa de trabalho operária e urbana. Ao ser apropriado e assumido por Mário de Andrade em título de livro, o adjetivo *halluciné*/desvairado gera um quiproquó delicioso e fascinante. Ao baixar do Velho ao Novo Mundo, ele entra em evidente contradição com o significado que lhe é dado pelo primeiro usuário.

Nosso poeta paulista, o segundo usuário, vai se valer dele para qualificar um emergente e progressista centro urbano que, não sendo a capital federal da nação, é a capital de estado da união, notável por sua produção e exportação de café. "A *paisagem do fundo* ainda se percebe, cafezal, cafezal, o cafezal/ infindável, no ondular manso dos morros"[2]. Embora municipal, a *Pauliceia desvairada* ambiciona a liderança estadual e segrega e segrega outras ambições. Quer ser o primeiro polo industrial da nação brasileira. Quer ser o modelo de paisagem nacional semelhante ao modelo internacional.

Urbanismo e industrialização — em sua materialidade originária, no Velho Mundo — são estruturações da paisagem que se querem repetir em continente ao sul, o Novo Mundo, e devem ser analisadas diferentemente quando apropriadas e assumidas em país de economia agrária, há um século soberano e há menos de meio século escravocrata. No Brasil e na América do Sul, o adjetivo adequado à paisagem dos campos europeus, *halluciné*/desvairado, estaria a recobrir — anacronicamente — a emergência desestruturada, próxima da anarquia, de autêntica paisagem industrial, a tentacular. Na verdade, a industrialização do município de São Paulo foi alimentada e sustentada pelos chamados barões do café, associados ao investimento financeiro estrangeiro. À época do poema, é o capital britânico que financia os principais centros urbanos brasileiros[3].

A evidência da caminhada dos camponeses para a capital das nações do Velho Mundo já está no primeiro poema de *Les Campagnes hallucinées*, "La ville" (A cidade). O livro do poeta belga se abre em evidente *contradição* com o restante dos poemas camponeses. Portanto, é em jogo *paródico* da expressão/título *Les Campagnes hallucinées* que o poema de abertura do livro do belga sobre os campos e seu primeiro verso se referem à paisagem metropolitana do paulista Mário de Andrade, *Pauliceia desvairada*. Cito o primeiro verso do poema "A cidade" (repito) em *Les Campagnes hallucinées*:

Todos os caminhos levam à cidade (Tous les chemins vont vers la ville).

No livro de Verhaeren, a contradição interna acentua duplamente o *anacronismo* da paisagem em *Pauliceia desvairada*. Do ponto de vista estreito do poeta brasileiro, não seria este verso de Verhaeren — "Todos os caminhos levam à cidade" — *o mais potente dos versos* a apreender a principal motivação de seus poemas? Não seria ele também a mais adequada ou a mais apropriada *epígrafe* dos poemas escritos e publicados durante a República Velha que se movimenta, logo depois da falência da produção cafeeira paulista, para o golpe de 1930?

(Contraditório na Europa e anacrônico no Brasil, o verso inicial de *Les Campagnes hallucinées* asseguraria não só a prematura legitimidade da paisagem municipal do poema de Mário, como endossaria em 1938 o romance *Vidas secas*,

---

2 *Café*, "O êxodo", em: *Poesias completas*, p. 326 (versão digital). (Grifo meu)

3 *Pauliceia desvairada* flagra a quebra da homogeneidade da aristocracia agrária, para citar Florestan Fernandes. O cafeicultor do oeste paulista, observa ele, "tende a secularizar suas ideias, suas concepções políticas e suas aspirações sociais; e, ao mesmo tempo, tende a urbanizar, em termos ou segundo padrões cosmopolitas, seu estilo de vida".

de Graciliano Ramos. Leia-se frase do parágrafo final do romance sobre a viagem da família de retirantes nordestinos ao sul maravilha: "E andavam para o sul, metidos naquele sonho. Uma cidade grande, cheia de pessoas fortes. Os meninos em escolas, aprendendo coisas difíceis e necessárias. Eles dois velhinhos, acabando-se como uns cachorros, inúteis, acabando-se como Baleia".)

É no decorrer dos versos do poema "A cidade", de *Les Campagnes hallucinées*, que Verhaeren aclara, sempre em atitude contraditória, a característica *hospitaleira* (e, evidentemente, interesseira) da cidade moderna europeia/paulista, que é avatar da Roma antiga. Para o centro urbano paulista tanto navegam os imigrantes empobrecidos das duas margens do Mediterrâneo como viajarão, em caminhão pau de arara, os lavradores nordestinos. Trata-se verdadeiramente de uma cidade industrial que (ainda) não o é, embora ofereça quase tudo para figurar em *Les Villes tentaculaires*, de Verhaeren. São Paulo é sem dúvida cidade moderna. Totalmente diferente da cidade medieval, cercada e protegida por muralhas. Cidade que acolhe "*les apparus*" (retomo o título de livro ainda mais antigo de Verhaeren) que batem à sua porta.

Voltamos a citar o poema de 1893 que anuncia, por referência interna, o livro de 1895. Como se chega à cidade tentacular? Diz o poema: ao caminhar até o fim das planícies e das herdades rurais (europeias e/ou paulistas).

C'est la ville tentaculaire,
Debout,
Au bout des plaines et des domaines.

De 1893, o verso do poeta belga apenas reescreve a cidade industrial de destino dos lavradores pela alusão ao provérbio que remonta aos tempos em que o Império romano era o umbigo do mundo, "Todos os caminhos levam a Roma".

De volta à epígrafe real do "Prefácio interessantíssimo", em que a lei/*loi* civilizatória rima com a fé/*foi* católica, insista-se no fato de que o verso "Em meu país de fel e de ouro eu sou a lei" não foi retirado da coleção de poemas mais citada de Verhaeren – *Les Villes tentaculaires*. Em sua qualidade fugidia de epígrafe, o verso propõe nova e curiosa pista para deslindar os mistérios da criação literária em Mário de Andrade. Não é dito por Mário que o dístico em epígrafe tenha sido retirado de poema pouco lido do belga, "Celui du rien" (Aquele [que vem] do nada)[4]. Ele pertence ao livro *Les Apparus dans mes chemins*, que vinha na rabeira dos dois livros mais importantes. Foi editado em 1891 por Paul Lacomblez, em Bruxelas, pertencendo à primeira fase do poeta, a da "trilogia negra".

---

4  Na edição original de 1891, o poema "Celui du rien" (p. 51) está precedido de três outros de título semelhante, "Celui de l'horizon" (p. 15), "Celui de la fatigue" (p. 31) e "Celui du savoir" (p. 39). Segue-lhes "Celle du jardin". Faria sentido analisar a razão para o sujeito poético optar pelo que vem do nada, tendo também, como possível referência, lugar de partida, o horizonte, o cansaço, o saber e o jardim.

Maria de Jesus Cabral — no ensaio "*Le Passeur d'eau* [O barqueiro] de Émile Verhaeren: o apelo de uma nova poética" — salienta a presença do filósofo Schopenhauer (1788-1860) nos livros da "trilogia negra". A ela se sucedem os famosos livros de 1893 e 1895, já citados. Tematicamente, os dois se abrem para uma "humanidade em plena revolução", para citar a estudiosa. A fase negra e filosófica do poeta, intimista e soturna, se inspira nas reflexões de *As dores do mundo* (1850), do filósofo alemão. A ensaísta cita como exemplo: "Habitue-se a considerar o mundo como um lugar de penitência, como uma colônia penitenciária". Naquela fase, observa ainda a ensaísta, o padecimento pela dor é consubstancial à vida humana e cita, em abono, estes versos de Verhaeren: "...Sê teu próprio carrasco;/ Não abandone o cuidado de te martirizar/ A ninguém, nunca".

Se é correto que o dístico em epígrafe do "Prefácio interessantíssimo" é extraído de livro anterior à fase propriamente "revolucionária", o leitor de hoje volta ainda mais no tempo cronológico e no espaço temático da coleção de poemas de 1922. Volta ao ano de 1917, aos tempos simbolistas e tensos do livro *Há uma gota de sangue em cada poema*. Quem sabe se não foram os poemas da "fase schopenhaueriana" de Verhaeren que teriam motivado Mário de Andrade a peregrinar em 1919 à cidade morta de Mariana, a Católica, em visita ao nosso humilde e recatado poeta Alphonsus de Guimaraens?

A notar, ainda, que a epígrafe em dístico, escolhida por Mário em Verhaeren, é no original um verso decassílabo, com preposição inicial diferente. Na edição Paul Lacomblez, lê-se o verso: "*En mon pays*" [e não: "*Dans mon pays*] *de fiel et d'or, j'en suis la loi*". A divisão do decassílabo visa talvez destacar a presença física e poderosa do *sujeito* poético (*j'en suis la loi*) diante da condição atrasada e transitória em que se arrasta o Brasil na República Velha. O legislador quer associar a fé do poeta (*la foi*) à lei (*la loi*) do cidadão politizado. A *alma mater* de Verhaeren na paisagem de Louvain se reproduz na Faculdade de Direito do Largo de São Francisco na paisagem paulista.

A qualificação contraditória e única do país (de fel e de ouro) será traduzida na *Pauliceia desvairada* por *arlequinal*: "Traje de losangos... Cinza e ouro.../ Luz e bruma... Forno e inverno morno..."). No livro *Losango cáqui* (escrito, segundo Mário, em 1922), ganha a condição paradoxal de aforismo nietzschiano, a metamorfosear as dores do mundo schopenhauerianas: "A própria dor é uma felicidade...".

A fim de salientar a condição de decadência social por que passa o *país* descrito pelo poema, o próprio Verhaeren propõe — no desenvolvimento do poema "Aquele do nada" — três versos soltos e semelhantes, dispostos sob a forma de três estribilhos: (1) "Sou aquele do país chocho dos mortos" (*Je suis celui du pays mou des morts*), (2) "Sou aquele das podridões mefíticas" (*Je suis celui des pourritures méphitiques*) e (3) "Sou aquele das podridões soberanas" (*Je suis celui des pourritures souveraines*). Salientada a linhagem decadente e apodrecida de

"Aquele [que vem] do nada", segue uma das estrofes do poema, do qual foi retirada a epígrafe:

> Je suis celui des pourritures infinies :
> Cœur, âme, esprit, cerveau, vertu, courage, foi.
> *En mon pays de fiel et d'or, j'en suis la loi.*[5]
> Et je t'apporte ici, le consolant flambeau.
> L'offre à saisir de mon formidable ironie
> Et mon rire devant l'universel tombeau!

Na geopolítica da República Velha, a presença ausente de Émile Verhaeren serve a Mário de Andrade para configurar poeticamente o país de morada do ser humano. É obrigado a viver a vida contraditoriamente. Despedaçado. E recomposto em vísceras virtuosas e sentimentos positivos. "Eu sou coração, alma, espírito, cérebro, virtude, coragem e fé, adubados em podridões infinitas." Diante do túmulo universal da literatura, eis o que o poeta modernista paulista pode oferecer ao leitor, em tudo por tudo semelhante a uma tocha de formidável ironia e riso.

O conjunto de poemas de Mário de Andrade — publicado no centenário da Independência, assim como o ensaio "Instinto de nacionalidade", de Machado de Assis, tinha sido no cinquentenário — significa a afirmação legisladora de uma vontade comunitária (ou coletiva) de progresso nacional, enunciada pela literatura (ou pela produção cultural). Significa a afirmação pela arte dos moradores dum município paulista, cuja paisagem singular indicia que ele está na iminência de vir a ser a metrópole de uma nação na emergência de se industrializar. À cidade se chega como chegam os lavradores empobrecidos de todos os cantos, "ao fim dos campos e das herdades rurais" — retomo o verso inicial de *Les Champs hallucinés*.

No número de estreia da primeira revista modernista ressoa a *buzina/klaxon* do automóvel futurista. Ela pede passagem ao capital britânico na capital paulista para anunciar um *artefato industrial* mais belo que a *Vitória de Samotrácia*: "KLAXON não se preocupará de ser *novo*, mas de ser *atual*. Essa é a *grande lei* da atualidade" (grifo no original).

Nos países da América Latina, essa vontade legislativa de progresso sociopolítico e econômico, poeticamente singular e civilizatoriamente comunitária, nunca se distanciou dos chamados manifestos literários da vanguarda. Refiro-me aos primeiros, hoje já históricos, de que é exemplo no volume em questão o "Prefácio interessantíssimo"; refiro-me também ao mais recente, o da poesia concreta, de que é exemplo o "Plano-piloto" (1958), coincidente com o ímpeto modernizador de Brasília pelos arquitetos Lúcio Costa e Oscar Niemeyer. É preciso

---

5 Grifo meu.

"colonizar o futuro", para retomar a palavra irônica de Octavio Paz em *Os filhos do barro* (1974). Oswald de Andrade tinha encontrado a fórmula de sucesso para exprimir a futura comunidade sociopolítica, se estimulada pelo singular poético: "A massa ainda comerá do biscoito fino que fabrico".

## A inquieta alacridade da invernia — o poema em si

> Onde até na força do verão
> havia tempestades de ventos
> e frios de crudelíssimo inverno.[6]

*Minha Londres.* Caem as fronteiras da metrópole europeia e se reforça, por comparação, a abrangência nacional e internacional da capital do estado de São Paulo. *Meu São Paulo da garoa fria...* Naquela metrópole e neste município sobressai a singularidade climática que os aproxima pelo desassossego e a alegria: *a inquieta alacridade da invernia.*

A imaginação teórica e criativa de Mário de Andrade não se contenta com o que, da perspectiva internacional, se lhe apresenta como o atraso civilizatório por que passa o povo brasileiro. Tampouco se deixa limitar pelas fronteiras municipais, definidas por marcos geográficos estreitos. Já foi salientado que o uso do adjetivo possessivo, na primeira pessoa do singular, é de regra e antecede o topônimo de escolha do poeta. Constantemente, o uso do possessivo também o trairá politicamente.

O salto sobre os limites do município e as fronteiras do estado e da nação — salto indispensável para que o sujeito paulista almeje ser também morador de Londres no Reino Unido — continua a guardar a antiga experiência sociopolítica e econômica de movimento de dependência colonial. À semelhança de tantos municípios do Novo Mundo, São Paulo poderia ter sido batizado como *Nova* Londres. Paisagem da Nova Londres. O verso inicial do poema induz constantes viagens de ida e volta. Como destino dos respectivos moradores — e do capital britânico —, o cá e o lá se invertem por *intermitência*. Também a *intermitência*[7] vem configurando o estilo poético de Mário de Andrade.

---

[6] Fr. Luís de Sousa, epígrafe de "Inspiração", em: *Poesias completas*, p. 28 (versão digital).

[7] A ideia de *hiato* como forma de composição é nomeada explicitamente e é do gosto do coração arlequinal. Cito dois exemplos: "As primaveras de sarcasmo/ intermitentemente no meu coração arlequinal.../ Intermitentemente..." ("O trovador"). "Um rumor de exterior bem brando, muito brando,/ E dá clarões duma consciência intermitente./ A poesia nasce" ("Poemas da amiga", XI).

"Paisagem nº 1" herda, pela inversão valorativa dos advérbios de lugar, as conotações positivas da pós-colonialidade, enunciadas por Gonçalves Dias em 1846. No poema romântico, o *cá* representa a paisagem de Portugal, e o *lá*, a do Brasil. A inversão não é apenas de destino, mas uma inversão na *avaliação qualitativa* dos lugares de destino. Mário herda a inversão idealizada dos advérbios de lugar, mas se esquiva de sua falsidade. Está a assumir a condição de modernista favorável à industrialização. Já tinha abandonado os símbolos da natureza como razão de orgulho da autonomia e soberania nacional, embora, à semelhança de Machado de Assis, não os abandone totalmente na expressão artística.

Na paisagem de número um da *Pauliceia desvairada*, o cá e o lá *se assemelham pela aparência*. É a aparência que permite o *jogo da intercambialidade* dos adjetivos de lugar. O poema se abre, pois, pela dramatização de duas pernas num só corpo e mente (ou imaginação) universal. Um dos pés pisa Londres, e o outro São Paulo. O corpo está sempre em trânsito e só se diferencia pelo lugar de destino. Corpo e mente universal têm braços, para agarrar o que de concreto houver. Cá e lá. Conta a ambição das mãos, a amealhar na bolsa de valores de 1845, requentada pelo capital britânico.

O atraso colonial na pós-colonialidade é visível nos advérbios de tempo. Londres já é de economia industrial e sua paisagem é tentacular. São Paulo ainda é de economia rural e sua paisagem é desvairada.

A singularidade climática de São Paulo no Brasil se afiança como útil em sua atualização mundial. A singularidade climática de *um* município permite à nação brasileira abrir a porta de outro ou novo processo de autonomia e soberania nacional. Deve-se abandonar o passado lusitano e francês para compartilhar nosso futuro com a atualidade do Velho Mundo britânico. Processo custoso, a ser efetivado a longo prazo, mas altamente rentável. A *invernia* paulista — sua inquieta alacridade arlequinal — é *matchmaking*. Casamenteira. O estado de São Paulo, até então agrário, tem uma carta na manga das finanças britânicas. A capital pode vir a ser o primeiro polo de industrialização do país.

Mário não propõe a inversão nem a reversão dos advérbios de lugar. Na viagem proposta pelo primeiro verso da paisagem, o poeta flagra o processo de *revezamento*, que vem da troca de lugar em campo do jogador, prevista nas *regras* do vôlei. Todo e qualquer jogador de um time tem de ter cambiável o perfil performático. Atua em função do lugar que ocupa no respectivo campo — lugar do saque, da defesa, do passe ou do ataque. O jogador é qualificado pela sua atuação em determinado lugar.

*Pauliceia desvairada* se escreve para anunciar a entrada de um novo time de vôlei no campo do São Paulo. Ele é britânico e reveza a função com um time francês que, a seu turno, tinha revezado com um time ibérico. Talvez esteja a pintar no horizonte mais um time, o norte-americano, que revezará com o britânico. No *Manifesto antropófago*, Oswald de Andrade complementa Mário: "o cinema americano informará". A literatura de Mário acredita que não está perdendo o gás na modernidade[8].

O lugar por excelência (civilizatório ou modernizador) continua a ser o de lá. O lugar de cá será privilegiado secundariamente pela fatalidade da razão climática. O de cá pode ser de lá e voltar a ser o de cá, se modificado para melhor. O progresso. O mal da América é um eterno "improviso", poetará Mário em 1928. Os deslocamentos de *lugar* (ou de capital, de nação, de time...) são *intermitentes* e *intercambiáveis* e se apresentam sempre como deslocamentos acronológicos. É o caso paradigmático da epígrafe de Fr. Luís de Sousa.

Podemos abordar de frente o poema "Paisagem nº 1".

Momentaneamente, Mário singulariza — na terra do sol — o ambiente de frio, tomado pela garoa londrina, e o qualifica poeticamente: "Minha Londres das neblinas finas...". Foi-se a brisa benfazeja, a amenizar o calor ao sul do Equador. Surge o vento frio, com corte da navalha em mãos de malandro espanhol. O vento frio dialoga um lamento com o cinzento das ruas arrepiadas. Fatal, o verso condensa a inesperada sensação térmica do sujeito: "Faz frio, muito frio...". O entrelaçamento do ambiente londrino e das habilidades cortantes do espanhol ganha protagonismo na experiência singular do paulista e tem os olhos na universalização que se nacionaliza ou, para ser mais preciso, se municipaliza no detalhe particular. Nas "dez mil milhões de rosas paulistanas".

A intermitência leva o municipal, o estadual, o nacional e o universal a perder os contornos precisos e a se entrelaçar, tendo como prêmio a ambiguidade poética que os recobre e justifica a todos — "neves de perfumes no ar". Ou: "Os dez mil milhões de rosas paulistanas". Londres troca de *continente* para confirmar, em diferentes *conteúdos*, a fatal singularidade *universal* do município de São Paulo, no estado de São Paulo e no Brasil. São Paulo troca de *continente* para confirmar seu *conteúdo* diferente, a fatal singularidade *pós-colonial* da metrópole londrina.

Aplacado pela garoa e o vento frio e cortante, o calor despede-se da paisagem municipal, mas logo, graças ao clima nacional que o normaliza, volta a ocupar o lugar passageiramente esvaziado. Intermitência sempre: "Há duas horas queimou Sol./ Daqui a duas horas queima Sol".

A herança da soberania nacional, expressa por Gonçalves Dias, só se figura no poema "Paisagem nº 1" para exemplificar a *liberdade em que vive o cidadão*

---

8 "Escrever arte moderna não significa jamais para mim representar a vida atual no que tem de exterior: automóveis, cinema, asfalto. Se estas palavras frequentam-me o livro não é porque pense com elas escrever moderno, mas porque sendo meu livro moderno, elas têm nele sua razão de ser". "Prefácio interessantíssimo", em: *Poesias completas*, p. 26 (versão digital).

*obediente à lei*. Esta concede liberdade até a algum irresponsável São Bobo. Meus olhos buscam óculos para compreender no editorial da revista *Klaxon* a liberdade em que vive o cidadão obediente à lei. Lá eles enxergam: "Isso significa que os escritores de KLAXON responderão apenas pelas ideias que assinarem". "Paisagem nº 1" não põe no xilindró literário, como se fosse crítica policialesca, o artista/cidadão, ainda que tolo:

> Necessidade a prisão
> Para que haja civilização?

(Durante a ditadura militar de 1964, Caetano Veloso repudiará definitivamente a canção romântica do exílio. Ele responde à pergunta enunciada por Mário em 1922. *Necessidade a prisão para que haja civilização?* Canta "London, London": "*I cross the streets without fear / Everybody keeps the way clear / [...] / A group approaches a policeman / He seems so pleased to please them / It's good at least to live and I agree*". Antes de mais, a construção por intermitência — de ambiente, de cronologia, de experiência política e de jogos e jogatinas financeiros – é moderna e fala da cidadania e da democracia brasileira. Em movimento pós-colonial, a intermitência anunciava o fim do mandonismo local do *coronel* — atualizado contraditoriamente pelo milico em 1964 – pelo redirecionamento da ex-colônia pelo polo civilizatório — pelo time — em destaque naquele momento.)

No modernismo brasileiro, o enunciado pela intermitência ganha conceituação e construção civilizatória em abstrato e rigoroso enunciado de Sérgio Buarque de Holanda, datado de 1936. Afirma ele que somos "desterrados em nossa terra". E, na brecha em que endossa o processo de revezamento civilizatório proposto por Mário, ele aponta um importante fator psicológico em jogo no lado de cá. A psicologia do cidadão brasileiro, afirma ele, é também complexa. Somos desterrados em nossa terra, certo, e também vivemos em "evolução" configurada pela intermitência "do fruto de nosso trabalho e de nossa preguiça". No fato psicológico, Sérgio Buarque está também em acordo com Mário.

Cito o primeiro parágrafo de *Raízes do Brasil*:

> Trazendo de países distantes nossas formas de convívio, nossas instituições, nossas ideias, e timbrando em manter tudo isso em ambiente muitas vezes desfavorável e hostil, somos ainda hoje uns *desterrados em nossa terra*. [...] o certo é que todo o fruto de nosso trabalho ou de nossa preguiça parece participar de um sistema de *evolução próprio de outro clima e de outra paisagem*.[9]

---

9   Grifo meu.

Na Pauliceia desvairada, o clima e a paisagem são aparentemente semelhantes ao de Londres. Nos poemas de 1922, os campos e as cidades são desvairados — sabemos desde a *hospedagem* de Mário de Andrade nos poemas de Verhaeren.

Descodifica-se "Paisagem nº 1". O *próprio* do municipal/nacional e seu *impróprio*, o do europeu neocolonizador, se acoplam em revezamento. Na *Pauliceia desvairada*, o mais forte indício da modernização do próprio pelo impróprio são as sucessivas levas de imigrantes que se tornam protagonistas no jogo civilizatório. Viram cidadãos futuristas e milionários:

> Aos aplausos do esfuziante *clown*,
> heroico sucessor da raça heril dos bandeirantes,
> passa galhardo um filho de imigrante,
> louramente domando um automóvel![10]

O movimento municipal/nacional progressista visa à ocupação de lugar impróprio para que o lugar próprio seja reassumido na modernização (agora, pela indústria) que é ambicionada em outro clima, outra paisagem. Eis a lógica evolutiva da pós-colonialidade. O revezamento não funciona como contraste entre soberanias, mas como *jogo* e *jogatina financeira*, em que o revezamento visa a afirmar que a *falsa semelhança* — como a rainha da Inglaterra – está nua. Na constituição do que é próprio ao municipal/nacional, há que se passar pelo desvio do que lhe foi colonizador e permanece como inapropriadamente próprio. A pergunta que vale um milhão de dólares: seremos fatalmente um povo pós-colonial?

Passo a palavra a Carlos Drummond de Andrade, que Mário vem a conhecer pessoalmente dois anos depois da publicação de seu livro.

O jovem poeta mineiro nega a soberania do lá, proposta em exílio por Gonçalves Dias. Nega também o jogo de revezamento progressista enunciado pelo poeta paulista. Tampouco aceita a diáspora libertadora de Caetano Veloso. Paris substituiu Lisboa; Londres, Paris; e em 1922 o Reino Unido é o *destino não conclusivo* de todo e qualquer brasileiro que almeja um país atual. Carlos Drummond tinha conformado sua sensibilidade poética ao antigo desvio *Belle Époque*, capitaneado no Brasil oitocentista por Anatole France. A desconfiança do espírito moderno lhe fora inspirada no ano de 1920, pelo encontro com Álvaro Moreyra (escrito com y)[11] no Rio de Janeiro, metrópole *Belle Époque* por excelência. Sua

---

[10] "O domador", em: *Poesias completas*, p. 39 (versão digital). Complemente-se esse poema com o "Improviso do mal da América": "Lá fora o corpo de São Paulo/ escorre vida ao guampaço dos arranha-céus,/ E dança na ambição compacta de dilúvios de penetras./ Vão chegando italianos didáticos e nobres;/ Vai chegando a falação barbuda de Unamuno/ Emigrada pro quarto-de-hóspedes acolhedor da Sulamérica;/ Bateladas de húngaros, búlgaros, russos se/ despejam na cidade.../ Trazem vodka no sapiquá de veludo,/ Detestam caninha, detestam mandioca e pimenta,/ Não dançam maxixe, nem dançam catira, nem sabem amar suspirado".

[11] Leia-se a deliciosa crônica autoirônica "O **y** de um nome", em *Cadeira de balanço* (1966), de Carlos Drummond de Andrade.

condição de "mineiro exilado em Paris" se expressa na segunda carta que escreve ao mestre paulista, datada de 11 de novembro de 1924.

Citarei um trecho estimulante da carta, mas antes me pergunto, e não respondo, se há nele alguma alusão a *Pauliceia desvairada*.

> Pessoalmente, acho lastimável essa história de nascer entre *paisagens incultas e sob céus pouco civilizados*. Tenho uma estima bem medíocre pelo panorama brasileiro. Sou um mau cidadão, confesso. É que nasci em Minas, quando devera nascer (não veja cabotinismo nesta confissão, peço-lhe!) em Paris. O meio em que vivo me é estranho: *sou um exilado*. E isto não acontece comigo, apenas: "Eu sou um exilado, tu és um exilado, ele é um exilado". Sabe de uma coisa? *Acho o Brasil infecto*. Perdoe o desabafo, que a você, inteligência clara, não causará escândalo.[12]

Carlos Drummond é, naquele momento, um passadista para o mestre Mário porque se julga *exilado no Brasil*. Sua paisagem natal é Paris. Ao remeter o leitor à edição das cartas trocadas por Carlos e Mário, apenas anuncio que a complexa questão se complicará e se descomplicará com uma série de palavras ríspidas, irônicas e, no fundo, fraternas de Mário de Andrade, que têm como principal alvo as personalidades de Anatole France e de Joaquim Nabuco, até então os intelectuais mais admirados pelo jovem poeta mineiro.

Sabemos, "Paisagem nº 1" não se autoafirma por extremos. Não é inteiramente ufanista, como a de Gonçalves Dias, tampouco é radicalmente eurocêntrica, como a de Carlos Drummond de Andrade. Não é, ainda, diaspórica, como a de Graciliano Ramos e, posteriormente, a de Caetano Veloso. É acolhedora.

Como sucederá na lírica e na prosa regionalista dos anos 1930, a paisagem paulista já está comprometida com a visão Kodak e com o ouvido/gravador do artista. O poeta é cineasta. Em montagem de *clip*, imagem e som se adequam por intermitência. O poema resultante é um *clip* arlequinal feito de *takes do cotidiano paulista*. No *clip*, o *metteur-en-scène* se deixa inserir narcisisticamente, ainda que de forma metonímica e, claro, intermitente. "Meu coração sente-se muito triste... [...] Meu coração sente-se muito alegre!" Carlos Drummond será seu herdeiro por ter, no "Poema de sete faces", inserido a si mesmo em variadas sequências dum filme eu/rocêntrico: "Mundo mundo vasto mundo/ Mais vasto é meu coração".

Pelo recurso à descrição da natureza — como, aliás, em Gonçalves Dias —, Mário tende a alicerçar o *relativismo* derivado da visão cosmopolítica de "desterrado em sua terra natal" em argumentação de caráter *etnográfico* (a *antropofagia* não é o seu forte, embora dela não se distancie). A partir de 1924, a paisagem da *ancestralidade* civilizatória tupi-guarani reinará poderosa na produção do paulista. Em carta ao poeta que acha o Brasil infecto, ele afirma: "Os tupis nas suas

---

12 Grifo meu.

tabas eram mais civilizados que nós nas nossas casas de Belo Horizonte e São Paulo. Por uma simples razão: não há Civilização. Há civilizações".

Mário de Andrade tem, pois, especial preferência pela exposição poética de caráter ambivalente. Recorre a ela quando deseja reabrir uma ideia consensual, ou texto artístico canônico, para o *plural* de que é feito o ser humano, a cultura e o planeta, ou para o *plural* democrático, que nem sempre está e estará presente na instância superior do Poder nacional. Vale-se do enunciado ambivalente para negociar a enunciação de *equilíbrio*, em balança de pratos ou em balanço de bolsa de valores. A Justiça é cega. Não há Civilização, há civilizações. Opostos não são necessariamente complementares, são funcionais e, somados pela sucessão, ou pela evolução, são a razão de ser da força maior da poesia — a felicidade humana. "*En mon pays de fiel et d'or, j'en suis la loi*".

Disposto na página em branco do livro, "Paisagem nº 1" é o poema que *visualiza* para o leitor a lei do pensamento andradino. Ao contrário da maioria dos poemas de *Pauliceia desvairada*, o poema em análise adota o *alinhamento ao centro dos versos*. O eixo central de "Paisagem nº 1" — silencioso por natureza — comunga com o *hiato* na sucessão de seus versos e divide e ordena cada verso e todo o poema.

A ação centralizadora da *mise en page* estabelece a possibilidade de duas qualificações distintas para o detalhe descritivo e para o protagonista, para a paisagem e para o sentimento no coração. E assim por diante. A ação centralizadora da *mise en page* estabelece que duas qualificações distintas podem se esbarrar, sem coordenação nem subordinação, no eixo central ou na sucessão de versos.

O olho de leitor, acostumado ao formato tradicional de texto poético, sai de cena. "Paisagem nº 1" se oferece à atenção como um todo, ao centro da página. É um poema-cartaz, na linha dos publicados nos anos 1950 por Augusto e Haroldo de Campos e Décio Pignatari. Poema-cartaz um tanto verborrágico, mas de composição simétrica tão rigorosa quanto a deste poema:

```
sem um numero
  um numero
    numero
     zero
      um
       o
       nu
       mero
      numero
     um numero
    um sem numero
```

*Antônio Paim*

## ODE AO BURGUÊS

Eu insulto o burguês! O burguês-níquel,
o burguês-burguês!
A digestão bem feita de São Paulo!
O homem-curva! o homem-nádegas!
O homem que sendo francês, brasileiro, italiano,
é sempre um cauteloso pouco-a-pouco!

Eu insulto as aristocracias cautelosas!
Os barões lampiões! os condes Joões! os duques zurros!
que vivem dentro de muros sem pulos;
e gemem sangues de alguns milréis fracos
para dizerem que as filhas da senhora falam o francês
e tocam o *Printemps* com as unhas!

Eu insulto o burguês-funesto!
O indigesto feijão com toucinho, dono das tradições!
Fora os que algarismam os amanhãs!
Olha a vida dos nossos setembros!
Fará sol? Choverá? Arlequinal!
Mas à chuva dos rosais
o êxtase fará sempre sol!

Morte à gordura!
Morte às adiposidades cerebrais!
Morte ao burguês-mensal!
ao burguês-cinema! Ao burguês-tílburi!
Padaria Suíça! Morte viva ao Adriano!
"— Ai, filha, que te darei pelos teus anos?
— Um colar... — Conto e quinhentos!!!
Mas nós morremos de fome!"

Come! Come-te a ti mesmo, oh! gelatina pasma!
Oh! purée de batatas morais!
Oh! cabelos nas ventas! oh! carecas!
Ódio aos temperamentos regulares!
Ódio aos relógios musculares! Morte e infâmia!
Ódio à soma! Ódio aos secos e molhados!
Ódio aos sem desfalecimentos nem arrependimentos,
sempiternamente as mesmices convencionais!
De mãos nas costas! Marco eu o compasso! Eia!
Dois a dois! Primeira posição! Marcha!
Todos para a Central do meu rancor inebriante!

Ódio e insulto! Ódio e raiva! Ódio e mais ódio!
Morte ao burguês de giolhos,
cheirando religião e que não crê em Deus!
Ódio vermelho! Ódio fecundo! Ódio cíclico!
Ódio fundamento, sem perdão!

Fora! Fu! Fora o bom burguês!...

# Onde a ode

*Susana Scramim*

> *Para mim, a impressão que me fica após esta forma privilegiada de leitura que é a tradução, é a de que, com a sua estrutura sonora tersa e coesa; com seu uso invocativo e evocativo do elemento mítico; com sua urdidura temática menos lógica do que musical (cujo desenho programático é o volúvel "voo da abelha", — "Pítica X"); com seus giros "gnômicos" reflexivo-existenciais, esta poesia pindárica — posto de lado o ingrediente meramente comemorativo e de circunstância (aliás reduzido na técnica da composição a um simples fio condutor) — tem, no horizonte do nosso século, como sua parente mais próxima, a de Valéry, justamente um "poeta puro". O Valéry que, como é sabido, inscreveu no pórtico de seu "Cimetière marin" uma epígrafe memorável, extraída à "III ode pítica": "Não aspires, alma, à vida imortal, mas esgota o campo do possível".*
>
> Haroldo de Campos

## Os sons

A leitura do poema "Ode ao burguês" incita-me à escuta. Os sons do poema de *Pauliceia desvairada* envolvem no seu horizonte o amor a uma classe social, bem como a sua repulsa. A composição — uma ode, canção de amor e admiração — produz um cacófato do título com os versos finais que vocalizam o desprezo. A ode invoca seu reverso: o ódio, este sentimento infecundo e mortal.

O gênero "ode" atravessou todo o período clássico grego e latino para cruzar a Idade Média no toque das cantigas, quando ainda a poesia estava vinculada ao canto. A ode se distingue do hino por sua estrutura. Ela se organiza em torno de uma invocação a um deus e é acompanhada de um breve mito com uma fórmula final de despedida, conforme se constata em *El mundo de la lírica griega antigua*[1]. Tanto a ode quanto o hino se dedicam a exaltar o amor e/ou admiração por alguma personagem ou entidade espiritual. No caso específico do poema de Mário de Andrade, os diferentes modos de organizar e construir uma ode lhe ofereceram singularidade ao fazer uso desse gênero textual. A primeira delas é o lugar que ocupa "Ode ao burguês" no conjunto do livro. Ele foi situado entre "Paisagem nº 1" e "Tristura". Se "Paisagem nº 1" pode ser considerado uma "invocação", mesmo que marcada por certo humor que desconstrói o amor "in-

---

1 Adrados, 1981, pp. 8-9.

condicional" pelo objeto a ser cantado no conjunto dos poemas do livro, o poema "Tristura" canta em clave melancólica — dispondo do lugar elegíaco — o fruto de um malfadado casamento do poeta com sua noiva Pauliceia: uma filha, batizada com o nome de "Solitude das Plebes", podendo ser considerada o avesso triste do dispêndio burguês da "Ode". Para Jean-Christophe Bailly, o hino grego inclui uma fórmula final de despedida que, funcionando como um "adeus", faz menção ao deus invocado, ganhando, nesse sentido, nos contornos finais uma "tonalidade" elegíaca. Para o autor de *La fin de l'hymne*, essa composição pode ser usada de um modo ambivalente; tanto se comporta como invocativo, político e revolucionário, como evocativo do íntimo e estacionária. A mais afastada do "moderno" de todas as composições do classicismo grego é o hino. Não é simples compreender o motivo pelo qual Mário de Andrade optou por um gênero textual caracterizado por atender a encomendas de tiranos e poderosos do tempo em seu desejo de se perpetuarem com a poesia para datas comemorativas, que celebravam vitórias pelas quais efetivamente não eram os responsáveis, porque eram tão somente os donos das guerras, e não seus heróis. Na modernidade, todos esses poderosos já se travestiram de legalistas, transportando para as lápides da história a matéria viva das revoluções. Em função do sentido histórico que esse gênero textual tem na modernidade, o hino apenas pode ser retomado por alguns poetas modernos a partir da constatação de seu limite, ou seja, da desconstrução de seu uso.

A outra singularidade que chama atenção no poema "Ode ao burguês" é o seu "tom" de literatura jacobina, mesmo não sendo, porque se trata de uma "ode" propriamente, e não de um "hino" — gênero mais adequado à teatralidade da "revolução" que o modernismo, ainda não formalizado durante a escrita dos poemas de *Pauliceia desvairada*, não tinha. Esse "tom jacobino" oferece ao poema de Mário de Andrade uma subterrânea complexidade. A estrutura textual do hino grego não inclui o "drama" moderno com seus processos de representação. Talvez por isso, o jacobinismo da "Ode ao burguês" tenha se camuflado na "ode" para enfrentar a ausência da estrutura representativa do "hino" de uma revolução — o "modernismo" — que ainda não tinha sido oficialmente iniciada. O limite do hino jacobino frente ao drama moderno marca o espaço cênico do poema — que pode ter sido lido durante os espetáculos da Semana de Arte Moderna[2] —, limite esse que não barra o horizonte e não fecha o sentido, já que se trata também de teatro — espaço reservado ao mundo humano — e do espaço sagrado de re-

---

[2] A composição possui feição para ser cantada ou, pelo menos, declamada. Não há registros de que ela tenha feito parte do programa das noites da Semana de Arte Moderna em 1922, mas — por sua estrutura — é plausível que tivesse sido declamada em algum momento da festa. Na biografia que escreve de Mário de Andrade, Jason Tércio registra sobre a leitura de "Ode ao burguês" durante a Semana: "Há relatos de que ele teria lido também 'Ode ao burguês', mas não há comprovação disso" (J. Tércio, *Em busca da alma brasileira: biografia de Mário de Andrade*, Rio de Janeiro: Estação Brasil, 2019, p. 131).

volução[3] — reservado aos deuses. Contudo, o aspecto dramático entra em cena justamente quando do confronto do gênero da "ode" — a canção da admiração e do amor — com o som que se produz no cacófato "ode-ódio", abrindo-se à ambivalência. Essa abertura funciona como uma passagem franca entre a tonalidade jacobina do poema e o "drama" moderno na São Paulo dos anos 1920: lugar da experiência do poema.

De "ode" até "ódio" — do título ao último verso do poema —, algo ecoa nesses sons que é a própria razão de ser do poema: uma certa continuidade. No insulto ao "burguês-níquel" como aquele que também se dirige às "aristocracias cautelosas", se escuta um conjunto sonoro metálico de reprovação no barulho do som das moedas — "níquel e os mil-réis fracos" — que cintila ao redor de suas vidas vividas sem corporeidade, mesmo em se tratando de relação com o dinheiro. Nesse compasso sempre "cauteloso do pouco-a-pouco", a revolução não estoura, e o burguês, que já foi revolucionário no século XVIII na Europa, se alia, na Pauliceia, às aristocracias imóveis e produtoras de segregação. As filhas de ambas classes sociais "falam francês" e tocam uma peça tão visceral e plena de força vital e de ruptura como o *Printemps* — *Sagração da Primavera* — com as unhas, isto é, de modo insípido, sem comoção.

"Ode ao burguês" é uma imagem vocalizada de uma classe social ainda sem contornos muito precisos e difícil de se definir naquela São Paulo de 1920, mas que o poeta associa na composição poética a uma aristocracia imobilizadora. A imagem que se constrói no poema é de uma burguesia sem seus valores mais revolucionários, sem as personagens libertinas, sem os teóricos da equidade no tratamento da vida civil, sem a solidariedade do contrato social. A ode é ódio porque o burguês nacional traiu a classe e se associou às aristocracias rurais. Nada mais longe do espírito burguês do que essa associação. Desse modo, o poema "Ode", no lugar de admirar, passa a construir uma caricatura do burguês. Mesmo que a burguesia paulista pudesse ainda carecer de contornos precisos para o registro de uma experiência linguística com ela, o poeta investe na escrita de uma ode-caricatura, para pensar a farsa da modernização brasileira a partir da ascensão do imigrante europeu à categoria de homem "rico" que deseja usufruir dos prazeres materiais da aristocracia rural e da elite cultural — já decadentes —, mas que ele admirava e invejava a partir de sua pobreza. Essa confluência histórico-social brasileira produz em Mário de Andrade uma experiência poética negativa; portanto, não haveria como pensar nela de modo direto. Na "Ode ao burguês" se ouve o paradoxo do ódio-amor que grita nas imagens caricatas:

---

[3] O gênero hino traz consigo a história da ambiência da assembleia religiosa, o fechamento do espaço é absoluto e sem liberdades, a cena se reduz a um pedestal no qual a eloquência é de rigidamente cerimonial. Cf Jean-Christophe Bailly, *La fin de l'hymne* (1989), pp. 117-8. Trata-se de uma conferência proferida no seminário "Théâtralité et révolution", organizado por Philippe Lacoue-Labarthe e Myriam Revault d'Allonnes no âmbito das atividades do Collège International de Philosophie.

> Morte à gordura!
> Morte às adiposidades cerebrais!
> [...]
> Come! Come-te a ti mesmo, oh! gelatina pasma!
> Oh! purée de batatas morais!⁴

E ao mesmo tempo em que se escutam frases moralistas, consequência da voz de um coração repleto de mágoas, situando-se longe da indiferença que o desprezo poderia causar:

> De mãos nas costas! Marco eu o compasso! Eia!
> Dois a dois! Primeira posição! Marcha!
> Todos para a Central do meu rancor inebriante!⁵

A caricatura é visceral, enérgica, agressiva, contudo repleta de mágoas e decepções em relação à esperança que se depositou na força que essa classe social um dia desempenhou na Europa. O humor que se observa no texto que antecede a "Ode" na disposição do livro — o poema "Paisagem nº 1" — se distingue porque já não se percebe a ingenuidade e leveza alguma ao tratar de ambivalência farsesca:

> Morte ao burguês de giolhos,
> cheirando religião e que não crê em Deus!⁶

Em "Paisagem nº 1", a imagem sentimental da cidade de São Paulo vem plasmada na imagem europeia, evocada ironicamente com a Londres literária na qual a fumaça da queima do carvão da era industrial foi vista pelas lentes românticas como se fosse neblina. Na imagem que Mário de Andrade constrói da cidade que é ao mesmo tempo cidade natal e urbe cosmopolita, há uma sobreposição da neblina de São Paulo e da fumaça da queima do carvão de Londres que abre a possibilidade da leitura de uma negatividade irônica que faz valer, na mesma experiência, a romântica "neblina" paulistana e sua tóxica realidade, criando uma imagem ambivalente de São Paulo, ao mesmo tempo próxima e distante das cidades devastadas de Verhaeren. A experiência com a cidade, produzida por uma imagem ambivalente, faz a experiência de Mário de Andrade com a cidade natal oscilar no vazio mesmo de sua língua entre origem e destino, arcaico e moderno, folclore e vanguarda, provocando uma dialética do indecidível. Por isso, em "Paisagem nº 1", a lágrima provocada pelo contato desconfortável dos

---

4 Andrade, 2013, p. 87.
5 *Ibid.*
6 *Ibid.*, p. 88.

olhos do poeta com o vento frio cortante enquanto caminha pelas ruas é — ao mesmo tempo em que não é, porque se trata de uma reação fisiológica — experiência da tristeza.

> E sigo. E vou sentindo,
> à inquieta alacridade da invernia,
> como um gosto de lágrimas na boca...[7]

O contraste entre o que o poema diz estar vendo e o que se coloca como experiência material é possível de ser analisado a partir da epígrafe que introduz o "Prefácio interessantíssimo", com o verso de Émile Verhaeren: "*Dans mon pays de fiel et d'or, j'en suis la loi*". Mário de Andrade o retira dos versos da última estrofe que dá o tom irônico à linguagem do poema "Celui du rien", do livro *Les Apparus dans mes chemins* (1891): "*Et je t'apporte à toi le consolant flambeau,/ L'offre à saisir de ma formidable ironie/ Et mon rire, devant l'universel tombeau*". A linguagem desse poema cria um prazer nervoso, mediante o uso da ironia e do deboche sarcástico quando solta uma risada que atravessa o silêncio da imagem de um túmulo, generalizado como universal. Lendo outros poemas desse livro de Verhaeren, constata-se que não foi sem ironia que ele elaborou sua experiência poética com a Bélgica arrasada pela guerra.

Em "À la Belgique", o exército alemão aparece no poema como sujeito de uma ação que reconhece culpa na destruição e que ainda é capaz de um gesto assassino, no entanto o tal gesto é o de uma mordida durante um abraço pálido. À amada e doce Bélgica — a quem o poema é dedicado, o seu "tu" — é oferecida uma paisagem externa do país, pintada com a cor do sangue, e outra interna, na ambiência do amor. Os versos situam-se no limite entre o que se vê e o como se é visto. Trata-se de quase um vazio de conteúdo, pois o que permanece como dito é o intervalo entre esses "estados" da matéria do poema, entre ver e ser visto. Nos poemas de Verhaeren, encontra-se também aquele caráter rígido e religioso do hino, criado em alguns poemas pela frequência de imagens de estátuas, contudo, uma vez que o sentido da cerimônia é esvaziado com a ironia, acrescenta-se mobilidade ao horizonte. Tal procedimento conduz o poema-hino ao "drama" moderno. Marco Antonio de Moraes observou o impacto dessas imagens de Verhaeren na poesia de *Pauliceia desvairada*. Fundamentado na tese de doutorado de Marta Rossetti Batista, *Bandeiras de Brecheret* (1985), Moraes compreende que os versos de Verhearen desempenham a função de marcar o lugar de onde se olha a cidade moderna e a partir do qual se acrescenta o ponto de vista do poema sobre a paisagem vista, "figurando como espelhos da violência ('O soldado'), da exploração

---

[7] *Ibid.*, p. 86.

econômica ('O burguês'), [...] na verde esperança do porvir, possibilidade de 'paciência e indulgência' ('O monge') e da redenção de ásperos tempos ('O apóstolo')"[8].

Todos os ângulos a partir dos quais a cidade é vista nesses poemas indicam que há mais de um ponto para olhá-la. Trata-se de modos de ver, e seu conteúdo é um ponto vazio que demonstra a ironia da linguagem. A escrita de Mário de Andrade não compreende esses pontos de vista separados entre subjetivos e objetivos, como na análise de João Luiz Lafetá, que leu na oscilação tensa entre "subjetividade e objetividade" o elemento definidor da experiência crítica dos poemas de *Pauliceia desvairada*.

> Talvez não seja apenas, como pensa Roberto Schwarz, que o psicologismo leve a poética de Mário de Andrade a um dilaceramento entre "polaridades irredutíveis". E talvez não seja também, como acha Luís Costa Lima, que o poema-caleidoscópio representativo da cidade moderna seja prejudicado por uma consumação subjetiva do assunto. Há tudo isso, sem dúvida, mas a mobilidade do sopro poético na *Pauliceia* é muito maior do que essas formulações parciais possibilitam entrever.[9]

João Luiz Lafetá convoca a leitura de seus contemporâneos — Roberto Schwarz e Luís Costa Lima, que encontram em *Pauliceia desvairada* posições poéticas indicadoras de uma ruptura radical, no caso de Schwarz, e condutora de uma síntese subjetiva da realidade, para Costa Lima — e acrescenta às suas análises da ruptura uma teoria do *páthos*, o efeito da paixão, produtora de uma experiência única e extremamente individual com a cidade.

Para não produzir uma experiência literária baseada em polaridades promotoras de rupturas irredutíveis e tampouco definida a partir de um ponto de vista limitado ao individual, Mário de Andrade se vale da teoria da música. As composições de *Pauliceia desvairada* possuem um tom de "trovador", nas quais o som e o sentido ainda tentam algum tipo de articulação porque insistem em não dar total autonomia ao espírito da letra. Entretanto, o "tupi tangendo um alaúde" escreve o moderno, e a letra opera com autonomia provocando dissonância. O alaúde não produz harmonia, sentido e compreensão; ao contrário, ele exaspera o que é visto, transformando-o em ambivalência. Nesse hino ecoa uma *harmonia austera*[10]. Os gêneros textuais da ode e do hino podem ser aproximados da escrita moderna somente se estiverem sendo usados para confrontar essa autonomia da palavra que a caracteriza. Na "Ode ao burguês" soa uma música que diz respeito à dissonância que é produzida pelo som das palavras no verso estilhaçadas, danificando ao máximo o discurso e, com isso, demonstrando a sua própria insuficiência em dar a ver a realidade e criar seu conceito. Em seu estudo

---

8  Moraes, 2015, p. 178.
9  Lafetá, 1993-94, pp. 23-4.
10 Agamben, 2011, p. 261.

da poesia moderna de 1956, Hugo Friedrich chama a atenção para o significado do termo "prosa" em latim, que, entre outras coisas, tem o sentido de hino[11]. Uma prosa paradoxal que desesperadamente busca o sentido com o verso, explodindo-o. É dessa explosão que deriva o uso moderno do hino e da ode. No poema de Mário de Andrade, a música de Debussy já não pode ser compreendida a partir do que acontece, e Stravinsky compõe a partir do desencontro. As filhas da burguesia paulistana não compreendem esse gesto de dissonância e "tocam o *Printemps* com as unhas".

Em vários documentos, Mário de Andrade se referiu ao momento de escrita de *Pauliceia desvairada* como fruto de uma explosão. Na reunião de sua poesia em 1941, ele intitulou essa "fase" como "Estouro". Há uma conexão entre o argumento de que o uso do hino pela modernidade estoura o sentido do discurso, provocando a explosão da autonomia da letra mediante a escuta dos sons, e a experiência da escrita do poema "Ode ao burguês". Aquilo que no seu poema "Prose pour des Esseintes" aparece como instauração paradoxal do hino na modernidade pela via da ciência, "*Car j'installe par la Science,/ L'hymne des coeurs spirituels*"[12], está replicado em "Le mystère dans les lettres", quando Mallarmé enuncia uma frase que irá provocar uma explosão na autonomia do discurso: "*ce qui ne se dit pas du discours*"[13], ou seja, os sons funcionam como o que na língua resiste com tenacidade ao discurso do sentido. Essa explosão da autonomia da palavra acontece na "Ode ao burguês". O poema não alcança definir o burguês com seu discurso: "burguês-níquel", "burguês-mensal", "burguês-cinema", burguês-tílburi", "burguês-burguês", contudo, insiste na criação de uma imagem, investindo na repetição de fonemas, criação de cacófatos, gritos de guerra e *slogans*, que resultam em experiência não poética e, simultaneamente, única em sua ambivalência.

## O poema caricatura

A ode é ódio ao burguês brasileiro, mas, ao mesmo tempo, é amor original. O hino ao burguês não se confunde com marcha fúnebre ou com o lema: "enterremos o burguês", como se prevê em "*slogans*" ou "bravatas". A tarefa de definir o burguês para louvá-lo é colocada pelo poema, contudo, na impossibilidade de fazê-lo — pois se trata da "origem" de São Paulo como cidade cosmopolita e injusta —, faz a língua atuar de modo direto e "objetivo". O poema constrói a imagem em negativo.

---

[11] Hugo Friedrich associa o abandono da busca pela idealidade romântica cultivada no poema moderno de Rimbaud e Mallarmé ao que ele denomina de "dissonância ontológica". Cf. Friedrich, 1978, pp. 130-1.
[12] Mallarmé, 1998, p. 129.
[13] *Idem*, 2003, p. 233.

A "Ode ao burguês" tornou-se um poema importante para Mário de Andrade. Ao longo de toda sua trajetória como intelectual brasileiro, ele fez referência a esse poema. Por exemplo, foi incluído na antologia de 1941, *Poesias*, quando foi publicada pela Martins. É também possível que o poema "Ode ao burguês" tenha sido lido durante as sessões da Semana de Arte Moderna de 1922, pois possui características de uma peça afeita à declamação e à polêmica. Não há registros disso, mas Oswald de Andrade conta em seu depoimento[14], em 1954, que Mário de Andrade provocava ironicamente a ira da plateia com declamações em tom de bravata. Em 1922, Sérgio Milliet, em dois artigos publicados na revista belga *Lumière*, um em abril, "Uma semana de arte moderna em São Paulo", e o outro em novembro, "A jovem literatura brasileira", relata que Mário de Andrade teria lido durante a Semana o poema "Domingo" — que se trata de outro poema caricatural, este relacionado às futilidades do lazer dominical da burguesia paulistana —, curiosamente desprezado por Mário na antologia de 1941. Sendo assim, atesta-se, por contraste, a importância que o poema "Ode ao burguês" foi alcançando na vida literária do intelectual Mário de Andrade, e acresce a probabilidade de que "Ode ao burguês" também tenha sido lido durante a Semana.

Mário escreveu *Pauliceia desvairada* durante o ano de 1920; São Paulo ainda não estava industrializada, e o ambiente econômico baseado na exportação de produtos agrícolas era dominante. No entanto, a riqueza econômica não era capaz de criar correlações culturais com o mundo cosmopolita. A desproporção brasileira era gigantesca, mas no resto do mundo ocidentalizado a situação entre produção de riquezas e vida em sociedade também não se compunha com uma balança equitativa. A relação entre produção de riquezas econômicas e o sentido desse progresso material para a humanidade não fazia parte de uma mesma ambiência. A harmonia do mundo estava quebrada. Especificamente, uma classe social não consegue suportar — porque ultrapassa sua capacidade de compreensão — esse descompasso: a burguesia. Os burgueses não compreendem o descompasso e não se resignam diante dessa sua incapacidade. Fazem questão de sabotar o que não se adequa ao seu limitado mundo. Atuam para restaurar o mundo organizado pelos princípios da harmonia que sua própria forma de viver implodiu. Sabotam, causam danos, às vezes irreparáveis. Em 1942, Mário de Andrade se refere à sua revolta contra uma parte da família que via nele — nas suas atitudes e posições como artista e estudioso — um desvio. Escreve em "O movimento modernista":

> Si Mãe e irmãos não se amolavam com minhas "loucuras", o resto da família me retalhava sem piedade. E com certo prazer até: esse doce prazer familiar de ter num sobrinho ou num primo, um "perdido" que nos valoriza virtuosamente. Eu

---

14 Cf. reprodução que a *Revista do Instituto de Estudos Brasileiros* fez desses dois artigos de Sérgio Milliet em 1992.

tinha discussões brutais, em que os desaforos mútuos não raro chegavam àquele ponto de *arrebentação* que... por que será que a arte os provoca! A briga era braba, e si não me abatia nada, me deixava em ódio, mesmo ódio.[15]

A "arrebentação" ou "estouro" — para usar as palavras de Mário de Andrade — iria chegar quando sua família desdenhou da escultura que, com intenso desejo, sacrifício pessoal e financeiro, ele adquiriu de Victor Brecheret: a cabeça de Cristo. Ainda em "O movimento modernista" destaca: "E Brecheret ia ser em breve o gatilho que faria *Pauliceia desvairada* estourar..."[16]. Dessa arrebentação vazou o ódio ao burguês que se transformou em experiência artística atravessada pela reflexão histórica, deixando ver o descompasso entre prosperidade econômica e progressismo social da cidade de São Paulo no tempo da enunciação do poema. Nesse sentido, compreende-se a importância que "Ode ao burguês" tenha ganhado na compreensão de Mário de Andrade da arte e da sociedade brasileiras.

Também no ensaio "O movimento modernista" faria a pergunta pelo desencadeador da proposta de realização da Semana. Cogitou alguns nomes, entre eles o de Di Cavalcanti, que logo foi descartado como ideólogo do movimento porque Mário de Andrade não avaliava seu trabalho como produtor de estouros, e sim como resultado de uma evolução pós-simbolista:

> Houve um tempo em que se cuidou de transplantar para o Rio as raízes do movimento, devido às manifestações impressionistas e principalmente post-simbolistas que existiam na então capital da República. Existiam, é inegável, principalmente nos que mais tarde, sempre mais cuidadosos de equilíbrio e espírito construtivo, formaram o grupo da revista "Festa". Em São Paulo, esse ambiente estético só fermentava em Guilherme de Almeida, e num Di Cavalcanti pastelista, "menestrel dos tons velados", como o apelidei numa dedicatória esdrúxula.[17]

O fato que Mário de Andrade não leva em consideração no seu julgamento dos antecedentes da Semana é que, usando tons pastéis ou não, Di Cavalcanti era um artista da caricatura e, dessa maneira, seu trabalho interessava em muito ao "fermento" das ideias da Semana, que queria, antes de tudo, criar uma experiência de negação do "descompasso" burguês na sociedade brasileira arcaica. A arte caricatural se presta a uma disposição artístico-política. Sendo imagem de uma personagem da vida real, tal como políticos e artistas, a caricatura cria uma experiência hiperbólica com humor, acentuando gestos, vícios e hábitos particulares em cada indivíduo nas circunstâncias em que ele é colocado.

---

15 Andrade, 1974, p. 233 (grifo meu).

16 *Ibid.*

17 *Ibid.*, p. 235.

Di Cavalcanti começa a trabalhar como ilustrador em 1914 no Rio de Janeiro. Publica sua primeira caricatura na revista *Fon-Fon*. Em 1916, expõe suas caricaturas no Salão dos Humoristas. Aracy Amaral descreve a produção artística de Di Cavalcanti nesse momento como resultado de uma concepção de arte "romântica fim de século"[18]. Em 1917, Di Cavalcanti instala-se em São Paulo, onde, além de frequentar a Faculdade de Direito do Largo de São Francisco, realiza sua primeira exposição individual de caricaturas e faz ilustrações e capas para a revista *O Pirralho*. A amizade com Anita Malfatti é o elo inicial que o unirá a Mário de Andrade. A amizade entre os dois estará marcada pela disposição combativa e debochada que, ao mesmo tempo em que critica a burguesia, deseja impressioná-la, operando um tipo de rebeldia vanguardista.

Ao estudar o surrealismo, Walter Benjamin retoma o argumento da violência pura da revolução para diferenciá-lo de uma perspectiva romântica. A "estética do poeta *en état de surprise*, da arte como a reação do indivíduo 'surpreendido'"[19], era algo que o filósofo alemão considerava bastante romântico. Os surrealistas, ao contrário, tinham a função de "mobilizar para a revolução as energias da embriaguez"[20], acrescentar-lhes o pressuposto dialético que o espírito romântico não era capaz de aportar. Walter Benjamin denominará de "iluminação profana" esse aporte dialético ao espanto e ao enigmático que surpreende.

> De nada serve a tentativa patética ou fanática de apontar no enigmático o seu lado enigmático; só devassamos o mistério na medida em que o encontramos no cotidiano como impenetrável e o impenetrável como cotidiano. Por exemplo, a investigação mais apaixonada dos fenômenos telepáticos nos ensina menos sobre a leitura (processo eminentemente telepático) que a iluminação profana da leitura pode ensinar-nos sobre os fenômenos telepáticos. [...] O homem que lê, que pensa, que espera, que se dedica à *flânerie*, pertence, do mesmo modo que o fumador de ópio, o sonhador e o ébrio, à galeria dos iluminados.[21]

Seria produtivo contrastar a disposição "romântica fim de século" de alguns artistas brasileiros — tomando como exemplo as primeiras obras de Di Cavalcanti — com aqueles que conseguiram aportar um ponto de vista dialético ao espanto e ao enigmático que surpreende, segundo a leitura de Walter Benjamin. A gravura de Di Cavalcanti, "O júri" (1920) — caricatura de um grupo de burgueses em atitude de julgamento a uma jovem mulher —, não deixa de encenar o dualismo moralista da sociedade organizada a partir de valores do Ocidente. Os julgadores estão pintados no lado escuro da cena, e a jovem se situa no espaço central e claro. Esta

---

18 Amaral, 1998, pp. 95-6.
19 Benjamin, 1994, p. 33.
20 *Ibid.*
21 *Ibid.*

imagem não está plasmada segundo um ponto de vista resultado de uma "surpresa" diante da injustiça. Ela é consciente do plano histórico no qual está inserida, em que a ideia de justiça está atravessada pela prática dos "justiçamentos".

Há semelhanças entre as imagens produzidas até 1920 por Di Cavalcanti e as de Georges Grosz, pintor e caricaturista alemão. Ligado ao movimento dadá em Berlim, Grosz também criou, além dos desenhos, várias caricaturas a partir do princípio compositivo da fotomontagem. Annateresa Fabris, em *A fotomontagem como função política*, aponta que as caricaturas de Grosz foram criadas a partir de uma experiência histórica com a realidade e observa nelas a força no estabelecimento de uma comunicação com as grandes massas populacionais, no intuito de mobilizá-las para a revolução com as energias do informe. Ou ainda, Grosz cria imagens dialéticas quando desenha e opera montagens. Annateresa Fabris faz referência ao papel político-histórico das atuações do grupo dadá em Berlim, incluindo nelas as caricaturas da burguesia feitas por Grosz[22].

O clima cultural, no qual esse tipo de imagem é realizado, é vivamente evocado por Erwin Piscator, que assim se refere ao grupo dadaísta de Berlim:

> O dadaísmo tornara-se perverso. A velha posição anarquista contra a burguesia bitolada, a revolta contra a arte e as demais atividades intelectuais, passara a ser mais grave, quase já se revestindo da forma de luta política. A revista *Jedermann sein eigner Fussball* ainda fora um insolente "*épater le bourgeois*". A *Bancarrota* (publicada por Grosz e Heartfield) já constituía um desafio à sociedade burguesa. Desenhos e versos não se orientavam mais para postulados artísticos, e sim para a eficácia política. O conteúdo determinava a forma. Ou melhor, formas sem objetivo, através de um conteúdo que rumava diretamente para um determinado alvo, recebiam de novo contornos mais rígidos e duros.[23]

A *Bancarrota*, a que Piscator faz referência, representa um empreendimento conjunto de Herzfelde, Heartfield e Grosz, que se segue à apreensão do número único de *Jedermann sein eigner Fussball*. A revista, cujo nome original era *Die Pleite*, circula entre fevereiro de 1919 e janeiro de 1920 e seu campo de atuação é a sátira política. Lançando mão dos recursos tipográficos desenvolvidos pelos dadaístas, a revista publica artigos, sátiras e anúncios, além de hospedar em cada número desenhos de Grosz. Os alvos preferidos do artista são os mesmos que haviam sido utilizados por Hannah Höch em *Chefes de Estado*: Ebert e Noske, como representantes da alta finança e do militarismo[24].

---

22 A obra *Pilares da sociedade* (1926), de Grosz, está disponível em: <https://www.art-for-a-change.com/Express/ex10.htm>.
23 Piscator, 1968, pp. 38-9.
24 Fabris, 2003, s.n.

Mário de Andrade conheceu a obra de Grosz depois da publicação do livro *Pauliceia desvairada* e, por outro lado, não há registros de que Di Cavalcanti tenha tido contato com a obra dos dadaístas alemães em sua vida como caricaturista no Rio de Janeiro. Segundo a tese de doutorado de Rosângela Asche de Paula, Mário de Andrade tinha dois livros de ilustrações de Georg Grosz: *Ecce homo* e *Abrechnung folgt!*, ambos publicados por volta de 1923, além do livro de Marcel Ray sobre a obra de Grosz, de 1927, e de exemplares da revista *Der Querschnitt* que contam com ilustrações de Grosz[25].

As conexões entre Di Cavalcanti caricaturista, Mário de Andrade, em seus poemas caricatura publicados no livro *Pauliceia desvairada*, e o dadá Georges Grosz demonstram as diferenças e as semelhanças entre si no que diz respeito à compreensão profunda da situação do artista latino-americano no contexto da arte europeia e norte-americana. Muito mais do que *épater le bourgeois*, Mário de Andrade e Di Cavalcanti produziram uma experiência artística autêntica com sua realidade histórica, e ainda necessitam de leitores autóctones que lhes reconheçam enquanto tais. Ao declarar que poemas como "Ode ao burguês" ou "Domingo" são poemas menores ou não têm poesia, o leitor que não é crítico não está disposto a compreender a diferença que esses poemas produzem em relação a um dos gêneros textuais mais "nobres" e inerente à tradição ocidental: a ode.

> De mãos nas costas! Marco eu o compasso! Eia!
> Dois a dois! Primeira posição! Marcha!
> Todos para a Central do meu rancor inebriante!
>
> Ódio e insulto! Ódio e raiva! Ódio e mais ódio!
> Morte ao burguês de giolhos,
> cheirando religião e que não crê em Deus!
> Ódio vermelho! Ódio fecundo! Ódio cíclico!
> Ódio fundamento, sem perdão!
>
> Fora! Fu! Fora o bom burguês!...[26]

No compasso rítmico simples do dois por dois, o poema compõe a experiência com a burguesia local, em melodia marcada pela dualidade que ecoa a "ode/ódio", criada por uma literatura que necessita do leitor/consumidor de arte: o burguês. O poema "Ode ao burguês" é uma ambivalente e contundente crítica de seu próprio lugar no contexto de uma economia industrial pujante e retrógrada.

Silviano Santiago, a respeito da diferença produzida pela escrita de *Memórias póstumas de Brás Cubas* no âmbito do gênero romance no mundo anglo-europeu,

---

25 Para maior compreensão da relação de Mário de Andrade com o expressionismo, cf. Rosângela Asche de Paula, *O expressionismo na biblioteca de Mário de Andrade: da leitura à criação*, tese (Doutorado) — Programa de Pós-Graduação em Literatura Brasileira, 2007.

26 Andrade, 2003, p. 88.

diz que Machado de Assis, "ao final do século XIX, inventa uma nova composição ficcional, dependente, sim, mas desconstruindo a composição da *novel* e do romance francês do início e meados do século XIX. [...] As memórias póstumas, *made by* Machado de Assis, não são escritas para o leitor cuja formação foi capitaneada pela *novel*"[27].

A escrita do poema "Ode ao burguês", de Mário de Andrade, e as caricaturas de Di Cavalcanti estão em íntima relação com a consciência de ser artista nos lugares em que a modernidade apresenta contornos específicos. Para serem compreendidas pelos leitores críticos como obras que inauguram uma nova tradição, essas obras não poderiam ser produzidas por um ponto de vista que fosse resultado do artista em estado de surpresa, desejoso por chocar a burguesia; ao contrário, só poderiam ter sido criadas por uma visão histórica local mais reflexiva e ampla.

## REFERÊNCIAS BIBLIOGRÁFICAS

AGAMBEN, Giorgio. *O reino e a glória: uma genealogia teológica da economia e do governo* [Homo Sacer, II]. Trad. Sevino Assman. São Paulo: Boitempo, 2011.

ADRADOS, Francisco Rodríguez. *El mundo de la lírica griega antigua*. Madrid: Alianza Editorial, 1981.

AMARAL, Aracy. *As artes plásticas na semana de 22*, 5ª ed. São Paulo: Ed. 34, 1998.

ANDRADE, Mário. "Ode ao burguês". Em: *Poesias completas*, vol. 1. Edição de texto apurado, anotada e acrescida de documentos por Tatiana Longo Figueiredo e Telê Ancona Lopez. Rio de Janeiro: Nova Fronteira, 2013.

\_\_\_\_. *Aspectos de literatura brasileira*. 5ª ed. São Paulo: Martins, 1974.

ANDRADE, Oswald. "O modernismo" (depoimento). *Anhembi*. São Paulo, dez. 1954, nº 49, pp. 23-32.

BATISTA, M. R. *Bandeiras de Brecheret: história de um monumento (1920-1953)*. São Paulo: Departamento do Patrimônio Histórico, 1985.

CAMPOS, Haroldo de. "Píndaro hoje". Em: *A arte no horizonte do provável*. São Paulo: Perspectiva, 1977, pp. 115-66.

DI Cavalcanti. Catálogo *Di Cavalcanti, um perfeito carioca*, Caixa Econômica Federal, 2006.

FABRIS, Annateresa. "A fotomontagem como função política". *História*, Franca: 2003, vol. 22, nº 1, pp. 11-58. Disponível em:
<http://www.scielo.br/scielo.php?script=sci_arttext&pid=S0101-90742003000100002&lng=en&nrm=iso> e <https://doi.org/10.1590/S0101-90742003000100002. Acessos em: 14 abr. 2021>.

FRIEDRICH, Hugo. *Estrutura da lírica moderna*. Trad. Marise Curioni e Dora Ferreira da Silva. São Paulo: Duas Cidades, 1978.

LAFETÁ, João Luiz. "Mário de Andrade, o arlequim estudioso". Em: \_\_\_\_\_. *A dimensão da noite e outros ensaios*. Antonio Arnoni Prado (org.). São Paulo: Duas cidades/Ed. 34, 2004.

\_\_\_\_\_. "A representação do sujeito lírico na *Pauliceia desvairada*". Com textos: *Revista do Departamento de Letras/ICHS/UFOP*. Mariana, dez./jan. 1993-94, nº 5.

MALLARMÉ, S. *Œuvres complètes I*. Édition présentée, établie et annotée par Bertrand Marchal. Paris: Gallimard, 1998.

\_\_\_. *Œuvres complètes II*. Édition présentée, établie et annotée par Bertrand Marchal. Paris: Gallimard, 2003.

MILLIET, Sérgio. "Uma semana de arte moderna em São Paulo". *Lumière*, abr. 1922; consultado em: *Revista do Instituto de Estudos Brasileiros*. São Paulo: 1992, nº 34, pp. 199-201,

MORAES, Marcos Antonio de. "*Pauliceia desvairada* nas malhas da memória". *O eixo e a roda: revista de literatura brasileira*. Belo Horizonte: 2015, vol. 24, nº 2, pp. 173-93.

PISCATOR, Erwin. *Teatro político*. Rio de Janeiro: Civilização Brasileira, 1968.

SILVIANO, Santiago. *Fisiologia da composição*. Recife: Cepe, 2020.

TÉRCIO, Jason. *Em busca da alma brasileira: biografia de Mário de Andrade*. Rio de Janeiro: Estação Brasil, 2019.

---

27 Santiago, 2020, p. 70.

*João Farkas*

# TRISTURA

> *Une rose dans les ténèbres*
> Mallarmé

Profundo. Imundo meu coração...
Olha o edifício: Matadouros da Continental.
Os vícios viciaram-me na bajulação sem sacrifícios...
Minha alma corcunda como a avenida São João...

E dizem que os polichinelos são alegres!
Eu nunca em guizos nos meus interiores arlequinais!...

Pauliceia, minha noiva... Há matrimônios assim...
Ninguém os assistirá nos jamais!

As permanências de ser um na febre!

Nunca nos encontramos...
Mas há rendez-vous na meia-noite do Armenonville...

E tivemos uma filha, uma só...
Batismos do sr. cura Bruma;
água-benta das garoas monótonas...
Registrei-a no cartório da Consolação...
Chamei-a Solitude das Plebes...

Pobres cabelos cortados da nossa monja!

# Tristura

*Roberto Vecchi*

O poema "Tristura" é de certo modo emblemático da poética de *Pauliceia desvairada*. Uma exemplaridade que agora cabe assumir de modo apodítico, mas que aflorará ao longo da leitura do poema. Não cabe aqui uma leitura que transcenda o perímetro do poema em análise, uma abordagem macrotextual. No entanto, já a partir do primeiro vistoso contraste que o constitui surgem indícios de tendências horizontais que formam a vocalidade de *Pauliceia desvairada*.

No caso de "Tristura", desde a primeira leitura, entre o título e o poema, se afirma um conflito — o primeiro de uma série constitutiva, desta vez semântico — entre o sentido do título e o tom da composição: o que de imediato faz eclodir um contraste agudo, logo perceptível desde a primeira aproximação. São dois movimentos contrários, pelo menos na superfície da significação, como se o título mostrasse, por diferença, a tonalidade antitética que permeará o desenvolvimento lírico. O efeito acende uma luz sobre o papel estratégico que o título desempenha. Por que a opção por um termo culto como tristura, que expressa, por diferença irônica, o conteúdo lírico? No lugar de uma coloquial tristeza, a opção por tristura se caracteriza por uma sensibilidade afixal: a sinonímia com o termo mais coloquial induz a pensar numa escolha que tem outra origem. O sufixo -ura, de proveniência latina, subentende uma ação ou as consequências de uma ação num termo, no entanto, abstrato. A agência da ideia adquire assim um valor poético: mobiliza o sentido e lhe dá uma conotação mais ligada à ideia de modernidade que se encrusta no poema da metrópole. Tristura exibe também uma raiz galega, de certo modo arqueológica da portuguesa, e também uma raiz castelhana. Portanto, a tensão que a palavra cria, quase de viés, de uma história das línguas ibéricas, se divide entre um eco do passado e também o de um cosmopolitismo linguístico próprio de um contexto em forte ebulição demográfica como o da São Paulo naquele tempo. A palavra rara, mas plurissignificativa, se resgata neste contexto porque se torna uma *koiné* comunicativa mais eficaz e horizontal dentro da heterogeneidade linguística da época.

Outro contraste — ou elemento de complexificação compositiva — é aquele que acrescenta a epígrafe. O nome próprio Mallarmé ativa de imediato uma memória poética que parece reivindicada pelo poeta. Não é um artifício da história literária iluminar previamente o sentido através da citação. Aliás, é o papel canônico da epígrafe. Mas, nesse caso, a citação possui também uma função multíplice que não se esgota na referência externa. Obviamente não se isola das sugestões conotativas do verso citado, mas se define logo pela sua densidade significativa. Mallarmé proporciona uma metáfora potente e plurissignificativa ("Une rose dans les ténèbres" condensa cromática e figuralmente a palavra poética recorrendo a uma palavra, "rosa", que exerce de imediato uma sugestão lírica canônica). O verso final do poema do qual a epígrafe é derivada, "Surgi de la croupe et du bond", que pertence à série dos *Trois poèmes* (1887), oferece uma imagem nítida de um soneto na verdade hermético, imagético e onírico, que, se assumido integralmente, parece ir numa outra direção em relação ao poema de Mário. Mais uma opção pelas divergências como material de construção poético.

No entanto, o que pesa na justaposição de "Tristura" com o verso final do soneto mallarmaico no limiar do texto é o contexto musical referido ao poema de Mallarmé. No ano da publicação da obra completa de Mallarmé (1913), Maurice Ravel musica as três canções de arte (M. 64) para soprano e *ensemble* instrumental, antecipando Debussy, que por sua vez tinha manifestado interesse em musicar os poemas de Mallarmé. Portanto, o verso citado no poema da *Pauliceia* associava-se também a uma trama musical. Fornece assim mais um indício metapoético sobre a leitura do texto: a poesia se articularia a partir de uma construção sinestésica, na qual a imaginação sonora que se enxerta no poema desempenha uma função imprescindível.

De certo modo, a referência ao poeta francês contribui para situar a lírica de Mário num contexto amplo e complexo de relações com a tradição, mas também com a própria *ars poetica*. Ainda antes de quebrar o silêncio com o verso exordial e deixar ao eu lírico a responsabilidade de tomar a palavra.

A estrutura de "Tristura" — perdoe-se o trocadilho imperfeito — é relativamente simples. Trata-se de 17 versos livres, de várias medidas, que, no entanto, parecem corresponder a um desenho mais planejado e regular. É verdade, como já se observou, que há um movimento por assim dizer antifrástico no poema, se imediatamente relacionado ao título. Mas o movimento verbal e metafórico no poema aponta para uma vertente pelo menos dupla. Essa medida de leitura encontra-se em particular se considerarmos um primeiro segmento do poema, do verso 1 ("Profundo. Imundo meu coração...") ao verso 8 ("Ninguém os assistirá nos jamais!"). A esse segmento segue um verso predominantemente hipométrico em relação aos anteriores, que muda conteúdo, tom e, sobretudo, abre para uma dimensão mais abstrata e especulativa: o verso 9 ("As permanências de ser um na febre!"), que coloca de imediato uma questão ontológica do eu lírico, mas, ao mesmo tempo, também poética. Enfim, um segundo segmento, que vai do verso 10 ("Nunca nos encontramos...") ao verso 17 ("Pobres cabelos cortados da nossa monja!"), caracterizado por versos mais curtos, que acentuam discretamente o elemento de uma certa regularidade rítmica, dissimulando uma micronarrativa.

Nesta leitura, sugere-se, portanto, um ponto de partida deslocado, geometricamente central, no âmago do poema, possibilitando um movimento que do abstrato vai para uma concretização imagética e, sobretudo, define menos genericamente o eu lírico moderno.

O verso gerador da instância poética, central e divisor do corpo do poema, o 9 ("As permanências de ser um na febre!"), recupera e reescreve uma mitologia da modernidade. A condição transitória da doença permite construir uma posição paradoxal, uma ontologia do sujeito: as multíplices permanências do ser. O contraste no verso é lógico, a febre como condição patológica temporânea, e uma estrutura do ser profunda e sólida, o que do ponto de vista lexical se constrói pelo dualismo entre febre e permanências. Perfila-se assim uma espécie de *gaia ciência* do eu, que encontra o que tem de mais profundo e fragmentário, que se reconstitui na condição de exceção do estado temporariamente patológico. Permanências que se dirigem a uma consciência outra e um outro pensamento, longínquos e enterrados, que a condição de alteração reconecta ao presente. A condição de "ser um" reemerge assim como uma espécie de nostalgia de um tempo e de uma visão poética perdidos, a que o estado febril possibilita um inesperado resgate. Por sua vez, o estado de prostração da febre evocado exibe pelo menos um valor duplo: por um lado, permite uma restituição do "ser um"; por outro, altera a visão do moderno, insinua um ângulo de visão em que a percepção subjetiva é alterada em relação à experiência moderna, no coração profundo e perdido da metrópole americana. A tristura escava seu lugar entre uma tradição perdida de um *fazer* poético ainda percebido como homogêneo, num tempo irremediavelmente outro e quebrado: permanências que se formam no transitório, pelo papel de recomposição de uma situação aparentemente trágica, do contraste irresolúvel entre o arcaico e o moderno. A "tristura" aqui se apresenta também como dupla: da perda do tempo das permanências que a condição externa à mitologia da doença impede; de um "real" lacaniamente "impossível" fora de uma percepção excecional, fora de uma mitologia poética.

Nessa reconstrução, os dois segmentos que contornam o verso 9 adquirem uma inteligibilidade própria. O primeiro (do verso 1 ao verso 8) realiza um movimento claro. A função poética é logo enfatizada na construção do verso 1: "Profundo. Imundo meu coração...". Verso essencial, porque o uso caricato da rima imediata, no binômio exordial, reduz de modo drástico o risco de se entender a coloquialidade do verso numa dimensão prosódica ou extrapoética: até o leitor menos advertido e preparado entenderá, sem risco de mal-entendidos, que ali há um poema pela macroscópica iniciação da leitura. Deve-se notar também como o primeiro adjetivo da dupla ("profundo") é banalizador e descritivo (subentendendo coração). O salto que se dá pela simples interrupção da pontuação, que absolutizara o primeiro adjetivo, é de ordem dupla. Passa para uma avaliação conotativa de ordem moral ("imundo") e passa também para o horizonte intimista da subjetividade poética.

Posição preparatória de outra mudança resoluta que ocorre no verso 2: a esfera sensorial acionada é aquela visiva, com um efeito que alude à técnica cinematográfica (um "plano médio"), que aproxima sujeito lírico e leitor. Se uma topografia de São Paulo se delineia no primeiro segmento do poema, é importante assinalar a primeira referência selecionada: os "matadouros da Continental", que moldam uma paisagem de transição moderna. Os matadouros frigoríficos são uma imagem do progresso que toma forma nos primórdios do século. Representam o apogeu de uma modernidade periférica em que a produção tradicional de gado encontrava a modernização técnica, a industrialização urbana dos produtos rurais. Surge também outro elemento na opção por essa imagem. A Continental será substituída nominalmente pela norte-americana Wilson justamente nos anos da *Pauliceia*. A imagem decorre de uma memória nominal, e não de uma descrição: uma veia melancólica na cidade que não para de mudar fixa uma instantânea menos fugaz de uma paisagem destinada a uma reformulação inexaurível, uma mudança interminável. É um olhar para o edifício através de um dispositivo não só ótico, mas sobretudo dialógico e sentimental.

No avançamento do poema, surge no verso 3 uma outra virada sensível, simétrica oposta àquela do verso anterior. A passagem do mundo externo para a anamnese egotista é demarcada pelo redobramento lexical de sujeito e verbo, "os vícios viciaram-me...", que abre para um ato relacional, "a bajulação sem sacrifício". Remete para o contexto das relações sociais, da fácil submissão lisonjeadora, praticada no contexto da metrópole como espaço concentrado de poderes que, enquanto se expande, mais se verticaliza do ponto de vista das relações de classe. É como se nos versos 2 e 3 se abrisse discretamente uma fissura sobre o emaranhado social, por sua vez em transformação (a que se aludirá ironicamente no desdobramento do poema), tecendo uma conotação crítica dessa paisagem outra. O verso se satura de termos negativos: as duas ações indicadas, tanto a verbal como a deverbal, a acumulação sonora e semântica que proporcionam, se caraterizam pela tortuosidade dos desvios.

Entende-se assim melhor a reconciliação que configura o verso 4, da fusão dos corpos, íntimo e externo, em que o sujeito é metonímia da cidade, e também — quiasmicamente — a cidade é metonímia do sujeito, do que ele tem de íntimo, profundo. Cruzam-se assim, na verdade, não os corpos, mas as duas pesquisas, a do eu lírico e a da cidade incontornável; ambas que se sustentam uma na outra, ambas marcadas por uma incompletude constitutiva. O que acrescenta um elemento interpretativo importante sobre o topônimo aproveitado, a avenida São João. O que de fato significa a metaforização de uma avenida, como a alma, "corcunda" marcada por uma curvatura? A nota não é geométrica ou descritiva, é moral e especulativa; excetua a linearidade constitutiva da grande avenida, *milieu* do modernismo paulista. O verso oferece uma síntese dos dois versos anteriores, costurando diferenças, recompondo contrastes.

É também a placenta de uma personificação que vai se presentificar nos versos sucessivos, sobretudo no verso 7, quando a *Pauliceia* toma uma forma e uma função relacionais. O que se enfatiza no verso é a não linearidade poética que contrasta com a linearidade referencial dos topônimos evocados. O caminho do leitor será tortuoso, arriscado, desviado para quem, como o eu lírico, atravessa a cidade onde experiência, memória, sentimento, desejos se misturam de modo desequilibrado, à procura de um belo outro, cuja existência é toda por provar (em todos os sentidos).

Os versos 5 e 6 introduzem as figuras carnavalescas convencionais da *Commedia dell'arte* italiana, que Mário herda, atualizando-as. O tom sapiencial do dístico marca um hiato aparente na construção do poema. Na verdade, trata-se de um simples desvio de uma pesquisa que continua sobre a identificação inacabada da instância lírica. De fato, as duas máscaras exibidas, genericamente, se diga de passagem (polichinelos no plural e arlequinal como adjetivo), delineiam qualidades do eu, o servo melancólico e aquele "arlequinal" ontológico da *Pauliceia desvairada*, que representa o uno e o multíplice do vitalismo e da esperteza incansáveis, ao mesmo tempo do sujeito e da cidade. Reparamos que os dois polos coexistem no mesmo eu, os polichinelos tristes e os interiores arlequinais silenciosos: como se na dialética própria de uma modernidade em gestação (que remete sobretudo a uma certa dicção de crepusculares futuristas italianos, como Corrado Govoni, ou também a Manuel Bandeira, para citar um caso mais contíguo) os dois polos da *hybris* e *melancholia* se sobrepusessem com uma geometria variável na determinação de uma vocalidade lírica própria, não avulsa da tradição, mas que, pela técnica do reuso e da reencenação, procura encontrar um equilíbrio, oximórico certamente, mas ao mesmo tempo possível: o carnaval da tristura, se diria.

Os dois versos sucessivos que completam o primeiro segmento do poema, rodeando o verso metafísico central, são importantes e desempenham a função de uma ponte para o segundo segmento do poema. A personificação da *Pauliceia* não é um simples artifício retórico voltado a dar uma concretude abstrata a um objeto/sujeito não só inspirativo, mas fundamentador do poema e do livro. A transformação da cidade em sujeito permite reativar um exercício de inscrição social da cidade dentro da própria cidade, uma *mise en abîme* reflexiva que proporciona mais uma possibilidade de leitura de um objeto que, se deixado em si absoluto, não se abriria para nenhuma descodificação afetiva ou crítica. Uma dobra, portanto, necessária, que dará movimento à grande parte do segundo segmento do poema. A personificação desenvolve também a veia irônica que permeia de fato grande parte de "Tristura". A forma evocativa ("Minha noiva") e a elipse lógica com que se introduz a suspirosa e resignada afirmação seguinte ("Há matrimônios assim…") especializam o elemento que já se estrutura ao longo do poema das reticências como forma irônica, mas também empática, lançada para o leitor da composição. Note-se que 8 dos 17 versos terminam por reticências, o que acrescenta um elemento que deve ser considerado, na economia significativa do poema. Procura produzir uma empatia cúmplice com o destinatário do poema, incluído como um interlocutor ausente daquilo que só superficialmente poderia ser visto como o andamento monológico da poesia. O verso 8, que se conecta com o verso seguinte, que assumimos como um centro irradiante da poética de "Tristura", já abre para o tema do multíplice. Ele o faz discretamente, mas de modo visível pela redundância dos pronomes átonos diretos "os" e "nós", que em contemporâneo identificam e desidentificam, pelo desinteresse geral, o "casal", costurando semanticamente a personificação urbana, diluída pelo recurso confessional, com o verso seguinte já comentado ("As permanências de ser um na febre!").

Uma outra cesura lógica que percorre o fio do paradoxo é aquela que se concretiza com o verso 10. Se na primeira parte se anuncia um casamento, a sua natureza antibiográfica e antilógica vem da natureza puramente abstrata, idealizada, imaginada da união. O recurso lança um véu ficcional à pseudorreconstrução biográfica da relação paradoxal. O verso 10, que inaugura o novo segmento, coloquialmente remete para os versos anteriores. O casamento "por procuração" (sem conhecer a noiva, uma prática que não devia ser singular na época), por assim dizer, é um pretexto de ficcionalização da cena que se articula no desenvolvimento final do poema. Mas reitera o que já tinha sido mostrado, a impossibilidade de acesso ao "real" quando em jogo está a metrópole. A personificação, de certo modo, proporciona uma alegoria que permite alguma tentativa de acesso a um sentido condenado à fragmentação, à impossibilidade ou à perda. A linguagem é a possibilidade residuária de salvação de uma instantânea urbana que de outro modo escaparia. Definitivamente. A tradição que Mário herda é imensa e, na sua época, já suficientemente estabelecida por uma mitologia baudelairiana.

Não deve parecer brusca ou surpreender, portanto, a deslocação que se sugere no verso 11 ("Mas há rendez-vous na meia-noite do Armenonville..."), que incorpora convenções parisienses, como o local do encontro marcado, no célebre Pavillon, num horário que reflete outras convenções, de limiar de um tempo mágico e simbólico. O francesismo facilita a deslocação imaginária em oposição ao verso anterior (o não encontro e o *rendez-vous*). Mostra que é só no plano da *res ficta et picta* que alguns tênues contatos se tornam possíveis; é na mitologia poética o paradoxal acesso a uma realidade inapreensível.

É o apego que estrutura uma inteira estrofe heterométrica e finamente estruturada do ponto de vista rítmico (do verso 12 ao verso 16), com uma projeção que investe também o verso final do poema, o 17. Poderia se definir uma estrofe narrativa simbólica do que a relação com a *Pauliceia* pode chegar a gerar. Uma microbiografia filial que mostra uma variação da primeira pessoa do pronome plural (nós), que remete para os versos anteriores, passando à primeira pessoa do pronome singular (eu), nos versos 15 e 16. É o ritual da paternidade que é encenado sempre pelo artifício da personificação. A única filha gerada pela união poética percorre e dessacraliza alguns lugares comuns da *Pauliceia*. A personificação ocorre com dois elementos naturais caraterísticos, como se a técnica associada ao espaço da cidade ocultasse os vestígios da natureza, mas não conseguisse apagá-los por inteiro; "o sr. cura Bruma" batiza a criatura/criação, naquele cinzento brumoso que funda uma isotopia paulistana, com "água-benta das garoas monótonas...", como símbolo lustral e comum que conota diferencialmente, por um efeito independente dos ventos da modernização, a cidade convulsa. Torna-se clara a funcionalidade ritualizadora, coerente com a forma da estrofe: o seu papel é contribuir para fundar uma mitologia que ocorre não pela banalização da historieta do nascimento e batizado (que desempenha o efeito contrário de desmitologização de estereótipos locais, cuja última caraterização é o registro no "cartório da Consolação"), mas pela figuração do sentimento complexo produzido pela experiência da cidade, associado às suas mitologias em reconfiguração. A mitologia que surge pela ritualidade convencional da iniciação urbana registra, na verdade, não uma socialização, uma inscrição na comunidade (embora todos os rituais sejam comunitários), mas — em confirmação de uma construção por contrastes e inversões — o seu contrário.

    A nomeação (outro ato lustral que vai além do ritual de atmosfera religiosa, correspondendo também a uma inscrição civil) feita pelo eu não poderia ser mais separativa: o nome em francês que reativa a mitologia urbana antes mencionada não poderia fornecer emblema mais explícito: "Solitude das Plebes". Nome próprio para uma condição imprópria e que abre para um recorte mais uma vez social. Será esta, (quase) no fundo, a tristura da *Pauliceia*? O nome próprio fotografa uma condição que desloca a atenção denotativa da *urbs* material para aquela social e cultural da *civitas*. Um isolamento, aquele das massas, que indica algo de interessante, especialmente se pensarmos que se trata do antônimo afrancesado de um termo que será crucial sobretudo numa outra época, a do último Mário, em particular naquele melancólico e retrospetivo da famosa conferência sobre o movimento modernista de 1942: a multidão, aquela que o modernismo perdeu no seu culto da arte. A tristura passa assim de um plano pessoal inteiramente imerso na São Paulo frenética do quase auge modernista para uma outra tristura que, fora da moldura poética, remeteria para o particularismo, o elitismo aristocrático de uma determinada conjuntura histórica, excludente para as "plebes". Será o sacrifício pessoal um motivo suficiente para a redenção de algo que, com o lustre tão brilhante do novo, vai repropor a tristura de algo como um *déjà vu*?

    O último verso, que remete para o ato sacrificial de apagamento do eu, que ocorre na ordem religiosa, pela separação do mundo ("Pobres cabelos cortados da nossa monja!"), não ressoa só pela ironia cênica, mas também por um fatalismo que, pela sacralização, congela a mudança. E corresponde a uma perda, neste caso da filha, pelo menos no seu estado laical, simbolizado pelo corte dos cabelos e o afastamento das tensões do mundo. Uma perda sem retorno.

A questão inicial, neste texto, da transitividade de "Tristura" em relação aos outros textos de *Pauliceia desvairada*, talvez possa então encontrar um desdobramento crítico. Não falamos, ao longo desta leitura do poema, do conceito recursivo de choque que normalmente é aproveitado na convencional figuração da cidade pelo sujeito lírico baudelairiano, que se cristaliza na figura do *flâneur*. A sua consagração crítica ocorreu sobretudo a partir da leitura que Walter Benjamin lhe reserva em "Di alcuni motivi di Baudelaire", em que situa a cidade, o choque, a experiência individual. Já foi notado (Franco Moretti) que Benjamin, quando elaborou este ensaio magistral, estava condicionado pela leitura do estudo de Freud sobre os choques traumáticos da Grande Guerra (*Para além do princípio do prazer*), e que essa circunstância provavelmente tenha influenciado a configuração do choque, entendido como fratura para quem viva a experiência de atravessar a cidade. A fantasmagoria espacial que caracterizaria o canto do *flâneur* está presente em "Tristura". O contato com a metrópole gera fantasmas e alegorias modernas, mas também proporciona um acesso a outras dimensões de conhecimento, poéticas, críticas e sociais. Um choque assim é moldado pelo poema numa linha certamente própria.

"Tristura" surge como mosaico de contrastes que se produzem no contato impossível com a cidade, com a realidade, mas também como modo de fazer poético, em que forma e conteúdo concorrem não para propor uma partilha de experiência impossível, mas para mostrar como, dessa negatividade, uma forma de conhecimento inesperada — da cidade, do sujeito, do mundo, da poesia — se condensa e se expressa ainda mantendo suas obscuridades indecifráveis. E mostram um aspeto que nem toda a ironia trágica do eu poético consegue adequar: as perdas infinitas e definitivas que constituem o ser moderno na metrópole. E a sua tristura, palavra certa, ontológica, inexorável.

---

**REFERÊNCIAS BIBLIOGRÁFICAS**

ANDRADE, Mário de. *Poesias completas*, vol. 1. Edição de texto apurado, anotada e acrescida de documentos por Tatiana Longo Figueiredo e Telê Ancona Lopez. Rio de Janeiro: Nova Fronteira, 2013.

ANDRADE, Mário de. "O movimento modernista". Em: *Aspectos da literatura brasiliera*. 5ª ed. São Paulo: Martins, 1974, pp. 231-55.

BENJAMIN, Walter. "Di alcuni motivi di Baudelaire". Em: *Angelus Novus: Saggi e frammenti*. Renato Solmi (org.). Torino: Einaudi, 1962, pp. 89-130.

GIVONE, Sergio. *Hybris e melancholia. Studi sulle poetiche del Novecento*. Milano: Mursia, 1974.

MORETTI, Franco. "Homo palpitans. Como il romanzo ha plasmato la personalità urbana". Em: *Segni e stili del moderno*. Torino: Einaudi, 1987, pp. 138-63.

RELLA, Franco. *Miti e figure del moderno*. Milano: Feltrinelli, 1993.

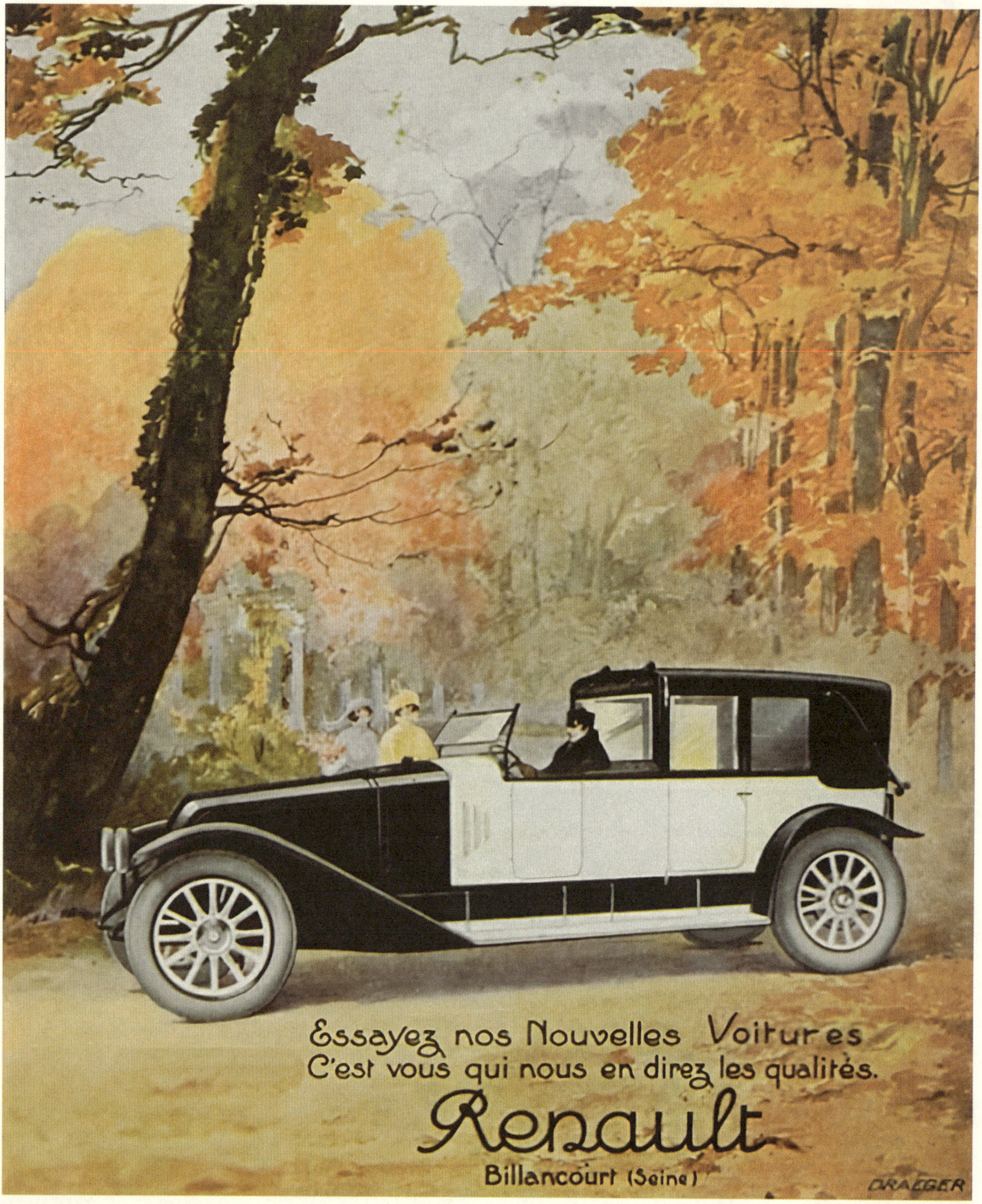


Anúncio automóvel Renault

## DOMINGO

Missas de chegar tarde, em rendas,
e dos olhares acrobáticos...
Tantos telégrafos sem fio!
Santa Cecília regorgita de corpos lavados
e de sacrilégios picturais...
Mas Jesus Cristo nos desertos,
mas o sacerdote no *Confiteor*... Contrastar!
— Futilidade, civilização...

Hoje quem joga?... O Paulistano.
Para o Jardim América das rosas e dos pontapés!
Friedenreich fez gol! Corner! Que juiz!
Gostar de Bianco? Adoro. Qual Bartô...
E o meu xará maravilhoso!...
— Futilidade, civilização...

Mornamente em gasolinas... Trinta e cinco contos!
Tens dez milréis? Vamos ao corso...
 E filar cigarros a quinzena inteira...
 Ir ao corso é lei. Viste Marília?
 E Filis? Que vestido: pele só!
Automóveis fechados... Figuras imóveis...
O bocejo do luxo... Enterro.
E também as famílias dominicais por atacado,
entre os convenientes perenemente...
— Futilidade, civilização.

Central. Drama de adultério.
A Bertini arranca os cabelos e morre.
Fugas... Tiros... Tom Mix!
Amanhã fita alemã... de beiços...
As meninas mordem os beiços pensando em fita alemã...
As romas de Petrônio...
E o leito virginal... Tudo azul e branco!
Descansar... Os anjos... Imaculado!
As meninas sonham masculinidades...
— Futilidade, civilização.

# "Domingo": sonoridade, ambivalência, lirismo

*Walter Garcia*

Manuel Bandeira publicou um artigo sobre *Pauliceia desvairada* em 1922. Nele escreveu que Mário de Andrade, "desabafando com sinceridade a sua impulsão lírica, fez este livro estranho e delicioso"[1]. "Domingo" é um poema estranho e, se não estou enganado, não é fácil encontrar a chave que o torna delicioso. Não há dúvida de que se enquadra na poesia do cotidiano, um dos aspectos de Mário de Andrade para o qual Antonio Candido chamou a atenção[2]. Poderíamos, assim, nos aproximar do poema buscando informações sobre dados concretos que serviram de matéria-prima — a igreja de Santa Cecília, jogadores de futebol do Club Athletico Paulistano e do Palestra Itália, o corso no início dos anos 1920, o Cine Central. Ocorre que esses dados estão transfigurados, e a transfiguração se inicia no plano da sonoridade.

Deve-se lembrar que, na parte final do "Prefácio interessantíssimo", Mário de Andrade afirmava que "versos não se escrevem para leitura de olhos mudos. Versos cantam-se, urram-se, choram-se". Não deixava de ser, o escritor reconhecia, a chave do livro ou, pelo menos, uma delas. E se entregá-la o repugnava — "Quem for como eu tem essa chave"[3] —, aqui, como em outras passagens do "Prefácio", é difícil "saber onde termina a blague, onde principia a seriedade"[4]. De todo modo, ao ler "Domingo", é certo que devemos considerar a "naturalidade livre do lirismo objetivado"[5] que havia produzido, nos termos de Mário, um "cabaré rítmico"[6]. A prática do verso livre, dando forma ao desabafo da impulsão lírica, é um dos elementos que levaram Manuel Bandeira a observar, em carta

---

1 O artigo foi publicado "em *Árvore Nova: revista do movimento cultural brasileiro* nº 3, Rio de Janeiro, periódico dirigido por Rocha Andrade e Tasso da Silveira", segundo nota de Marcos Antonio de Moraes. Cf. Marcos Antonio de Moraes (org.), *Correspondência Mário de Andrade & Manuel Bandeira*, São Paulo: Edusp/IEB-USP, 2000, p. 75.

2 Cf. Antonio Candido, "Mário de Andrade — *Poesias* — Livraria Martins Editora — São Paulo, 1941", *Revista do Instituto de Estudos Brasileiros*, São Paulo: IEB-USP, 1994, nº 36, p. 136. Texto originalmente publicado na seção Livros, *Clima*, nº 8, São Paulo, jan. 1942.

3 Cf. Mário de Andrade, "Prefácio interessantíssimo", em: *Poesias completas*, vol. 1, edição de texto apurado, anotada e acrescida de documentos por Tatiana Longo Figueiredo e Telê Ancona Lopez, Rio de Janeiro: Nova Fronteira, 2013, p. 27. Edição digital.

4 *Ibid.*, p. 21.

5 *Ibid.*, p. 25.

6 *Ibid.*, p. 23.

para Mário de Andrade, que *Pauliceia desvairada* se tratava do "primeiro livro integralmente moderno que aparece no Brasil"[7].

Mas também é certo que o esforço "de representar a agitação e o tumulto da vida nas grandes cidades" dava prosseguimento, como notou João Luiz Lafetá, à "eloquência declamatória" do século XIX[8]. Nesse sentido, a estranheza dos versos de "Domingo" se acentua por nos faltar a voz do poeta, voz que fizera Manuel Bandeira "aceitar encantatoriamente coisas" que o exasperavam, segundo ele declarou também em carta para Mário. Uma delas, "as rimas e muitos ecos interiores"[9] — em sua resposta, Mário dará razão a Bandeira quanto "à excessiva musicalidade" dos versos, mas se defenderá argumentando que tinha caído "muitas vezes num domínio excessivamente musical"[10]. Acresce que, como se sabe, a "poesia de olhos mudos" viria a substituir "o canto, o urro e o choro" à medida que a literatura brasileira se acostumava "à força insinuante de Manuel Bandeira, ao poder suave da fala de Drummond, ao encanto antidiscursivo de João Cabral"[11]. Além disso, "certas modalidades consideradas mais representativas da modernidade" passaram a "suprimir as manifestações da afetividade"[12].

Tudo isso contribui para nos afastar do poema, para torná-lo estranho a nossos olhos. Tentemos nos aproximar, então, observando a sonoridade e, a partir dela, o lirismo que se constrói no relato de quatro episódios de um domingo em São Paulo, no início dos anos 1920.

## Igreja de Santa Cecília

O poema se organiza em quatro estrofes, todas arrematadas por refrão. O número de versos que compõe cada estrofe não é o mesmo: temos uma oitava, uma

---

7 Cf. Marcos Antonio de Moraes (org.), *Correspondência Mário de Andrade & Manuel Bandeira*, São Paulo: Edusp/IEB-USP, 2000, p. 70. Carta datada de 3 de outubro de 1922.

8 Cf. João Luiz Lafetá, "A representação do sujeito lírico na *Pauliceia desvairada*", em: Alfredo Bosi (org.), *Leitura de poesia*, São Paulo: Ática, 1996, pp. 53-4.

9 Cf. Marcos Antonio de Moraes (org.), *Correspondência Mário de Andrade & Manuel Bandeira*, São Paulo: Edusp/IEB-USP, 2000, pp. 69-70. Carta datada de 3 de outubro de 1922. Advirta-se que Manuel Bandeira cita como exemplo do que o exasperava a estrofe final de "A caçada": "Detesto como você não pode fazer idéia"; entretanto, na sequência, escreve que gostou do eco "onde as tuas águas, onde as mágoas dos teus sapos?", de "Anhangabaú"; e nenhum verso de "Domingo" é comentado.

10 *Ibid.*, p. 72. Carta datada de outubro de 1922. Sobre a "crítica no espaço da carta" na correspondência entre Mário de Andrade e Manuel Bandeira, também cf. Marcos Antonio de Moraes, "Poesia a quatro mãos", em: Manuel Bandeira, *Libertinagem; Estrela da manhã*, coordenação da edição crítica de Giulia Lanciani, Madrid/Paris/Buenos Aires/São Paulo/Lima/San José (Guatemala)/ Santiago (Chile): ALLCA XX, 1998, pp. 579-89.

11 Cf. João Luiz Lafetá, "A representação do sujeito lírico na *Pauliceia desvairada*", em: Alfredo Bosi (org.), *Leitura de poesia*, São Paulo: Ática, 1996, pp. 53-4.

12 Cf. Antonio Candido, "Um poema de Vinicius de Moraes", *Teoria e debate*, São Paulo: Fundação Perseu Abramo, out.-dez. 2001, nº 49. //teoriaedebate.org.br/2001/12/01/um-poema-de-vinicius-de-moraes/>. Acesso em: 4 maio 2021.

sextilha e duas décimas. Na primeira estrofe, deixando a análise do refrão para adiante, o principal recurso é a aliteração de consoantes fricativas, grafadas com s, ch, f, c (em "Cecília" e "sacerdote"), g (seguido da vogal i, em "regorgita" e "sacrilégios"), v, j, d (em "tarde", dependendo da pronúncia), t (em "acrobáticos", dependendo da pronúncia). Os timbres são variados mas, de todo modo, cada um dos sete versos possui pelo menos três sons de consoantes fricativas, o que sugere a imitação de sussurros na igreja, seja porque se reza, seja porque se conversa. Como complemento, há a aliteração de consoantes vibrantes, fortes ou brandas, grafadas com r ("chegar", "tarde", "rendas", "olhares", "acrobáticos", "telégrafos", "regorgita", "corpos", "sacrilégios", "picturais", "Cristo", "deserto", "sacerdote", "Contrastar"). Assim, ao chiado das fricativas se junta uma sugestão de ruído de velas ou de vestidos. Por fim, também há a aliteração de consoantes oclusivas, grafadas com t, d, c (em "acrobáticos", "corpos", "sacrilégios", "picturais", "Cristo", "*Confiteor*", "Contrastar"), b, p, g (em "telégrafos" e "regorgita"). De par com as consoantes vibrantes, os timbres das oclusivas compõem o sussurro interrompendo o chiado das fricativas. Talvez se deva acrescentar que as aliterações de consoantes fricativas e oclusivas expandem a sonoridade de "**S**anta Ce**c**ília". Seja um exagero ou não esse comentário, a localização é relevante, assim como saber que a santa é a padroeira dos músicos e da música sacra. Deve-se ainda ressaltar o uso de expressões vinculadas à modernidade, e não à religiosidade — "olhares acrobáticos" e "telégrafos sem fio" —, figurando a agilidade e a precisão dos desejos que se irradiam como um espetáculo para o poeta[13]. Esses dados, porém, não se sobrepõem ao "domínio excessivamente musical" da expressão lírica.

> DOMINGO
> Missas de chegar tarde, em rendas,
> e dos olhares acrobáticos...
> Tantos telégrafos sem fio!
> Santa Cecília regorgita de corpos lavados
> e de sacrilégios picturais...
> Mas Jesus Cristo nos desertos,
> mas o sacerdote no *Confiteor*... Contrastar!
> — Futilidade, civilização...[14]

Note-se que a musicalidade dos versos resulta ainda de uma série de ecos (repetições de vogal tônica) e de outras semelhanças sonoras. No primeiro verso,

---

13 Sobre o assunto, cf. Paulo José da Silva Cunha, *"No écran das folhas brancas": o cinema nas leituras. Produção jornalística e criação literária de Mário de Andrade*, vol. 1, dissertação (Mestrado em literatura brasileira) — FFLCH-USP, São Paulo: 2009, pp. 153-4, 170.

14 Cf. Mário de Andrade, "Domingo", em: *Poesias completas*, vol. 1, edição de texto apurado, anotada e acrescida de documentos por Tatiana Longo Figueiredo e Telê Ancona Lopez, Rio de Janeiro: Nova Fronteira, 2013, p. 38. Edição digital.

o eco "che**gar tar**de" é apoiado pela reiteração da consoante vibrante. Logo a seguir, escutamos a semelhança entre a sílaba átona "tard' **em**" e a sílaba tônica "r**en**das". No segundo verso, há eco em "olh**a**res acrob**á**ticos", como há em "T**an**tas", no início do terceiro verso, e "S**an**ta", no início do quarto. Nesse mesmo quarto verso, há eco em "Cec**í**lia regorg**i**ta". Na sequência, se estabelece a semelhança entre "reg**o**rgita", com a vogal fechada, e "c**o**rpos", com a vogal aberta. No sexto e no sétimo verso, há anáfora, repetição da palavra inicial "mas". Finalmente, a mesma sílaba átona inicia as duas últimas palavras do sétimo verso: "**Con**fiteor... **Con**trastar!". Em suma, os versos parecem convidar mais a ouvir a igreja do que a vê-la. Retomarei esse ponto.

Quanto aos metros, quatro dos sete versos são octossílabos, e três deles possuem a cesura na quarta sílaba: "e dos olhares acrobáticos..."; "Tantos telégrafos sem fio!"; "Mas Jesus Cristo nos desertos,". Os versos poderiam ser declamados com duas células métricas de quatro sílabas[15], o que reduziria sensivelmente a variedade, fazendo prevalecer, no fim das contas, o ritmo de "e dos olha/ res acrobáticos". No entanto, a declamação também poderia optar pelo acento secundário na primeira sílaba de "Tantos telégrafos sem fio!" e "Mas Jesus Cristo nos desertos", o que reduziria a variedade um pouco menos. O fato é que "os poetas parnasianos serviram-se [do octossílabo] com frequência, nunca deixando, porém, de fazer cesura na quarta sílaba"[16]. A presença desses três octossílabos, assim, exemplifica o "uso de cachimbo", advertência que se lê no "Prefácio interessantíssimo"[17]. Por outro lado, o primeiro octossílabo — "Missas de chegar tarde, em rendas," — apresenta uma cadência original: além de a primeira sílaba ser acentuada ("Missas"), trata-se de um verso duro pela sucessão de tônicas na quinta e na sexta sílaba ("chegar tarde"). Uma vez que esse verso abre o poema, as recorrências rítmicas dos outros octossílabos acabam sendo atenuadas, e o efeito geral que predomina é mesmo o de diversidade.

Ainda assim, há outras simetrias que chamam atenção. O verso "Santa Cecília regorgita de corpos lavados" possui 14 sílabas poéticas e pode ser declamado com duas células de quatro sílabas ("Santa Cecí"; "lia regorgi") seguidas de duas células de três sílabas ("ta de cor"; "pos lavados"). Novamente, essa não é a única possibilidade de declamação, o que não diminui o interesse do comentário. Outra simetria ocorre entre "e de sacrilégios picturais..." e "mas o sacerdote no *Confiteor*...": além de haver o mesmo número de sílabas poéticas e de a cadência

---

15 Para a noção de célula métrica, baseio-me em: M. Cavalcanti Proença, *Ritmo e poesia*, Rio de Janeiro: Organização Simões, 1955.

16 Cf. Manuel Bandeira, "A versificação em língua portuguesa", em: *Enciclopédia Delta-Larousse*, vol. VI, Rio de Janeiro: Delta, 1960, p. 3.243.

17 Cf. Mário de Andrade, "Prefácio interessantíssimo", em: *Poesias completas*, vol. 1, edição de texto apurado, anotada e acrescida de documentos por Tatiana Longo Figueiredo e Telê Ancona Lopez, Rio de Janeiro: Nova Fronteira, 2013, p. 22. Edição digital.

poder ser a mesma, as palavras "sacrilégios" e "sacerdote", com certa semelhança sonora entre si, se encontram na mesma posição. Todavia, "Contrastar!", ao mesmo tempo que repete a primeira sílaba de "*Confiteor*", quebra essa simetria.

Chegamos ao principal. Já salientei que o sexto e o sétimo verso se iniciam pela mesma conjunção coordenativa adversativa, "mas". Ambos exprimem a oposição que o poeta registra nas missas dominicais da igreja de Santa Cecília. A musicalidade da estrofe — resultado de aliterações, ecos e outras semelhanças sonoras, de recorrências de metros, de cadências e da simetria de células na estruturação rítmica — sugere o sussurro que se ouve sem que se escutem ou sem que se explicitem as tentações dos "olhares acrobáticos" e dos "corpos lavados". Os desejos, no entanto, contrastam com Jesus Cristo "conduzido pelo Espírito através do deserto durante quarenta dias e tentado pelo diabo", afastando-o de Si (Lc, 4, 2-3), e com a liturgia, que exorta os fiéis à confissão e ao arrependimento para que alcancem a absolvição. Em que pesem os "sacrilégios picturais", as imagens perdem em força para os sons, e a musicalidade dos versos faz com que a sensualidade permaneça sugerida, reprimida em sua expressão. Estamos na São Paulo dos anos 1920, e o lirismo desafia acatando a moral católica. Não à toa, as reticências aparecem três vezes nos sete versos. As exclamações, duas vezes. De modo geral, esses sinais de pontuação encarnam "a subjetividade que permeia" *Pauliceia desvairada*[18]. Na primeira estrofe de "Domingo", as reticências indicam aquilo que o sujeito poético não pôde ou não quis desabafar. As exclamações, a intensidade de uma oposição registrada sem nenhum ponto-final.

Falta a análise do refrão, que arremata a estrofe. Trata-se de um decassílabo com a cesura na quarta sílaba, mas sem tônica na oitava sílaba que defina plenamente a acentuação do sáfico[19]: "— Futilidade, civilização...". Destacam-se a aliteração de consoantes fricativas (sete sílabas, incluindo "ti") e a assonância da vogal i (seis sílabas, incluindo "de"). Além disso, a acentuação na quarta sílaba coloca em relevo a vogal a aberta, elevando o tom da expressão, e a ela se opõe a acentuação na décima sílaba, nasal, abaixando o tom que, entretanto, fica em suspenso por conta das reticências. De maior relevância, porém, é o travessão indicando o discurso direto. É o poeta quem fala? Ou quem fala é a multidão em coro, como se o poeta a escutasse revelar, mais do que o preceito das missas dominicais, a sensualidade do evento social ao qual se chega "tarde, em rendas", com o corpo lavado? Penso que falam as duas vozes formando uma só, destimbrada. Tudo ocorre como se o poeta cantasse a sua participação naqueles sussurros e, ao mesmo tempo, a sua observação, o que implica distância crítica.

---

18 Cf. Roberto de Oliveira Brandão, "Consciência e criação na poesia de Mário de Andrade", *Revista do Instituto de Estudos Brasileiros*, São Paulo: IEB-USP, 1994, nº 36, p. 124.

19 Sobre o assunto, consultar M. Cavalcanti Proença, *Ritmo e poesia*, Rio de Janeiro: Organização Simões, 1955, pp. 54-5, 58-9.

"Domingo" é um caso particular da dicção poética estudada por João Luiz Lafetá em *Pauliceia desvairada*: "Assim como não se compreende a cidade sem as deformações do eu, também não se compreende o eu sem as deformações nele provocadas pela cidade"[20]. Nas três estrofes seguintes, o movimento ambivalente irá se repor de diferentes ângulos.

## Futebol, automóveis

Ainda que a musicalidade da primeira estrofe dificulte um pouco o entendimento intelectual, a sua organização se pauta por versos melódicos, no sentido apresentado por Mário de Andrade no "Prefácio interessantíssimo": "Chamo de verso melódico o mesmo que melodia musical: arabesco horizontal de vozes (sons) consecutivas, contendo pensamento inteligível"[21]. Já a segunda estrofe se estrutura como "polifonia poética": escutaremos "frases soltas" reduzidas "ao mínimo telegráfico" por meio de elipses, e cuja sequência busca criar a "sensação de superposição"[22]. Outra mudança ocorre porque a impulsão lírica se revelará no prosaísmo da linguagem cotidiana, o que significava, naquela etapa do trabalho de Mário de Andrade, tentar "aproximar a língua literária da fala dos brasileiros cultos"[23]. Assim, mais do que movimentos sonoros como na primeira estrofe, escutaremos agora conversas transfiguradas em versos. Três deles merecem atenção especial por conta de seus metros. Analisando-os, discutirei tensões que atravessam a estrofe.

> Hoje quem joga?... O Paulistano.
> Para o Jardim América das rosas e dos pontapés!
> Friedenreich fez gol! Corner! Que juiz!
> Gostar de Bianco? Adoro. Qual Bartô...
> E o meu xará maravilhoso!...
> — Futilidade, civilização...[24]

Vejamos, em primeiro lugar, o verso "Hoje quem joga?... O Paulistano". Se optássemos pela elisão "jog' O", tradicional, consideraríamos que se trata de um

---

20 Cf. João Luiz Lafetá, "A representação do sujeito lírico na *Pauliceia desvairada*", em: Alfredo Bosi (org.), *Leitura de poesia*, São Paulo: Ática, 1996, p. 66.

21 Cf. Mário de Andrade, "Prefácio interessantíssimo", em: *Poesias completas*, vol. 1, edição de texto apurado, anotada e acrescida de documentos por Tatiana Longo Figueiredo e Telê Ancona Lopez, Rio de Janeiro: Nova Fronteira, 2013, p. 24. Edição digital.

22 *Ibid.*, p. 24.

23 Cf. Manuel Bandeira, "Mário de Andrade e a questão da língua", em: *De poetas e de poesia*, Rio de Janeiro: Ministério da Educação e Cultura/Serviço de Documentação/Departamento de Imprensa Nacional, 1954, p. 8.

24 Cf. Mário de Andrade, "Domingo", em: *Poesias completas*, vol. 1, *op. cit.*, p. 38.

octossílabo, com cesura na quarta sílaba, a ser declamado ou com duas células métricas de quatro sílabas (tal como o 13º verso, "E o meu xará/ maravilhoso!...") ou com acento secundário na primeira sílaba. Contudo, as duas frases curtas, pergunta-resposta, em ritmo de conversa, indicam que à interrogação seguida de reticências deve corresponder uma pausa, com hiato entre "joga" e "O". Consequentemente, o verso deve ser declamado com nove sílabas poéticas.

Em segundo lugar, note-se que "Para o Jardim América das rosas" seria um decassílabo heroico. O verso, porém, continua: "e dos pontapés!". É evidente que a antítese faz contrastar o bairro planejado e habitado por parte da elite econômica com o esporte que então lhe era caro, em jogo disputado no campo do Paulistano. Contraste entre uma região da cidade que se almeja bela, delicada, e que se protege de forma aguda, e a brutalidade de golpes contra os adversários, sublimados, todavia, em passes, lançamentos e chutes ao gol. E também é evidente que a ironia da antítese se intensifica pelo ponto de exclamação. Mas talvez se possa enxergar ainda um irônico pontapé no decassílabo heroico.

Por fim, em "Gostar de Bianco? Adoro. Qual Bartô...", se optássemos pela tradicional sinalefa entre "Bianco" e "A", teríamos um decassílabo heroico. E, com ela, perderíamos o sentido das três frases e a ironia não só da resposta como da estrofe. Vejamos o que estava subentendido. Para tanto, será necessário recorrer a algumas informações sobre o futebol em São Paulo.

O início do verso anterior, "Friedenreich fez gol!", celebra o artilheiro do Paulistano. Mas o papel social desse jogador, um homem mestiço, extrapolava a paixão dos torcedores do clube. Anatol Rosenfeld observa que Arthur Friedenreich, "filho de um alemão, que trabalhava no serviço público brasileiro, e de uma brasileira" negra, se tornou, depois de marcar o gol da vitória da seleção brasileira sobre o Uruguai na final do Campeonato Sul-Americano de 1919, o primeiro de uma série de

> ídolos máximos de todo o povo brasileiro, não só porque foram excelentes jogadores, mas porque neles se encarnava um dos mais altos valores ideológicos do Brasil: o da democracia de raças, por mais difícil que seja, em todos os casos, harmonizar a realidade com essa ideologia.[25]

Assim, se o clube Paulistano era acessível (como hoje ainda permanece) somente a uma parte da elite econômica paulista, o centroavante e principal jogador do seu time de futebol pertencia às "amplas massas"[26]. Ocorre que, no 12º verso, o poeta responde a uma pergunta afirmando que adora Bianco, jogador de defesa do Palestra Itália. Não custa sublinhar a coincidência entre nome e cor da

---

25 Cf. Anatol Rosenfeld, *Negro, macumba e futebol*, São Paulo: Perspectiva/Edusp; Campinas: Editora da Unicamp, 1993, pp. 98-9.

26 *Ibid.*, p. 99. Sobre Friedenreich, consultar também "Friedenreich: um dos maiores craques de futebol". Disponível em: <https://terceirotempo.uol.com.br/que-fim-levou/friedenreich-654>. Acesso em: 27 ago. 2021.

pele. No entanto, para se ter uma ideia mais ampla da tensão que subjaz ao diálogo, diga-se que o Paulistano vencera cinco vezes o campeonato paulista organizado pela Apea (Associação Paulista de Esportes Atléticos), com um tricampeonato de 1917 a 1919. E que disputou, no ano de 1920, o título com o Palestra Itália. Não disponho de dados para afirmar que Mário de Andrade se baseou em um jogo determinado ao escrever "Domingo". Mas não custa acrescentar que o Palestra liderava aquele campeonato de 1920 até a última partida, disputada no Parque Antárctica, seu estádio, contra o Paulistano. Perdeu de 1 a 0, gol de Friedenreich, o que provocou a necessidade de um jogo extra.

No semanário *Sport Illustrado*, uma notícia então apresentava os times como "o club de Friedenreich" e "o formidavel conjuncto de Bianco"; era o embate entre "o terrível '*El Tigre*'", assim o jogador fora chamado desde a final sul-americana contra o Uruguai, e "um verdadeiro heróe, a figura symphatica de Bianco"[27]. Entre parênteses, Rosenfeld lembra que, sentindo as massas que um ídolo é "seu representante", "não é de admirar que massas de imigrantes italianos encontrem seu ídolo em filhos de imigrantes italianos que sejam craques de futebol"[28]. O jogo extra foi vencido pelo Palestra Itália por 2 a 1, interrompendo a série de títulos do Paulistano, que voltaria a ser campeão em 1921[29].

Portanto, é em meio à tensão dessa rivalidade que o poeta responde se gosta do jogador-símbolo do adversário, aquele que ostenta o orgulho da imigração italiana. Com ironia, afirma "Adoro" e exalta um jogador de defesa do Paulistano, Bartô, e também o armador Mário Andrade (sem o "de"), autor do gol do Paulistano naquele jogo extra, em 1920[30]. Diga-se de passagem, o verso "E o meu xará maravilhoso!..." mantém latente a semelhança sonora com "E o meu xará Mário [de] Andrade".

Contudo, o entusiasmo, a ironia, as disputas simbólicas entre classes e entre raças se encerram com o refrão "— Futilidade, civilização...". Novamente as reticências, que mantêm o tom suspenso. E o discurso direto, que agora exprime a voz do poeta e um hipotético coro, talvez captado, talvez imaginado, da multidão nas arquibancadas. Voz entre o desabafo de emoções que o futebol desperta

---

27 Cf. "Campeonato Paulista", *Sport Illustrado*, Rio de Janeiro, 25 dez. 1920, nº 21, p. 28.

28 Cf. Anatol Rosenfeld, *Negro, macumba e futebol, op. cit.*, p. 99. Sobre Bianco Gambini, consultar "Bianco: ex-médio que atuou simultaneamente no Corinthians e Palestra". Disponível em: <https://terceirotempo.uol.com.br/que-fim-levou/bianco-2385>. Acesso em: 28 set. 2021.

29 As informações sobre os campeonatos paulistas são baseadas em "Todos os campeões". Disponível em: <https://futebolpaulista.com.br/Clubes/TodosCampeoes.aspx>. Acesso em: 27 ago. 2021. Sobre o campeonato de 1920, além da notícia "Campeonato Paulista", publicada no *Sport Illustrado* e citada acima, consultar: "Campeonato Paulista — 1920". Disponível em: <https://www.palmeiras.com.br/pt-br/lightbox_galeria/campeonato-paulista-1920/>. Acesso em: 27 ago. 2021; "Palestra Itália". Disponível em: <https://terceirotempo.uol.com.br/que-fim-levou/palestra-italia-4240>. Acesso em: 27 ago. 2021.

30 As tensões entre a vida e a cultura brasileiras e a imigração italiana recrudesceriam na obra de Mário de Andrade a partir de *Macunaíma*. Sobre o assunto, cf. Carlos Eduardo Berriel (org.), "A uiara enganosa", em: *Mário de Andrade hoje*, São Paulo: Ensaio, 1990, pp. 143-5.

e a crítica que coloca em dúvida o valor daquilo tudo, do que é vivido, do que se presencia[31]. Essa simultaneidade, que afinal caracteriza a ambivalência, irá se alterar na estrofe seguinte. Nela escutaremos dois momentos sucessivos. Ainda não se compreenderá "o eu sem as deformações nele provocadas pela cidade"[32]. Porém, a décima se organizará em duas partes, justapondo sentimentos diversos entre si: participar do corso; condená-lo. A desaprovação será asseverada no refrão, pela primeira vez, com ponto-final.

> Mornamente em gasolinas... Trinta e cinco contos!
> Tens dez milréis? Vamos ao corso...
> E filar cigarros a quinzena inteira...
> Ir ao corso é lei. Viste Marília?
> E Filis? Que vestido: pele só!
> Automóveis fechados... Figuras imóveis...
> O bocejo do luxo... Enterro.
> E também as famílias dominicais por atacado,
> entre os convenientes perenemente...
> — Futilidade, civilização.[33]

Do 15º ao 19º verso, o predomínio é da polifonia poética, e diálogos telegráficos contam o arrebatamento do corso, que leva o poeta inclusive a empenhar um dinheiro que lhe fará falta. Ocorre que o arrebatamento responde a uma "lei" e, portanto, é sentido como dever, mais do que como prazer. A síntese da participação no evento é a rima toante "contos"/"corso", externa. E a musicalidade resulta principalmente de sons nasais e de consoantes fricativas, sugerindo murmúrios, sussurros, e criando a imagem de uma conversa íntima sobre as mulheres, cujos nomes, em sentido figurado, instauram uma camada de intertextualidade à qual

---

[31] Nos limites deste artigo, não é o caso de comentar, mesmo brevemente, o futebol como tema na obra de Mário de Andrade — o que também vale para o catolicismo, o automóvel e o cinema. Entretanto, talvez não seja despropositado lembrar a passagem de *Macunaíma* em que "Maanape inventou o bicho-do-café, Jiguê a lagarta-rosada e Macunaíma o futebol, três pragas". Cf. Mário de Andrade, *Macunaíma: o herói sem nenhum caráter*, texto revisado por Telê Porto Ancona Lopez, Belo Horizonte: Villa Rica, 1991, p. 38. E ainda duas crônicas de 1939, republicadas no livro *Os filhos da Candinha*: "Brasil-Argentina" e "Esquina". "Brasil-Argentina" é o relato de um jogo de futebol entre "as mais sublimes promessas" do povo brasileiro — que, "até o fim, não parou um segundo de prometer..." — e a "segurança infalível, baça, vulgar, sem oratória nem lirismo", de "uma força surda, feia mas provinda duma vontade organizada" dos argentinos. Já na crônica "Esquina", lê-se que o futebol "nos faz esquecer de nós mesmos". Cf. Mário de Andrade, *Os filhos da Candinha*, Belo Horizonte: Itatiaia, 2006, pp. 44-5, 139. Para um artigo sobre o futebol como tema do modernismo brasileiro, incluindo o poema "Domingo", cf. Marcos Antonio de Moraes, "Mário, o futebol e um poema esquecido", *Letras*, nº 7, Santa Maria: Universidade Federal de Santa Maria, 1993, pp. 71-6.

[32] Cf. João Luiz Lafetá, "A representação do sujeito lírico na *Pauliceia desvairada*", em: Alfredo Bosi, (org.), *Leitura de poesia*, São Paulo: Ática, 1996, p. 66.

[33] Cf. Mário de Andrade, "Domingo", em: Mário de Andrade, *Poesias completas*, vol. 1, edição de texto apurado, anotada e acrescida de documentos por Tatiana Longo Figueiredo e Telê Ancona Lopez, Rio de Janeiro: Nova Fronteira, 2013, p. 38. Edição digital.

não falta ironia — "Marília", como Maria Joaquina Dorotéia de Seixas, noiva de Tomás Antônio Gonzaga, teria a qualidade de pertencer "a uma das melhores famílias da cidade" e inspirar o poeta[34]; e "Filis", vestida com roupas transparentes como a personagem da anedota medieval, teria o poder de seduzir, fazer de tolo e humilhar o homem mais sensato[35].

Já do 20º ao 23º verso, a musicalidade fica ainda mais fortemente marcada de sons nasais, abaixando o tom, sugerindo que o poeta fala para si mesmo. "Automóveis fechados... Figuras imóveis.../ O bocejo do luxo... Enterro." são versos harmônicos, feitos de "palavras sem ligação imediata entre si"[36], que atuam junto da polifonia poética. E a sucessão de reticências tende a desacelerar o andamento da declamação. Como resultado, o sentido intelectual se enevoa um pouco. Mas se encontra sintetizado na rima com consoante de apoio "automóveis"/"imóveis", na rima toante "bocejo"/"enterro" e na sequência de rimas imperfeitas "entre"/"convenientes"/"perenemente". Nos três casos, rimas internas que refletem, com melancolia, o desfile de carros que fez perder o interesse.

## Cinema, sonhos

"Domingo" teve início com o sujeito lírico na igreja de Santa Cecília, de onde correu para o campo de futebol do Jardim América e, de lá, para o corso presumivelmente na avenida Paulista[37]. O refrão ata os episódios, sobrepondo-se à fragmentação que, no entanto, é fundamental para sugerir o ritmo acelerado de um dia de lazer naquela São Paulo do início dos anos 1920. O poeta participa da missa e relata, com excessiva musicalidade e também com pudor, o erotismo de "corpos lavados" e "olhos acrobáticos". Critica a futilidade desse evento social como criticará o próximo, apesar de nele também se envolver, tomando parte nas disputas, figuradas em pontapés e gols, entre classes e entre raças. Então obedece à convenção

---

34 Cf. Manuel Bandeira, *Apresentação da poesia brasileira*, Rio de Janeiro: Ediouro, s. d., pp. 53-5. Note-se a semelhança, na chave da paródia, entre "Viste Marília?" e o primeiro verso da Lira 3 da Parte III de *Marília de Dirceu*: "Tu não verás, Marília, cem cativos". Sobre a lírica amorosa de Tomás Antônio Gonzaga, também cf. Antonio Candido, "Uma aldeia falsa", em: *Na sala de aula: caderno de análise literária*, 8ª ed., 10ª reimpressão, São Paulo: Ática, 2008, pp. 20-37.

35 Cf. Priscilla Menezes de Faria, *O feminino mal-dito como abertura para o pensamento poético*, tese (Doutorado em artes) — CEH-Instituto de Artes-Uerj, Rio de Janeiro: 2018, pp. 45-6.

36 Cf. Mário de Andrade, "Prefácio interessantíssimo", em: *Poesias completas*, vol. 1, edição de texto apurado, anotada e acrescida de documentos por Tatiana Longo Figueiredo e Telê Ancona Lopez, Rio de Janeiro: Nova Fronteira, 2013, p. 24. Edição digital. Note-se que os versos harmônicos citados resultam de elisões.

37 Sobre o assunto, cf. Nicolau Sevcenko, *Orfeu extático na metrópole: São Paulo, sociedade e cultura nos frementes anos 20*, 1ª reimpressão, São Paulo: Companhia das Letras, 1998, pp. 75-6. Cf. também Robson Mendonça Pereira, "Cultura e sociabilidade na *belle époque* paulista através de um diário íntimo", *Fênix: Revista de História e Estudos Culturais*, Uberlândia: NEHAC-UFU, jul.-dez. 2014, vol. 11, ano XI, nº 2, p. 10. Disponível em: <https://www.revistafenix.pro.br/revistafenix/article/view/624>. Acesso em: 12 maio 2021.

de ir ao corso, trava uma conversa sobre vestidos, mas se aborrece quando a sensualidade desaparece no passeio. O ponto final da civilização lhe parece insignificante, "uma mentalidade que não quer se renovar", compartilhada por burguesia e aristocracia[38].

Na última estrofe, o erotismo novamente irá aflorar e se resguardar. Note-se, antes de tudo, que se trata da estrofe com a estrutura sonora mais interessante do poema. Metros e ritmos não acusam o "uso de cachimbo" e constroem a musicalidade sem turvar o sentido. E aliterações reforçam o que se diz sem excessos.

> Central. Drama de adultério.
> A Bertini arranca os cabelos e morre.
> Fugas... Tiros... Tom Mix!
> Amanhã fita alemã... de beiços...
> As meninas mordem os beiços pensando em fita alemã...
> As romas de Petrônio...
> E o leito virginal... Tudo azul e branco!
> Descansar... Os anjos... Imaculado!
> As meninas sonham masculinidades...
> — Futilidade, civilização.[39]

"Cen**tral**. **Dra**ma de adultério." é um heptassílabo de ritmo não convencional. Trata-se de um verso duro que, ao justapor duas sílabas tônicas formadas com consoante oclusiva, consoante vibrante e vogal a, sugere a intensificação da dramaticidade. Já o 26º verso é melódico (nos termos de Mário de Andrade), e a consoante vibrante do sobrenome da atriz italiana Francesca Be**r**tini ressoa em sílabas de dois verbos, "a**rr**anca" e "mo**rr**e", "que marcam o patético do ato", como notou Paulo José da Silva Cunha. Em contraposição, o verso seguinte, harmônico, corresponde ao dinamismo e à velocidade das cenas de Tom Mix, mocinho do gênero *western*[40]. No 28º verso, a rima interna "Amanhã fita alemã" realça a expectativa do público e, conforme ainda observou Cunha, aponta, junto dos versos anteriores, para a disputa das salas de exibição pelos cinemas italiano, norte-americano e alemão, bem como, nesse quadro, para "a formação cosmopolita da cidade de São Paulo"[41].

---

38 Cf. Telê Porto Ancona Lopez, *Mário de Andrade: ramais e caminho*, São Paulo: Duas Cidades/Governo do Estado de São Paulo/Secretaria de Estado da Cultura/Conselho Estadual de Cultura, 1972, p. 39.

39 Cf. Mário de Andrade, "Domingo", em: *Poesias completas*, vol. 1, edição de texto apurado, anotada e acrescida de documentos por Tatiana Longo Figueiredo e Telê Ancona Lopez, Rio de Janeiro: Nova Fronteira, 2013, p. 38. Edição digital.

40 Cf. Paulo José da Silva Cunha, *"No écran das folhas brancas": o cinema nas leituras. Produção jornalística e criação literária de Mário de Andrade*, vol. 1, dissertação (Mestrado em literatura brasileira) — FFLCH-USP, São Paulo: 2009, pp. 160-1.

41 *Ibid.*, pp. 169 e 154, respectivamente.

Sonoridade mais interessante ainda, porém, é a do 29º verso. As células métricas se organizam simetricamente, dispondo as 16 sílabas poéticas em uma estrutura palindrômica (3, 2, 3, 3, 2, 3): "As/ me/**ni**/nas/ **mor**/dem/ os/ **bei**/ços/ pen/**san**/do em/ **fi**/ta a/le/**mã**.../". Além disso, ficamos sabendo que o poema se volta para uma parcela do público do Cine Central, "na rua de S. João", onde um jornal da época anunciava que se exibiam, "em sessões corridas e intermittentes, magníficos filmes"[42]: o sujeito poético observa "meninas", e a sonoridade nasal da palavra se espraia por mais cinco sílabas, insinuando murmúrios. O 31º e o 32º verso farão retornar a sensualidade que se mostrava e se reprimia na igreja de Santa Cecília, retorno explicitado em "Os anjos". E o penúltimo verso do poema revelará a força do tema subjacente ao registro lírico de passeios por São Paulo, no domingo: "As meninas sonham masculinidades...".

Esse verso é composto sobretudo de dois sons destacados ao longo da análise, nasais e consoantes fricativas. E termina com reticências, uma vez mais aludindo a muito do que o poeta sente ou imagina e que não é dito, para além do que ele murmura, sussurra e nos faz ouvir. Como se fosse uma chave de ouro, o verso encapsula o erotismo que foi percebido na igreja; que se escondeu no futebol, sublimado em outros afetos; que arrefeceu no corso, mas que os filmes estimularam. Erotismo que animou a participação do sujeito na vida da cidade. Animou até certo ponto, já sabemos. Pois à fantasia com reticências sobrevém o refrão com ponto-final: "— Futilidade, civilização.". E a ambivalência assinala a vida que podia ser e que não era.

---

42 Cf. "Cinemas", *Folha da Noite*, 25 fev. 1921, p. 4.

*Fernando Lindote*

## O DOMADOR

Alturas da Avenida. Bonde 3.
Asfaltos. Vastos, altos repuxos de poeira
sob o arlequinal do céu ouro-rosa-verde...
As sujidades implexas do urbanismo.
Filets de manuelino. Calvícies de Pensilvânia.
Gritos de goticismo.
Na frente o tram da irrigação,
onde um sol bruxo se dispersa
num triunfo persa de esmeraldas, topázios e rubis...
Lânguidos boticellis a ler Henry Bordeaux
nas clausuras sem dragões dos torreões...

Mário, paga os duzentos réis.
São cinco no banco: um branco,
um noite, um ouro,
um cinzento de tísica e Mário...
Solicitudes! Solicitudes!

Mas... olhai, oh meus olhos saudosos dos ontens
esse espetáculo encantado da Avenida!
Revivei, oh gaúchos paulistas ancestremente!
e oh cavalos de cólera sanguínea!
Laranja da China, laranja da China, laranja da China!
Abacate, cambucá e tangerina!
Guardate! Aos aplausos do esfuziante clown,
heroico sucessor da raça heril dos bandeirantes,
passa galhardo um filho de imigrante,
louramente domando um automóvel!

# O arlequim e o automóvel: Mário de Andrade em saltimbanco

*Eduardo Jorge de Oliveira*

> *A minha obra desde* Pauliceia desvairada *é uma obra interessada, uma obra de ação*[1].
>
> Mário de Andrade

"O Domador" é poema de uma ação, cujo efeito ocorre por cortes, pela montagem e sobretudo pelo ritmo do olho-câmera de Mário de Andrade, cuja estética não deixa a desejar a aquela da câmera-olho, de Dziga Vertov, que data de dois anos depois da publicação de *Pauliceia desvairada*, livro publicado em 1922. Tal sintaxe cinematográfica também emerge das questões postas por Jean Epstein, sobretudo em relação ao cinema e à poesia, ainda no começo dos anos 1920. Os movimentos das grandes cidades não apenas forneceram matéria para temas, mas alteraram o próprio ritmo das produções artísticas. Entre 1922 e 1924, as grandes metrópoles cresciam indomáveis, seguindo os frenéticos anos 1920, da modernização advinda dos efeitos da Primeira Guerra, das vanguardas, da revolução russa e dos avanços técnicos da vida americana. Em 1942, Antonio Candido havia publicado na revista *Clima* uma resenha sobre as *Poesias*, de Mário de Andrade, apontando que na sua obra poética "o dado das emoções é dominado, pensado, dirigido"[2]. A sequência ganha outra precisão ao tratar de "O domador", pois existe, por um lado, a reflexão sobre o imigrante italiano, que se converterá em motivo — ver uma variação em *Amar, verbo intransitivo*[3], de 1927 —, e, por outro, o uso do ritmo que equilibra o tempo da cidade de São Paulo com o tempo do poeta no espaço urbano.

O poema possui um espírito documental pelo ritmo, pelo léxico ou, ainda, pelo contraste entre ambos, ora marcando a presença de vocabulário estrangeiro

---

1 *Ensaio sobre a música brasileira* (1972a, p. 73).

2 Candido, 1994 [1942], p. 136.

3 A passagem é a seguinte: "Porém no Brasil é assim mesmo e nada se pode melhorar mais! Os empregados brasileiros rareiam, brasileiro só serve pra empregado público. Aqui o copeiro é sebastianista quando não é sectário de Mussolini. Porém os italianos preferem guiar automóveis, fazer a barba da gente, ou vender jornais. Si é que não partiram pro interior em busca de fazendas por colonizar. Depois compram um lote nos latifúndios tradicionais, desmembrados em fazendas e estas em sítios de dez mil pés. Um belo dia surgem com automovelão na porta do palacete luís-dezesseis na avenida Paulista. Quem é, heim?". Andrade, 1972b [1927], p. 92.

na urbe — criando, assim, um efeito de desaceleração —, ora retendo o que restava na malha urbana do império português. Para lidar com o contraste de tal ritmo, Mário de Andrade é um saltimbanco, o que lhe confere uma sensibilidade circense e, sobretudo, rítmica, pois o poema exige do leitor mais que uma orientação, isto é, ele solicita um equilíbrio em meio ao crescimento desordenado de um grande centro urbano como a cidade de São Paulo. A cidade escande o poema e, por isso, surge uma súbita aproximação com as técnicas de mediação pelas imagens, como o cinema, que permitiu tecnicamente a aceleração do pensamento dos homens, como recordou o próprio Epstein — cineasta que é citado no "Prefácio interessantíssimo" de *Pauliceia desvairada*. Entre os pontos elencados em meio às estéticas em que se justapõem literatura e cinema, Epstein chamou a atenção para a "Estética da rapidez mental", segundo a qual, "os filmes que passam rápido nos preparam para pensar rápido"[4]. É nesta parte em que o cineasta francês se aproxima da poesia de Rimbaud e de Cendrars, lidando com as acelerações e desacelerações do pensamento entre cinema e poesia. Sem reivindicar propriamente um poema cinematográfico, mas urbano, Mário de Andrade acelera e desacelera nos três primeiros versos como se estivesse numa mesa de montagem. Se acelera pela elipse, "Alturas da Avenida. Bonde 3./ Asfaltos.", desacelera por procedimentos metafóricos, "Vastos, altos repuxos de poeira/ sob o arlequinal do céu ouro-rosa-verde...". Do contraste vêm "as sujidades implexas do urbanismo": a cidade é praticamente indomável. Os seus resíduos se combinam rapidamente às novidades. Sua ordem é instável, mas a unidade do poema mantém-se equilibrada na constituição frágil das formas urbanas.

O poeta tenta domar a cidade sem, por isso, ocupar o papel de domador. Aproximando-se mais de uma forma "funâmbula", ele busca equilibrar o tempo das mudanças de São Paulo, equilibrando-se como pode nos vocábulos, nos gestos e sobretudo no ritmo que o próprio poema mimetiza a fim de evitar a queda. É nesse ponto que o poema marca um contraste entre o léxico e o estilo, cujo resultado tende a uma sintaxe cinematográfica com planos curtos, cortes e longos planos-sequência. Tudo na cidade solicita os sentidos do poeta: os gritos da arquitetura que se confundem com as laranjas da China, as contas, as tipologias das pessoas no banco ("[...] um branco,/ um noite, um ouro,/ um cinzento de tísica e Mário...) e todas as solicitudes. O poeta busca se equilibrar entre a vida civil e sua *performance* artística, que ocorre no poema para, com alguma chance de êxito, manter-se ora na dimensão lexical, ora na sintaxe, que não é unicamente sua, mas partilhada com a urbe.

Mário de Andrade é um artista "territorializado", como observou Raul Antelo em *A máquina afilológica*. Não à toa, Antelo chama a atenção para o poema em questão, "O domador", pois, afinal, "sob o arlequinal do céu ouro-rosa-verde..." da cidade:

---
[4] Epstein, 1974, p. 30.

o poeta louva a sistêmica verticalidade da arquitetura funcionalista e condena a neocolonial ("as sujidades implexas do urbanismo manuelino"), apostando sempre no "arlequinal dizer", isto é, na estrutura, que purifica "os dilúvios de penetras", ou seja, a história, que se manifesta, ambivalentemente, através dos contatos corporais ("bateladas de húngaros, búlgaros, russos se despejam na cidade"), como constata, resignado, em "Improviso do mal de América", 1928.[5]

O poeta articula um "arlequinal dizer" com gestos contraditórios entre o *ver* e o *dizer*, mas muito se ouve, pois o poeta empresta a sua escuta de musicólogo e sua atenção de folclorista: "O domador", nesse sentido, é o resultado de tal discordância, pois nela ver, dizer e ouvir podem ser enfatizados no caráter documental do poema. "O domador" busca manter o ritmo, seguindo a transformação da melodia de uma cidade que, mesmo enfraquecida, sobrevive de outro modo na boca do povo. Essa fragilidade, no entanto, não deixa de ser um lugar impenetrável mesmo para as transformações arquitetônicas. Isto é, a partir da observação de Raul Antelo, cabe investigar, em "O domador", o que sobrevive de manuelino nos gritos de "laranja da China!" ou na melodia das palavras "abacate, cambucá e tangerina!". São as frutas, aquilo que apodrece na vertigem dos trópicos, que produzem um movimento rítmico intenso que vai na direção oposta das "calvícies de Pensilvânia". Talvez não seja um exagero observar que as sujidades fazem parte do ritmo das frutas cantadas, numa harmonia que as protege — e com isso a sujidade resiste mesmo ao "triunfo persa das esmeraldas, topázios e rubis...". São imagens como essas que oscilam entre abacates e esmeraldas, cambucás e topázios, tangerinas e rubis, fazendo com que a história se dialetize no ritmo das cores, do que permanece e do que apodrece.

A territorialização de Mário de Andrade é interessante, ou melhor, interessantíssima, para fazer menção ao prefácio de *Pauliceia desvairada*, cuja poética, não de todo cifrada, está próxima de Aristóteles no quesito das diacronias da história e dos saltos do poema — "Quem leciona História do Brasil obedecerá a uma ordem"[6], mas que não é necessariamente seguida por aqueles que cantam: "Quem canta seu subconsciente seguirá a ordem imprevista das comoções, das associações de imagens, dos contatos exteriores. Acontece que o tema às vezes descaminha"[7]. Mas em "O domador" o tema não descaminha. As "associações de imagens" e os "contatos exteriores" agem no poema, eles mantêm a sujidade em movimento, a sobreviver diante da emergência de uma limpeza americana que pudera vencer o caos indomável das cidades mais ao sul da América, mas que não se concretizou.

---

5 Antelo, 2021, p. 294.
6 Andrade, 2013a, p. 66.
7 *Ibid.*

É pela territorialização, por exemplo, que Mário de Andrade produz outra frequência, distinta da leitura nômade de Claude Lévi-Strauss em *Tristes trópicos*, segundo a qual "um espírito malicioso definiu a América como um país que passou da barbárie à decadência sem conhecer a civilização"[8]. A frequência que separa "O domador" das primeiras linhas do capítulo "São Paulo", de *Tristes trópicos*, está na posição que ocupa o espírito malicioso, que paira no poema de Mário de Andrade nas múltiplas solicitudes, nos nomes das frutas, das pedras preciosas e sobretudo na figura do "passante", domador que não apenas doma um automóvel, mas doma o olhar do poeta, evitando assim a possibilidade de fuga do tema. O passante, "filho de imigrante" italiano, mostra um intervalo totalmente fora da polaridade do espírito malicioso em *Tristes trópicos*. Mas tal espírito se mescla ao do poeta que, saltimbanco, não apenas se contorce em meio aos novos repertórios de movimento das grandes cidades, como também contempla os múltiplos ritmos das metamorfoses na malha urbana. É na introdução à obra de Marcel Mauss que Claude Lévi-Strauss anota a importância de gestos aparentemente insignificantes, pois são gestos que, protegidos pela própria insignificância, conseguiram ser transmitidos ao longo do tempo. Segundo Lévi-Strauss, a observação atenta de tais gestos forneceria, ao historiador das culturas, conhecimentos tão valiosos como a pré-história ou a filologia. Para além de "O domador", os poemas de Mário de Andrade em *Pauliceia desvairada* contêm preciosas observações de gestos *desvairados*, um modo de ler a contrapelo o território da própria cidade.

Sobre o termo "domador", convém recorrer a algumas linhas de *Macunaíma*, nas quais ocorre uma metamorfose que marca a passagem do animal à máquina, mais precisamente da onça em automóvel: "— No tempo de dantes, moços, o automóvel não era uma máquina que nem hoje não, era a onça parda. Se chamava Palauá e parava no grande mato Fulano"[9]. É Macunaíma que escuta esta história em São Paulo, à espreita, na casa de Venceslau Pietro Pietra; é ele ainda que é dotado de um espírito malicioso próprio, cuja *performance* circense "era ver um atirador malabarista de circo"[10]. Por quais transformações e metamorfoses teria passado não somente o automóvel, mas o próprio "filho de imigrante", cuja passagem de uma geração a outra torna o próprio poeta um "esfuziante clown" que aplaude o espetáculo?

De um céu arlequinal ao *clown* espectador, são diversos os resíduos teatrais, circenses e de feiras que circulam ritmicamente na cidade. É na figuração do poema que Mário de Andrade expõe o seu retrato em saltimbanco. No *Retrato do artista em saltimbanco*, Jean Starobinski enumera detalhadamente a arte da

---

8 Lévi-Strauss, 2018 [1955], p. 105.
9 Andrade, 1988 [1928], p. 129.
10 *Ibid.*, p. 133.

sobrevivência de Pierrô e Arlequim, sobretudo em termos de circulação de suas fontes vitais:

> As artes populares, em sua ingenuidade anônima, captariam as fontes vitais de inspiração; seriam a expressão espontânea do gênio da comunidade. Um remanescente de grandeza épica permaneceria; encontraríamos o mundo simples e forte dos primórdios, as grandes paixões elementares, risos e lágrimas em seu estado nascente. Tudo tem, em virtude de uma invenção infalível, sua cor certa, o brilho e a esquisitice que surpreende. Mas este também é um mundo que está chegando ao fim, um fenômeno em processo de desaparecimento, e é preciso se apressar para provar de suas últimas luzes. A *Commedia dell'Arte* está morta; em breve não haverá mais Pierrôs, não haverá mais espectadores para comemorá-los. A partir da Restauração, pintores e arquitetos (Redouté, Fontaine), depois escritores (Charles Nodier e seus amigos) frequentaram o Théâtre des Funambules e sonharam em salvar este universo de contos de fadas, ameaçado pela comédia da moral. Havia sinais constantes de desafeição entre o público burguês; eles queriam dar uma mão, enriquecer e enobrecer o repertório pantomímico. Nodier compôs o *Songe d'or* em 1829, seguido por Gautier e depois Champfleury: estranhamente, estas obras literárias, destinadas a dar nova vida a uma forma de arte popular em declínio, eram textos de uma natureza cada vez mais macabra. No final do século, o teatro popular estará definitivamente morto, mas o personagem de Pierrô, como o de Arlequim, terá passado para as mãos de escritores "cultos": ele terá se tornado um tema literário, muitas vezes imbuído de ironia funerária, um lugar-comum poético e um papel de bola mascarada. Imagens residuais[11].

A descrição é fundamental para mostrar a constituição das imagens residuais do mundo circense, do teatro e das festas de feiras, enfim, de todo o espírito folclórico ou que foi se sedimentando em termos de folclore, que animam e assombram a "Pauliceia" de Mário de Andrade. Em todo o caso, trata-se de imagens residuais em ação. Starobinski recupera uma matéria fundamental para "O domador", pois o poeta encarna uma "ingenuidade anônima" e um "gênio da comunidade". No poema em questão as respectivas instâncias estão combinadas. Inseparáveis, elas dão o ritmo ao poema que ora acelera com cortes, ora desacelera e suspende com procedimentos elípticos e metafóricos. Se Mário de Andrade havia afirmado que sua obra desde *Pauliceia desvairada* é uma obra interessada, de ação, sua atuação é arlequinesca, pois é sob tal prisma que se torna possível o arranjo entre a explosão frenética de vivacidade e o aspecto cômico e até miserável das mudanças sob as "sujidades implexas do urbanismo". Tanto é que, de outro poema de *Pauliceia desvairada*, "Noturno", ecoam ainda os termos

---

11 Starobinski, 2013 [2004], pp. 17-9.

"Arlequinal! Arlequinal!"[12], cuja propagação ocorre não apenas em todo o livro, como escapa dele. Um exemplo de tal aspecto está na anotação feita por Tatiana Longo Figueiredo e Telê Ancona Lopez a respeito de *Losango cáqui*, de 1926: "o título *Losango* é recortado do traje arlequinal do poeta em *Pauliceia desvairada*, escolhida a cor cáqui dos uniformes militares à época"[13]. Ou seja, as imagens residuais, às quais se referia Starobinski, se propagam em Mário de Andrade para além da *Pauliceia desvairada*. Tais imagens não se distanciam totalmente daquilo que Mário de Andrade, ainda no seu "Prefácio interessantíssimo", chamou de "polifonia poética"[14]. Abrindo a noção de ritmo, será na "polifonia poética" que o autor vai distinguir a harmonia da melodia:

> Harmonia: combinação de sons simultâneos. Exemplo:
> "Arroubos... Lutas... Setas... Cantigas... Povoar!"
> Estas palavras não se ligam. Não formam enumeração. Cada uma é uma frase, período elíptico, reduzido ao mínimo telegráfico.
> [...]
> Assim: em vez de melodia (frase gramatical) temos acorde arpejado, harmonia, — o verso harmônico.[15]

Se rearticulam então as primeiras hipóteses de leitura do poema, a saber, a estética cinematográfica *à la* Vertov e o efeito de aceleração pela elipse e desaceleração pelas metáforas, que aqui são consideradas "versos melodiosos horizontais"[16]. Lendo "O domador" através de uma "polifonia poética", observa-se os entrelaçamentos entre melodia e harmonia que não ocorrem apenas para ilustrar uma teoria engenhosa do autor, pois, afinal, ele mesmo é capaz de destruir o que construiu no prefácio: não se sabe "onde termina a blague, onde principia a seriedade"[17]. Dado que o poeta explorará a harmonia muito mais em *Losango cáqui*, poderia buscar no subtítulo, *ou afetos militares de mistura com os porquês de eu saber alemão*, para compreender no termo *Stimmung* uma variação de frequência sugerida por Mário de Andrade entre melodia e harmonia. Por exemplo, através deste termo, *Stimmung*, Leo Spitzer estabeleceu nuances entre humor,

---

12 Andrade, 2013a, p. 99.

13 *Ibid.*, p. 129.

14 *Ibid.*, p. 68.

15 *Ibid.*

16 *Ibid.*, p. 67. Ainda no "Prefácio interessantíssimo": "A poética está muito mais atrasada que a música. Esta abandonou, talvez mesmo antes do século 8, o regime da melodia quando muito oitavada, para enriquecer-se com os infinitos recursos da harmonia. A poética, com rara exceção até meados do século 19 francês, foi essencialmente melódica. Chamo de verso melódico o mesmo que melodia musical: arabesco horizontal de vozes (sons) consecutivas, contendo pensamento inteligível". *Ibid.*

17 *Ibid.*, p. 59.

atmosfera, temperamento, cuja amplitude vai "das simples emoções fugitivas até uma compreensão objetiva do mundo"[18]. Talvez Mário de Andrade tenha buscado tal compreensão no próprio estado fugidio das emoções ainda que não estivesse de acordo com a própria poesia, isto é, em chamar "estas poesias de poesias"[19], como adverte na abertura de *Losango cáqui*. Assim, passar pelo "Prefácio interessantíssimo" não implica em encontrar nele uma chave de leitura de "O domador", mas ajuda a estabelecer uma aproximação súbita com dois aspectos que estão tanto no poema quanto nas demais ações de Mário de Andrade: um olhar arquivístico-documental — isto é, uma atenção aos gestos — e uma acuidade visual dos ritmos. Esses são dois pontos que estruturam sua poesia de ação, cuja engenhosidade passa necessariamente pela sua experiência musical e etnográfica.

Em *O tupi e o alaúde*, Gilda de Mello e Souza recordou que o processo de *bricolagem*, tal como elaborado por Claude Lévi-Strauss em *O pensamento selvagem*, foi muito bem assimilado pela crítica de *Macunaíma*. Mas o que talvez seja justo ressaltar na observação da autora é a passagem que ela faz da bricolagem para o processo criador da música popular para o modelo compositivo de *Macunaíma*[20]. A bricolagem[21] marca uma passagem de Mello e Souza endereçada a Florestan Fernandes e a Haroldo de Campos, que haviam proposto a leitura da obra-prima de Mário de Andrade como uma "composição em mosaico", para um momento musical, ao que pode ser acrescentado que a obra poética de Mário de Andrade da mesma forma não se distancia do processo criador da música popular.

No *Ensaio sobre a música brasileira*, Mário de Andrade escreve: "nós não temos melodias tradicionalmente populares. Pelo menos não existem elementos por onde provar que tal melodia tem sequer um século de existência. Os pouquíssimos documentos musicais populares impressos que nos ficaram, de fins do século XVIII ou princípios do século seguinte, já não são mais encontrados na boca do povo, que deles esqueceu"[22]. A sua percepção arquitetônica, por exemplo, pode ser lida no seu

---

18 Spitzer, 2012 [1963], p. 8.

19 Andrade, 2013a, p. 133.

20 Mello e Souza, 1979, p. 11.

21 A passagem é clara, contundente e precisa: "O *bricoleur* procura realmente a sua matéria-prima entre os destroços de velhos sistemas. No entanto, seu gesto é norteado por um objetivo lúdico, por uma sensibilidade passiva, e esta se submete sobretudo ao jogo das formas. Diante do elenco de detritos que tem sempre à mão, o *bricoleur* se abandona a uma triagem paciente, escolhendo ou rejeitando os elementos, conforme a cor, o formato, a luminosidade ou o arabesco de uma superfície. A figura que irá compor em seguida, combinando a infinidade de fragmentos de que dispõe, poderá ser muito bela, mas como respeita as imposições da matéria aproveitada, é caprichosa, cheia de idas e vindas, de rupturas, e não revela nenhum projeto. É impossível inscrever neste horizonte raso de acasos, onde o sentido emerge e se extingue seguindo a vida breve das formas, o livro intencional e cheio de ressonâncias de Mário de Andrade" (Mello e Souza, 1979, p. 11). Trata-se de uma observação intocável que pode ser reenquadrada ao Mário de Andrade poeta; poeta que desconfia da poesia não apenas por causa dos conhecimentos musicais, mas pelo olhar atento à "vida breve das formas" nas composições populares.

22 Andrade, 1972a, p. 164.

poema em termos de um motivo musical. É pelo ritmo de fuga[23] que a arquitetura vai se sedimentando de modo documentalmente incompleto, o que pode ser sinalizado na melodia que oscila, que ora se transforma, ora é obliterada na memória popular.

"O domador" está imerso no presente da "vida breve das formas"[24], mas dele pode-se ler tanto o passado quanto o futuro. O passado persiste nos "altos repuxos de poeira", mas também nos *filets*, nas calvícies e nos gritos, todos traços de um urbanismo que, enfim, mescla temporalidades manuelinas, americanas e góticas sem que nenhum projeto tenha surgido de tal entrelaçamento. Ainda fazem parte de um gesto em relação ao passado as imagens residuais de arlequim, enquanto no futuro mais imediato, cujo sentido está sendo etnografado por ele, surge um automóvel domado por um filho de imigrante. Sua passagem galharda e seu modo é "louramente". Etnografar o sentido[25] talvez seja a possibilidade mais imediata do poeta para prever não um futuro distante, mas a emergência de novos significados em plena malha urbana, cuja atenção tem sido preparada por grandes leitores do fenômeno da modernidade, Georg Simmel, Marcel Mauss, Walter Benjamin, em uma estreita colaboração da leitura de poetas, que buscam na malha densa do trânsito das populações não novas teorias e modelos sociológicos ou antropológicos, mas intervalos que permitem a outros leitores o contato com a "vida breve das formas". Assim, se o passante marioandradino doma um automóvel, o poeta, saltimbanco, doma a "vida breve" da respectiva forma: "Guardate! Aos aplausos do esfuziante clown,/ heroico sucessor da raça heril dos bandeirantes,/ passa galhardo um filho de imigrante,/ louramente domando um automóvel!". Há uma expressão que marca a origem do passante: o imperativo do verbo olhar em italiano: "guardate!".

Cabe se perguntar a chave dos dois imperativos: "Mas... olhai," — hesitante e surpreso — "oh meus olhos saudosos dos ontens" e o decisivo e esfuziante "Guardate!". O segundo olhar é capaz de ir além da admiração, ele aplaude. Em meio às imagens residuais do poema, pode estar uma fórmula poética não distante daquela que Camões utilizou no canto décimo de *Os lusíadas*, no episódio da máquina do mundo, pois a deusa Tétis, ao mostrar a máquina do mundo a Vasco da Gama, empreende uma escansão a partir do olhar que começa em "Vês aqui a grande máquina do mundo" (X-80). Para tal aproximação, basta lembrar do verso "Marco a cadência com versos de Camões"[26], do poema XXXVIII, de *Losango cáqui*. Assim, o automóvel domado pelo filho de imigrante se inscreve como uma má-

---

23 Tanto "fuga" quanto "polifonia" são termos que merecem ser lidos a partir da música. Nesses termos, a fuga é uma manifestação polifônica de contraponto. E por polifonia deve-se compreender instrumentos que produzem dois ou mais distintos tipos de som. Nesse sentido, tanto as "solicitudes" quanto os nomes de fruta podem ser lidos a partir de uma polifonia de uma São Paulo dos anos 1920.

24 Mello e Souza, 1979, p. 11.

25 Colon, 2013.

26 Andrade, 2013a, p. 188.

quina do mundo mostrada ao "esfuziante *clown*". Esta é uma harmonia da qual Mário de Andrade não se absteve.

O passante em questão, por sua vez, é um ator fundamental do que será esquecido na própria cidade em termos de harmonia e de melodia dos gestos. Seu ritmo é apenas um entre outros na polifonia da cidade, mas é com ele que Mário de Andrade conclui o poema, suspendendo-o na sua condição arlequinesca. Se o gesto se perderá na cidade, seja porque sequer será retido por outros passantes, seja porque se perderá em meio à profusão de outros gestos ou nas "sujidades implexas do urbanismo", é o poeta em saltimbanco que irá retê-lo. "O domador" é um poema que pode ressaltar o uso da consciência musical de Mário de Andrade. É tal consciência que possui uma sensibilidade capaz de reconhecer a permanência do que é tradicional naquilo em que ele é mais fraco, oscilante, débil. Por esse aspecto, a consciência musical de Mário de Andrade é de uma atualidade etnológica enquanto o poema, como ele buscou afirmar nas palavras de advertência de *Losango cáqui*, faz parte das "anotações líricas de momentos de vida"[27]. São anotações como essas que possuem uma ligação íntima com a eficácia das canções.

Mário de Andrade soube que a permanência de uma canção não é apenas especificidade desta ou daquela canção, mas o que a cerca em termos de sentidos. Assim, harmonia, melodia e *Stimmung*, sobretudo em suas variantes mais populares, são elementos constitutivos fundamentais para suas "anotações líricas"[28]. Por isso, o poeta em saltimbanco ou em *clown* é capaz de perceber que "não é tal canção determinada que é permanente, mas tudo aquilo de que ela é construída. A melodia, em seis ou dez anos poderá obliterar-se na memória popular, mas os seus elementos constitutivos permanecem usuais no povo, e com todos os requisitos, aparências e fraquezas do 'tradicional'"[29]. O apontamento de

---

27 *Ibid.*, p. 133.

28 É na *Pequena história da música* que se encontra um fragmento que melhor traduz a perspectiva da *Stimmung* em termos de harmonia do mundo, como entende Spitzer. Mário de Andrade a explica através da própria história da música, do desaparecimento da relação entre "consonância e dissonância" ao surgimento moderno do valor dinâmico dos intervalos. Segundo ele: "A harmonia clássica se fundava na aceitação dos conceitos de consonância e dissonância. Ora hoje estes conceitos prática e mesmo teoricamente desapareceram. Todos os sons podem vir juntos. Não têm consonâncias nem dissonâncias. Uma dissonância pode ser agradabilíssima. Uma consonância, repugnante. Tudo depende da lógica da invenção, do movimento das partes, da cor instrumental. Abandonando pois a distinção entre consonância e dissonância, distinção falsa que João Sebastião Bach já praticamente desrespeitava, os modernos só concebem o valor dinâmico do intervalo. Com isso um novo conceito de equilíbrio sonoro está aparecendo. Os gregos tinham a base modal deles no agudo. Com o Cristianismo esse "sentimento" dinâmico das escalas se modificou e principiou colocando a base tonal grave. A fixação da harmonia fortificou esse sentimento, criando o acorde por superposição de terças e baixo numerado. Hoje o baixo numerado está no mesmo descrédito que a harmonia clássica, e não só a gente constrói acordes tomando o som grave por fundamento dele, como faz o som mais agudo, ou de qualquer dos intermediários, o elemento gerador do acorde (2003 [1944], pp. 202-3).

29 Andrade, 1972a, pp. 165-6.

um musicólogo é fundamental para que o poeta leia gestos menores, efêmeros nas "sujidades implexas do urbanismo", pois, retomando uma nota arquitetural, os "filets de manuelino" não foram apagados nem pelas "calvícies de Pensilvânia" e muito menos pelos "gritos de goticismo". São ritmos sobrepostos, melodias e harmonias que se propagam desigualmente na malha urbana que ainda pode ser percebida pela música. Segundo Mário de Andrade:

> As condições de rapidez, falta de equilíbrio e de unidade do progresso americano tornam indelimitáveis espiritualmente, entre nós, as zonas rural e urbana. Nas regiões mais ricas do Brasil, qualquer cidadinha de fundo sertão já possui água encanada, esgotos, luz elétrica e rádio. Mas por outro lado, nas maiores cidades do país, no Rio de Janeiro, no Recife, em Belém, apesar de todo o progresso, internacionalismo e cultura, encontram-se núcleos legítimos da música popular em que a influência deletéria do urbanismo não penetra.[30]

"O domador" mantém núcleos legítimos na musicalidade das frutas faladas, anunciadas, gritadas, cuja melodia não dispensa a harmonia, pois a cidade tem uma atmosfera (*Stimmung*) que dá o ritmo saltimbanco e *clown* ao poeta. Os gestos também não se perdem em meio à elipse do transporte que vai do bonde ao automóvel: tudo se passa na avenida. E na falta de documentos fixos para tantas ações, a unidade do poema busca conciliar um sentimento musical com uma documentação urbana.

Deve-se considerar que o olhar de Mário era arquivístico e documental. Ele atua nos interstícios próprios do ritmo musical, isto é, há intervalos urbanos, aqueles que foram observados por Claude Lévi-Strauss em *Tristes trópicos* que, mesmo sendo uma observação aguda, é Mário de Andrade que, pelo ritmo e pela "documentação das grandes cidades"[31] incorpora uma musicalidade poética e documental. É impressionante que, no ensaio "A música e a canção populares no Brasil", texto, aliás, escrito sob encomenda em 1936, Mário de Andrade tenha colhido tantos pormenores musicais que se transformaram na boca do povo, "que deles esqueceu"[32]. Os grandes centros brasileiros, antes mesmo de concluir qualquer projeto de urbanismo, são produtores de esquecimento coletivo, porque protegem ritmos distantes, estrangeiros ou dos rincões do país, cujos ritmos estão em constante transformação, mas que se sustentam na dinâmica frágil de suas migrações e tradições.

---

30 *Ibid.*, p. 166.
31 *Ibid.*
32 *Ibid.*, p. 164.

# REFERÊNCIAS BIBLIOGRÁFICAS

ANDRADE, Mário de. *Poesias completas*, vol. 1. Edição de texto apurado, anotada e acrescida de documentos por Tatiana Longo Figueiredo e Telê Ancona Lopez. Rio de Janeiro: Nova Fronteira, 2013a.

_____. *Poesias completas*, vol. 2. Edição de texto apurado, anotada e acrescida de documentos por Tatiana Longo Figueiredo e Telê Ancona Lopez. Rio de Janeiro: Nova Fronteira, 2013b.

_____. *Macunaíma: o herói sem nenhum caráter*. Ed. crítica Telê Porto Ancona Lopez. Florianópolis: Archivos Unesco/Universidade Federal de Santa Catarina, UFSC, 1988 [1928].

_____. *Ensaio sobre a música brasileira*. São Paulo/Brasília: Martins/MEC, 1972a.

_____. *Amar, verbo intransitivo*. São Paulo/Brasília: Martins/MEC, 1972b.

ANTELO, Raul. *A máquina afilológica*. Rio de Janeiro: Ed. Uerj, 2021.

CANDIDO, Antonio. "Mário de Andrade — Poesias". *Revista do Instituto de Estudos Brasileiros*. São Paulo: Universidade de São Paulo, 1994, n° 36, pp. 135-9.

CAMÕES, Luís de. *Os Lusíadas*. Lisboa: Imprensa Nacional-Casa da Moeda, 1931.

COLON, Paul-Louis. *Ethnographier le sens*. Paris: Éd. Petra, 2013.

EPSTEIN, Jean. *Écrits sur le cinéma*, vol. 1 (1921-1953). Paris: Seghers, 1974.

LÉVI-STRAUSS, Claude. *Tristes tropiques*. Paris: Plon, 2018 [1955].

_____. "Introduction à l'œuvre de Marcel Mauss". Em: MAUSS, Marcel. *Sociologie et anthropologie*. Paris: Puf, 2006 [1950], pp. IX-LII.

MELLO E SOUZA, Gilda de. *O tupi e o alaúde: uma interpretação de "Macunaíma"*. São Paulo: Duas Cidades, 1979.

SPITZER, Leo. *L'harmonie du monde: Histoire d'une idée*. Trad. Gilles Firmin. Paris: Éditions de l'éclat, 2012 [1963].

STAROBINSKI, Jean. *Portrait de l'artiste en saltimbanque*. Paris: Arts et Artistes, Gallimard, 2013 [2004].

*Evandro Carlos Jardim*

## ANHANGABAÚ

Parques do Anhangabaú nos fogaréus da aurora...
Oh larguezas dos meus itinerários!...
Estátuas de bronze nu correndo eternamente,
num parado desdém pelas velocidades...
O carvalho votivo escondido nos orgulhos
do bicho de mármore parido no Salon...
Prurido de estesias perfumando em rosais
o esqueleto trêmulo do morcego...
Nada de poesia, nada de alegrias!...
E o contraste boçal do lavrador
que sem amor afia a foice...

Estes meus parques do Anhangabaú ou de Paris,
onde as tuas águas, onde as mágoas dos teus sapos?
"— Meu pai foi rei!
— Foi. — Não foi. — Foi. — Não foi."
Onde as tuas bananeiras?
Onde o teu rio frio encanecido pelos nevoeiros,
contando histórias aos sacis?...

Meu querido palimpsesto sem valor!
Crônica em mau latim
cobrindo uma écloga que não seja de Virgílio!...

# Espelhos, palimpsestos, panaceias

*Osvaldo Manuel Silvestre*

## Fogaréus

O primeiro verso do poema "Anhangabaú" introduz-nos de chofre na celebração do *locus*, de acordo com toda uma tradição retórico-literária, aqui usada em versão hiperbólica: "Parques do Anhangabaú nos fogaréus da aurora...". A tradição é básica e remotamente pastoral, e a ela devemos esse fio dourado que vai elegendo, enlaçando e desviando *topoi* como o "carvalho votivo", o "lavrador que[...] afia a foice", o rio, os sapos, bananeiras e sacis que habitariam os parques do Anhangabaú, prometendo neles uma híbrida Arcádia (europeia mas também americana, fática mas também fantasmática) que não chegará a constituir-se como tal[1]. De fato, lendo com atenção, o "carvalho votivo" está "escondido" no "mármore parido no *Salon*...", as "estesias" perfumam esqueletos de morcegos, assim como o lavrador afia a sua foice "sem amor" ou o rio, de má reputação entre os indígenas, dada a constituição química das suas águas, é "frio", encontrando-se "encanecido pelos nevoeiros". Trata-se, em rigor, de uma Arcádia inconvicta, como se percebe no último terceto do poema:

> Meu querido palimpsesto sem valor!
> Crônica em mau latim
> cobrindo uma écloga que não seja de Virgílio!...

Toda a descrição é de súbito esvaziada de valor, e a sua genealogia e arqueologia são denunciadas a dois tempos: no primeiro, a descrição é redescrita como palimpsesto, ou seja, estratificação sem fundo e sem fim; no segundo, a redescrição visa o idioma, no caso o "mau latim" da crônica ou cronicão que logo devém uma écloga de segunda ordem, por falta de um Virgílio para aquele universo. Cópia de cópias, o Anhangabaú sofre o efeito de um dispositivo homólogo ao da "Carta pras Icamiabas" em *Macunaíma*, introduzindo uma leitura em contrapelo que denuncia a sua inadequação constitutiva: desde logo, a de uma crônica latina para uma realidade designada por uma palavra tupi.

Essa inadequação opera em vários planos. O mais poderoso, talvez, mas também o mais elusivo, é o que elege a retórica da imagem, que aqui proponho que

---

[1] Um *topos* clássico muito reconhecível no poema e que contribui para essa diferição da promessa arcádica é a retórica do *Ubi sunt*, que permeia a penúltima estrofe: "onde as tuas águas, onde as mágoas...", "Onde as tuas bananeiras?", "Onde o teu rio frio...".

se leia como outra ocorrência do "latim", ou seja, da língua franca da época. Conviria regressar, pois, ao verso de abertura, "Parques do Anhangabaú nos fogaréus da aurora...". Se nos afundarmos no palimpsesto reconheceremos sem dúvida, lá muito para trás, a homérica "aurora de dedos róseos", que o nome "fogaréus" traduz em registro *desvairado*[2]. O palimpsesto possui, porém, outras camadas e não custa admitir entre elas, mais ainda quando ressoam ecos greco-latinos em fundo, algumas assinaturas parnasianas. Por exemplo, Raimundo Correia: "Raia, sanguínea e fresca, a madrugada" ("As pombas"). Ou Olavo Bilac: "Acesos véus, radiantes/ Rubras nuvens" ("A morte de Tapir"). A lista, tipicamente, seria vasta, estando em pauta uma questão "idiomática" ou, se se preferir, retórica. Deste ponto de vista, a retórica da imagem de abertura, que se revela agora não tanto hiperbólica como paródica, rima com os versos 14 e 15, explícita citação de "Os sapos" de Manuel Bandeira, cavalo de batalha do antiparnasianismo modernista desde a Semana de 1922.

A realidade chamada Anhangabaú afasta-se, pois, numa representação ou melhor, num palimpsesto de representações: carvalhos votivos são imagens congeladas em mármore, lavradores posam para um mundo em que não se reconhecem, sapos são poetas parnasianos, as próprias bananeiras parecem não cobrar realidade senão como imagem d'Épinal do mundo tropical. Um efeito de indecisão toma conta do poema e acaba por afetar retrospectivamente a imagem de abertura, cuja plena ocorrência não parece chegar a ter lugar, sobretudo se a aferirmos pelo esvaziamento final do palimpsesto. A aurora prometida fica-se pela promessa do fogaréu, que não parece conseguir triunfar sobre nevoeiros e palimpsestos (o nevoeiro é palimpsesto, tanto quanto o palimpsesto é nevoeiro). Em boa verdade, a imagem dos "Parques do Anhangabaú nos fogaréus da aurora..." é uma fenomenologia da emergência e manifestação da imagem, do recorte diferencial produzido pelo triunfo da luz sobre a treva, que nada oferece senão um relance fulgurante sobre um "palimpsesto sem valor". Que é, contudo, qualificado como "*Meu querido* palimpsesto sem valor!", o que poderíamos atribuir ou ao amor invencível pela bela forma da imagem (a paródia modernista do parnasianismo esconde, no seu fundo psicanalítico, uma verdadeira fixação pelo mesmo[3]) ou à incapacidade de radicalmente desamar o mundo sem valor (o lugar aparentemente morto) que é o Anhangabaú ou de que ele é emblema.

---

2 Por contraste com o palimpsesto clássico e parnasiano, percebe-se que a estratégia de Mário de Andrade, ao eleger a palavra "fogaréu", é de um coloquialismo que, no limite, conduz à quebra do decoro (o que se transformará em boa medida numa retórica geracional). No livro seguinte, *Losango cáqui*, o segundo poema, "Máquina-de-escrever", recorre de novo à palavra, mas agora com função adjetival, uma deslocação gramatical muito típica no autor: "Não poder contar meu êxtase/ Diante dos teus cabelos fogaréu!". A palavra surge, pois, associada a momentos de êxtase, seja neste poema, seja em "Anhangabaú", com a diferença de que em "Máquina-de-escrever" o valor facial do coloquialismo não parece ser objeto de suspeita, ao contrário da intenção paródica discernível no poema de *Pauliceia desvairada*.

3 Essa ambivalência está bem presente no verso que introduz os sapos, cuja rima interna reflete o preciosismo versificatório parnasiano: "onde as tuas águas, onde as mágoas dos teus sapos?".

## Duas fotos de 1922

A pobreza do acervo fotográfico que nos ficou da Semana de 1922 contrasta flagrantemente com a exuberância do registro de dois eventos cívico-culturais que marcaram a cidade de São Paulo nesse mesmo ano: a inauguração dos monumentos dedicados a Olavo Bilac e a Carlos Gomes. A primeira ocorreu a 7 de setembro, coincidindo assim com a data do centenário da Independência do Brasil; a segunda, a 12 de outubro. Nicolau Sevcenko juntou fotos da dupla inauguração na mesma página do portfolio que ilustra o seu *Orfeu extático na metrópole* (1992), obra com o esclarecedor subtítulo *São Paulo, sociedade e cultura nos frementes anos 20*[4]. A foto ao cimo da página é a da inauguração do monumento a Bilac, e a legenda de Sevcenko é a seguinte: "Grande apoteose urbana para a inauguração do Monumento a Olavo Bilac: bandeiras, estandartes e saudações uníssonas ao poeta-ativista". Segue-se, na metade inferior da página, a foto da inauguração do monumento a Carlos Gomes, com esta legenda: "A comunidade italiana invade o Anhangabaú para celebrar em peso o marco da comunhão ítalo-paulista: o Monumento a Carlos Gomes, no outeiro do Teatro Municipal". As fotos seguem a retórica da composição do fotojornalismo do início de Novecentos, quando estava em causa o registro de eventos cívicos mobilizadores de massas: em ambas a multidão transborda do quadro, sugerindo na vastidão do fora de campo o sublime político, em relação ao qual o fotógrafo hesita entre a imersão na massa (caso da foto relativa a Bilac) e a distância "neutral", como ocorre no evento relativo a Carlos Gomes. As legendas de Sevcenko restituem toda essa dimensão, na medida em que nos trazem a "apoteose", o "uníssono" e a "comunhão" dos eventos.

As perspectivas adotadas pelos fotógrafos são, como antes referi, bem divergentes: na da inauguração do monumento a Bilac, o fotógrafo está entre o público, e o plano é por isso fechado sobre público e monumento, que se encontra ao cimo da colina, no limite superior do quadro. O contrapicado conduz o olhar dos chapéus da população (masculina, obviamente) às bandeiras e estandartes na base do monumento e à aglomeração em torno e em cima dele, fazendo com que o vulto do poeta emerja organicamente da massa à qual se parece dirigir, tanto mais que a retórica cinética do braço direito da estátua erguido em pleno discurso se destina a produzir esse efeito. Na foto da inauguração do monumento a Carlos Gomes, o fotógrafo está no monumento, que por isso não se vê, a perspectiva é de cima para baixo, o plano é aberto, integrando a multidão na paisagem urbana e fazendo do monumental uma *forma de ver*, ordenada, panorâmica, transparente e tendencialmente autoevidente.

Ambas as fotografias nos dão a ver o drama com que os novos meios dos séculos XIX e XX se depararam ao enfrentar esse agente tipicamente moderno

---

4 Uso a 2ª reimpressão, de 2000 (São Paulo: Companhia das Letras).

que são as massas populares, na urbe sem a qual não são pensáveis, e perante esse dispositivo unificador, mas híbrido na sua própria constituição, que é a arte com destinação cívica: a poesia e o verbo cívico de Bilac, a música operática de Carlos Gomes. O drama, nas suas grandes possibilidades, é enunciado pela fotografia, nos termos que acabamos de ver, enquanto estrutura submediática de toda a representação e de toda a mídia posterior: na foto dedicada a Bilac, poeta da bela forma e, sem transição, da pátria, a questão metarrepresentacional resolve-se pela imersão ou, se se preferir, pela "comoção de minha vida...", num gesto que aspira a uma enunciação coletiva e num espectro que no modernismo irá da plasticidade da despersonalização (toda essa teoria de sujeitos sem nenhum caráter) ao *pathos*; na foto sobre o monumento a Carlos Gomes, o triunfo do representado ou, para o dizer com João Luiz Lafetá, "a prepotência do mundo, o esmagamento da subjetividade"[5] coincidem com o recuo do sujeito para uma perspectiva que seria a *de ninguém* e que no fundo coincidiria com a posição quase transcendental da máquina ou mídia modernas.

Estas cenas de massas, e de encenação fotográfica, são cenas de monumentalização das artes que se dão no exato ano da Semana de Arte Moderna, ocorrendo, como ela, a pretexto do centenário da nação. A diferença, contudo, é que estas cenas dão a ver tudo aquilo de que o modernismo se afastará, num devir sem retorno, apesar de muitas das boas ilusões posteriores, fossem elas as da literatura e arte social dos anos 1930 e 1940, fossem as da coincidência expressiva da racionalização da forma com o salto industrial dos anos 1950, ou as da ambição de uma arte popular de vanguarda que animará o Cinema Novo ou a fase tardia de um Hélio Oiticica: basicamente, o consenso burguês em torno das funções da literatura e das artes, bem como a harmonia expressiva das suas linguagens. E é ainda revelador que estas cenas tenham lugar em espaços que os próprios monumentos requalificam e recodificam no mapa de uma São Paulo que se esforça por entrar no novo século, entre a zona central corporizada no Anhangabaú e a ainda recente avenida Paulista, um mapa que inclui também o Teatro Municipal, espaço eleito para a Semana de 1922 e, a vários títulos, um espaço mais próximo do mundo de Olavo Bilac e Carlos Gomes do que do modernismo — não tanto da versão do modernismo que de fato teve lugar na Semana, mas sobretudo do modernismo tal como ele se reimaginará mais tarde. A contiguidade de espaços e eventos, ao longo de um ano que inclui ainda, em julho, o evento mais relevante para os propósitos deste livro, a edição de *Pauliceia desvairada*, revela também *a contrario* as dificuldades do modernismo inicial em produzir uma ruptura com um mundo, todo ele, demasiado enredado em relações que são contradições.

---

5 Refiro-me ao texto "A representação do sujeito lírico na *Pauliceia desvairada*", incluído no livro *A dimensão da noite*, organizado por Antonio Arnoni Prado (São Paulo: Duas Cidades/Editora 34, 2004, pp. 348-71). A citação surge na página 354.

## Parques e itinerários

Na complexa estruturação de *Pauliceia desvairada*, que parece ter pressuposto um vasto manuscrito original do qual resultaria, após profunda depuração, o livro de 1922, o poema "Anhangabaú" ocupa um dos lugares mais discretos. Esse lugar é ratificado pela decisão do autor, na versão antológica das suas *Poesias*, em 1941, que exclui o poema do núcleo de 11 que resgata do volume da sua estreia oficial, embora se imponha reconhecer que dos poemas excluídos constam alguns que o consenso crítico reputa fundamentais. Esse lugar discreto reforça-se, por fim, se percorrermos a fortuna crítica da poesia do autor, já que dos críticos iniciais da *Pauliceia desvairada*, que incluem em posição de destaque Alceu Amoroso Lima, Antonio Candido, Roberto Schwarz, Luiz Costa Lima ou João Luiz Lafetá, nenhum deles parece sentir a necessidade de se reportar ao poema, seja em sede analítica, seja exemplificativa.

Quantitativamente, aliás, o poema, com os seus 21 versos, integra a "metade menor" do livro, cujo ponto extremo são os nove versos de "Inspiração" e os dez de "O trovador", poemas de abertura, a que se contrapõe o poema final, "As enfibraturas do Ipiranga", com uma extensão desconforme com os restantes poemas do livro e, por isso mesmo, só compaginável com o "Prefácio interessantíssimo", de que ofereceria o contraponto final (ou posfacial). "Anhangabaú", porém, é dos poucos poemas do livro cujo título denuncia uma radicação espacial concreta, estando apenas acompanhado por outros dois — "Rua de São Bento" e "Tietê" —, a que poderíamos acrescentar "As enfibraturas do Ipiranga", não se dera o caso de esse poema explorar antes o simbolismo nacional do topônimo. Os três poemas referidos ganham antes em pensar-se em confronto com os quatro dedicados à paisagem urbana, diferenciados pela sua numeração explícita ("Paisagem nº 1", "Paisagem nº 2", ...), e que, com exceção do número 3, que se situa no Largo do Arouche, tendem a formulações genéricas do tipo da que abre a "Paisagem nº 1": "Minha Londres das neblinas finas...". Casos há, ainda, em que poemas com títulos genéricos ou metafóricos são motivados, no seu desenvolvimento, por uma localização espacial precisa, como ocorre com "O domador", cujo verso inicial é "Alturas da Avenida. Bonde 3", ou "Noturno", que explora o Cambuci. As possibilidades são múltiplas, mas o que fica claro é que Mário de Andrade oscila, ao longo da *Pauliceia desvairada*, desde os títulos dos poemas ou na relação título-texto, entre modalidades de inscrição da experiência urbana, com que vai tenteando: o coletivo e o individual, o macro e o micro, o panorâmico e o plano fechado, o ambulante e o fixo, o direto e o diferido, o coevo e o anacrônico, o histórico e o eterno.

É aí que "Anhangabaú" ganha toda uma ressonância insuspeita, bem patente na progressão título-poema, desde o início. Vejamos o paralelo com o caso de "Tietê", cujo primeiro verso introduz a lógica narrativa e, sobretudo, efabulatória, que definirá o poema enquanto fábula bandeirante: "Era uma vez um rio...". No caso de "Anhangabaú" a ressonância da palavra tupi sofre um alargamento não exatamente narrativo, mas imagético: "Parques do Anhangabaú nos fogaréus da aurora...". O plural inicial na palavra "parques" produz uma expansão espacial que cria a sensação errônea, por meio do "nos", de um alargamento rumo ao fogaréu dos céus, quando de fato é o oposto: é o fogaréu da aurora que *revela* os parques do Anhangabaú (uma revelação que, como vimos já, é essencialmente a revelação da fenomenologia da imagem). Mas essa expansão, que é já uma modalidade de cartografia urbana, na medida em que o remoto e mítico Anhangabaú tupi se desdobra em realidades tão típicas da quadrícula da cidade como parques, parece duplicar-se no verso seguinte — "Oh larguezas dos meus itinerários..." —, que, de novo enganadoramente, expande "parques" em "larguezas", antes de nos dar a perceber que a categoria "largueza" qualifica "itinerários", em primeira instância. Estabelece-se assim um conflito entre espaço fixo e regime ambulatório, ou entre mapa e itinerário, que traduz profundamente a experiência da *flânerie* moderna enquanto traumatofilia que, entre outras coisas, deve gerir os novos regimes espaço-temporais da percepção urbana. Tudo isso é a história a fazer-se no início do século XX e, como ocorre sempre em cada seccionamento temporal, aquilo a que chamamos História é esse encavalgamento de temporalidades denunciado, na imagem do verso 3, por essas "Estátuas de bronze no correndo eternamente". O itinerário largo do passeante, que é simultaneamente passador entre tempos e mundos, condu-lo a essa confluência de tempos em que o coevo se sobrepõe ao anacrônico e em que tudo redunda numa écloga discrepante, pois as suas personagens históricas, desde logo o lavrador, habitam já inconvictamente a paisagem. A trombeta dos "fogaréus da aurora", por seu turno, só é capaz de uma nota dissonante e paródica, dando-nos a entender a dificuldade de fazer coalescer este mundo heteróclito nalguma coisa que faça sentido.

## Espelhos infiéis

Num livro que fez época, *Lira & antilira: Mário, Drummond, Cabral*, com primeira edição em 1968, Luiz Costa Lima aborda as consequências do que entende ser a posição passadista e ainda romântica de Mário de Andrade na *Pauliceia desvairada*, concluindo que essa "psicologização romântica" fez escapar ao autor "o que fora fundamental, desde Baudelaire, ao sentimento da poesia moderna: o impacto da grande cidade. Mas assim acontece porque inexistiam no Brasil aglomerados semelhantes às *villes tentaculaires*"[6]. A que se segue a inferência metodológica de que estas considerações "necessitam ser complementadas com dado de nature-

---

6 Sigo a segunda edição, revista, Rio de Janeiro: Topbooks, 1995, p. 52.

za sociológica e não mais estética"[7], buscando o autor, para tal, apoio em Celso Furtado. João Luiz Lafetá mostrou, com abundância de argumentos, que quer a suposta "psicologização romântica" de Mário de Andrade denunciada por Roberto Schwarz no início dos anos 1960, quer o "passadismo" expressamente reivindicado por Mário no "Prefácio interessantíssimo" (o que já por si deveria suscitar uma hermenêutica suspeitosa), e denunciado também por Costa Lima por meio de uma análise comparativa de práticas vanguardistas, podem ser contraditados por uma leitura atenta à complexidade dialética da obra, bem como à evolução das posições do autor. O argumento de Costa Lima, contudo, quanto à impossibilidade de uma experiência da urbe moderna no Brasil, cai naquele pressuposto reflexivista caro a toda a sociologia da modernidade, que parece exigir um bem determinado volume quantitativo de condições de possibilidade para que o qualitativo da experiência moderna possa ter lugar. Este argumento depara-se sempre com o mesmo inamovível problema empírico, na análise da fenomenologia da literatura modernista, a saber, que pela sua lógica a dita experiência estaria interditada a autores como Fernando Pessoa, W. B. Yeats, Antonio Machado, Konstantinos Kaváfis ou Jorge Luis Borges, todos eles, se se quiser, "periféricos". Como, porém, aquilo a que chamamos "a experiência da urbe moderna" na literatura modernista não é pensável sem a contribuição das obras desses autores, entre muitos outros, o argumento de Costa Lima, que em rigor não lhe pertence, pois é antes um avatar do debate sobre as relações entre centro e periferia na modernidade — uma forma de colocar a questão que é, em si, já predeterminada pela referida heurística reflexivista —, acaba invertido na sua exigência de prova, já que lhe caberia demonstrar que de fato, e contra todas as evidências literárias e estéticas (as de todo o *Livro do desassossego*, digamos), um Fernando Pessoa, por exemplo, nunca teria podido aceder a tal experiência, pelo fato de estar condenado a viver numa capital supostamente pré-moderna como Lisboa.

Talvez seja, todavia, mais produtivo neste ponto recorrer a um paralelo sul-americano, o do argentino Jorge Luis Borges[8]. Beatriz Sarlo abordou a questão num livro epocal, de que usarei a edição em espanhol[9]. O propósito da ensaísta argentina é duplo: por um lado, estudar a forma como a imagem internacional

---

7 *Ibid.*

8 Como é sabido, a singularidade de Mário de Andrade na sua geração e, para dizer a verdade, na cultura brasileira, tem também a ver com o seu empenho no diálogo latino-americano, sobretudo expressivo no caso argentino. Esse diálogo foi reconstituído pioneiramente por Raul Antelo no seu livro *Na ilha de Marapatá: Mário de Andrade lê os hispano-americanos*, São Paulo: Hucitec, 1986, ainda hoje uma obra de referência.

9 O livro, que reúne conferências proferidas em Cambridge, foi primeiramente editado em inglês, em 1993, com o título *Jorge Luis Borges: A Writer on the Edge*, vindo depois a ser editado na Argentina com o título *Borges: un escritor en las orillas*. A tradução brasileira, ao optar pelo título *Jorge Luis Borges: um escritor na periferia*, diz mais sobre a forma como no Brasil a questão tende a ser recodificada do que sobre a leitura de Sarlo, à qual faz considerável violência. Uso a edição publicada em Madrid pela Siglo XXI Editores em 2007.

de Borges se tornou a de um escritor sem nacionalidade, membro de pleno direito do "cânone ocidental" (um devir arquitetado pela própria obra, de resto); por outro lado, mostrar que não existe escritor mais argentino do que Borges, o que o levou mesmo a *"inventar una tradición cultural para ese lugar ex-céntrico que es su país"*[10]. Daí a imagem do "encontro de caminhos" no qual se situa a obra de Borges, apesar da imponência do estilo: *"la obra de Borges tiene en el centro una grieta: se desplaza por el filo de varias culturas, que se tocan (o se repelen) en sus bordes"*[11]. O nó em que todos esses caminhos se cruzam é justamente a experiência da cidade, ou melhor, da *imaginação da cidade*, que na literatura e cultura argentinas no início do século se traduz em propostas alternativas e mesmo discrepantes: a cidade ultrafuturista de Roberto Arlt, por exemplo, em confronto com as *"orillas"* de Borges, *"lugar indefinido entre la llanura y las últimas casas, a las que se llegaba desde la ciudad, todavía horadada por baldíos y patios"*[12]. O primeiro ponto que desejo abordar, com o apoio de Sarlo, é justamente o fato de a ficção argentina descobrir *"una modernidad que no existía del todo materialmente"*[13], um percurso que a autora faz do romantismo a Sarmiento e a Borges. A cidade, nota Beatriz Sarlo, foi não apenas um tema político, não apenas o cenário privilegiado no qual os intelectuais *"descubrieron la mezcla que define la cultura argentina, sino también un espacio imaginario que la literatura desea, inventa y ocupa. La ciudad organiza debates históricos, utopías sociales, sueños irrealizables, paisajes del arte"*[14]. Como Sarlo notará, a cidade é a condição de possibilidade da literatura moderna, ou melhor, da ideia moderna de literatura, o que significa, decisivamente, que *"La ciudad no es el contenido de una obra, sino su posibilidad conceptual"*[15].

O segundo ponto tem a ver com a específica imaginação da cidade em Borges, autor que passou um longo e decisivo período juvenil, entre 1914 e 1921, na Europa. Quando regressa à Argentina, após um período ultraísta em Espanha, Borges depara-se com uma Buenos Aires em acelerada mutação, bem diversa da cidade das suas recordações. Nas palavras de Sarlo, *"Borges debía recordar lo olvidado de Buenos Aires en un momento en que ese olvidado comenzaba a desaparecer materialmente. Esta experiencia encuentra su tono poético: la nostalgia de* Fervor de Buenos Aires*"*[16]. Trata-se, pois, de tornar palpáveis na poesia esses

---

10 Beatriz Sarlo, *Borges: un escritor en las orillas*, Madrid: Siglo XXI Editores, 2007, p. 7.
11 *Ibid.*, p. 6.
12 *Ibid.*, p. 11.
13 *Ibid.*
14 *Ibid.*, p. 12.
15 *Ibid.*, p. 13.
16 *Ibid.*, p. 16.

locais ainda não tocados pela modernização, "*rincones del suburbio inventado por Borges bajo la figura de* las orillas, *lugar indeciso entre la ciudad y el campo*"[17], projeto tão mais difícil quanto não se confunde com a recuperação de um qualquer *criollismo*. Termino este ponto com uma última e decisiva citação de Beatriz Sarlo: "*Borges trabajó con todos los sentidos de la palabra 'orillas' (margen, filo, límite, costa, playa) para construir un ideologema que definió en la década del veinte... 'Las orillas' son un espacio imaginario que se contrapone como* espejo infiel *a la ciudad moderna despojada de cualidades estéticas y metafísicas*"[18].

Fiquemos então com o *espelho infiel* da Buenos Aires de Borges, o mesmo é dizer, fiquemos com a cidade enquanto possibilidade conceptual de uma literatura que se reinventa enquanto ideia moderna. Uma ideia que nasce sobre os escombros de toda uma retórica e política da representação, o que se traduz na eleição de um objeto (a cidade) que é em si mesma uma crítica da forma orgânica (a da tradição estética idealista, mas também a do pensamento sociológico). No caso de Borges, o seu antagonista local é o regionalismo que, nas palavras de Beatriz Sarlo, nomeia aquilo que desaparece com uma linguagem literária já em desuso na cidade. Borges, diz-nos a ensaísta argentina, "*hace el movimiento precisamente inverso: imagina la ciudad del pasado con el lenguaje de una literatura futura*"[19]. Este desajuste, muito reconhecível em *Fervor de Buenos Aires*, não é substancialmente diverso, apesar da diferença no acento tônico, das modalidades de desajuste (lexical, figurativo, composicional) praticadas por Mário de Andrade em relação à São Paulo imaginada na *Pauliceia desvairada*. Luiz Costa Lima, aliás, a certo ponto da sua leitura da obra constata que o modernismo de Mário se aproxima da linguagem automática, que antes revelara dificuldade em dominar, inferindo daí que "se Mário consegue, nos seus momentos de maior domínio artesanal, absorver a linguagem dos vanguardistas de que o distinguíamos, então essa diferença não era de natureza sociológica — como afirmamos —, mas sim apenas de ordem técnica e, portanto, possível de desaparecer atingido certo estágio expressional"[20]. O argumento, porém, só na aparência se aproxima do de Beatriz Sarlo, pois o reflexivismo regressa logo a seguir, quando o autor afirma que: "A resposta entretanto a ser extraída não nos obriga a retrocesso. O verso, aparentemente irracional, tem sua construção lógica perceptível"[21]. A conclusão, após um exemplo demonstrativo, é que "Longe estamos da linguagem automática"[22], ou seja, longe estamos

---

17 *Ibid.*, p. 23.
18 *Ibid.*, pp. 35-6.
19 *Ibid.*, p. 13.
20 Luiz Costa Lima, *Lira & antilira: Mário, Drummond, Cabral*, Rio de Janeiro: Topbooks, 1995, p. 66.
21 *Ibid.*
22 *Ibid.*, p. 67.

da vanguarda canônica — tanto quanto longe estamos das cidades tentaculares europeias[23]. O problema é que a Buenos Aires nostálgica, suburbana e liminar de Borges é uma experiência moderna, e o mesmo para a São Paulo de Mário de Andrade, com ou sem modernidade material conveniente. De resto, essa modernidade existe, e não faltam na obra momentos que se tornaram o *filet mignon* da crítica mais ou menos reflexivista, como o verso inicial da "Paisagem nº 4": "Os caminhões rodando, as carroças rodando". Essas carroças que é ainda possível reconhecer na Paris dos filmes de Jean-Luc Godard dos anos 1960, já agora, e que não são o vestígio anacrônico de um mundo periférico, mas parte integrante da experiência moderna da cidade, desde sempre produzida por um feixe de temporalidades diversas (que inclui a muito reconhecível não contemporaneidade dos contemporâneos) e de coalescência, por isso, problemática, como vimos na seção anterior.

## Numa eterna corrida imóvel

O poema "Anhangabaú" progride por acumulação imagética, numa espécie de *panorama* que se vai desdobrando em espaços e objetos e, em menor grau, personagens. Esta acumulação não se resolve senão por esvaziamento, como vimos já: na sucessão de visões e revelações que o poema engendra, a revelação final é a de um "palimpsesto sem valor", como se tudo fosse afinal cenário de cartão para um mundo espectral (uma paisagem à De Chirico, que seria a "Paisagem nº 5" do livro). O poema concentra, pois, todos aqueles problemas que a *Pauliceia desvairada* acusa desde o primeiro verso: organicidade problemática, obscuridade pontual ou estrutural, níveis conflituantes de linguagem[24], irregularidade e desnível estrófico e formal. Em obra já referida, Nicolau Sevcenko aborda a São Paulo desse período numa passagem governada por uma longa e reveladora anáfora: "Afinal, São Paulo não era uma cidade nem de negros, nem de brancos, e nem de mestiços; nem de estrangeiros e nem de brasileiros; nem americana, nem europeia, nem nativa; nem era industrial, apesar do volume crescente das fábricas, nem entreposto agrícola, apesar da importância crucial do café; não era tropical, nem subtropical: não era ainda moderna, mas já não tinha mais passado"[25]. Para

---

23 Outra forma de abordar a questão é a que sugeriria que no debate em torno da *Pauliceia desvairada* tudo se passa como se a crítica oscilasse entre a panaceia da periferia e a panaceia da modernidade.

24 Esse conflito, que no limite visa a quebra de decoro antes referida, é bem reconhecível se contrastarmos o coloquialismo de "fogaréus" com o refinamento de "votivo", "Prurido de estesias", "encancedido", "palimpsesto" ou "écloga". O contraste que estrutura o poema é, de resto, tematizado explicitamente no verso 10, que apresenta "o contraste boçal do lavrador" com o mundo de que supostamente seria personagem, mas que apresenta já do lavrador e do seu mundo apenas uma imagem congelada e edulcorada.

25 Nicolau Sevcenko, *Orfeu extático na metrópole: São Paulo, sociedade e cultura nos frementes anos 20*, São Paulo: Companhia das Letras, 2000, p. 31.

o autor, que recorre cirurgicamente a textos produzidos por dois jornalistas de então em que ambos reagem de modo diverso a uma série de fenômenos urbanos, trata-se de uma experiência do "estranhamento", já que a cidade era um enigma para os seus próprios habitantes, o qual produz um "lapso da consciência"[26].

No poema "Anhangabaú" esse lapso manifesta-se poderosamente no verso 12, cuja função é a de retomar e relançar o verso inicial: "Estes meus parques do Anhangabaú ou de Paris". Não se trata, em rigor, de alternativa, no sentido de uma experiência de periferia deceptiva. Trata-se, sim, de fazer confluir num espaço concreto a imaginação de outro espaço, simultaneamente concreto e inconcreto, já que Paris é aqui a prosopopeia da cidade moderna. Trata-se, pois, de fazer contaminar a experiência da cidade (neste caso, do centro da cidade velha) pelo *espelho infiel* da imaginação literária e romanesca de todo um século pós--romântico. O Anhangabaú é também Paris, já que toda a cidade moderna o é, enquanto típica "realidade aumentada": um mundo muito para lá das nossas faculdades perceptivas e que necessita, por isso, de um *a priori* imaginativo. Neste sentido, o Anhangabaú é também Paris *porque é literatura* (e arte, se pensarmos nas estátuas que nele se depositam). Como vimos, toda a sua descrição procede retoricamente, por uma série de imagens e tropos oscilando entre uma origem clássica e uma reformulação parnasiana, parodiada desde o começo e denunciada no final como écloga *Fake*[27].

A última imagem que elejo para abordar esse estranhamento da experiência paulista é a que consta dos versos 3 e 4 do poema: "Estátuas de bronze nu correndo eternamente,/ num parado desdém pelas velocidades...". Em primeira instância, a imagem tenta contrabandear a experiência da velocidade, fazendo-o por denegação: o "desdém pelas velocidades" diria aqui, no fundo, da incomodidade em relação ao mundo moderno, numa rejeição que não consegue ocultar o fascínio. Subindo, porém, um degrau na escala da abstração, as coisas mudam, pois as "Estátuas de bronze nu correndo eternamente" são não tanto a negação da velocidade, mas a sua tradução em *coisa mental*: a velocidade é uma experiência que em rigor independe do seu conteúdo empírico, como aprendemos

---

26 Os jornalistas em causa, que Sevcenko designa por S. e P., adotando as designações utilizadas pelos jornais, caraterizam-se por atitudes cujo contraste em relação à massa convém referir: "Se a experiência de S. é de se unir, de se integrar às legiões de estranhos, a de P. é observá-las, contido, à parte. Mas se o que S. busca ao juntar-se à multidão é a excitação de se tornar algo diferente de si mesmo, um corpo gigantesco e poderoso, P., por sua vez, também encontra excitação ao reduzir a multidão com seu olhar perscrutador ao mais completo grau de estranhamento" (p. 29). As duas atitudes são reconhecíveis nas estratégias fotográficas antes descritas na inauguração dos monumentos a Olavo Bilac e a Carlos Gomes. E, no fundo, são reconhecíveis na fenomenologia de toda a *Pauliceia desvairada* e, a bem dizer, de quase todo o modernismo.

27 Na verdade, a denúncia é anunciada quase a meio do poema, no verso 9, que remata a acumulação inicial de imagens do Anhangabaú com o comentário: "Nada de poesia, nada de alegrias...".

também em Fernando Pessoa ou noutros modernistas, que produzem a exaltação da velocidade do veículo *quase imóvel*. O intervalo infinitesimal em relação à imobilidade é aquilo a que a literatura moderna chama velocidade, ou melhor, é nesse trabalho de redução fenomenológica que a velocidade, enquanto experiência definidora do moderno, se emancipa das suas condições de possibilidade, tornando-se, também ela, *espelho infiel*, mas revelador da modernidade. A escultura, enquanto ilusão de movimento, é neste sentido tão ou mais poderosa do que o cinema para produzir esse refinamento da sensibilidade à velocidade explorada pela imagem. Tanto mais que se segue a um verso em que estão em causa as "larguezas dos itinerários" do *flâneur* que, enquanto caminhante, experimenta modalidades contrastantes de velocidade ao longo da sua caminhada: face aos outros passeantes, face a carroças, caminhões, automóveis — ou estátuas. A *Pauliceia desvairada*, se o posso dizer para concluir, é também isto, ou seja, esta experiência que decorre nos *meus* parques, nos *meus* itinerários, no *meu* querido palimpsesto — mas que, obviamente, não é só minha. Essa experiência que é, indistintamente, a da cidade e da literatura modernas.

*Rafael Vogt Maia Rosa*

# A CAÇADA

A bruma neva... Clamor de vitórias e dolos...
Monte São Bernardo sem cães para os alvíssimos!
Cataclismos de heroísmos... O vento gela...
Os cinismos plantando o estandarte;
enviando para todo o universo
novas cartas-de-Vaz-Caminha!...
Os Abéis quase todos muito ruins
a escalar, em lama, a glória...
Cospe os fardos!

Mas sobre a turba adejam os cartazes de *Papel e Tinta*
como grandes mariposas de sonho queimando-se na luz...

E o maxixe do crime puladinho
na eternização dos três dias... Tripudiares gaios!...
Roubar... Vencer... Viver os respeitosamentes, no crepúsculo...

A velhice e a riqueza têm as mesmas cãs.
A engrenagem trepida... A bruma neva...
Uma síncope: a sereia da polícia
que vai prender um bêbedo no Piques...

Não há mais lugares no boa-vista triangular.
Formigueiro onde todos se mordem e devoram...
O vento gela... Fermentação de ódios egoísmos
para a caninha-do-Ó dos progredires...

Viva virgem vaga desamparada...
Malfadada! Em breve não será mais virgem
nem desamparada!
Terá o amparo de todos os desamparos!

Tossem: *O Diário! A Plateia*...
Lívidos doze-anos por um tostão
Também quero ler o aniversário dos reis...
Honra ao mérito! Os virtuosos hão-de sempre ser louvados
e retratificados...
Mais um crime na Mooca!
Os jornais estampam as aparências
dos grandes que fazem anos, dos criminosos que fazem danos...

Os quarenta-graus das riquezas! O vento gela...
Abandonos! Ideais pálidos!
Perdidos os poetas, os moços, os loucos!
Nada de asas! nada de poesia! nada de alegria!
A bruma neva... Arlequinal!
Mas viva o Ideal! God save the poetry!

— Abade Liszt da minha filha monja,
na Cadillac mansa e glauca da ilusão,
passa o Oswald de Andrade
mariscando gênios entre a multidão!...[1]

---

1  A última imagem está numa crônica rutilante de Hélios. Não houve plágio. Hélios repetiu legitimamente a frase já ouvida, e então lugar-comum entre nós, para caracterizar deliciosa mania do Oswald.

# A caçada

*Ettore Finazzi-Agrò*

> *God save the poetry!*
> Mário de Andrade

Volta, em "A caçada", o clima brumoso, a névoa e a neve de uma São Paulo onde — para Mário e para sempre, a partir da primeira "Paisagem" de *Pauliceia desvairada* — "faz frio, muito frio". É esse gelo, é essa neblina envolvendo tudo como uma cortina úmida o filtro através do qual o poeta olha e é olhado pela sua cidade. Um véu de gelo, então, que oculta e descobre uma trama de relações contraditórias, apontando para uma síntese impossível ou que se torna possível apenas na justaposição arlequinal dos opostos: de "vitórias e dolos", de gente cínica e de vítimas inocentes (de Abéis), de formigueiros "onde todos se mordem e devoram" e de virgens malfadadas.

É essa a cidade desvairada observada e vivida por Mário, onde o desvario é também a discrepância, o errar ou o variar sem rumo entre instâncias contraditórias — entre "garças e antíteses", como irá se expressar em "A meditação sobre o Tietê". Neste poema derradeiro, ou melhor, neste testamento poético, de fato, a Cidade-Babel, com seu manto anacrônico e arlequinal, descrita em "A caçada", se torna enfim a Cidade-Babilônia, banhada por um rio cujas águas "são abjetas e barrentas" e "dão febre, dão a morte decerto". À beira desse *flumen Babylonis*, desse rio "de cujas águas eu nasci", o poeta irá se sentar e chorar, "se estrelando" e se refugiando, "sem direito", "nas volúpias inúteis da lágrima", já sem nenhuma perspectiva de salvação, sem mais possibilidade de voltar para aquela Sião convulsa e extática — e todavia aberta para a esperança e para o Novo — que ele tinha cantado em 1922.

O panorama de morte e putrefação que encontramos na "Meditação" parece, de fato, bem diferente da imagem congelada da São Paulo que nos é mostrada em "A caçada", embora neste poema seja presente como que um prenúncio funéreo do Fim. Os germes da ruína estão todos naquela "demagogia pura" denunciada no seu longo poema de adeus ao Pai Tietê e à Cidade que ele banha e que transparece já, *in nuce*, na acusação, presente em "A caçada", contra os jornais que "estampam as aparências / dos grandes que fazem anos, dos criminosos que fazem danos".

A denúncia das desigualdades e da hipocrisia do Poder que circula pelos versos do poema de 1922 se alia e se mescla, de modo original, com o tom enfático do discurso que é típico das vanguardas do começo do século XX — nas quais, todavia, a atenção à realidade social é, muitas vezes, menos explícita. Basta olhar para a frequência dos pontos exclamativos e das reticências ou para as sinestesias ("grandes mariposas de sonho queimando-se na luz", "viver os respeitosamentes, no crepúsculo", "ideais pálidos" etc.) criando aquele ritmo sincopado que procura dar conta, através da forma, da realidade urbana de São Paulo com suas contradições, com a combinação ousada e premente de cores e sons dissonantes.

Nesse conluio de comoção e vitupérios, de compaixão e injúria, o que parece ficar sem explicação é o próprio título do poema, que pode tanto indicar a repressão ou a exclusão violenta dos marginais "caçados" pelos poderosos quanto remeter — mas aqui fica apenas como hipótese — para a formação e a cultura musical de Mário. A *caccia* italiana e a *chace* medieval francesa constituem, com efeito, um gênero à parte dentro da tradição do madrigal: uma forma harmônica, a *caça*, que se origina no século XIV e no âmbito da assim chamada *Ars nova*, mas que vai gozar, depois, de uma fortuna plurissecular. Aquilo que conota esse tipo de composição é exatamente o fato de que uma voz "caça" ou persegue a outra, antecipando o estilo contrapontístico da *fuga* e sendo magistralmente ilustrada, no século XVIII, pela sonata K. 159 de Domenico Scarlatti, intitulada, justamente, *La caccia*.

Esse contínuo contraponto sonoro, combinando vozes e cores diferentes, pode talvez constituir o modelo no qual se inspira "A caçada", em que a discromia e a dissonância são evidentes. Não por acaso, a imagem em branco da velhice e da riqueza ou da bruma nevando e a cacofonia da "engrenagem" trepidante são logo atravessadas ou "caçadas" pelo som agudo e estridente da sereia da polícia "que vai prender um bêbedo": uma interseção que é introduzida, justamente, pela indicação "uma síncope", recombinando em quiasma a cor e o som. É, enfim, esse movimento contínuo, é essa *fuga* que parece constituir o ritmo sonoro e o desenvolvimento cromático do poema, num espelhamento constante entre forma e conteúdo, entre uma expressão desvairada e exclamativa e uma cidade caótica e bombástica, habitada pela injustiça social.

É bom notar, aliás, como a crítica ideológica de Mário em relação às desigualdades e às contradições afetando São Paulo se adensa, de modo mais contundente, na parte final de "A caçada", mais uma vez marcada pela discrepância — climática, desta vez — entre "os quarenta-graus das riquezas" e o vento gelado varrendo a cidade e produzindo apenas "abandonos" e "ideais pálidos". Nesse panorama contraditório e friorento não existe a possibilidade daqueles enlevos ("Nada de asas!"), daqueles voos da imaginação que vêm associados à loucura e à juventude; não há, sobretudo, lugar para a poesia e a alegria que dela descende — porque, mais uma vez, a bruma continua nevando e encobrindo o manto arlequinal da cidade.

O poeta, todavia, tenta apagar o seu pessimismo o dissolvendo no grito: "viva o Ideal! God save the Poetry!". É esta, talvez, a única possibilidade de sair do imobilismo de uma cidade congelada: a de remeter — mais uma vez de forma contrapontística — para a harmonia monástica e "virginal" de Liszt e para o rumor manso da Cadillac glauca de Oswald de Andrade. É esta ilusão, é esta possibilidade de mariscar "gênios na multidão" paulista a utopia que tenta resgatar a reflexão amarga de Mário sobre a sua cidade brumosa, abrindo, enfim, o poema para a esperança e para o Novo.

Como sabemos, a fuga rumo ao Ideal, ou melhor, a tentativa de fugir da gélida hipocrisia de São Paulo, irá se concluir, mais de vinte anos depois, no naufrágio do poeta e da poesia no "rolo torvo das águas" do Tietê que escorrem, implacáveis e lamacentas, "entre injustiça e impiedade", que banham, fedorentas, uma realidade social e humana já sem resgate.

*Gilda Vogt*

## NOTURNO

Luzes do Cambuci pelas noites de crime...
Calor!... E as nuvens baixas muito grossas,
feitas de corpos de mariposas,
rumorejando na epiderme das árvores...

Gingam os bondes como um fogo de artifício,
sapateando nos trilhos,
cuspindo um orifício na treva cor de cal...

Num perfume de heliotrópios e de poças
gira uma flor-do-mal... Veio do Turquestã;
e traz olheiras que escurecem almas...
Fundiu esterlinas entre as unhas roxas
nos oscilantes de Ribeirão Preto...

— Batat'assat'ô furnn!...

Luzes do Cambuci pelas noites de crime!...
Calor... E as nuvens baixas muito grossas,
feitas de corpos de mariposas,
rumorejando na epiderme das árvores...

Um mulato cor de ouro,
com uma cabeleira feita de alianças polidas...
Violão! "Quando eu morrer..." Um cheiro pesado de baunilhas
oscila, tomba e rola no chão...
Ondula no ar a nostalgia das Baías...

E os bondes passam como um fogo de artifício,
sapateando nos trilhos,
ferindo um orifício na treva cor de cal...

— Batat'assat'ô furnn!...

Calor!... Os diabos andam no ar
corpos de nuas carregando...
As lassitudes dos sempres imprevistos!
E as almas acordando às mãos dos enlaçados!
Idílios sob os plátanos!...
E o ciúme universal às fanfarras gloriosas
de saias cor-de-rosa e gravatas cor-de-rosa!...

Balcões na cautela latejante, onde florem Iracemas
para os encontros dos guerreiros brancos... Brancos?
E que os cães latam nos jardins!
Ninguém, ninguém, ninguém se importa!
Todos embarcam na Alameda dos Beijos da Aventura!
Mas eu... Estas minhas grades em girândolas de jasmins,
enquanto as travessas do Cambuci nos livres
da liberdade dos lábios entreabertos!...
Arlequinal! Arlequinal!
As nuvens baixas muito grossas,
feitas de corpos de mariposas,
rumorejando na epiderme das árvores...
Mas sobre estas minhas grades em girândolas de jasmins,
o estelário delira em carnagens de luz,
e meu céu é todo um rojão de lágrimas!...

E os bondes riscam como um fogo de artifício,
sapateando nos trilhos,
jorrando um orifício na treva cor de cal...

— Batat'assat'ô furnn!...

# Encontros e desencontros em Cambuci
# Sobre "Noturno"

*Mario Cámara*

> *Yo nací para mirar lo que pocos pueden ver,*
> *Yo nací para mirar*
> Charly García

Em "Noturno", décimo quinto poema de *Pauliceia desvairada* de Mário de Andrade, acontece alguma coisa que, ao mesmo tempo em que reafirma a poética apaixonada e urbana da totalidade dos poemas que compõem o livro, lhe imprime uma nota distintiva. A voz lírica, que assume um "eu" pela primeira vez no percurso textual, encarna-se com uma intensidade pouco usual e, sobretudo, parece tentar se involucrar na cena misteriosa, sensual e erótica, que emerge perante os seus olhos no proletário e marginal bairro de Cambuci. O resultado, que pode ser apreciado nos versos da penúltima estrofe, é uma ruptura fulminante, um corte abrupto, que a paisagem e seus habitantes impõem ao observador promíscuo. O movimento que desenha o poema vai do baixo ao alto. Da atração pela sensualidade vislumbrada, a uma fuga precipitada. Esse movimento não apenas constitui uma figuração passional, mas, como gostaria de propor nestas páginas, se constrói como um passo de dança, um movimento, cifrado em um avanço cauteloso e em um pulo aeróbico para os céus. Lido como um passo de dança, "Noturno" é também um autorretrato que define o lugar do poeta, na cidade e com os seus habitantes, enquanto uma relação de contato e exterioridade.

Em "Paisagem nº 2", o poema que segue a "Noturno", o poeta assume explicitamente a figura do bailarino:

> São Paulo é um palco de bailados russos.
> Sarabandam a tísica, a ambição, as invejas, os crimes
> e também as apoteoses da ilusão...
> Mas o Nijinsky sou eu!
> E vem a Morte, minha Karsavina!
> Quá, quá, quá! Vamos dançar o fox-trot da desesperança,
> a rir, a rir dos nossos desiguais![1]

---

[1] Mário de Andrade, *Poesias completas*, vol. 1, edição de texto apurado, anotada e acrescida de documentos por Tatiana Longo Figueiredo e Telê Ancona Lopez, Rio de Janeiro: Nova Fronteira, 2013, p. 66. Todas as referências entre parênteses ao longo do texto correspondem a essa edição.

Brilha aqui, claramente, o nome de Nijinski, quem de fato dançara em São Paulo com as companhias russas de Serguéi Diáguilev[2]. Na época, Nijinski já era uma figura de culto, considerado um gênio e um transgressor que tinha revolucionado a dança. Em 1912, por exemplo, criara a coreografia de *A tarde de um fauno* a partir do poema sinfônico de Claude Debussy, *L'après-midi d'un faune*; e um ano depois faria o mesmo com *A sagração da primavera*, de Igor Stravinski. As duas peças, por motivos diferentes, resultaram igualmente escandalosas. A primeira, pelo *collant* cor de carne que Nijinski decidira vestir e que lhe outorgava uma aparência de nudez, assim como pelos movimentos hieráticos e extremamente sensuais que encenava; a segunda, devido ao argumento que implicava o sacrifício de uma jovem como oferenda à primavera, assim como pela música dissonante[3]. Com ambas as coreografias, ficava para trás o *ballet* de fadas e ninfas, passando a primeiro plano o corpo vivo, sexuado e contorcido do bailarino moderno. Além disso, como aponta Hanna Jarvinen, a partir dessas peças se desatara uma verdadeira "nijinskimania" que o converteu em uma estrela internacional[4]. Essa trajetória não podia resultar desconhecida para Mário de Andrade. E, embora em 1922, ano de edição de *Pauliceia*, o gênio de Nijinski já tivesse se apagado e o bailarino se encontrasse recluso em um internato da Suíça, diagnosticado com esquizofrenia, sua figura não faria senão crescer ao longo dos anos[5]. Não sabemos se Mário de Andrade de fato assistira a alguma das montagens que

---

2   As visitas de Nijinski em São Paulo fazem parte de duas turnês que realiza nas Américas, incluindo, além de São Paulo, Rio de Janeiro, Buenos Aires, Montevidéu, Nova Iorque, Pittsburgh, Texas, Washington. Nijinski tinha realizado uma primeira viagem à América do Sul junto com as companhias russas de balé em 1913. Em setembro desse ano, e em Buenos Aires, interpreta *Pavillon d'Armide, Scheherazade, Le Spectre de la rose, Prince Igor, Thamar, Les Sylphides, Giselle, Le Dieu bleu, Le Lac des cygnes* e *L'Oiseau et le prince*. A turnê continua em Montevidéu, onde realiza duas funções, e depois no Rio de Janeiro, onde se apresenta, sempre com as companhias russas, no Teatro Municipal. As apresentações vão do dia 17 de outubro a 1º de novembro, e, às montagens já realizadas em Buenos Aires e Montevidéu, se acrescenta *Le Carnaval*, em que Nijinski interpretará o arlequim. A companhia retorna à América do Sul em 1917 e visita Buenos Aires, Montevidéu, Rio de Janeiro e São Paulo. Nesta última cidade, Nijinski dança entre os dias 28 de agosto e 2 de setembro e se apresenta em *Carnaval* e *Scheherazade*. John Fraser, em "The Diaghilev Ballet in South America: Footnotes to Nijinsky, Part One", recupera um pequeno comentário de *O Estado de S. Paulo* e aponta que "the reviewer prased him as both artist and mime, and for his extraordinary grace, flexibility, ballon, and expressiveness, and considered that in *Scheherazade* he acted as well as he danced". John Fraser, "The Diaghilev Ballet in South America: Footnotes to Nijinsky, Part One", *Dance Chronicle*, 1982, vol. 5, nº 1, p. 18.

3   *A tarde de um fauno* teve sua estreia no dia 29 de maio de 1912 no Teatro Châtelet. *A sagração da primavera* estreou exatamente um ano depois no Teatro dos Campos Elíseos.

4   Arvinen propõe três motivações para a nijinskimania: "First, Nijinsky's purported mastery of movement unrivalled by his contemporaries; second, his enigmatic life outside the stage; and third, the abrupt end to his career", em: *Dancing Genius, The Stardom of Vaslav Nijinsky*, Estados Unidos: Pall Grave Macmillan, 2014, p. 3.

5   Em 1919, quando finalmente tomara a decisão do seu retiro, se instalara na Suíça com a sua família, lugar onde se encontrava um pouco mais sossegado. Sua última apresentação foi realizada em um hotel de St. Moritz, em janeiro de 1919, para antigos colegas e admiradores do bailarino, para os quais apresentara uma dança trágica que mostrava os horrores e sofrimentos da guerra. Nesse mesmo ano, ingressara no Bellevue Sanatorium de Kreuzlingen, onde passou uma longa temporada; a partir de então, viveu recluído em diversos hospícios ou sob a custódia de amigos e familiares. Passou os seus últimos anos entre Viena, Budapeste, Paris e Londres, onde morreu em 1950, embora tenha sido enterrado em Paris.

oferecera em São Paulo, mas resulta claro, pelo poema mencionado, que sua dança não passara despercebida nem para ele nem para outros participantes do modernismo brasileiro. Raul Antelo nos conta, por exemplo, que em "No retrato relâmpago", se referindo a Nijinski, Murilo Mendes afirma o seguinte:

> Tenho 16 anos, logo rejeito a dimensão comum do mundo. Precipita-se o carro do meu destino. Alço-me à faixa do relâmpago. Não existe o problema de Deus. Existe Deus revelado pelo "êxtase material".[6]

Nessa breve descrição, Nijinski se institui como um momento chave na vida de Murilo. Observar a sua dança é o modo através do qual Murilo rejeita "a dimensão comum do mundo" e, suspeitamos, é essa recusa a que precipita a decisão de se tornar poeta. Mário de Andrade, pela sua vez, escreve: "Nijinski sou eu", como que emulando a famosa frase atribuída a Gustave Flaubert, "Madame Bovary, c'est moi", ou como escrevera Rimbaud nas suas *Cartas do vidente*, "Je est un autre"[7]. "Nijinski sou eu" propõe um deslocamento semelhante: assumir a figura do bailarino — e ninguém menos do que esse bailarino — é a forma que Mário encontra para produzir um desarranjo dos seus sentidos e converter o bairro de Cambuci, e São Paulo, em um palco que irá cobrando vida na medida em que ele se desloca. "Nijinski sou eu" funcionará como uma prótese sensorial que recusa, do mesmo modo que Murilo, a dimensão comum do mundo.

No entanto, o poeta bailarino — já podemos defini-lo desse modo — dotará essa prótese de uma máscara, a do arlequim. Não devemos esquecer que o próprio Nijinski encenara o arlequim em *Carnaval*, peça que interpretara no Rio de Janeiro e em São Paulo, e que no seu túmulo no cemitério de Père-Lachaise é acompanhado por uma estátua evocativa, em que está caracterizado como arlequim[8]. Mário dança também como arlequim. Já na capa original do livro, um recorte de losangos que lembram a vestimenta tradicional do arlequim, essa figura que é convocada uma e outra vez. Em "O trovador", por exemplo, o poeta porta um "coração arlequinal", enquanto, em "Rua de São Bento", é a cidade a que se apresenta desse modo: "São as califórnias duma vida milionária/ numa cidade arlequinal....". A atribuição deste neologismo, no entanto, pode não ser simples. Em "Ode ao burguês", Mário escreve: "Fará sol? Choverá? Arlequinal!"; em "A caçada", lemos "A bruma neva... Arlequinal!"; e, em "Noturno", o poema que nos convoca

---

[6] "Nijinski, o salto e o pensamento", em: *Arteira*, s.n., 2019, nº 10.

[7] A frase faz parte de uma carta enviada a Paul Demeny datada de 15 de maio de 1871. A mesma continua com o seguinte: "*Car Je est un autre. Si le cuivre s'éveille clairon, il n'y a rien de sa faute. Cela m'est évident : j'assiste à l'éclosion de ma pensée et je la regarde, je l'ecoute: je lance un coup d'archet: la symphonie fait son remuement dans les profondeurs, ou vient d'un bond sur la scène*". Arthur Rimbaud, *Una temporada en el infierno; Iluminaciones; Carta del vidente* (edición bilingüe, trad. Carles José i Solsona), Barcelona: Taifa, 1985, p. 162.

[8] Nijinski dançara *Carnaval* interpretando pela primeira vez o papel do Arlequim durante a terceira temporada dos Balés Russos em Paris, no Teatro Châtelet, em junho de 1911.

especificamente, "arlequinal" se repete duas vezes e ocupa a totalidade do verso: "Arlequinal! Arlequinal!". Mais do que uma propriedade das coisas, o arlequinal, quase sempre marcado por signos de admiração, parece constituir um lugar de passagem ou, mais precisamente, uma máscara. Mascarar-se não é apenas se converter em outro e, desse modo, perceber como outro, mas também se converter em uma espécie de intérprete de um espaço outro. Magos, xamãs e bacantes, quando portam máscaras, estabelecem um diálogo com as divindades. Mais do que ocultar, a máscara revela.

O que nos revelaria, então, a máscara do arlequim? O arlequim é uma popular personagem do que se conhece como a *Commedia dell'arte*, aparecida na Itália no século XVI[9]. Sua personalidade original é descrita como camaleônica. É esperto e teimoso, intrigante e indolente, sensual e grosso, brutal e cruel, ingênuo e nada solene. Sua vestimenta, feita de apliques e remendos, refere à sua personalidade. Por que o arlequim? Por que invocar uma figura popular do século XVI? O arlequim, mas também o palhaço, o pierrô e o saltimbanco, não é apenas um dado histórico ancorado no passado que Mário de Andrade tivesse tomado como figura composicional de forma isolada, mas uma figura recuperada por artistas e escritores desde o século XIX e contemporaneamente à escrita de *Pauliceia*[10]. A imagem do arlequim aparece, por exemplo, ao longo da obra de Picasso desde 1901 e principalmente a partir de 1905, quando quase se converte em protagonista da chamada época rosa. Joan Miró, Dalí ou Emilio Petorutti, para mencionar apenas alguns, também pintaram arlequins. Como pensar esse retorno? O que traz essa figura? Em *Retrato do artista como saltimbanco*, Jean Starobinski aponta que

> desde el romanticismo (aunque existen algunos precedentes), el bufón, el saltimbanqui y el payaso han sido imágenes hiperbólicas y a propósito deformantes, con las que los artistas han querido mostrarse a sí mismos y exponer la propia naturaleza del arte. Se trata de un autorretrato encubierto, cuya intención no se limita a la caricatura sarcástica o dolorosa.[11]

---

9 Embora o arlequim seja a personagem mais popular da *commedia dell'arte*, a sua origem teve lugar na Idade Média. Mas é nas singelas tramas da *commedia* onde aparece como parceiro habitual do esperto Brighella e da levada Colombina, formando o grupo mais popular dos "zanni" (criados).

10 Em *Pequenos poemas em prosa*, Baudelaire dedica um poema a um velho saltimbanco; uma das suas estrofes diz o seguinte: "No fim, no extremo fim da fila de barracas como se, envergonhado, ele se exilasse de todos esses esplendores, vi um pobre saltimbanco encurvado, caduco, decrépito, uma ruína de homem, encostado contra uma estaca de sua cabana; uma cabana mais miserável do que a de um selvagem embrutecido, onde dois cotos de velas pingavam cera e enfumaçavam o ambiente que iluminava muito bem aquela miséria". Charles Baudelaire, *O spleen de Paris: pequenos poemas em prosa*, trad. Leda Tenório da Motta, Rio de Janeiro: Imago, 1995, p. 49.

11 *Retrato del artista como saltimbanqui*, Madrid: Abada editores, 2007, p. 8.

Starobinski propõe que esse autorretrato funciona como uma autocrítica irônica direcionada contra a própria vocação estética. O arlequim, o saltimbanco, o pierrô, o palhaço constituem formas de autoapresentação e autocaracterização do artista na modernidade. O bufo, lembremos, começa a adquirir dignidade no romantismo, cujos artistas se inspiram nas personagens bufas de Shakespeare. São as personagens bufas as que podem ver e dizer a verdade. E essa condição vidente as coloca em um lugar diferencial em relação ao resto dos homens. São admiradas e temidas, andróginas e monstruosas. Em *Pauliceia*, o arlequim dança, atentemos para essa dupla torsão. É uma máscara, um corpo e um hieróglifo. Conhecemos suas reações, seu ódio ao burguês, por exemplo, mas não conhecemos de primeira mão o modo como os outros reagem a ele. É observado enquanto observa? É aclamado, desprezado?

Neste ponto podemos retornar ao poema que nos convoca, "Noturno", pois ali, como sugeri no começo, emerge com notas distintivas uma autofiguração precisa, a de um ser etéreo, seduzido e rejeitado pelo mundo profano. Apontemos, em primeiro lugar, que Cambuci é um dos bairros mais antigos de São Paulo, considerado desde o começo do século XX o berço do anarquismo e de muitas das manifestações operárias que sacudiram a cidade durante as primeiras décadas desse século. Repleto de fábricas e pequenas moradias, o bairro atraíra uma importante coletividade de italianos e sírio-libaneses. No entanto, nada da labuta operária se percebe nos versos que compõem o poema, com a exceção talvez de um italiano vendedor de batatas de forno que, em um português macarrônico e como uma litania um pouco incompreensível, funciona como refrão e fechamento do poema: "— Batat'assat'ô furnn!...". Inoperante, então, o lugar aparece para nós na sua noturnidade, vazia a princípio, quente, mas sugestiva e atraente:

> Luzes do Cambuci pelas noites de crime...
> Calor!... E as nuvens baixas muito grossas,
> feitas de corpos de mariposas,
> rumorejando na epiderme das árvores...

Diferentemente da expectativa que abre o primeiro verso, no poema não se produz nenhum crime, ao menos não concretamente. Ninguém mata ninguém. A palavra "crime" define um território. As reticências que fecham o primeiro verso indeterminam a princípio o sentido possível da transgressão. De imediato, como com uma batida de tímpano, a cenografia ativa-se e dá lugar a uma primeira percepção sinestésica composta de nuvens que são borboletas e que, ainda, rumorejam. O barulho de um bonde irrompe com a segunda estrofe e retornará, com leves variações, em outras duas ocasiões:

> Gingam os bondes como um fogo de artifício,
> sapateando nos trilhos,
> cuspindo um orifício na treva cor de cal...
>
> E os bondes passam como um fogo de artifício,
> sapateando nos trilhos,
> ferindo um orifício na treva cor de cal...
>
> E os bondes riscam como um fogo de artifício,
> sapateando nos trilhos,
> jorrando um orifício na treva cor de cal...

Estruturalmente, o poema está construído a partir de repetições, as luzes do bairro, o vendedor de batata de forno e o bonde que passa uma e outra vez, entre as quais se desenvolve uma cena com começo, meio e fim. As repetições compõem um decorado que contém a modernidade do bonde junto com o carrinho do italiano, a tração mecânica e a tração humana. O cenário de uma cidade feita de remendos. Condição arlequinal de uma modernidade, a do bonde, que convive com o carrinho como vestígio e como rastro, a da exploração operária e sua resistência no Cambuci diurno e da transgressão durante a noite. É ali onde aparecerá a primeira protagonista do poema, provavelmente uma prostituta, em quem o poeta se detém, reparando detalhadamente:

> Num perfume de heliotrópios e de poças
> gira uma flor-do-mal... Veio do Turquestã;
> e traz olheiras que escurecem almas...
> Fundiu esterlinas entre as unhas roxas
> nos oscilantes de Ribeirão Preto...

A estrofe condensa múltiplas referências literárias e urbanas: a citação baudelairiana na "flor-do-mal", que confirma o caráter de prostituta da jovem; a orientalização construída a partir de uma suposta origem turca, representada na alusão à região de Turquestão; a referência a uma tradicional zona de prostituição na área de Ribeirão Preto. A caracterização do perfume, que emana aquela jovem como uma mistura de flores e água parada, e de suas olheiras, que parecem possuir o poder de obscurecer as almas, constitui um retrato do feminino como um ser perigoso.

Como uma espécie de desfile, depois do refrão do italiano que vende as batatas de forno e da segunda repetição de "Luzes do Cambuci pelas noites de crime...", esta vez acentuada pelos signos de exclamação, aparece, na quinta estrofe, o segundo protagonista da noite:

Um mulato cor de ouro,
com uma cabeleira feita de alianças polidas...
Violão! "Quando eu morrer..." Um cheiro pesado de baunilhas
oscila, tomba e rola no chão...
Ondula no ar a nostalgia das Baías...

O mulato irá se encontrar com a "flor-do-mal"? E, nesse caso, onde fica o poeta? Converte-se em um *voyeur*? Mais uma vez, destaca-se o perfume através de uma imagem hiperbólica, o cheiro de baunilha é tão denso que cai e roda pelo chão. Tanto na "flor-do-mal" quanto no "mulato cor de ouro", a presença do perfume e do cheiro é um modo de contato muito mais incontrolável do que as caracterizações visuais. Tinha proposto, no começo do texto, que mascarar-se não é apenas se converter em outro, mas também ser capaz de interpretar um espaço outro. O arlequim aparece enquanto máquina sensorial que, neste caso, captura a vida e os cheiros prostibulares do bairro de Cambuci.

A partir dali, o poema inscreve uma série de significantes associados ao erotismo, "diabos", "corpos de nuas", "lassitudes", "Iracemas" que se encontram com "guerreiros brancos" numa sorte de crescendo sensual. O final da sétima estrofe e o começo da oitava constituem uma cena decisiva, o poema parece alcançar um clímax até em um sentido orgásmico. Os corpos palpitantes finalmente se encontraram:

Idílios sob os plátanos!...
E o ciúme universal às fanfarras gloriosas
de saias cor-de-rosa e gravatas cor-de-rosa!...

E que os cães latam nos jardins!
Ninguém, ninguém, ninguém se importa!
Todos embarcam na Alameda dos Beijos da Aventura!

O pronome "todos" resulta chave, porque nessa totalidade quem está excluído é o próprio poeta. O bailarino arlequim captura a vida sensual dessa noite, mas com a condição de permanecer em um espaço de exterioridade. Por isso, nos versos seguintes, dirá:

Mas eu... Estas minhas grades em girândolas de jasmins,
enquanto as travessas do Cambuci nos livres
da liberdade dos lábios entreabertos!...
Arlequinal! Arlequinal!

O adversativo reforça aqui o movimento de separação do poeta, "eu", do "todos". É provável que a percepção desses contatos furtivos e explícitos entre corpos tenha provocado uma comoção tal, que foi capaz de devolvê-lo à sua condição de observador solitário. Por um instante, se produz uma experiência sinestésica no sentido atribuído por Susan Buck-Morss: como uma sincronia entre estímulo exterior (percepção) e estímulo interior (sensações corporais que incluem as lembranças dos sentidos)[12]. A máquina sensorial, o arlequim bailarino, aspira a produzir essa sincronia.

No trecho final do poema, advém o arlequinal, que se repete duas vezes emoldurado por signos de exclamação. O arlequinal como lugar de passagem funciona como limiar, que conecta e toca, mas também como separação. A partir dessa invocação, o poeta fecha a cena e reconduz sua percepção sobre si próprio:

> Mas sobre estas minhas grades em girândolas de jasmins,
> o estelário delira em carnagens de luz,
> e meu céu é todo um rojão de lágrimas!...

O que encontramos aqui é um movimento ascensional, uma espécie de salto em direção às estrelas que dá uma definição à relação do poeta com a cidade, sua inclusão diferencial fundada em uma exclusão constitutiva. Lembremos, para terminar, o poema "Multidões" de Baudelaire:

> Não é dado a todo o mundo tomar um banho de multidão: gozar da presença das massas populares é uma arte. E somente ele pode fazer, às expensas do gênero humano, uma festa de vitalidade, a quem uma fada insuflou em seu berço o gosto da fantasia e da máscara, o ódio ao domicílio e a paixão por viagens.
> 
> Multidão, solidão: termos iguais e conversíveis pelo poeta ativo e fecundo. Quem não sabe povoar sua solidão também não sabe estar só no meio de uma multidão ocupadíssima. O poeta goza desse incomparável privilégio que é o de ser ele mesmo e um outro. Como essas almas errantes que procuram um corpo, ele entra, quando quer, no personagem de qualquer um. Só para ele tudo está vago; e se certos lugares lhe parecem fechados é que, a seu ver, não valem a pena ser visitados.[13]

No poema de Baudelaire, a multidão constitui um espaço no qual o poeta ingressa armado com uma máscara. O poeta, tendo descido da sua torre de marfim, precisa agora das multidões para ser ativo e fecundo. No entanto, o banho de multidão deve possuir uma duração determinada e o poeta deve ser capaz de entrar e sair dali. Em certa medida, o que aparece em "Multidões" é a figura do poeta como testemunha, em um regime de testemunialidade capaz de articular a vivência e a narração, a distância e a intimidade. Não deveríamos confundir essa articulação com uma ideia de "distância justa". O poeta da vida moderna procura

---

[12] "Estética e anestética: o 'Ensaio sobre a obra de arte' de Walter Benjamin reconsiderado", p. 22.

[13] Charles Baudelaire, *O spleen de Paris: pequenos poemas em prosa*, trad. Leda Tenório da Motta, Rio de Janeiro: Imago, 1995, p. 41.

desmontar o escudo protetor da consciência se valendo de múltiplas máscaras sensoriais. O arlequim, a máscara do nosso poeta, é uma figura que oscila entre extremos, simpatia e agressão, inocência e transgressão. Nosso poeta odeia e ama por igual nos seus deslocamentos e nos revela, a partir de suas súbitas transformações, uma cidade feita de retalhos, onde um tupi pode tanger um alaúde e pode, com seu canto, fazer aparecer bondes e carrinhos de tração humana, Turquestão e Bahias, erotismo e ascensão celeste. São Paulo, comoção de uma vida.

**REFERÊNCIAS BIBLIOGRÁFICAS**

ANDRADE, Mário de. *Poesias completas,* vol. 1. Edição de texto apurado, anotada e acrescida de documentos por Tatiana Longo Figueiredo e Telê Ancona Lopez. Rio de Janeiro: Nova Fronteira, 2013.

ANTELO, Raul. "Nijinski, o salto e o pensamento". *Arteira*. 2019, nº 10, s.n.

BAUDELAIRE, Charles. *O spleen de Paris: pequenos poemas em prosa*. Trad. de Leda Tenório da Motta. Rio de Janeiro: Imago Ed, 1995.

BUCK-MORSS, Susan. "Estética e anestética: o 'Ensaio sobre a obra de arte' de Walter Benjamin reconsiderado". *Travessia*. Santa Catarina, ago.-dez. 1996, nº 33, pp. 11-41.

FRASER, John. "The Diaghilev Ballet in South America: Footnotes to Nijinsky, Part One". *Dance Chronicle*. 1982, vol. 5, nº 1, pp. 11-23.

JÄRVINEN, Hanna. *Dancing Genius: The Stardom of Vaslav Nijinsky*. Estados Unidos: Pall Grave Macmillan, 2014.

RIMBAUD, Arthur. *Una temporada en el infierno. Iluminaciones. Carta del vidente* (Edición bilingüe. Traducción Carles José i Solsona). Barcelona: Taifa, 1985.

STAROBINSKI, Jean. *Retrato del artista como saltimbanqui*. Madrid: Abada editores, 2007.

*Angela Leite*

## PAISAGEM Nº 2

Escuridão dum meio-dia de invernia...
Marasmos... Estremeções... Brancos...
O céu é toda uma batalha convencional de confetti brancos;
e as onças pardas das montanhas no longe...
Oh! para além vivem as primaveras eternas!

As casas adormecidas
parecem teatrais gestos dum explorador do polo
que o gelo parou no frio...

Lá para as bandas do Ipiranga as oficinas tossem...
Todos os estiolados são muito brancos.
Os invernos de Pauliceia são como enterros de virgem...
Italianinha, torna al tuo paese!

Lembras-te? As barcarolas dos céus azuis nas águas verdes...
Verde — cor dos olhos dos loucos!
As cascatas das violetas para os lagos...
Primaveral — cor dos olhos dos loucos!

Deus recortou a alma de Pauliceia
num cor de cinza sem odor...
Oh! para além vivem as primaveras eternas!...

Mas os homens passam sonambulando...
E rodando num bando nefário,
vestidas de eletricidade e gasolina,
as doenças jocotoam em redor...

Grande função ao ar livre!
Bailado de Cocteau com os barulhadores de Russolo!
Opus 1921.

São Paulo é um palco de bailados russos.
Sarabandam a tísica, a ambição, as invejas, os crimes
e também as apoteoses da ilusão...
Mas o Nijinsky sou eu!
E vem a Morte, minha Karsavina!
Quá, quá, quá! Vamos dançar o fox-trot da desesperança,
a rir, a rir dos nossos desiguais!

# "Paisagem nº 2", ominosa[1]

*Telê Ancona Lopez*

A gênese da criação do polígrafo Mário de Andrade funde-se, sobretudo, ao diálogo do leitor artista e ensaísta com autores e obras na biblioteca por ele formada. *Pauliceia desvairada*, livro marco da poesia no modernismo brasileiro em 1922, prende-se à visão do eu lírico no decorrer de seu estendido caminhar pela metrópole brasileira no século XX, *flânerie* com matrizes em Baudelaire, João do Rio e Mário Pederneiras. Os poemas invertem a perspectiva das cinco crônicas "De São Paulo", assinadas por Mário de Andrade na revista carioca *Ilustração Brasileira*, entre novembro de 1920 e maio de 1921. Ao perambular pela cidade que "palpita num esto incessante de progresso e civilização", onde "formiga um povo multifário, internacional"[2], interessa ao cronista propagar a dianteira dos paulistas na renovação da arte, todavia *cum grano salis* quanto à autenticidade de algumas realizações. Desenvolve um panorama cultural, fascinado com o dinamismo urbano, sem abordar as contradições sociais, ponto fundamental para o poeta em 1921-22. Apesar de *Pauliceia desvairada* arrefecer o intuito de louvor, as crônicas gestam certos instantes da poesia arlequinal de 1921-22, e os significados de duas cores, que ali compareçam, ultrapassam esse contorno — roxo e verde.

*Pauliceia desvairada* apresenta-se com quatro títulos que se propõem como paisagens sequencialmente numeradas[3]. Pertencem à São Paulo microcosmo, nas instâncias dos dias, nas estações do ano. "Paisagem nº 2", com 33 versos e oito estrofes, implica a observação crítica da cidade pelo eu lírico, mesclando a denúncia incisiva à compaixão pelos oprimidos.

O poema descende do olhar plasmado no anseio pacifista de Mário Sobral, isto é, do jovem Mário de Moraes Andrade que, em *Há uma gota de sangue em cada poema*, 1917, transfigura, solidário, a dor nos espaços invernais da França e da Bélgica invadidas pela Alemanha. No pacifismo que se abebera provavelmente em Heine, Romains, Verhaeren, desvia-se dos costumeiros temas da poesia brasileira do início do século[4]. Para captar a condição dos pobres no rigor do frio

---

[1] Dedico este estudo a Lígia Kimori e Leandro Fernandes, pesquisadores.
[2] Mário de Andrade, *De São Paulo*, org., introd. e notas de Telê Ancona Lopez, São Paulo: Senac/Sesc/IEB-USP, 2004, p. 81. Texto em: *Ilustração Brasileira*, Rio de Janeiro, dez. 1920.
[3] *Idem, Poesias completas*, vol. 1, edição de texto apurado, anotada e acrescida de documentos, por Tatiana Longo Figueiredo e Telê Ancona Lopez, Rio de Janeiro: Nova Fronteira, 2013, pp. 86, 100-1, 104 e 109-10.
[4] Telê Ancona Lopez, "Uma estreia retomada", em: Mário de Andrade, *Obra imatura*, estabelecimento do texto por Aline Nogueira Marques, Rio de Janeiro: Nova Fronteira, 2009, p. 63.

europeu, a neve, percorrera *Os simples*, do poeta português Guerra Junqueiro, e *Fatalità*, da italiana Ada Negri[5]. Em 1921-22, o eu lírico, na criação da "Paisagem nº 2", sugere a neve ao apreender, na Pauliceia, o frio intenso, a geada, coexistindo com escuridão excepcional ao meio-dia que não sustém o desvario da cidade vertiginosa; compara a vida imobilizada nas casas com os gestos hirtos "dum explorador do polo", aludindo a Scott, morto na malograda expedição inglesa ao polo Sul, em 1912. Mas acena, enigmático, com a utopia — "Oh! para além vivem as primaveras eternas!" — no quinto verso, que parece evocar o paraíso indígena das almas "lá do outro lado dos Andes", onde viceja "um ócio gigantesco", utopia sinalizada no artigo de Mário "A divina preguiça", n'*A Gazeta* de 3 de setembro de 1918[6]. Contraste que surpreende, o verso 5 repete-se como 19, introduzindo reticências de acordo com a pontuação dominante no poema (e no livro), conforme a polifonia poética enraizada na simultaneidade conhecida na leitura do futurismo; ou no simultaneísmo em "Weltende" ("O fim do mundo"), de Van Hoddis, na coletânea de 1920 da poesia expressionista de título ambivalente *Menschheitsdämmerung (Crepúsculo/aurora da humanidade)*, organizada por Kurt Pinthus[7]. Na "Paisagem nº 2", da qual se ausenta a palavra "arlequinal", multiplicada enquanto refrão do livro ou expressão do sujeito lírico clivado, a repetição do verso elucida o contraste: nada vibra nesse espaço paulistano monocromático, branco, imaculado funeral de virgem. A alma da cidade não palpita, neutralizada na cor cinza, e a constatação da insalubridade nas fábricas, moldada pela metonímia no verso nono, prossegue no décimo, na denúncia da corrosiva exploração do trabalho pela metrópole industrializada. O poeta depara-se, então, com a solitária vendedora de pequenos buquês de violetas e a exorta, em italiano, ao regresso à terra natal. Não

---

[5] Heine e Guerra Junqueiro estão na biblioteca de Mário de Andrade, no IEB-USP; em 1916, Ada Negri, *Fatalità* é leitura requerida por MA ao Arcebispado de São Paulo.

[6] O artigo foi extraído do jornal paulistano e figura, com a respectiva indicação de fonte, no álbum de recortes organizado pela irmã de Mário, Maria de Lourdes, no arquivo do escritor, no IEB-USP. O texto demarca a primeira valorização do ócio por Mário de Andrade, contestando postulado do então conceituado psiquiatra Antônio Austregésilo Rodrigues Lima (1876-1960) sobre a "preguiça patológica", na segunda edição aumentada de *Pequenos males* (Rio de Janeiro: Jacintho Ribeiro dos Santos, 1917; transcrito em: Marta Rossetti Batista *et al.* (org.), São Paulo: IEB-USP, pp. 181-3). Conforme o moço articulista, o território da preguiça benfazeja consubstancia um paraíso, para os nossos indígenas, "lá do outro lado dos Andes"; Mário, em sua poesia madura, engasta essa utopia na parte V dos "Poemas da amiga" (1929-30) — "[...] lá nos fundos do Grão Chaco" —, movendo-a, depois, em "O grifo da morte — IV", 1933, "Pros altos dos Andes". O escritor reverencia o ócio em 1928, na rapsódia *Macunaíma*, e, em 1931, no poema "Rito do irmão pequeno".

[7] Jakob van Hoddis, "Weltende", em: Kurt Pinthus (org.), *Menschheitsdämmerung: Symphonie jüngster Dichtung*, Berlin: Kurt Wolff Verlag, 1920, p. 23. O texto do poema que traz, na margem, um esboço de tradução foi considerado matriz de "Ode ao burguês" e "Rebanho" em *Pauliceia desvairada*, por Rosângela Asche de Paula, em: *O expressionismo na biblioteca de Mário de Andrade: da leitura à criação*, tese (Doutorado em literatura brasileira) — FFLCH-USP, São Paulo: 2007. As relações de Mário de Andrade com o poema de Van Hoddis e a coletânea alemã de 1920 foram objeto do mestrado em teoria literária de Larissa Agostini Cerqueira, *A modernidade e os modernistas: o rosto da cidade na poesia: características do modernismo urbano em* Pauliceia desvairada *e* Menschheitsdämmerung, FL-UFMG, 2011.

acalenta, porém, a esperança da jovem imigrante; susta-lhe o sonho ao emprestar, à memória dela, a visão das águas estagnadas da laguna — verdes —, incapazes de refletir a cinestesia dos melodiosos céus azuis venezianos. Expõe o destino dos buquês não vendidos numa Itália empobrecida; despejados na água, tornam-se uma surreal cascata de violetas cuja cor roxa, imagina-se, ingressa sorrateira, nessa data, no arte-fazer de Mário de Andrade. Ganhará tonalidade apocalítica em "Momento" (1929), "Dor" e no "O grifo da morte — I" (1933), na maturidade poética[8], derivando do roxo nos corpos mortos ou supliciados dos homens e, talvez, dos panos roxos que recobriam o luto das imagens dos santos católicos na quaresma.

Quanto ao verde, cogita-se, os dois significados que se firmam na produção do poeta emanam, também, das crônicas na *Ilustração Brasileira*. Ao acompanhar a tradição, realçam o vigor, a esperança, inerentes à vegetação pujante, e vinculam a morte, a letargia, às águas turvas dos pântanos. Na primeira "De São Paulo" que, em novembro, 1920, apologiza o *Monumento às bandeiras*, de Brecheret, sublinho ambas as feições, restringindo-me a elas, isto é, ciente dos limites da visão histórica dos paulistas quanto aos bandeirantes:

> São Paulo toda se agita com a aproximação do Centenário. Germinam monumentos numa floração de gestos heroicos; as alamedas riscam o solo em largas toalhas *verdes* e os jardins se congregam em formosos jogos florais de poesia e perfume.
> [...]
> [...] O mistério das landes sem batismo, as febres das barrocas onde dormita a água *verde*, a hostilidade selvagem, a agressão das feras, todas as insídias da Esfinge sertaneja, simbolizadas por mulheres serpentinas, de ancas másculas e seios miúdos, não perturbam a investida lenta, mas tenaz, dos bandeirantes. E estes, tendo à frente dois homens montando cavalos de lenda — os chefes, símbolos da ideia que os fazia endireitar para o desconhecido — vão acordar uma fecunda mulher adormecida: a Terra. E sobre o todo pairam as asas possantes da glória, que não conhece moda nem transitoriedade, mas é eterna; porque, enquanto houver brasileiro no sertão do país, não poderá esquecer-se dessa gente ousada que no *verde-negro* das florestas foi um dia marcar com um rastro clamoroso de sangue nossos vastos limites interiores[9].

Na quarta crônica, em março de 1921, o verde renovação se aflige no relato do histórico banquete do Trianon, no dia 9 de janeiro, comemorativo da edição de luxo de *As máscaras*, poema lírico e teatro de teor decadista de Menotti del Picchia, que igualmente se projeta, naquela hora, como o aguerrido cronista Hélios, o "Gedeão do modernismo", no *Correio Paulistano*. Um retrato do homenageado, máscara moderna em bronze esculpida por Brecheret, é a ele oferecido.

---

8 Mário de Andrade, *Poesias completas*, vol. 1, *op. cit.*, pp. 420; 435-6; 465-6.
9 *Idem, De São Paulo, op. cit.*, p. 71.

Oswald de Andrade, no estratégico discurso conhecido como o "Manifesto do Trianon", com que saúda Menotti, cinzela o acordo do novo com o passadismo; Mário de Andrade sutilmente lamenta:

> Ficando para trás, no recinto já nu, eu vi que nos lábios sensuais da máscara brônzea de Hélios entreparava uma lágrima verde, vertida pelos olhos semiabertos... E senti que pelos tempos ainda o artífice continuará a desparzir uma leve tristura de Pierrô sobre a audácia vertical dos Arlequins.[10]

Tempo de "olhos semiabertos", tempo de passagem em que, nas frases de Oswald orador (como se confere) e nas do cronista, o arrojo e a irreverência não se livraram ainda do preciosismo, da altissonância, banidos do poema no qual o verde se imiscui como metáfora da esperança visionária no olhar do poeta, vida e cor contrapostas ao anticarnaval da paisagem branca. O verde explicita-se, aclamado nos versos 14, "Verde — cor dos olhos dos loucos!", e 16, "Primaveral — cor dos olhos dos loucos!". O adjetivo "primaveral" resguarda a religiosidade do poeta filiado à Congregação Mariana, definida como "primavera" da Igreja católica. Em "Religião", no mesmo *Pauliceia desvairada*, o sujeito lírico, depois de declarar sua fé, contando com "[...] os que viveram as iluminações!" (v. 3), ao colorir de verde olhos e pés da advogada dos pecadores, distingue, na chave da *Ave Maria* (v. 23), a própria e incessante busca da verdade. À madona consagrada oferece "a coroa de luz da minha loucura!", fruto da caridade, do perdão dos pecados, sem dogmas; pede a ela que lhe propicie "a Hospedaria dos Jamais Iluminados!"[11]. *Outsider* encena a humildade desdenhada. Verde e loucura unem-se no paradoxo que disfarça o aparente disparate ou sacrilégio:

> Santa Maria dos olhos verdes, verdes,
> venho depositar aos vossos pés verdes
> a coroa de luz da minha loucura!
>
> Alcançai para mim
> a Hospedaria dos Jamais Iluminados! (vv 26-30)

Para Jorge Coli, acertadamente, a liga verde e loucura teria sua nascente no delírio do bandeirante Fernão Dias, em o "O caçador de esmeraldas". O poema se lê às páginas 259-271 do exemplar das *Poesias* de Olavo Bilac na estante do modernista paulistano (Rio de Janeiro/ São Paulo/ Belo Horizonte: Livraria Francisco Alves, 1909):

---

10 *Ibid.*, p. 106; texto na *Ilustração Brasileira*, Rio de Janeiro, mar. 1921.
11 Mário de Andrade, *Poesias completas*, vol. 1, *op. cit.*, pp. 107-8.

> Verdes, os astros no alto abrem-se em verdes chamas;
> Verdes, na verde mata, embalançam-se as ramas;
> E flores verdes no ar brandamente se movem;
> Chispam verdes fuzis riscando o céu sombrio;
> Em esmeraldas flui a água verde do rio,
> E do céu, todo verde, as esmeraldas chovem... (IV, v. 7-12)

Aqui cabe um parêntese para lembrar o prolongamento da outra direção da cor verde. A partir das águas poluídas de Veneza, descobre-se que ela converge, como putrefação, para o vórtice escatológico da poesia mariodeandradiana no "Grão Cão do outubro", em 1933, o que, todavia, foge ao meu objetivo de agora.

A loucura — volto a ela — importa como forma de percepção mais acurada, "coroa de luz" do poeta em "Religião" e a alucinação, atributo dele em "O rebanho", ganham foro de revelação fora do cânon, valor de sapiência, ao apostar na *Domina Mundi,* Maria, "a sublime Senhora do Discernimento dos Espíritos", a "Senhora da insatisfação cristã", na doutrina católica para a Congregação Mariana[12]. Além disso, a loucura, como esforço em direção ao conhecimento sem peias, quando Erasmo de Roterdã se debruça sobre tradição filosófica, bem como a quebra dos dogmas e o ataque à hipocrisia na organização social, desfechados por este no *Elogio da loucura*, calçam possivelmente a postura teórica de Mário de Andrade no "Prefácio interessantíssimo" ao se reputar, escritor temerário do novo século, louco, não profeta. Paralelamente, no poema "A caçada", parente próximo de "Paisagem nº 2", os versos 37-38 — "Perdidos os poetas, os moços, os loucos!/ Nada de asas! nada de poesia! nada de alegria!" — preludiam a concretização da voz revolucionária, no último texto do livro. Avalizam o amálgama dos ideais estéticos com a crítica acerba à sociedade no oratório profano "As enfibraturas do Ipiranga", por meio das personagens/alegorias Juvenilidades Auriverdes ("(nós)", os modernistas) e Minha Loucura (o sujeito lírico, solista). Donos da cor "primaveral" equivalente ao desabrochar, os olhos do louco destoam; flanqueiam o eu lírico no desnudar das contradições na cidade exemplo brasileiro do progresso; desmistificam a modernolatria, sem excluir a utopia. No feixe das raízes que sustentam a apropriação mariodeandradiana, avulta a denúncia divisada em Émile Verhaeren, *Les villes tentaculaires précédées de Les campagnes hallucinées*, páginas palmilhadas sem marcas autógrafas, na 18ª edição de 1920 (Paris: Mercure de France), porém incursão garantida no cartear com Manuel Bandeira, em 16 de agosto de 1931[13]. Verhaeren, diga-se de passagem, citado em fevereiro de 1921, na terceira crônica "De São Paulo", leva aos três volumes com a

---

[12] Congregação Mariana, *A verdadeira fonte do espírito da Congregação Mariana*. Disponível em: <https://www.manualdacm.com/p/afonte.html>. Acesso em: 15 nov. 2021.

[13] Marcos Antonio de Moraes (org.), *Correspondência Mário de Andrade & Manuel Bandeira*, São Paulo: IEB/Edusp, 2001, p. 519.

marginália de *Poèmes*, na 9ª edição (3 vol., Paris: Mercure de France, 1913), pródigos em sinestesias e imagens inusitadas.

Matriz ou diálogo intertextual, *Les villes tentaculaires précédées de Les campagnes hallucinées* convalida o sentido do poeta como o louco que desvela, primaveral/renovador, e a acepção de esperança do verde, ainda que fantasiosa. Apoia o título *Pauliceia desvairada* a exclamação irônica do *insight*, de percepções agudas, "Oh! minhas alucinações!" (refrão de "Rebanho"), e, acima de tudo, o alcance social do livro modernista brasileiro — a degradação e a trágica desumanização da cidade regidas pela especulação monetária, pelo capitalismo algoz. "Paisagem nº 2" e "Rebanho" são fantasmagorias, canções de louco impregnadas da "Chanson du fou" ("Canção do louco"), sem, contudo, endossar a profecia ritmada no refrão: "*je suis celui qui vaticine/ comme les tours tocsinnent*" ("Eu sou aquele que vaticina/ como alertam os sinos das torres")[14]. Cabe ressaltar que "Weltende" ("O fim do mundo"), de Van Hoddis, aportou na gênese de "Rebanho", segundo Rosângela Asche de Paula, ao se deter na absorção do grotesco de viés expressionista pelo poeta brasileiro. Por conseguinte, nos versos 21-23 de "Paisagem nº 2", as doenças "vestidas de eletricidade e gasolina" caçoam, "jocotoam"; cercam os homens que se deslocam sem consciência, que vagueiam como robôs, diríamos nós perante esse raro grau de entendimento, para a época, de fatores da poluição. As doenças divertem-se cantando e girando na dança macabra acoplada a um *Dies irae*, como na *Sinfonia fantástica* de Berlioz que Mário de Andrade não referencia. Musicólogo atualizado e poeta músico, escuta o "Opus 1921", composto, ali na hora, por São Paulo, no qual "Sarabandam a tísica, a ambição, as invejas, os crimes/ e também as apoteoses da ilusão..." (vv. 28-29). Essa obra estridente, cacofônica, avassala a cidade como a música de Satie no *Parade*, montado em Paris, em 1917, pelos Ballets Russes de Serguei Diaguilev, com argumento de Jean Cocteau e figurino de Picasso. Toca simultânea à dos "barulhadores de Russolo" do futurismo italiano, em similar irradiação. Redimensionando o aplauso à música contemporânea no circuito das vanguardas europeias, desvencilhado dessa obrigação, o poeta modernista ergue-se moderno, humanista comprometido com a história, ao construir um novo sentido. Louco e lúcido, expia a culpa da sociedade ao sorver dimensões de uma verdade por ela renegada. A música que se adivinha, a que acelera a dança macabra, provoca a entrada em cena do eu lírico. Avatar de Nijinski, o inigualável dançarino russo moderno, enlaça a exímia Karsavina, metáfora da Morte conscientizada. A onomatopeia

---

14 Os sinos nas torres das igrejas dobravam para anunciar calamidades, chamando a atenção. Cf. 18ª edição (Paris: Mercure de France, 1920, p. 7). O destino de profeta, conferido ao eu lírico na terceira e na quarta estrofes da "Chanson du fou", origina-se nas matrizes do vate belga. São elas: Isaías, capítulo 51, v. 12: "Eu sou aquele que vos consola", assim como a fala de João à igreja, no *Apocalipse*, capítulo 2, v. 23, "Eu sou aquele que", fontes certamente caras ao católico Mário de Andrade que preserva esse sentido no seu poema "Brasão" (1937) e em "Café/ Concepção melodramática" (1942).

gargalha: "Quá, quá, quá!". Ao imprimir a respectiva sonoridade ao poema, frisa a resistência: "[...] Vamos dançar o fox-trot da desesperança,/ a rir, a rir dos nossos desiguais!" (vv. 32-33). O par executará, no sentido anti-horário, os passos longos e sem interrupção do fox-trot, a "dança consciência", sofisticada, matreira tal a raposa, para concluir o poema comprazendo-se com a exceção. Enfrenta a alienação, despido de esperança. A criação de Mário de Andrade, homem do seu tempo, fortalece a denúncia com sarcasmo. Como o cerne das estruturas sociais pouco mudou no Brasil, eu poderia intitular este meu trabalho "Paisagem nº 2", ominosa — 1921-2021.

### REFERÊNCIAS BIBLIOGRÁFICAS

ANDRADE, Mário de. *Poesias completas*, vol. 1. Edição de texto apurado, anotada e acrescida de documentos, por Tatiana Longo Figueiredo e Telê Ancona Lopez. Rio de Janeiro: Nova Fronteira, 2013, p. 212.

BERGMAN, Pär. *"Modernolatria" et "Simultaneità": recherches sur deux tendances dans l'avant-garde littéraire en Italie et en France à la veille de la première guerre mondiale*. Uppsala: Svenska Bökforlaget/Bonniers, 1962.

CERQUEIRA, Larissa Agostini. *A modernidade e os modernistas: o rosto da cidade na poesia: características do modernismo urbano em* Pauliceia desvairada *e* Menschheitsdämmerung. Dissertação (Mestrado em teoria literária) — FL-UFMG. Belo Horizonte: 2011.

FONSECA, Maria Augusta. *Por que ler Mário de Andrade*. São Paulo: Globo, 2013.

GODEFROY, Cécile. *Les musiques de Picasso*. Paris: Philharmonie de Paris/Musée National Picasso, 2020.

LOPEZ, Telê Ancona. "A criação literária na biblioteca do escritor". *Ciência e cultura*. São Paulo: SBPC, jan.-mar. 2007, vol. 59, nº 1.

_____. "A criação literária na biblioteca de Mário de Andrade: dimensões de um diálogo intertextual". Em: RAYNAUD, Maria João (org.). *Anais do Colóquio internacional crítica textual e crítica genética em diálogo*. Porto: Faculdade de Letras da Universidade do Porto/Fundação Eng. António de Almeida, 2008.

MORAES, Marcos Antônio de (org.). *Correspondência Mário de Andrade & Manuel Bandeira*. São Paulo: IEB/Edusp, 2001, p. 519.

_____. "*Pauliceia desvairada* (1922) e o memorialismo de Mário de Andrade". Em: PAIXÃO, Fernando; TONI, Flávia Camargo (org.). *Estudos brasileiros em 3 tempos: 1822-1922-2022: ensaios sobre o modernismo*. Belo Horizonte: Fino Traço, 2021, pp. 143-80.

PAULA, Rosângela Asche de. *O expressionismo na biblioteca de Mário de Andrade: da leitura à criação*. Tese (Doutorado em literatura brasileira) — FFLCH-USP. São Paulo: 2007.

VERHAEREN, Émile. *Poèmes*. 9ª ed. 3 v. Paris: Mercure de France, 1913.

_____. *Les villes tentaculaires précédées de Les campagnes hallucinées*. 18ª ed. Paris: Mercure de France, 1920.

*Rubens Matuck*

## TU

Morrente chama esgalga,
mais morta inda no espírito!
Espírito de fidalga,
que vive dum bocejo entre dois galanteios
e de longe em longe uma chávena da treva bem forte!

Mulher mais longa
que os pasmos alucinados
das torres de São Bento!
Mulher feita de asfalto e de lamas de várzea,
toda insultos nos olhos,
toda convites nessa boca louca de rubores!

Costureirinha de São Paulo,
ítalo-franco-luso-brasílico-saxônica,
gosto dos teus ardores crepusculares,
crepusculares e por isso mais ardentes,
bandeirantemente!

Lady Macbeth feita de névoa fina,
pura neblina da manhã!
Mulher que és minha madrasta e minha irmã!
Trituração ascencional dos meus sentidos!
Risco de aeroplano entre Moji e Paris!
Pura neblina da manhã!

Gosto dos teus desejos de crime turco
e das tuas ambições retorcidas como roubos!
Amo-te de pesadelos taciturnos,
Materialização da Canaã do meu Poe!
Never more!

Emílio de Menezes insultou a memória do meu Poe...

Oh! Incendiária dos meus aléns sonoros!
tu és o meu gato preto!
Tu te esmagaste nas paredes do meu sonho!
este sonho medonho!...

E serás sempre, morrente chama esgalga,
meio fidalga, meio barregã,
as alucinações crucificantes
de todas as auroras de meu jardim!

# Futuro do pretérito
## *Breve comentário de "Tu"*
*Samuel Titan Jr.*

Livro de ruptura e, na medida em que pretende romper com o lirismo de *Há uma gota de sangue em cada poema*, também livro de estreia, *Pauliceia desvairada* talvez seja mais pródigo de gestos verbais destinados a testar o ânimo vanguardista do poeta que de poemas verdadeiramente definitivos. Talvez, mesmo, resida aí muito de seu frescor, cem anos depois da primeira edição; e talvez uma das maneiras de lê-lo hoje em dia consista em tomar alguma distância do mito vanguardista da ruptura radical e brusca, a fim de acompanhar, ao longo de suas páginas, os passos de um jovem autor determinado, ele mesmo, a tomar distância e se libertar de certo gosto e de certo cabedal de imagens, formas e atitudes, um e outro herdados do século anterior. Um percurso longo, uma fatura que não se liquida com um livro só — até porque esse mesmo legado de extração romântica e simbolista não deixará nunca de ter vigência poética, de ser caro à sensibilidade de Mário de Andrade.

Ora, ocorre que, dentre os poemas de *Pauliceia desvairada*, justamente "Tu" veio a desempenhar um papel de destaque na constituição de uma mitologia da vanguarda. A história é conhecida[1]. Em 27 de maio de 1921, num artigo para o *Jornal do Commercio*, sob o título de "O meu poeta futurista", Oswald de Andrade transcrevia o texto integral do poema e interpelava os leitores do jornal: "Acharam estranho o ritmo, nova a forma, arrojada a frase?". Mário bem que tentou fugir desse autêntico chamado às armas, recusando os galões vanguardistas em artigo ("Futurista?!") publicado no mesmo *Jornal do Commercio*, em 6 de junho de 1921. Oswald não se deu por vencido e, em 12 de junho de 1921, sempre no mesmo jornal, voltou à carga: os versos de Mário de Andrade seriam "do mais chocante, do mais estuporante e, para mim, do mais abençoado futurismo", obrigando o poeta a reafirmar, agora no "Prefácio interessantíssimo" a seu livro de 1922: "Tenho pontos de contato com o futurismo. Oswald de Andrade, chamando-me de futurista, errou".

Errando ou não, o fato é que o artigo de Oswald sugeria chaves de leitura que estavam longe de ser despropositadas. Ritmo "estranho", forma "nova", frase

---

[1] Recorro aqui à súmula de Gênese Andrade em "Oswald de Andrade em torno de 1922: descompassos entre teoria e expressão estética", em: *Remate de males*, 33.1-2, jan./dez. 2013, pp. 113-33.

"arrojada": tudo isso está no texto de "Tu" — e tudo isso ainda pedia, na São Paulo de 1921, uma legitimação crítica capaz de afastar a derrisão ou o escárnio fácil[2].

O "ritmo" de "Tu", para começar, terá de fato soado "estranho" para ouvidos adestrados na métrica tradicional, por obra da variação brusca e gritante de um verso para outro, acrescida da malícia de insinuar, aqui e ali, uma redondilha, um decassílabo ou um alexandrino, apenas para frustrar a expectativa de que um padrão ganhe vigência. A vontade de chocar é flagrante, e reforçada pelo verso bárbaro (no sentido métrico do termo) em que Mário zomba do parnasiano Emílio de Menezes, autor de uma tradução *em sonetos* de "O corvo" de Poe. O que talvez seja menos flagrante — mas que Oswald decerto percebeu — é o desejo de chegar a outra "batida", de raiz mais prosódica que métrica: dos 36 versos do poema, nada menos que 17 — quase a metade — terminam com pontos de exclamação, que escandem o poema e lhe ditam um ritmo, por assim dizer, supranumerário, de ordem superior à do verso.

Por sua vez, a "frase" em "Tu" se mostra "arrojada" em mais de um sentido: na sem-cerimônia com que usa termos de sabor coloquial ou prosaico para fins de contraste ("bocejos", "asfalto", "costureirinha", esta última seguida da esdrúxula construção "ítalo-franco-luso-brasílico-saxônica") e, de modo complementar, no prazer malicioso e paródico com que vai empilhando termos raros (começando por "esgalga" e terminando por "barregã") e palavras de gosto finissecular ("pasmos", "crepusculares", "neblina", "névoa"), como que a expor, com sorriso mal disfarçado, seu caráter de *lugares-comuns*; no gosto pelo desnivelamento ou, se preferirmos, no prazer (baudelairiano) de subverter certa hierarquia tradicional de imagens, emparelhando "pasmos alucinados" e "lamas de várzea", "Lady Macbeth" e "Mogi"; ou, finalmente, na ousadia das construções nominais que se sucedem e que, só no décimo quarto verso, abrem espaço para o primeiro verbo na voz ativa ("gosto").

Há, por fim, a tal forma "nova", que está no coração de "Tu" e cuja novidade exige alguma paciência para ser apreendida. Até porque, à primeira vista, não parece haver grande novidade num poema todo armado, à maneira de uma ode, sobre a apóstrofe reiterada a uma anônima figura feminina. Essa apóstrofe, explícita no título, é o eixo que organiza sintaticamente o todo, de tal modo que as sucessivas estrofes podem ser lidas como uma construção anafórica que faz desfilar os predicados desse "tu" invocado pelo "eu" lírico: tu, "morrente chama esgalga"; tu, "mulher

---

[2] Baste recordar outro texto conhecido, a carta (hiperbólica) em que Monteiro Lobato recusa os originais de *Pauliceia desvairada*: "[...] fiquei sem coragem de editá-la. Está uma coisa tão revolucionária que é capaz de indignar a minha clientela burguesa e fazê-los lançar terrível anátema sobre todas as produções da casa, levando-nos à falência". Cf. a respeito o ensaio de Marcos Antonio de Moraes, "*Pauliceia desvairada* nas malhas da memória", *O eixo e a roda: revista de literatura brasileira*, Belo Horizonte: 2015, vol. 24, nº 2, pp. 173-93.

mais longa"; tu, "costureirinha de São Paulo", e assim por diante. Onde estaria, então, a novidade, a modernidade da forma, a que alude Oswald em seu artigo de combate?

Talvez em dois traços ou, como dizíamos no início, em dois gestos verbais determinantes. O primeiro, novamente de matriz baudelairiana, consiste em lançar mão de elementos da paisagem urbana para predicar essa mulher "feita de asfalto", cujo retrato passa então a incluir elementos dessa São Paulo em transformação que é o objeto do livro de Mário de Andrade. Com isso, cria-se um efeito de fusão (de "névoa" ou "neblina", para usar termos do próprio poema) entre a mulher e a cidade; e, se para falar de uma é preciso falar da outra, então é também possível, reversamente, atribuir à cidade o que se diz da mulher. Uma ode, pois, mas uma ode urbana, uma ode à urbe moderna em sua pluralidade contraditória de aspectos, capazes de suscitar os ecos afetivos mais diversos e mais díspares. Essa disparidade nos leva ao segundo gesto fundamental: o aspecto não cumulativo dos predicados dessa mulher-cidade, que não vão se somando para conformar um retrato cabal. Nesse sentido, a fatura do poema tem algo de tela cubista ou futurista, animada mais pela exibição simultânea e não "resolvida" das múltiplas e sucessivas facetas de seu objeto e menos pela unicidade (ilusionista ou simbólica, pouco importa) da face em descanso. Um poema cubista ou futurista ou, quem sabe — para levar a sério tanto a aversão de Mário às etiquetas artísticas como sua concepção gráfica para a capa de *Pauliceia desvairada* —, um poema *arlequinesco*.

Assim, as chaves de leitura propostas por Oswald eram não só pertinentes como preciosas. Que fazer, então, da reação do autor de "Tu"? A história da relação entre os dois escritores é um perpétuo convite a pôr isso ou aquilo na conta desse ou daquele incidente ou traço de caráter; mas fiquemos, para o gasto da conversa, no âmbito de certo temperamento — de certo temperamento *poético*, vale dizer, que se deixa observar já neste texto. Com efeito, se tudo o que se viu acima a respeito do ritmo, da frase e da forma está lá, nos versos do poema, é também verdade que tudo isso se encontra ali muito claramente *temperado* — em sentido análogo ao sentido musical do termo. Isso vale, de saída, para o elemento paródico, que não é da ordem nem da sátira, nem do poema-piada. A paródia, aliás, supõe desde sempre alguma dose de imitação simpática e hábil daquilo que será alvo de riso, alguma dose de consonância: no caso de "Tu", a paródia não teria como funcionar se o poeta não fosse ao mesmo tempo capaz de fazer ressoar — e ressoar *belamente* — os acordes românticos e simbolistas que serão oferecidos ao riso ou ao sorriso. Uma paródia bem temperada, digamos, como é igualmente bem temperada a enumeração dos predicados contraditórios da mulher-cidade: note-se como a divisão em estrofes corresponde a núcleos temáticos distintos, no interior dos quais se produzem os efeitos de contraste e contradição, um pouco à maneira de variações musicais sobre o tema dado no início. "Enumeração caótica", caso se queira, mas "sujeita a uma ordem"[3].

Em outras palavras, digamos que, num poema como "Tu", o desejo de ser moderno não se afirma, estridente (ou "estuporante", queria Oswald), à custa de uma *tabula rasa* do passado. No "Prefácio interessantíssimo", o próprio Mário de Andrade confessaria seu "passadismo" e falaria da impossibilidade de "se libertar duma só vez das teorias-avós que bebeu", recusando-se a proclamar uma "orientação moderna" que ele mesmo "ainda não compreende bem". Seja — mas com um grão de sal, pois o que se deixa entrever nos versos de "Tu" é menos um poeta que engatinha na tal "orientação moderna" e mais um autor que, mesmo jovem, já vai ensaiando um seu modo muito particular de ser moderno, um projeto moderno *sui generis*. Assim, podemos concordar com Gilda de Mello e Souza quando afirma que "*Pauliceia desvairada* não representa uma etapa totalmente inovadora ou revolucionária", que o livro ainda guarda "vários traços herdados do parnasianismo ou do simbolismo" ou que a "novidade" do livro é "mitigada" pelo "contrabando" de elementos poéticos da tradição[4]; mas podemos ao mesmo tempo nos perguntar se esses traços devem ser lidos apenas como hesitação juvenil ou se já não prenunciam certa atitude de *recuperação moderna* da tradição artística, que será característica da carreira do escritor.

Nessa direção, basta recordar um poema memorável, escrito meros três anos depois de *Pauliceia desvairada* e incluído em *Remate de males* (1930): a belíssima "Louvação da tarde", em que Antonio Candido detectou tanto os ecos profundos do "poema reflexivo dos românticos" como também a "mais completa modernidade da escrita"[5]. No âmbito do tema que estamos apontando aqui, o poema de 1925 não é um retorno "passadista" a Wordsworth, Lamartine ou Leopardi: o que "Louvação da tarde" faz é *tornar citável* o poema meditativo romântico, no coração de um poema que se quer moderno, que se quer em sintonia com sua hora. Na obra de Mário de Andrade, citar e convocar o passado — inclusive irônica ou parodicamente — é um modo de lhe restituir a voz em novos âmbitos, dotá-lo de um *futuro moderno*, integrá-lo a uma reflexão de largo fôlego e de resultados em aberto. Ao longo da vida do escritor, essa reflexão — que não teria como se acomodar sob o

---

3 Para recordar, nesse contexto, o célebre ensaio de 1945 em que Leo Spitzer estudou tanto o fenômeno da "enumeração caótica" à maneira de Whitman como também os diversos modos de modulá-la em "tensión caótica [...] sujeta a un orden", cf. "La enumeración caótica en la poesía moderna", em: *Lingüística e historia literaria*, Madrid: Gredos, 1955, pp. 247-300 (o trecho citado encontra-se à pág. 269).

4 Gilda de Mello e Souza, "A poesia de Mário de Andrade", texto de 1988 recolhido em: *A ideia e o figurado*, São Paulo: Editora 34/Duas Cidades, 2005, p. 28.

5 Antonio Candido, "O poeta itinerante", *Revista USP*, São Paulo: 1990, n. 4, pp. 158 e 161, respectivamente. Vale lembrar que, na mesma página citada acima, Gilda de Mello e Souza já chamava a atenção para o caráter "meditativo" da poesia madura de Mário de Andrade.

rótulo do "futurismo" — passará pela retomada de elementos formais da herança poética, pela reivindicação crítica de poetas e prosadores do século XIX brasileiro, pelo desejo de reinvenção moderna da tradição musical brasileira e por tantas coisas mais. E algo disso, queremos crer, já está em curso nos versos de "Tu", talvez ainda sem a firmeza e a amplitude que virão depois, mas já com notável fidelidade a um modo original e irredutível de ser moderno.

Paulo Pasta

## PAISAGEM Nº 3

Chove?
Sorri uma garoa cor de cinza,
muito triste, como um tristemente longo...
A casa Kosmos não tem impermeáveis em liquidação...
Mas neste largo do Arouche
posso abrir meu guarda-chuva paradoxal,
este lírico plátano de rendas mar...

Ali em frente... — Mário, põe a máscara!
— Tens razão, minha Loucura, tens razão.
O rei de Tule jogou a taça ao mar...

Os homens passam encharcados...
Os reflexos dos vultos curtos
mancham o petit-pavé...
As rolas da Normal
esvoaçam entre os dedos da garoa...
(E se pusesse um verso de Crisfal
No *De Profundis*?...)
De repente
um raio de Sol arisco
risca o chuvisco ao meio.

# Paisagem do eu profundo

*Davi Arrigucci Jr.*

## 1.

Numa passagem conhecida do "Prefácio interessantíssimo" da *Pauliceia desvairada*, Mário de Andrade nos dá uma visão antecipatória do modo de ser dos versos que vamos ler no corpo do livro: "Versos: paisagem do meu eu profundo".

Quatro dos poemas enfeixados na coletânea trazem no título o termo "paisagem", em ordem numérica, como se cada um exprimisse a realização concreta daquela definição prévia e resumisse, num determinado momento, a exteriorização objetiva e pictórica, à maneira de quadros numa exposição de pintura, das profundezas do Eu que as registrou.

A forma poética era, então, para o autor o resultado sensível da operação que havia plasmado esteticamente o indevassável do seu mundo interior, mas amalgamado às impressões de um momento do mundo de fora, por sua vez representado pelas impressões da cidade. Nascem desta as imagens novas que predominam agora sobre as do campo de antigamente, mudando a direção do olhar sobre a paisagem. A cidade se converteu no centro dinâmico da vida cultural, do desenvolvimento tecnológico e das rápidas mudanças do mundo nesse início do século XX. "*Tous les chemins vont vers la ville*"[1], como escreveu Émile Verhaeren, o autor da epígrafe da *Pauliceia*, cuja obra, *Les Villes tentaculaires* (1895), se tornou um dos marcos da poesia moderna, depois de Baudelaire, e decerto, uma referência importante para Mário de Andrade, que o cita também no texto do prefácio, ao lado de Whitman e Mallarmé.

Nesse sentido, é a paisagem citadina que se faz, para nosso poeta, um meio de autoconhecimento e expressão subjetiva. Ela encarna, ao mesmo tempo, em seus detalhes concretos, a visão instantânea que a moldou em palavras no poema como experiência da vida urbana. É dessa experiência da cidade que nasce a sensibilidade para a captação do momento poético. Ele é o súbito instante de revelação da poesia para quem saiba experimentá-la em meio ao fluxo do tempo e da fugacidade das coisas. É outro o ritmo do que fica, daquilo que resiste ao turbilhão de infindáveis transformações e inevitáveis solavancos que a bolsa e o mercado imprimem às metrópoles do capitalismo.

---

1 Verso inicial do poema "La ville", que abre o livro *Les Campagnes hallucinées* (1892).

Desde o título e do primeiro verso do primeiro poema da *Pauliceia desvairada*, "São Paulo! comoção de minha vida...", a cidade se torna de fato a principal fonte de inspiração dos versos de Mário.

Eles dependem ainda essencialmente da estética do impressionismo[2] finis-secular e de sua descoberta da paisagem urbana[3]. A pintura parece continuar sendo a arte dominante; no entanto, a escrita poética do autor da *Pauliceia* vai conjugar sempre as tensões que os polos de atração da pintura e da música exerceram sobre ele desde o começo de sua carreira. É o que se observa no seu esforço para se aproximar do modo de ser e dos procedimentos da música na poética explícita desse prefácio. Com efeito, neste se sugere como principal procedimento inovador a quebra da sintaxe tradicional, mediante as vibrações das palavras e frases soltas em sucessão telegráfica, feito acordes, em busca de uma verdadeira harmonia musical. O poeta aspira a uma "polifonia poética", a única capaz de dar conta do sentimento de simultaneidade de acontecimentos da vida urbana moderna.

A *Pauliceia*, escrita num desabafo, era a "cristalização de 20 meses de dúvidas, de sofrimentos, de cóleras"[4], de um impulso lírico tamponado, que prestava conta da experiência histórica de viver na nascente metrópole paulistana dos anos de 1920. Brotava dela uma matéria poética nova para os jovens autores modernistas, que deviam encontrar a forma de expressá-la de algum modo também novo, posto que ela não mais cabia nos moldes do parnasianismo com laivos de simbolismo que dominava a cena literária do pré-modernismo brasileiro, tão bem descrita por Alfredo Bosi[5].

O sujeito debruçado sobre si mesmo desafia hoje nossa atenção crítica sobre o que jaz no mais fundo de sua interioridade e como isso se articula ao quadro de uma paisagem urbana de São Paulo. Trata-se, a rigor, da paisagem como uma "figuração da intimidade", conforme a expressão de João Luiz Lafetá no seu notável estudo das imagens na poesia de Mário[6].

Para a concepção inicial do autor, o que se oculta no fundo é da ordem da psicologia individual, algo inconsciente (ou subconsciente, como então se dizia)

---

[2] No "Prefácio interessantíssimo", é o próprio Mário quem reconhece: "Livro evidentemente impressionista". Cf. *Pauliceia desvairada*, São Paulo: Casa Mayença, 1922, p. 9. Na resenha que escreveu sobre a *Pauliceia desvairada* para a revista *Árvore Nova*, em outubro de 1922, Manuel Bandeira repete a afirmação do referido prefácio e mais adiante reitera: "São poemas impressionistas, intuitivistas, desvairistas". Cf. a reedição desse texto em: Manuel Bandeira, *Crônicas inéditas I*, org., posfácio e notas de Julio Castañon Guimarães, São Paulo: Cosacnaify, 2008, p. 25.

[3] Cf, nesse sentido, Arnold Hauser, "Naturalismo e impresionismo", em: *Historia social de la literatura y el arte*, tomo 2, trad. esp., 3ª ed., Madrid: Guadarrama, 1964, p. 404.

[4] Cf. a carta de Mário a Manuel Bandeira, em outubro de 1922, em: Marcos Antonio de Moraes (org.), *Correspondência Mário de Andrade & Manuel Bandeira*, São Paulo: Edusp/IEB, 2000, p. 72.

[5] A. Bosi, *O pré-modernismo*, 2ª ed., São Paulo: Cultrix, 1967.

[6] Cf. J. L. Lafetá, *Figuração da intimidade*, São Paulo: Martins Fontes, 1986.

que o jorro lírico traz à tona e, mediante a técnica artística, se transforma em poesia. Esta necessitaria, portanto, da junção de lirismo com arte, segundo se depreende do texto do referido prefácio de 1922, sob o nome de *desvairismo*. Doutrina semelhante se expõe em *A escrava que não é Isaura*, espécie de tratado estético, escrito também naquele ano, mas só publicado em 1925 e mais tarde, como parte da *Obra imatura*, conforme a vontade expressa do escritor.

Num ensaio pioneiro de 1961[7], Roberto Schwarz apontou o psicologismo dominante nessa poética explícita do começo da carreira de Mário. De fato, desde o princípio, ele se mostrou preso à contradição entre a verdade psicológica de fundo e a questão da forma estética, embora pudesse atribuir maior ou menor papel à técnica artística em sua doutrina, conforme o peso da significação social que, ao longo do tempo, poria no empenho ou no engajamento político de sua arte. Sem conseguir dialetizar os opostos, não teria logrado desvencilhar-se das polaridades irredutíveis entre significado e linguagem, lirismo e técnica etc. O ensaísta observa ainda que essas contradições não superadas completamente no pensamento estético de Mário não impedem que sua crítica literária, de caráter introdutório, voltada para a problemática humana contida no texto, fique neutra com relação à sua conceituação. Por isso, deixaria espaço mesmo para uma crítica verdadeiramente estética, centrada na estrutura significativa da obra comentada, livre das dicotomias do psicologismo inicial.

Hoje, o que me parece decisivo, porém, é o exame da prática efetiva do poeta em seus versos, independentemente de sua doutrinação teórica e da intencionalidade explícita que dela deriva, muitas vezes interferente até no processo de composição dos textos poéticos, o que tornou o poeta alvo de muitos reparos críticos. É claro que não se pode subestimar a importância da teoria, dada a influência que Mário exerceu nos outros poetas modernistas e nos rumos do movimento de vanguarda no Brasil, mas ela não deve desviar nossa visão crítica da realização concreta dos poemas. Nestes, a meu ver, essas contradições superam o psicologismo individualista, assumindo dimensões mais fundas e complexas que a efusão lírica do inconsciente ao se casarem com motivos centrais e recorrentes da obra toda do poeta. É desse modo que, sem perderem a força exploratória das questões da identidade individual, podem adquirir alcance social mais amplo, além de se fundirem na configuração formal da poesia, refletindo um senso artístico lúcido, agudo e eficiente, impresso na própria estrutura significativa dos poemas. A análise cerrada da "Paisagem nº 3" poderá, quem sabe, nos dar uma ideia mais justa e mais completa disso.

---

7  Cf. R. Schwarz, "O psicologismo na poética de Mário de Andrade", em: *A sereia e o desconfiado*, Rio de Janeiro: Ed. Civilização Brasileira, 1965, pp. 1-11.

**2.**

PAISAGEM Nº 3

Chove?
Sorri uma garoa cor de cinza,
muito triste, como um tristemente longo...
A casa Kosmos não tem impermeáveis em liquidação...
Mas neste Largo do Arouche
posso abrir o meu guarda-chuva paradoxal,
este lírico plátano de rendas mar...

Ali em frente... — Mário, põe a máscara!
— Tens razão, minha Loucura, tens razão.
O rei de Tule jogou a taça ao mar...

Os homens passam encharcados...
Os reflexos dos vultos curtos
mancham o petit-pavé...
As rolas da Normal
esvoaçam entre os dedos da garoa...
(E se pusesse um verso do Crisfal
no *De Profundis*?...)
De repente
um raio de sol arisco
risca o chuvisco ao meio.

À primeira leitura, o poema é antes de tudo o registro de um momento poético: a notação de um conjunto de imagens de um dia cinzento de garoa em São Paulo, imagens entrelaçadas a uma gama complexa de sentimentos pessoais, por vezes cifrados em alusões literárias, até que um raio de sol desfaça de repente o quadro formado. Os detalhes concretos de uma paisagem urbana de São Paulo prestam-se, pois, por um momento, à expressão súbita da intimidade de um Eu que nos fala ou que fala sozinho, ou, ainda, dialoga consigo mesmo, enquanto registra as imagens do espaço da cidade, em perfeita harmonia, ao que parece, com o que traz dentro de si e nesse instante exterioriza.

Há como que uma acabada interação entre a alma e o mundo, de modo que a paisagem se faz um caminho para o desvendamento do ser, ao mesmo tempo que materializa em detalhes circunstanciais concretos um espelhamento do mundo interior que nela se projeta. Somente uma análise detida de como se arma essa estrutura significativa do poema será capaz de apontar como se juntam o dentro e o fora num todo único e revelador, de grande força poética.

O quadro evanescente está formado por vinte versos livres, dispostos em três estrofes irregulares: a primeira de sete versos; a segunda de três; e a terceira de dez. O primeiro verso da estrofe inicial imprime de pronto um tom coloquial ao discurso poético, uma vez que está constituído por apenas uma frase interrogativa direta: "Chove?".

Na sua brevidade, com sua entoação ascendente logo interrompida, ela já é um forte elo entre o Eu e a circunstância em torno, que, não sendo estática por si mesma (ela vai se modificar ao longo do tempo até se desfazer com um raio de sol), parece depender também da visão de quem a observa. Além disso, ela enlaça o leitor, tornado, pela interrogação e pela dúvida que com ela se abre (mesmo se autodirigida pelo sujeito), um interlocutor da pergunta. Por esse meio, o leitor se aproxima de imediato da interioridade do sujeito que se exprime e que já duvida do que começa a descrever, toldando o que diz com alguma emoção, conforme se faz mais claro em seguida.

É que esse tom coloquial da comunicação logo se complica, porque a resposta à pergunta proposta de início representa uma atenuação da "*chuva*" em "*garoa*", mas, por assim dizer, também tinge a garoa, elemento natural inanimado, com a tinta da emoção humana (a tristeza) combinada ao matiz de cinza da melancolia, e personificando-a, desde logo, como um ente capaz de humanamente sorrir.

A personificação, que estende o alcance semântico dos elementos da paisagem, ao humanizar o que não é humano, ganha aqui ainda nova dimensão, pois se casa com outro procedimento, repetido ao longo de todo o texto, que é o uso das reticências. Esta figura, que constitui um modo de guardar alguma coisa dentro de si, um modo de se calar (reticência procede do verbo latino *tacere*, que significa calar-se)[8], introduz um silêncio significativo ao final da comparação da garoa muito triste "como um tristemente longo...", de algum modo também musicalizando a nota da paisagem cinzenta. Não sabemos se no silêncio se oculta um substantivo a que se refere "um tristemente longo...", ou se o advérbio de modo "tristemente" se transformou de um modo de ser num verdadeiro ente da tristeza, substantivando-se.

Essa imagem visual da "garoa cor de cinza" tende, pois, a se perder no não dito, a esfumar-se no silêncio musical da paisagem, como música calada. Nas reticências, fina fímbria em que pintura e música se tocam, harmonizam-se as tensões que atraem a escrita poética de Mário. Procedentes dessas duas fontes artísticas, as imagens se deixam embalar por um ritmo lírico, interiorizado, meditativo, em que se associam os elementos pictóricos e musicais, arrastando com eles os traços circunstanciais da paisagem paulistana.

Creio que, desde esse momento inicial, o poeta mostra sua força numa poesia "pensamenteada", reflexiva, que na meditação remói o essencial de seus temas, revolvendo-os de forma longa e detida, no interior da mente, de si mesmo, para expressá-los com esse tom oracular que parece remontar às fontes originárias da

---

8   Cf., nesse sentido, José Luiz Fiorin, *Figuras de retórica*, São Paulo: Ed. Contexto, 2014, p. 88.

lírica, o que tanto peso teria, mais tarde, para poetas como Drummond e Cabral. Sendo ambos tão antirromânticos, dependeram, na verdade, dessa origem romântica a que Mário deu continuidade, na inauguração da modernidade. Essa remoagem interna de motivos e sentimentos tem alto poder transfigurador, moldando a seu sabor a paisagem, como se ela fosse vaga e maleável, entre o real e o sonho.

É o que se observa nos quatro versos finais da primeira estrofe. Os fragmentos da realidade urbana são como que deslocados para um espaço onírico dessa voz interior que nos guia por uma cidade transfigurada:

A casa Kosmos não tem impermeáveis em liquidação...[9]

Esse verso, referência circunstancial a uma simples casa comercial de roupas e artigos masculinos no centro velho de São Paulo[10], transformada pelo contexto em que se encontra no poema e pelo vínculo associativo de seus "impermeáveis em liquidação", se converte numa espécie de entidade da falta.

De fato, ele se liga com a garoa, com o "guarda-chuva paradoxal", com o "mar" que dá cor às folhas rendadas do plátano "*neste* Largo do Arouche", que, por sua vez, traz com o demonstrativo "neste" a proximidade afetiva do sujeito. Torna-se, assim, um dos versos mais intensos da composição. Ele é capaz de projetar a solidão desamparada do Eu a uma dimensão que se diria cósmica, pela sugestão associada ao nome da casa de comércio, acentuada pela negatividade que a frase representa, aludindo ao que não está[11]. Simplesmente por não oferecer a proteção contra a garoa (os impermeáveis que faltam), a Casa Kosmos intensifica o desamparo de quem registra uma privação ou ausência.

Numa direção contrária, porém, o guarda-chuva de múltiplas folhas que o poeta *abre* metaforicamente para nossa admiração — o "lírico plátano" do Arouche transfigurado na mais ousada imagem do poema — lhe serve de anteparo: o ente natural se mostra um instrumento da proteção humana, na medida em que acolhe o Eu, tomado pela ausência que a tristeza da paisagem parece confirmar por completo, exceto pela dissonância da nota verde das folhas da árvore que o protege.

---

9 Na edição das *Poesias completas*, vol. 1, São Paulo: Martins, 1941, Mário substituiu a "casa Kosmos" pela "Importadora", mas, já na edição da mesma editora de 1955, o verso voltou à forma original de 1922 e das edições posteriores à de 1955. A edição crítica de Tatiana Longo Figueiredo e Telê Ancona Lopez (Rio de Janeiro: Nova Fronteira, 2013) registra a mudança de 1941, mas mantém a forma original do verso.

10 A Casa Kosmos existiu na rua Direita, entre os anos de 1920 e 1970.

11 Manuel Bandeira percebeu decerto a intensidade emotiva que Mário pôs nesse verso, na aparência puramente circunstancial, e glosou-o num dos três poemas em que evoca a figura e a poesia do amigo querido, como se lê no seu "Passeio em São Paulo", da *Estrela da tarde*: "Ainda existe a Casa Kosmos, mas/ *Não tem impermeáveis em liquidação*". Cf. Manuel Bandeira, *Estrela da vida inteira*. Rio de Janeiro: José Olympio, 1966, p. 239. Nos outros dois poemas sobre o amigo, "A Mário de Andrade ausente" e "Variações sobre o nome de Mário de Andrade", o vínculo emocional e simbólico de Mário com São Paulo é um ponto fundamental.

A harmonia de traços visuais e sonoros que se combinam para a consonância entre o Eu e a paisagem não quer dizer, contudo, que se eliminem contradições mais fundas e complexas. No gênero lírico, como se sabe, é comum que o poeta volte as costas para o auditório; está de acordo com isso o guardar dentro de si, próprio das reticências. Oposto a essa atitude, no entanto, é o tom coloquial que rege aqui o discurso. Segundo já se viu, aberto para a comunicação com o leitor: o guardar para si convive com uma vontade de exposição, revelando uma atitude confessional.

Na verdade, estamos diante de uma espécie de colóquio sentimental — que nos faz pensar naquele dos simbolistas franceses, como o famoso de Verlaine — em que as reticências acompanham um desejo de confissão, ainda de raiz romântica. Ela permanece viva através do simbolismo até os modernos e se vê reciclada em Mário de Andrade, sempre debruçado sobre sua biografia emocional. Não é à toa, portanto, que o poema seguinte da *Pauliceia* se chame explicitamente "Colloque sentimental". Conversa confidencial ou íntima entre duas ou mais pessoas, o colóquio, na "Paisagem nº 3", dá acesso ao leitor, mas se faz sobretudo um autodiálogo, uma fala do Eu consigo mesmo, já que não é um monólogo e se desdobra numa interlocução entre o sujeito e uma *persona* sua, uma *máscara* a que ele chama "minha Loucura"[12], conforme se observa na segunda estrofe do poema. É preciso examiná-la de perto.

## 3.

A segunda estrofe interrompe a notação da paisagem para ceder espaço à penetração nos labirintos da identidade problemática:

> Ali em frente... — Mário põe a máscara!
> — Tens razão, minha Loucura, tens razão.
> O rei de Tule jogou a taça ao mar...

Neste momento por assim dizer dramático, em que o Eu poético se apresenta, espontaneamente, com uma voz confessional prestes a se externar, o poeta, aconselhado irônica e paradoxalmente por sua "Loucura", de forma reiterada ("Tens razão[...] tens razão"), barra a manifestação sincera pela necessidade de adotar a máscara da convivência social. Coloca, assim, em jogo o tema do cabotinismo, a que dedicaria, anos mais tarde, um texto revelador[13].

---

[12] Em diversos outros poemas da *Pauliceia desvairada*, Mário volta a esse desdobramento do sujeito, a que chama de "minha Loucura".

[13] Cf. o texto "Do cabotinismo", de 1939, em: *O empalhador de passarinho*, São Paulo: Martins, s.d., pp. 71-4. Num ensaio fundamental sobre Mário, Anatol Rosenfeld analisou em profundidade o tema. Cf. desse autor: "Mário e o cabotinismo", em: *Texto e contexto*, São Paulo: Perspectiva, 1969, pp. 181-96.

"Cabotino" é, como se sabe, um ator mambembe. Aqui e no artigo de Mário, no entanto, é ambulante em outros caminhos, aludindo ao desdobramento da personalidade problemática: é aquele que esconde o que é no que parece ser, camuflando a verdadeira e mais profunda identidade numa aparência de conveniência social. A *persona*, que na antiguidade latina significava a máscara do ator, se torna um disfarce conveniente da vida em sociedade, podendo ocultar profundezas indizíveis: "causas mais ou menos inconfessáveis, pejorativas ou perniciosas, que ele procura ocultar até de si mesmo"[14].

Uma consciência crítica aguda como a de Mário não poderia deixar de perceber a rigidez da máscara social que todos podem vestir por conveniência, reconhecendo a camuflagem que leva a duvidar da sinceridade das atitudes e, no extremo, tornando palpável o sentimento de fragmentação ou divisão da personalidade. A problematização da sinceridade demonstra quão difícil ficou para ele o reconhecimento da "verdadeiridade" subjetiva[15], que se desdobra num fundo perdido. Essa consciência da multiplicidade, a que cabe seu adjetivo preferido a essa altura — *arlequinal* —, se estende então à consideração do próprio ser, do "mato impenetrável do meu ser"[16], tornando-se um tema medular do poeta desde esta arrancada inicial de sua obra.

Contudo, qual a razão da emergência desse tema tão vasto e fundo no poema em questão? O que se oculta no rápido drama do cabotino exposto em sua "Loucura" subjacente nesta segunda estrofe da "Paisagem nº 3"?

O conteúdo da confissão barrada pela conveniência social é recoberto por uma alusão literária: "O rei de Tule atirou a taça ao mar...".

O verso alude a uma conhecida canção sobre amor e morte que Goethe escreveu em 1774 e que, depois de corrigida, utilizou na primeira parte do *Fausto* (vv. 2.759/2.782), quando é cantada por Gretchen (Margarida), na seção "*Abend*" ("Entardecer" ou "Crepúsculo")[17]. Trata-se, na verdade, de uma balada na qual se narra a história do rei de Tule[18] e da taça de ouro que recebeu da amada morta, tornando-se seu bem mais precioso. Tendo já doado aos herdeiros tudo quanto possuía, menos a taça de que sempre bebia, num banquete final, já perto da morte, rodeado pelos cortesãos, bebe dela, ereto, em seu paço real batido pelo mar e, logo, com o olhar nublado, lança-a às ondas para dela nunca mais beber.

Dádiva de amor, a taça, síntese de uma totalidade, resume num símbolo inexaurível tudo quanto dói na perda e na renúncia e impregna com seu misté-

---

14 Cf. "Do cabotinismo", *op. cit.*, p. 72.

15 Cf. A. Rosenfeld, *op.cit.*, p. 186. No mesmo sentido, para o motivo da máscara, cf. J. L. Lafetá, *op. cit.*, pp. 1 ss.

16 "Varando contracorrente o mato impenetrável do meu ser..." Verso do poema "Improviso do mal da América", do *Remate de males*.

17 Cf. J. W. von Goethe, *Fausto: uma tragédia*, ed. bilíngue, trad. Jenny Klabin Segall, apresentação, comentários e notas Marcus V. Mazzari, São Paulo: Editora 34, 2004, pp. 286 ss.

18 Ilha que era tida como a parte mais setentrional da Terra.

rio inesgotável a confissão do poeta marioandradino. Que amores inconfessáveis tinha o poeta, a ponto de conceder razão à desrazão que o atormentava, para calá-la em reticências reiteradas? Percebe-se que a paisagem de dentro ecoa na paisagem de fora e que ambas são uma só, uníssona em sua falta que ama, para lembrar outro poeta que bem sabia o que era isso: "o sonho do verbo amar?"[19]. A segunda estrofe parece guardar, assim, em segredo, uma elegia amorosa, história de uma perda indelével, mas contida e velada numa paisagem cinzenta.

A terceira estrofe dá continuidade à notação da paisagem externa, mas inserindo nela, de forma parentética, a continuação também do secreto diálogo desta segunda estrofe, que prossegue com as alusões literárias. Convém analisar.

## 4.

Os homens passam encharcados...
Os reflexos dos vultos curtos
mancham o petit-pavé...
As rolas da Normal
esvoaçam entre os dedos da garoa...
(E se pusesse um verso de Crisfal
no *De Profundis*?...)
De repente
um raio de sol arisco
risca o chuvisco ao meio.

A notação paisagística está constituída pelos cinco primeiros versos; é interrompida pelos dois versos parentéticos (contendo novas alusões literárias cifradas) e retomada nos três versos finais, os quais, na verdade, desfazem a paisagem pelo raio de sol, encerrando o momento poético que o poema registra.

À diferença da primeira estrofe, as imagens iniciais são baseadas em seres humanos — os homens que passam encharcados, as estudantes da Escola Caetano de Campos[20] — que se metamorfoseiam em elementos da natureza para compor aqui a paisagem: as manchas do pavimento e "as rolas da Normal". A personificação ainda persiste nos "dedos da garoa", mas submetida ao núcleo da imagem sensual das *rolas da Normal* que *esvoaçam* entre eles. As rolas esvoaçantes contrastam com os "vultos curtos" e suas manchas no chão (no *petit-pavé*). Até certo ponto, essas imagens superpostas podem ser vistas como montagem

---

19 Cf, Carlos Drummond de Andrade, "A falta que ama", no livro de mesmo nome.
20 Com as "rolas da Normal", Mário, ao que tudo indica, está se referindo às estudantes do Curso Normal, que formava professoras para o ensino primário, da Escola Estadual Caetano de Campos, na praça da República, no centro de São Paulo, onde se localiza até hoje.

de acordes verticais, conforme a concepção musical da harmonia poética a que Mário aspirava. Fazem pensar nas "*parole in libertà*" de Marinetti e dos futuristas, mas também no princípio de montagem dos surrealistas. Não é, entretanto, pela música que mais chamam a atenção, e, sim, pelo contraste entre o alto e o baixo, pelo movimento e pelo aspecto visual tão forte. São imagens pictóricas, sobretudo. Talvez, como disse Mário em carta dessa época a Manuel Bandeira[21], se pudesse falar em "cinestesias objetivadas" (ou, pela fusão de sensações, em sinestesias objetivadas). Mas, o fato é que essa imagem passageira das rolas esvoaçantes entre os dedos da garoa é das coisas mais belas do poema. Seu apelo erótico, repentino e fugaz, se casa com o que se diz de mais fundo nesses versos em surdina no parêntese.

Com efeito, a égloga *Crisfal*, atribuída a Cristóvão Falcão[22], é, como se sabe, uma elegia pastoril do século XVI, voltada para um grande amor contrariado. História da paixão do pastor Crisfal por uma amada desterrada, revela uma imaginação romanesca em sua forma dialógica de intenso "dramatismo e ternura sensual"[23]. O tom elegíaco, a prisão do amante sofrido, o objeto ausente da paixão, o desejo em voo errante, a sugestão erótica encoberta, tudo parece dar margem para uma aproximação da égloga renascentista à situação dramática do Eu na "Paisagem nº 3", na perspectiva de Mário. No entanto, o salto é grande; e como combinar um dos mil e tantos versos do *Crisfal* com a prosa confessional do *De Profundis*?

O poeta não está, decerto, nos remetendo, com esse título latino, ao salmo de Davi[24], mas, sim, à famosa carta que Oscar Wilde escreveu, na prisão de Reading, para o amante, Lord Alfred Douglas, entre janeiro e março de 1897[25]. Foi o jornalista Robert Ross quem, como é sabido, deu esse nome à carta explosiva — *De Profundis* —, evocando o salmo famoso, mas suprimiu os dados autobiográficos de Wilde, na primeira publicação do texto em 1905.

No texto de Wilde, a confissão aberta de uma paixão proibida, as infinitas queixas de uma relação não de todo correspondida, como esperava o amante

---

21 Cf. Marcos Antonio de Moraes (org.), *Correspondência Mário de Andrade & Manuel Bandeira, op. cit.*, p. 64. Com essa expressão "cinestesias objetivadas", Mário se referia aos poemas que estava projetando ou já fazendo depois da *Pauliceia*.

22 A autoria do poema foi a certa altura discutida, sendo atribuída a Bernardim Ribeiro, mas desde o estudo de Raul Soares, de 1909, "que desfez com clareza as miragens", na expressão de Mendes dos Remédios, se voltou à tradição clássica, para a qual o fidalgo Cristóvão Falcão é o verdadeiro autor. O título do poema chegou a ser lido como um criptônimo dele. Cf. Mendes dos Remédios, *História da literatura portuguesa*, 4ª ed., Coimbra: França Amado Editor, 1914, p. 158. O problema parece ainda persistir para António José Saraiva e Óscar Lopes em sua *História da literatura portuguesa*, Porto: Porto Editora, s.d., pp. 180 ss.

23 *Ibid., loc. cit.*

24 "De profundis clamavi ad te, Domine" ["Das profundezas clamei a ti, ó Senhor"], salmo 130 (ou 129 em algumas edições da Bíblia).

25 Cf. "De Profundis", em: Oscar Wilde, *The Complete Works of Oscar Wilde*, introd. Vyvyan Holland, London and Glasgow: Collins, 1986, pp. 873-957. A versão correta e completa só foi publicada num volume de cartas do autor em 1962.

cativo, são traços sugestivos e afins à perspectiva de Mário. Podem se enlaçar, sem dúvida, ao tom do lamento elegíaco da falta infinita a que os versos distantes do *Crisfal* dão eterno retorno. Sem falar no tema tabu, para a época, da homossexualidade explícita. Na verdade, o lirismo que extravasa nos versos livres de nosso poeta tudo abriga num mesmo fluxo unificador, o passado remoto e o próximo. No mesmo amálgama se fundem elementos muito diferentes como os que se juntam nas alusões elípticas desses versos parentéticos. Assim se aproximam *Crisfal* e *De Profundis*, separados por um intervalo de tempo enorme, mas reunidos na mesma queixa amorosa, reiterada e sem fim, velada pelas recorrentes reticências, condensada num momento de autoanálise e revelação poética de uma esquiva identidade.

Mário diz em silêncio o que não podia confessar abertamente em sua hora. E essa confissão do inconfessável transparece sob a paisagem que a recobre. Como afirmou Croce em *La poesia*: "um véu de tristeza parece envolver a Beleza, e não é véu, mas o próprio vulto da Beleza". O indevassável se mostra sob a luz poética, sob o manto da paisagem cinzenta.

A falta e seu lamento não duram em si para sempre, se não é pela poesia. Arraigada na história, a poesia é, no entanto, obra do instante, que o poema condensa. A ela cabe a eternização do instante, como tão bem apontou Octavio Paz[26], em sua percepção de que o poema instaura um perpétuo presente, apartando-se da corrente temporal. A modernidade descobriu esse caráter momentâneo da revelação poética, em meio à experiência da rua das grandes metrópoles, por onde se escoam, fugazes, os sentimentos da vida moderna. Deve-se, mais uma vez, lembrar André Breton, para quem a rua constitui o único campo de experiência válido nesses dias da primeira quadra do século XX.

Entre nós, o senso da importância do momento poético se tornou um traço decisivo para os modernistas, Mário à frente. E São Paulo foi o lugar privilegiado da experiência histórica do novo que ele viveu, fazendo da cidade a confidente de suas emoções mais fundas e significativas, como se vê desde seu primeiro livro marcante, nesta "Paisagem nº 3".

A sonoridade expressiva, discreta ao longo de todo o poema, torna-se gritante nos três últimos versos pelo repique de aliterações de líquidas e sibilantes, somadas às assonâncias agudas dos [is]. Assim se configura um jogo paronomástico, um tecido de sons parecidos, que, entremeando-se, recortam o final abrupto do momento poético e da paisagem do Eu profundo:

De repente
um raio de sol arisco
risca o chuvisco ao meio.

---

26 *El arco y la lira*, 2ª ed., México: Fondo de Cultura Económica, 1967, pp. 186 *et passim*.

Mário, que foi tantos e tantas vezes extraordinário em sua obra ou na militância intelectual e política por um país melhor, foi um grande poeta de vez em quando, dada a irregularidade de sua poesia, embora ela se estabilize e se firme mais a partir de *Remate de males*, de 1930. Altos pontos luminosos, como "A meditação sobre o Tietê", são sempre raros e difíceis de galgar. Mas já neste momento inicial da "Paisagem nº 3", delicado e a um só tempo complexo, anunciava-se o tamanho do que ele ia ser.

Luiz Aquila

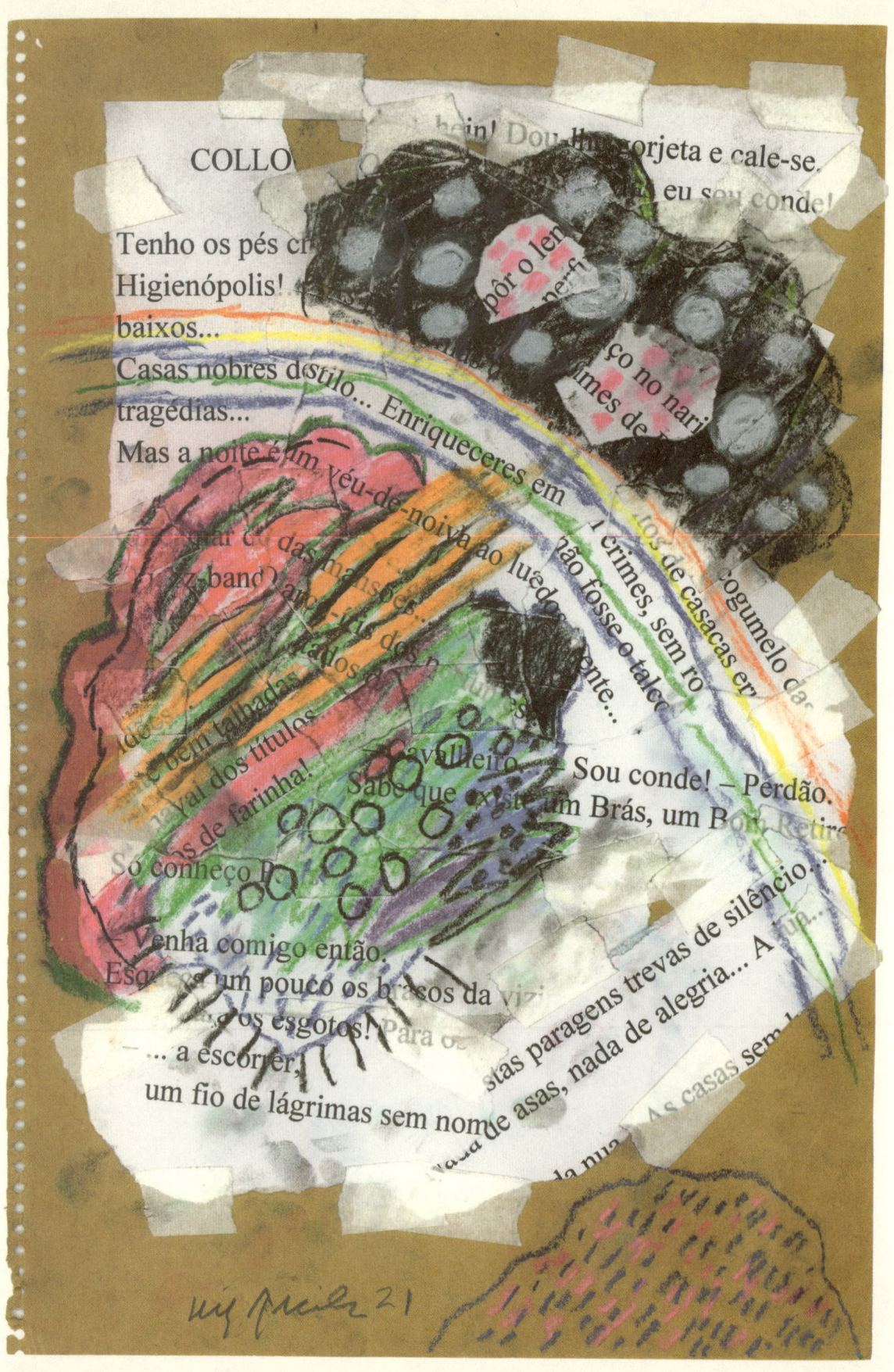

## COLLOQUE SENTIMENTAL

Tenho os pés chagados nos espinhos das calçadas...
Higienópolis!... As Babilônias dos meus desejos baixos...
Casas nobres de estilo... Enriqueceres em tragédias...
Mas a noite é toda um véu-de-noiva ao luar...

A preamar dos brilhos das mansões...
O jazz-band da cor... O arco-íris dos perfumes...
O clamor dos cofres abarrotados de vidas...
Ombros nus, ombros nus, lábios pesados de adultério...
E o rouge — cogumelo das podridões...
Exércitos de casacas eruditamente bem talhadas...
Sem crimes, sem roubos o carnaval dos títulos...
Se não fosse o talco adeus sacos de farinha!
Impiedosamente...

— Cavalheiro... — Sou conde! — Perdão.
Sabe que existe um Brás, um Bom Retiro?

— Apre! respiro... Pensei que era pedido.
Só conheço Paris!

— Venha comigo então.
Esqueça um pouco os braços da vizinha...

— Percebeu, hein! Dou-lhe gorjeta e cale-se.
O sultão tem dez mil... Mas eu sou conde!

— Vê? Estas paragens trevas de silêncio...
Nada de asas, nada de alegria... A lua...

A rua toda nua... As casas sem luzes...
E a mirra dos martírios inconscientes...

— Deixe-me pôr o lenço no nariz.
Tenho todos os perfumes de Paris!

— Mas olhe, embaixo das portas, a escorrer...
— Para os esgotos! Para os esgotos!

— ... a escorrer,
um fio de lágrimas sem nome!...

# Belchior vai ao cinema com Charlot e relê o "Colloque sentimental"

*Manoel Ricardo de Lima*

> *A dramaturgia de Brecht descartou a catarse aristotélica,*
> *o extravasamento dos afetos pela empatia com o*
> *destino comovente do herói. [...] A arte do teatro épico consiste*
> *em provocar espanto, não empatia. Em uma fórmula:*
> *o público, em vez de sentir empatia pelo herói, deve aprender*
> *a se espantar com as situações em que esse herói se encontra.*
>
> Walter Benjamin

## Belchior

No dia 2 de outubro de 1974, o jovem Antonio Carlos Belchior (1946-2017) concede entrevista para o programa *MPB Especial*, da TV Cultura-SP, e afirma que as suas referências para a canção vêm de uma formação cultural com o poema que atravessa, primeiro, a tradição popular ibérico-nordestina e, depois, num exemplo, a tradição erudita da leitura de poetas franceses que lhe apresentam uma espécie de "modernidade", como Rimbaud ou Baudelaire. Diz também que a chave da atenção ardente de seu canto tem início, de fato, com uma vinculação marcada pela presença ostensiva da Igreja no nordeste brasileiro e da ideia de ajuntamento, entre vínculo e solidariedade, que se restitui através de uma oralidade religiosa cantada em procissão diante de um êxtase provocado pelo "sentimento místico da multidão" e da "esperança do paraíso".

  O ponto do vínculo para Belchior — *quando o corpo não desperta os sentidos por si mesmo, mas por meio de uma força existente (no corpo), que ata, e pode ser a mão, que se dobra e se inclina para tocar um outro*[1] — aparece como um "canto novo" que vem desse UM OUTRO expandido, porque "afinal de contas, é muito bom a gente ser índio, sabe!". O que se tem aí, rapidamente, é uma apresentação dessa ideia de "canto", de cantador, que se metamorfa a partir da imitação e da transformação de outros corpos, textos e sons e, ao mesmo tempo, da laceração que alguma sobra de caráter, a do primitivo, sofre diante da "manada", da "horda", da "massa" (que ainda não é classe) gerada pelo advento descompassado da cidade

---

1 Giordano Bruno, *Os vínculos*, trad. Elaine Sartorelli, São Paulo: Hedra, 2012, p. 19.

moderna que, por sua vez, constitui uma pertença ilusória e um princípio mais largo de universalidade: quando o primitivo tende a esvaecer.

O que confirma essa disposição ao "canto novo" é o que Gilda de Mello e Souza implica-se a ler no *Macunaíma* (1928) de Mário de Andrade, como *um gesto,* no seu conhecido e reconhecido estudo de 1979, *O tupi e o alaúde,* entre a *suíte,* a *variação,* a *canção de roda brasileira com origem ibérica* e o *improviso do cantador nordestino.* E isto porque Mário de Andrade, ela lembra, já apontara em 1944, na coluna *Mundo Musical,* do jornal *Folha da Manhã,* que o "cantador inventa um canto inteiramente novo", tanto que a expressão de força frente ao real é "tirar o canto novo"[2]. Ela explica que esse *gesto* tem tanto a ver com o saber de cor, saber com o coração, quanto com o fato de que não é nenhum milagre, mas muito mais um fenômeno de "traição de memória", provocado pelo simples desejo de vencer[3]. E se há nisso *o gesto* ou *um gesto,* ponto de insurgência — como o é para Bertolt Brecht, principalmente quando lido e relido por Walter Benjamin: provocar espanto, assombro, e não empatia, esta palavra de ordem —, o gesto é o que se encontra na realidade e dela se extrai; logo, e por isso, ao mesmo tempo, é também uma interrupção. Daí que Benjamin afirme: "quanto mais interrompemos alguém em sua ação, mais gesto obtemos"[4].

Importante reparar (dar atenção), ainda, que Belchior expande esse canto, esse gesto, até a força imensa da presença de Dante Alighieri e da *Commedia* em sua formação. Em 1999, em 11 páginas do *Suplemento Literário de Minas Gerais,* apresenta o início de um projeto que deixou inacabado: recriar, numa linha diferente das traduções para o português, todo o texto de Dante a partir de suas camadas mais orais e mais perto de um "cantante", um "canto novo" e improvisado. Ele modula as 10 sílabas do verso de Dante para 7 (a redondilha maior), desdobrando cada *stanza* escrita em *terza* para cinco versos, ou linhas oscilantes, e tentando acompanhar o que ele chama também de "tradução caligráfica", esboçando pequenos desenhos, quase uma garatuja, para a caligrafia de Dante. Uma saída, uma fuga e uma composição, um vínculo, da tradição medieval europeia, porém já moderna, para uma restituição ibérico-nordestina, também medieva, incorporada aos improvisos de um cantador sobremaneira contaminado e, assim, moderno.

---

2 Importante verificar num trabalho do artista visual, nascido no Chile, Alfredo Jaar, 2013: "Você não tira uma fotografia. Você faz uma fotografia"; a inferência entre os verbos "tirar" e "fazer", a proposta ou sugestão de que não se *tira,* mas sim se *faz* uma fotografia, desloca, por exemplo, o sentido do quanto "tirar" está mais perto de uma apresentação do real e mais longe de uma ideia de ofício mímico e descritivo, meramente propulsor do capital, "fazer". Ao contrário, o sentido de um "tirar" — Mário de Andrade, Gilda de Mello e Belchior — se aproxima também das imagens impressas por subtração, estatuto primitivo das imagens, as primeiras pinturas, Plínio, o velho etc.

3 Souza, 2003, p. 25.

4 Benjamin, 2017, p. 31.

## *Colloque*, **Charlot**

A deriva, gesto incerto, do poema "Colloque sentimental", por exemplo — que se vincula, como um *puzzle*, um encaixe desencaixado, entre os poemas "Paisagem nº 3", quando se pode ler: "Ali em frente... — Mário, põe a máscara./ — Tens razão, minha loucura, tens razão"[5], e "Religião", quando lemos: "Catolicismo! Sem pinturas de Calixto!... As humildades!..."[6] —, tem muito a ver com essa perspectiva de um cantador contaminado pelo descompasso de uma *modernidade* brasileira que projeta, por sua vez, um *modernismo* centralizador, numa pauta suspeita entre controle e poder. É esse modernismo que Mário de Andrade se esforça em expandir com algumas outras leituras impensadas e, até, impossíveis; e é este Mário, cantor errante, que tanto interessa ao leitor-cantor Belchior. No poema, primeiro, é a figura do Conde que surge numa cartografia descompensada de um "carnaval dos títulos" — do bairro rico e da turma herdeira das oligarquias do café, como Paulo Prado (é este o modernismo dito brasileiro?) em "Higienópolis!... As Babilônias dos meus desejos baixos...// Casas nobres de estilo..." e a aparição do "— Cavalheiro... — Sou Conde! — Perdão./ Sabe que existe um Braz, um Bom Retiro?// — Apre! Respiro... Pensei que era pedido./ Só conheço Paris!" —, que, repare-se, remete às dilações da migração portuguesa e espanhola etc. desses bairros operários; e remete também, diretamente, a algumas das narrativas de defasagem que compõem o *Macunaíma*, publicado seis anos depois, em 1928. Depois, é a aparente figura arlequinal, despossuída, vagabunda, que se apresenta ao Conde e o convida a um passeio pela cidade a demonstrar um périplo de um cheiro de vida que não é Paris, "Nada de asas, nada de alegria"[7], mas a inferência do martírio (imagem praticamente cristã) da luta de classes e da luta das imagens.

É nos anos seguintes à publicação da *Pauliceia desvairada*, entre 1923 e 1924, que Mário escreve uma série de textos para a revista *América Brasileira*, a partir do número 22, girando em torno das personagens Malazarte, Belazarte e Mário (um Mário de máscaras?), numa conversa direta com Charlot, a personagem de Charles Chaplin, o Carlitos, explosão de miséria quando ela é total e que, assolado, entende que o mundo, entre objetos e seres humanos, não é para ele. Mário escreveu sobre Charles Chaplin, a partir do filme *O garoto*, de 1921, os textos "Ainda *O garoto*", para a revista *Klaxon* (n. 5, 1922), e "Caras", para a revista *Espírito Novo* (n. 1, 1933), reconfigurando as aparições do rosto. Daí que André Zacchi diga que:

---

5 Andrade, 2013, p. 68.

6 *Ibid.*, p. 70.

7 *Ibid.*, p. 69.

Carlitos é um herói para Mário, mas um herói criado a partir do rosto de Chaplin e que consegue imobilizar o que é só movimento, o cinema. Uma maneira de emperrar a máquina cinema-comércio, colocando em funcionamento a máquina criativa-artística, a máquina ficcional vinculada com a mais profunda realidade, ou melhor, com a mais profunda remontagem da realidade. De certa forma, no ensaio *Caras*, Mário está dizendo que a criação de Chaplin, Carlito, *é* e *não é* Chaplin, mas encontrou uma cara própria, autônoma, imodificável, potente. Carlito é um intelectual, pensa cinematograficamente, imobiliza uma cara no cinema de rostos, mas, por *ser* e *não ser* Chaplin, não se trata de adição, superfetação. Assim também Mário, voltando sempre na figura de Carlitos, bem como em seus intelectuais ficcionais, Belazarte e Malazarte, que são Mário mas também não o são, monta algumas caras, centros de resistência e embaralhamento das forças que exercem o poder.[8]

O cineasta francês François Truffaut, no prefácio ao livro de André Bazin sobre Chaplin, diz que "se este não é o único cineasta a ter descrito a fome, é o único que a conheceu"[9]. Ele atenta também à circunstância fatídica da mãe louca, de um Chaplin também quase louco, rearticulando-se na mímica do saltimbanco, entre o figurante e o palhaço, um *clown*, como mecanismo de defesa. Daí indica que Carlitos não é um antissocial, mas um associal: desamparado física, material e moralmente. O que se tem é uma projeção da alegria que falta — "A rua toda nua..."[10], tal como a descreve e narra Mário —, que, em Carlitos, segundo Truffaut, tem a ver com uma deliberação de uma criança autista a partir de Bruno Bettelheim, em *A fortaleza vazia*, livro de 1967, quando este diz que essas crianças usam os objetos sem deles tomar posse alguma e de um modo diferente para o qual cada um fora projetado.

Esse é o sentido da defasagem que, se vem, é como uma memória insubmissa e que, irresoluta, está no poema de Mário e, numa outra ponta do espinho e das calçadas, interessa muitíssimo a Belchior. Bazin diz, textualmente, lembrando a dança dos pãezinhos, de Carlitos, que esta é o mais belo exemplo da defasagem: quando a cumplicidade do objeto se manifesta numa coreografia gratuita. O que o Conde toma, no "Colloque sentimental", como uma lama podre, esgoto, que escorre por baixo das portas e que, em seguida, um arlequim, se um arlequim, numa coreografia gratuita, se empenha em dizer, aparentemente lento e num gesto para apagar o perigo, "— a escorrer um fio de lágrimas sem nome!..."[11], é uma "erronia": desacerto, erro, errância. A cidade não é, em nenhum momento, um ponto pacífico reparador como, por exemplo, aparece nas pinturas

---

8 Zacchi, 2017, pp. 54-5.
9 Bazin, 1989, p. 11.
10 Andrade, 2013, p. 69.
11 *Ibid.*

de Benedito Calixto (1853-1927), que Mário *contra anuncia* no poema "Religião": não estar preso ao passado, não arrastar nada atrás dele. É isto o que Bazin lê, em Carlitos, como "um fio invisível atado aos pés"[12]. Se *O vagabundo*, de Chaplin, é de 1915, Mário certamente o assistiu, e isto porque referencia o filme algumas vezes em seus textos, mesmo que não escreva diretamente sobre ele, insurgindo a ideia figurante da vagabundagem. Esses apontamentos implicam na proposição corajosa lançada, antes, pelo escritor norte-americano Jack London (1876-1916), no livro *De vagões e vagabundos: memórias do submundo*, quando desenvolve a questão da vagabundagem como uma política de classes numa série de narrativas-ensaio e, ao mesmo tempo, a lança no que chama de uma "paixão pelo socialismo". Faz isso, entre memórias e circunstâncias políticas, também insubmissas, e entende a vagabundagem como livre e ecológica, sugerindo-a num jogo de forças contra as inferências sistêmicas e industriais do capitalismo moderno e do modernismo recente nas Américas.

## Canto novo, canto exato

Nessa perspectiva, podemos ler e ouvir o quanto da ideia de *canto errante* de Mário de Andrade, "tirar um canto inteiramente novo", ao mesmo tempo arlequinal e figurante, comparece em várias canções de Belchior, "latinamericanamente", como uma projeção que pode nos lançar ao empenho já traçado por Raul Antelo a partir de um pequeno fragmento do capítulo 16 do *Macunaíma*:

> Macunaíma se desculpou, subiu na montanha e deu uma chegadinha até a boca do Rio Negro pra buscar a consciência deixada na ilha de Marapatá. Jacaré achou? nem ele. Então o herói pegou na consciência de um hispano-americano, botou na cabeça e se deu bem da mesma forma.[13]

O que Raul Antelo constrói a partir do fragmento é, grosso modo, um percurso intenso de algumas leituras de Mário de Andrade para depurar a escritura, durante seis dias, de seu *Macunaíma*, em meio a uma variedade de textos da área do Prata. Coisas como *Supersticiones e leyendas*, de Juan B. Ambrosetti; *Reseña histórico-descriptiva de antiguas y modernas supersticiones del Río de la Plata*, de Daniel Granada; *Los mitos de la América precolombina*, de Adolfo Bonilla y San Martín; *El cancioneiro de Antioqua*, de Antonio José Restrepo, entre outros; e, depois, para a edição da José Olympio, de 1937, chama a atenção para um acúmulo dessas leituras, como das *Leyendas de los índios Guaraníes*, de César Felisberto de Oliveira,

---

12 1989, p. 23.
13 Andrade, 2008, p. 188.

ou do *Diccionario Etnográfico Americano*, de Martín; além de uma das *Leyendas de Guatemala*, de Miguel Angel Astúrias (este também um tradutor do *Popol Vuh* — livro intensamente presente na biblioteca andante de Belchior —, a partir da versão francesa de Georges Raynaud, de quem seguia os cursos e os estudos sobre as religiões da América pré-colombiana na Escola de Altos Estudos de Paris).

Há inúmeros exemplos nas canções de Belchior, que sempre se imaginou figurante, ao redor, espectro e, em alguns deles, já é possível verificar o esboço de algumas possibilidades de modo e uso das expressões inespecíficas de imaginação e improvisação, tal qual o Carlitos lido por Bazin, frente ao perigo das *formas aberrantes*, logo, como uma força, que podem lhe advir de Dante, Pasolini (a de que *o poeta tem de ser perigoso*) ou Georg Riemman (1826-66), que propôs uma geometria diferencial, não euclidiana, distante do axioma das paralelas. Assunto que se tornou um clássico em letra e música de Belchior, "Paralelas" (1977): o percurso de um narrador em diáspora — outro herói de nossa gente: "ponteei na violinha e em toque rasgado botei a boca no mundo cantando na fala impura as frases e os casos"[14] — em meio à cidade grande, vidro e ferro, diante e dentro da "máquina-automóvel", frente às circunstâncias cotidianas e ao avesso da multiplicação próprias da multidão já anunciada por Baudelaire: o de quanto mais gente, menor se é. Ou, no poema em questão, o "Colloque", quando se lê: "E a mirra dos martírios inconscientes..."[15]. E podemos ler, também, nesse trecho da letra da canção, o poeta multiplicado e infinito, imagem retirada de Mário de Andrade:

> Dentro do carro, sobre o trevo a cem por hora,
> Oh! meu amor...
> Só tens agora os carinhos do motor
> E no escritório em que eu trabalho
> e fico rico
> Quanto mais eu multiplico, diminui o meu amor
> Em cada luz de mercúrio vejo a luz do seu olhar
> Passa as praças, viadutos, nem te lembras de voltar
> De voltar.
> [...]
> E as paralelas dos pneus n'água das ruas,
> São duas estradas nuas em que foges do que é teu
> No apartamento, oitavo andar, abro a vidraça e grito
> Grito quando o carro passa:
> Teu infinito sou eu.[16]

---

14 Andrade, 2008, p. 214.
15 *Idem*, 2013, p. 69.
16 Belchior, 1977, lado A, faixa 2.

É nessa mesma chave que vem, por exemplo, da carta às *icamiabas* (o capítulo 9), às amazonas, entre a observação e a transgressão da lei, um aguçamento da narrativa entre redundar e variar, tal como no poema "Colloque sentimental"; e que Raul Antelo chama a atenção para como o narrador prepara a percepção de um leitor, sempre suposto, ao que se metamorfa nas consequências de uma internacionalização da cultura que vem tanto do conto de 1921, "História com data"[17], quanto, de outro modo, nos estatutos de recalque e complexo (repressão e sublimação presentes na cultura popular brasileira) que se inscrevem no pequeno ensaio "A dona ausente", publicado alguns anos depois de *Macunaíma*, em 1943. Aqui, Mário, leitor de Freud, entende que "o povo jamais diz disparates quando canta, a não ser quando é o próprio disparate cômico a finalidade da cantiga". Nessa "embrulhada geográfica tropical" ou "utopia geográfica", a cidade de São Paulo — "a maior do universo, no dizer de seus prolixos habitantes"[18], em que as mulheres, "as francesas", têm certa monstruosidade, com "o cérebro nas partes pudendas" e "o coração nas mãos"[19], cidade plena de "fordes hupmobiles chevrolés dodges mármons e eram máquinas. [...] caminhões bondes autobondes anúncios-luminosos relógios faróis rádios motocicletas telefones gorjetas postes chaminés... Eram máquinas e tudo na cidade era só máquina"[20] — demarca particularmente, como um *paradigma*, aquilo que vai de uma singularidade a outra, um espectro de centralidade, de centro ocupado, com "gente ardida e avalentoada" e "suas urrantes máquinas". É a Babilônia, os desejos baixos, as tragédias urbanas e o cogumelo das podridões.

No primeiro disco de Belchior (*Belchior*, de 1974) aparece o insuspeito e convicto leitor de Mário de Andrade, que se pode ler e ouvir numa canção de andamento repetitivo, como "Passeio", quando a trajetória de um narrador embrenhado nos jogos e mimos de amar, cercado pelo estalido das máquinas, pela destinação de fábrica e trabalho, entre cimento e eletricidade, e pelos impasses entre massa e classe, através da tentativa de uma elaboração impossível para um truque de fuga daquele que é, feito Macunaíma, dominado pelo medo, sem muita noção da dimensão de perigo: fugir da primeira diáspora, marginal e violenta e, em seguida, fugir definitivamente da centralidade imposta pela ausência de qualquer direito à terra, logo, sem direito de roubo nem de imaginação amorosa. Fugir num disco

---

[17] "A história é de fato simples. Trata-se da aventura vivida por Alberto de Figueiredo Azoé, jovem piloto de aviões, herdeiro de riquíssima família paulistana, que sofre um transplante de cérebro como última e desesperada tentativa de salvar sua vida, após um acidente aéreo. O cérebro doado pertence a um operário italiano — José, recém-falecido no hospital. Este ser heterogêneo, misto de corpo de aviador e cabeça de operário, se vê na obrigação de exibir hábitos que lhe são estranhos e, na impossibilidade de incorporá-los, produz novas normas, sim, mas quebra irreversivelmente os códigos, o que acaba matando-o." (Antelo, 1988, p. 255.)

[18] Andrade, 2008, p. 97.

[19] *Ibid.*, p. 102.

[20] *Ibid.*, p. 53.

voador é a diáspora ambivalente da abdução, sem retorno, quase absoluta. Eis o canto novo, metálico, que retira do real um gesto para interromper esse real entre imaginação e improvisação. Ou algo como Belchior vai ao cinema com Charlot:

> Vamos andar
> pelas ruas de São Paulo,
> por entre os carros de São Paulo,
> meu amor, vamos andar e passear.
> Vamos sair pela rua da Consolação,
> dormir no parque, em plena quarta-feira,
> e sonhar com o domingo em nosso coração.
>
> Meu amor, meu amor, meu amor:
> a eletricidade desta cidade
> me dá vontade de gritar
> que apaixonado eu sou.
>
> Nesse cimento, meu pensamento e meu sentimento
> só têm o momento de fugir no disco voador.
> Meu amor, meu amor, meu amor![21]

No capítulo 12, "Tequeteque, Chupinzão e a injustiça dos homens", os irmãos Jiguê, Maanape e Macunaíma, impedidos de ir à Europa e tendo como posse apenas a noite e o dia, ao lado de um romance de Eça de Queirós — talvez *A cidade e as serras*, ou seja, a cidade de Paris e a pequena Tormes, Jacinto, Zé Fernandes e a equação entre *suma ciência x suma potência = suma felicidade*, tal como "Só conheço Paris!" e "Tenho todos os perfumes de Paris!"[22] —, refutam o sentido da cidade moderna centralizada e centralizadora para varar o país por suas restingas de areia marinha. É aí que Macunaíma, esfolado de raiva, com óleo de mandiroba no corpo, exclama: "Sou americano e meu lugar é na América. A civilização europeia na certa esculhamba a inteireza de nosso caráter"[23]. É preciso apontar, mesmo que rapidamente, que, se Guimarães Rosa é _o_ leitor de *Macunaíma*, como sugere Gilda de Mello e Sousa, José de Alencar, em seu *Iracema*, seria _um_ leitor infenso desse mesmo *Macunaíma* em toda a sua anterioridade; certamente que noutros sentidos muito variados do mero anagrama entre *Iracema/América*, numa extensão estrutural de plágio antecipado que trata do nosso colonialismo interno ou de quando inscreve a linha "tudo passa sobre a terra" para inventar uma simultaneidade, um *travelling*, um cinema; tem-se, ainda,

---

21 Belchior, 1974, lado B, faixa 2.
22 Andrade, 2013, p. 69.
23 *Idem*, 2008, p. 145.

destacadamente, o episódio de fuga (que é o mesmo da perda da virgindade de Iracema) e, principalmente, o culto da Jurema[24].

Iracema pega escondida a bebida, e Martim bebe. A partir daí, constrói-se uma imagem de delírio ou pesadelo, sem nenhuma clareza do que é ação ou gesto do branco português. Nesse *limiar* ou *confim*, o colonizador é aquele que detém algum controle da cena. Diz o narrador que Martim

> agora podia viver com Iracema, e colher em seus lábios o beijo [...]. Podia amá-la, e sugar desse amor o mel e o perfume, sem deixar veneno no seio da virgem.
> O gozo era vida [...]; o mal era sonho e ilusão, que da virgem ele não possuía mais que a *imagem*. Iracema se afastara opressa e suspirosa. Abriram-se os braços do guerreiro e seus lábios; o *nome* da virgem ressoou docemente. [...] Assim a virgem do sertão, aninhou-se nos braços do guerreiro.[25]

Depois, exatamente entre *imagem* e *nome*, tal e qual em *Iracema*, no capítulo 15, "A pacuera de Oibê", apresenta-se "o lamento do caramboleiro", que bem sabemos é uma árvore comum do Nordeste brasileiro, com flores brancas e purpúreas, originária da Índia e muito comum também na China; com uma fruta, a carambola, a qual se desenha e se redesenha em gomos achatados que, quando cortados no sentido transversal, têm o aspecto de uma estrela. Mas *caramboleiro* recebe também os sentidos de um enganador, aquele que faz trapaças, um embusteiro, um intrujão. Esse lamento, de engano e fuga, recebe uma versão recuperada e refeita por Mário de Andrade, que diz:

> Jardineiro de meu pai
> Não me cortes meus cabelos,
> Que o malvado me enterrou
> Pelo figo da figueira
> Que passarinho comeu...
> — Chó, chó, passarinho![26]

---

[24] O *culto da Jurema* é ainda muito comum no Ceará. Em Fortaleza, por exemplo, existe a entidade *Cabocla Iracema*, cultuada em algumas casas de Jurema. Arnaldo Burgos, em *Jurema sagrada*, diz que "é um culto oriundo da pajelança ameríndia que, inicialmente, tinha como objeto de adoração unicamente os 'espíritos da natureza': Tupã, deus Sol; Yara, mãe das águas; bem como os espíritos de bravos guerreiros". E, entre eles, o autor cita Iracema. O culto da Jurema absorve "novas facções de novos ritos dentro de sua própria ritualística inicial. Primeiramente, sofreu grande influência da religião negra, assimilando vocábulos, comidas e inclusive algumas formas de sua ritualística, sendo hoje largamente utilizados vocábulos de origem Yorubá, tais como, ebó (oferenda), epó (óleo de palma), xana (fósforo), ossé (comida em geral)". O culto ainda possui ligação com a Igreja católica, que "trouxeram para dentro da Jurema, as rezas, 'mandingas' e penitências. Não sendo raro que, esta ou aquela entidade, indique a um consulente que frequente missas e, após estas, o ato de receberem água benta, a entrega de pães aos pedintes, e outras práticas do catolicismo". (2012, pp. 25-7.)

[25] Alencar, 1964, p. 1.088.

[26] Andrade, 2008, p. 181.

Esse mesmo lamento aparece na canção "Aguapé", do disco *Objeto direto* (1980), numa parceria com Raimundo Fagner, quando neste havia ainda alguma imaginação inventiva e sem as posições políticas que vão desde o apoio a figuras como Tasso Jereissati, releitura ilustrada dos antigos coronéis do Ceará, ou Ciro Gomes, articuladíssimo e aparentemente severo, mas sempre dúbio e com maneirismos oportunistas, como ir para a mesma Paris do Conde fugindo de uma tomada de posição política em 2018, até o recente apoio público à campanha e eleição de Jair Bolsonaro, em 2018. A coragem (porque o medo também é uma forma da coragem) e a convicção política de Belchior, ao contrário e sempre às avessas, arlequinal e figurante entre Macunaíma ou Carlitos — numa ambiguidade da potência, *que é sempre a potência de fazer e não fazer*, essa perpétua ilusão da moral, nos lembra Giorgio Agamben; ou seja, muito mais perto de um *tirar* —, se descortina como *scherzo, scherzare*, quase aos modos do barroco de Marini, tão caros também a Mário de Andrade:

> Capineiro de meu pai
> Não me cortes meus cabelos
> Minha mãe me penteou
> Minha madrasta me enterrou
> Pelo figo da figueira
> Que o passarim beliscou
>
> Companheiro que passas pela estrada
> Seguindo pelo rumo do sertão
> Quando vires a cruz (a casa) abandonada
> Deixa-a em paz dormir na solidão
>
> Que vale o ramo do alecrim cheiroso
> Que lhe atiras nos braços (no seio) ao passar?
> Vais espantar o bando buliçoso
> Das borboletas (mariposas) que lá vão pousar
>
> Esta casa não tem lá fora
> A casa não tem lá dentro
> Três cadeiras de madeira
> Uma sala, a mesa ao centro
>
> Rio aberto, barco solto
> Pau-d'arco florindo à porta
> Sob o qual, ainda há pouco
> Eu enterrei a filha morta
> Aqui os mortos são bons
> Pois não atrapalham nada

Não comem o pão dos vivos
Nem ocupam lugar na estrada[27]
[...]

Nada, nada
A velha sentada, o ruído da renda
A menina sentada roendo a merenda
[...]

E o aguapé, lá na lagoa
Sobre a água nada
E deixa a borda da canoa
Perfumada
É a chaminé à toa
De uma fábrica, montada
Sob a água, que fabrica
Este ar puro da alvorada
Nada, nada
Nada, nada, nada, nada
Aqui não acontece nada, não

Nada, nada
Nada, absolutamente nada[28]

E é na articulação que está em "Voz da América", do disco *Era uma vez um homem e seu tempo* (1979), com a consciência de um hispano-americano dentro da cabeça — mesmo que Walter Benjamin postule que a *consciência* é, muitas vezes, aquilo que melhor se adequa à "mercadoria" —, que Belchior alarga toda a ideia recuperada de Mário de Andrade em torno da potência expandida do *canto novo* e, agora, para ele, *exato*: do que vem da enumeração corrente nas louvações dos cantadores nordestinos e, ao mesmo tempo, de certa literatura erudita com forte impregnação popular, casos de Rabelais, Gregório de Matos e Gonçalves Dias — "o poeta Gonçalves Dias/ é que sabia/ sabe lá se não queria/ uma Europa bananeira/ tristes trópicos/ sabiá laranjeira", trecho de uma letra da canção intitulada, nada mais nada menos, "Retórica sentimental"[29], ou seja, letra que conversa direta e intensamente com o princípio do poema "Colloque sentimental" —; mas, principalmente, de Mário de Andrade, desde *Pauliceia desvairada*.

---

[27] A ideia de que "aqui os mortos são bons/ e não atrapalham nada" nos remete, diretamente, à Tese 6 de Walter Benjamin *Sobre o conceito de história*, quando o pensador alemão escreve, com exatidão e emergência, que: "Só terá o dom de atiçar no passado a centelha da esperança aquele historiador que tiver apreendido isto: nem os mortos estarão seguros se o inimigo vencer. E este inimigo nunca deixou de vencer". (Benjamin, 2010, p. 11.)

[28] Belchior, 1980, lado A, faixa 5.

[29] *Idem*, 1979, lado A, faixa 2.

A imagem do condor, que abre a canção, figura uma persistência de traição de memória e desejo de vencer: é o abutre-do-novo-mundo, animal em voo sobre a cordilheira dos Andes que opera no cantador o desejo de abrir a voz em meio à fúria das grandes cidades, e logo é também uma disposição ressurreta que contraria a figura do abutre-do-velho-mundo, conjunto do qual fazem parte a águia, o falcão, o gavião e o milhafre, ou tal como anota Mário de Andrade no capítulo 10, "Pauí-Pódole": de um "tempo em que os animais já não eram mais homens e sucedeu no grande mato Fulano"[30]. Há ainda uma imaginação que engendra, outra vez, como aparece sempre em suas canções, as ideias de povo, vida proletária e comum, luta de classes, amor cortês, estudo, exílio, aventura, diáspora, referências eruditas, alguma esperança etc.:

> El condor passa sobre os Andes
> e abre as asas sobre nós.
> Na fúria das cidades grandes
> eu quero abrir a minha voz.
> Cantar, como quem usa a mão
> para fazer um pão,
> colher alguma espiga;
> como quem diz no coração:
> — Meu bem, não pense em paz,
> que deixa a alma antiga.
>
> Tentar o canto exato e novo,
> que a vida que nos deram nos ensina,
> pra ser cantado pelo povo,
> na América Latina.
>
> Eu quero que a minha voz
> saia no rádio e no alto-falante;
> que Inês possa me ouvir, posta em sossego a sós,
> num quarto de pensão, beijando um estudante.
> Quem vem de trabalhar bastante
> escute e aprenda logo a usar toda essa dor
> quem teve que partir para um país distante
> não desespere da aurora, recupere o bom humor.
> Ai! Solidão que dói dentro do carro...
> Gente de bairro afastado,
> onde anda meu amor?
> Moça, murmure: Estou apaixonada,
> e dance de rosto colado, sem nenhum pudor.

---

30 Andrade, 2008, p. 117.

> E à noite, quando em minha cama
> for deitar minha cabeça,
> eu quero ter cabeça
> eu quero ter daquela que me ama
> um abraço que eu mereça;
> um beijo: o bem do corpo em paz,
> que faz com que tudo aconteça;
> e o amor que traz a luz do dia
> e deixa que o sol apareça
> sobre a América,
> sobre a América, sobre a América do Sul.[31]

## Digressão

Por fim, em 22 de abril de 1928, ano da publicação de *Macunaíma*, Mário de Andrade publica no *Diário Nacional* um artigo: "Literatura modernista argentina, 1". E nesse artigo postula que "tem horror" a essa história de América Latina e que isso atribui muito agito aos dias atuais, aqueles. Dispara que há um sentido frágil da noção de fraternidade que precisa, urgentemente, desaparecer de toda argumentação; que esta noção diz apenas do quanto "somos enormes egoísmos se odiando". Daí, que se pense "pátria" como aquilo que abrange a humanidade inteira, se não assim, explícita, estamos numa dimensão sempre odiosa. E cita Martín Fierro: "*Hispano-americanismo, cuántas estupideces se hacen y dicen en tu nombre!*". E percorre, numa espécie de panorama, do Chile ao Peru, do México aos Estados Unidos, do Brasil à Argentina, as disposições das literaturas modernistas desses lugares, intrigando-se com o que seria um caráter de preocupação e inconsciência nacional. A certa altura, declara, desse modo, que:

> Aqui, no Brasil, a gente ainda está muito conscientemente brasileiro e nisso me parece que não progredimos muito sobre José de Alencar. [...] A nossa variação geográfica é tão grande que me parece que todo brasileiro desejoso de ser brasileiro, tem de o ser mais ou menos conscientemente. Inda para acentuar mais essa variedade geográfica, o país sofre uma desarmonia de progresso formidanda.
> Coisa que não se dá na Argentina. O argumento de que ela inclui a Patagônia, não tem valor, porque não existe para o argentino o problema patagônico que nem existe para a gente o problema amazônico, para citar o mais penoso. A Argentina, para existir como que faz abstração da Patagônia. Uma prova disso é a inexistência quase absoluta da Patagônia na literatura de lá.

---

31 Belchior, 1979, lado B, faixa 2.

Patagão só aparece em Júlio Verne. A civilização das partes meridionais regeladas é para o argentino questão de mais ou menos dias, maior ou menor expansão nacional. Está claro que os norte-americanos não vão desejar aquilo, nem os chilenos povoá-lo primeiro... Entre nós a Amazônia pesa fundamentalmente como valor político, econômico e emotivo.

Em 2009, Raul Antelo revê essa questão no ensaio "Sentido, paisagem, espaçamento", em seu livro *Ausências*. Diz ele, perseguindo o procedimento de Walter Benjamin escrito em *Sobre a faculdade mimética* (1931) — quando este se apresenta como leitor de semelhanças imateriais, aquele que busca produzir um reencontro, sempre diferido, com a imaterialidade esquecida pela história: *ler o que nunca foi escrito*[32] — e o de Roger Caillois, ao observar que a Patagônia não é um espaço de pobreza, mas de ausência e de sem sentido: um *ab-sens*. E que, nessa pequena articulação, Mário de Andrade enganou-se. A acefalidade da Patagônia, atravessada pelo abandono e significante vazio, diz Raul Antelo, ilustra que ela, de fato, é heterogênea com relação à ordem dos espaços, principalmente a do espaço primordial da lei, do nome e do Estado; que ela faz parte da geografia, mas é na história que se lhe compreende a configuração. Textualmente: "O vazio nada contém em si próprio, mas ele aponta, entretanto, a impossibilidade de obturação hermética do sistema nacional, daí que, ainda quando sinal vazio, ele conota sempre a mais absoluta e sublime plenitude"[33].

A ideia prismática de Raul Antelo, leitor convicto de Walter Benjamin e Mário de Andrade, já traçada desde seu *Na ilha de Marapatá*, em que apresenta Mário lendo os hispano-americanos, tem a ver com a busca exemplar dos primitivismos modernistas de um sentido originário para a experiência: energias simbólicas ainda informes, esquecimento, lembrança do presente, imagens abandonadas etc. E afirma, assim, que "o sentido existe como movimento e deslocamento, como fruto de exceção e exílio. O novo sentido, o *sentido* de toda construção, é, portanto, o processo da desidentificação simbólica, uma singular busca contra-hegemônica entre materiais abandonados"[34]. O sentido do engano de Mário de Andrade (que se esqueceu do Piauí) espalha-se também pela maquinação desidentitária de Macunaíma, e se lida numa metamorfose nordestina recuperada e

---

[32] "*Ler o que nunca foi escrito*. Esta forma de leitura é a mais antiga: a leitura antes de toda a linguagem, a partir das entranhas, dos astros ou da dança. Mais tarde apareceram instrumentos intermediários de novas formas de leitura, runas e hieróglifos. Tudo indica que foram estes os estádios que permitiram a entrada na escrita e na linguagem daquele tom mimético que em tempos fora o fundamento das práticas ocultas. Assim sendo, a linguagem seria o grau mais elevado do comportamento mimético e o mais completo arquivo de semelhanças não sensíveis: um medium para o qual migraram definitivamente as antigas forças da ação e da ideia miméticas, até ao ponto de liquidarem as da magia." (Benjamin, 2015, p. 59.)

[33] Antelo, 2009, p. 38.

[34] Antelo, 2009, p. 38.

retratada por Belchior o tempo inteiro (que sempre cantou o boi morto do Piauí); entre o *canto novo* e o *bumba*,[35] o que se tem é a provocação do espanto e, assim, ainda, sem empatia alguma, atacar o mundo de surpresa com uma mínima fagulha de esperança.

### REFERÊNCIAS BIBLIOGRÁFICAS

AGAMBEN, Giorgio. *Bartleby, ou da contingência*. Trad. Vinícius Honesko. Belo Horizonte: Autêntica, 2015.

ANDRADE, Mário. *Macunaíma*. Rio de Janeiro: Agir, 2008.

_____. *Poesias completas*, vol. 1. Edição de texto apurado, anotada e acrescida de documentos por Tatiana Longo Figueiredo e Telê Ancona Lopez. Rio de Janeiro: Nova Fronteira, 2013.

ANTELO, Raul. "Macunaíma: apropriação e originalidade". Em: *Macunaíma*. Paris/Brasília: CNPq, 1988. [Coleção Arquivos]

_____. *Na ilha de Marapatá: Mário de Andrade lê os hispano-americanos*. São Paulo: Hucitec/INL, 1986.

_____. *Ausências*. Florianópolis: Editora da Casa, 2009.

_____. "Lejacercanía: la lucha de los espacios inventados". Em: *Imágenes de América Latina*. Buenos Aires: Eduntref, 2014.

BAZIN, André. *Charles Chaplin* (prefácio de François Truffaut). Trad. Luiz Carlos Velhos dos Santos. São Paulo: Impressão, 1989.

BENJAMIN, Walter. *Ensaios sobre Brecht*. Trad. Claudia Abeling. São Paulo: Boitempo, 2017.

_____. *Linguagem, tradução, literatura*. Trad. João Barrento. Lisboa: Assírio e Alvim, 2015.

_____. *O anjo da história*. Trad. João Barrento. Lisboa: Assírio e Alvim, 2010.

BRUNO, Giordano. *Os vínculos*. Trad. Elaine Sartorelli. São Paulo: Hedra, 2012.

SOUZA, Gilda de Mello e. *O tupi e o alaúde*. São Paulo: Duas Cidades/Editora 34, 2003.

ZACCHI, André. "Belazarte e Malazarte: caras de um intelectual ficcional". *Boletim de pesquisa Nelic*. Florianópolis: 2017, vol. 17, nº 27, pp. 41-55.

### DISCOS

BELCHIOR. *Objeto direto* (disco de vinil). Rio de Janeiro. WEA discos, 1980.

_____. *Era uma vez um homem e seu tempo* (disco de vinil). Rio de Janeiro. WEA discos, 1979.

_____. *Coração selvagem* (disco de vinil). Rio de Janeiro. WEA discos, 1977.

_____. *Belchior* (disco de vinil). Rio de Janeiro. WEA discos, 1974.

---

35 Vale ressaltar que, depois, é Joaquim Cardozo, outro leitor convicto de Mário de Andrade, que refaz o caráter do *bumba* em suas seis peças de teatro, *seis bumbas*, a partir também do procedimento de Yukio Mishima ao revisitar e refazer a estrutura do teatro popular japonês, o *nô*: imaterialidade, orientalismo e maquinação desidentitária.

*Alex Cerveny*

## RELIGIÃO

Deus! creio em Ti! Creio na tua Bíblia!

Não que a explicasse eu mesmo,
porque a recebi das mãos dos que viveram as iluminações!

Catolicismo! sem pinturas de Calixto!... As humildades!...
No poço das minhas erronias
vi que reluzia a lua dos teus perdoares!...

Rio-me dos Luteros parasitais
e dos orgulhos soezes que não sabem ser orgulhos da Verdade;
e os mações, que são pecados vivos,
e que nem sabem ser Pecado!

Oh! minhas culpas e meus tresvarios!
E as nobilitações dos meus arrependimentos
chovendo para a fecundação das Palestinas!
Confessar!...
Noturno em sangue do Jardim das Oliveiras!...

Naves de Santa Efigênia,
os meus joelhos criaram escudos de defesa contra vós!
Cantai como me arrastei por vós!
Dizei como me debrucei sobre vós!

Mas dos longínquos veio o Redentor!
E no poço sem fundo das minhas erronias
vi que reluzia a lua dos seus perdoares!...

"Santa Maria, mãe de Deus..."
A minha mãe-da-terra é toda os meus entusiasmos:
dar-lhe-ia os meus dinheiros e minhas mãos também!
Santa Maria dos olhos verdes, verdes,
venho depositar aos vossos pés verdes
 a coroa de luz da minha loucura!

Alcançai para mim
a Hospedaria dos Jamais Iluminados!

# Religião e superstição

*Alexandre Nodari*

> *Quem não souber rezar, não leia RELIGIÃO*
> Mário de Andrade

## 0.

A enunciação de um poema não se dá de uma vez por todas: ele não é proferido definitivamente nem quando da sua publicação, escrita ou oralização "original" ou "primeira". "Um poema nunca é dito, nem mesmo pelo próprio poeta. Ele é sempre re-citado"[1]. Isso não significa que não tenha historicidade, mas, antes, que constitui um objeto hiper-histórico, carregado de historicidades que se sobrepõem ao (e ressituam o) "contexto original" e fazem de toda leitura uma re-leitura. Ainda mais quando se trata de um poema cujos versos iniciais situam de saída o poeta em uma posição de receptor indireto do paradigma mesmo do que constitui *o texto original*:

Deus! Creio em Ti! Creio na Bíblia!

Não que a explicasse eu mesmo,
porque a recebi das mãos dos que viveram as iluminações!

Ainda mais quando se trata de um poema intitulado "Religião". Afinal, aponta Benveniste[2], *religio* não deriva de *religare*, "interpretação [...] inventada pelos cristãos", "historicamente falsa" (uma *releitura* da religião), mas de *relegere*: "recoletar, retomar para uma nova escolha, retornar a uma síntese anterior a fim de recompô-la", em suma, *re-ler*. Por isso, o sentido do poema só pode se dar *après-coup*, pois está intimamente ligado às re-leituras dos sentidos da *religião* para Mário de Andrade.

## 1.

A profissão de fé que abre o poema é uma operação fiduciária de depositar a confiança em um discurso dotado *a priori* de plena autoridade e, portanto, cujo sentido estaria estabelecido para sempre. Para o cristianismo, diz Emanuele Coccia[3],

---

[1] Smith, 1971, p. 273.
[2] Benveniste, 1995, p. 267.
[3] Coccia, 2008, p. 383.

"*Fides* é apenas a adesão puramente arbitrária e soberana (*voluntaria*) de um sujeito a um saber: ela expressa uma forma precisa da gênese do saber em relação a um sujeito, sua gênese prática". Contudo, como vimos, o acesso a esse saber, ao sentido desse texto, se revela indireto, e o poeta se declara incapaz de *explicá-lo*, tarefa que só pode ser levada a cabo pelos iluminados. O jogo entre luz e sombra, a oposição entre iluminação e escuridão, atravessará o poema, com um quase-refrão aparentemente prometendo uma síntese, ou melhor, uma iluminação da noite, como aquela pela qual o Messias passará após o "Noturno em sangue do Jardim das Oliveiras!...", numa referência "à noite que Jesus passou no Getsêmani [...], orando com os apóstolos às vésperas da crucificação"[4], mas também ressoando outro poema do mesmo *Pauliceia*, "Noturno", que "problematiza a dicotomia entre o alto e o baixo"[5]: "Luzes do Cambuci pelas noites de crime...". O quase-refrão de "Religião" aparece na terceira e sétima estrofes, ou seja, em posições simétricas quanto ao começo e o fim do poema:

> Catolicismo! sem pinturas de Calixto!... As humildades!...
> No poço das minhas erronias
> vi que reluzia a lua dos teus perdoares!...
> [...]
> Mas dos longínquos veio o Redentor!
> E no poço sem fundo das minhas erronias
> vi que reluzia a lua dos seus perdoares!...

Contudo, a iluminação não acontece, como fica claro pelos versos finais, "Alcançai para mim/ a Hospedaria dos Jamais Iluminados!", cujo sentido, aliás, é altamente ambíguo: por um lado, uma súplica à "Santa Maria" para que, mesmo sem iluminação, o poeta possa receber abrigo, e, por outro, um imperativo para que *outros* alcancem esse lugar impossível a que ele mesmo não conseguiu chegar. Pois se é certo que o poeta vê a luz, isso só se dá de modo indireto, refletido (reluzido): o que reluz (se reflete) no poço das suas erronias (e das errâncias de Mário em relação ao catolicismo) é a luz da Lua, mero reflexo da luz de e da verdade, a luz do Sol. O próprio poema vai criando um movimento de progressão de tal afastamento, como na pequena modificação introduzida do refrão, em que o "poço das minhas erronias" da primeira ocorrência se converte no "poço *sem fundo* das minhas erronias" da segunda, se tornando cada vez mais profundo, se afastando cada vez mais da luz. O ponto de chegada é a posição excepcional do poeta, de "jamais iluminado" (ou ainda, como vimos, do "jamais iluminado" que não conseguirá nem mesmo alcançar o lugar a ele destinado), que também marca o movimento de afastamento se comparado à abertura do poema: se os versos

---

4  Natal, 2019, p. 181.
5  *Ibid.*, p. 169.

iniciais são como que uma reverência aos iluminados, os finais são um elogio de seu contrário, aqueles que não só não são iluminados, mas nunca poderão sê-lo, e cujo abrigo não é definitivo, mas precário, uma "Hospedaria", lugar onde se acolhem à noite os errantes. E mais: da figura paterna de autoridade, fonte da crença e da hierarquia (que distingue entre iluminados e não), passamos — não sem referência intermediária ao filho ("o Redentor") — àquela materna, mãe do próprio Deus ("Santa Maria, mãe de Deus..."); passagem também da verdade do texto à materialidade do corpo ("mãe-da-terra", "Santa Maria dos olhos verdes, verdes"), passagem, diríamos, da iluminação do Sol àquela da terra, ou de um movimento de descida, que implica uma outra relação, não mais de aceitação irrestrita de algo que não se pode explicar, inacessível, e sim de uma troca:

> Santa Maria dos olhos verdes, verdes,
> venho depositar aos vossos pés verdes
> a coroa de luz da minha loucura!
>
> Alcançai para mim
> a Hospedaria dos Jamais Iluminados!

O movimento do poema, assim, tensiona o sentido de "iluminação". A religião de "Religião" se afasta da *religio* da Antiguidade romana, a "hesitação que detém, um escrúpulo que impede, e não um sentimento que leva a uma ação, ou que incita a praticar o culto"[6], e se aproxima da *experiência* dos místicos: "A minha mãe-da-terra é toda os meus *entusiasmos*" (o *entusiasmado* é aquele possuído por um deus). A oposição entre luz e sombra, diferindo progressivamente e se comunicando só indiretamente por meio de um duplo reflexo, termina, desse modo, com o seu valor trocado, pela positivação do não iluminado, como se o "poço sem fundo", o mais baixo, fosse a verdadeira iluminação: daí a formulação contraditória da "coroa de luz da minha loucura!". Poder-se-ia pensar, relendo o começo do poema a partir de seu fim, que aqueles capazes de *explicar* o texto, a Bíblia, são os que "*viveram* as iluminações", os que tiveram a experiência da *loucura sagrada*, da palavra divina *no corpo*. A religião seria, portanto, algo que se *vive*, uma experiência de corpo inteiro, e não uma verdade revelada em que se crê, um saber. Um poema contemporâneo, "Carnaval carioca", de 1923 e dedicado a Manuel Bandeira, parece confirmar isso:

> A baiana se foi na religião do Carnaval
> Como quem cumpre uma promessa.
> Todos cumprem suas promessas de gozar.

Assim como a passagem dessa famosa carta a Drummond, do ano seguinte, que o retoma:

---

[6] Benveniste, 1995, p. 272.

Só há um jeito feliz de viver a vida: é ter espírito religioso. Explico melhor: não se trata de ter espírito católico ou budista, trata-se de ter espírito religioso pra com a vida, isto é, *viver com religião a vida*. [...] estudar é bom e eu também estudo. Mas depois do estudo do livro e do gozo do livro, ou antes vem o estudo e gozo da ação corporal. [...] Eu conto no meu "Carnaval carioca" um fato a que assisti em plena avenida Rio Branco. Uns negros dançando o samba. Mas havia uma negra moça que dançava melhor que os outros. [...]. Só porque os outros faziam aquilo um pouco decorado, maquinizado, olhando o povo em volta deles, um automóvel que passava. Ela, não. Dançava com religião. Não olhava pra lado nenhum. Vivia a dança. E era sublime. Este é um caso em que tenho pensado muitas vezes. Aquela negra me ensinou o que milhões, milhões é exagero, muitos livros não me ensinaram.[7]

Aqui, a mesma formulação contraditória do poema se apresenta numa variante: é "com gente chamada baixa e *ignorante* [...] que se aprende a sentir e não com a inteligência e a erudição livresca. Eles é que conservam o espírito religioso da vida e fazem tudo sublimemente num ritual *esclarecido* de religião"[8]. Contudo, "Religião" *também* não deixa de ser uma profissão de fé, uma declaração de crença em uma religião *específica*, que, apesar do universalismo proclamado pelo seu nome, não admite *outro* "espírito religioso pra com a vida", uma religião do Livro, da palavra revelada, do texto. E é em *seu* espírito que o poeta lança invectivas contra o protestantismo ("Rio-me dos Luteros parasitais") e a maçonaria, esta por não saber pecar direito, por falta de *conhecimento*, pois para saber pecar é preciso conhecer o bem e o mal: "e os mações, que são pecados vivos,/ e que nem sabem ser Pecado!". Tais versos ecoam outros da "Ode ao burguês" ("Morte ao burguês de giolhos,/ cheirando religião e que não crê em Deus!"), em que o alvo é a hipocrisia burguesa, mas também, de um modo mais amplo, a experiência religiosa do capitalismo, caracterizada por Benjamin (2013), em 1921, como uma religião puramente cultual, sem teologia nem dogma e *parasitária* do cristianismo:

> No Ocidente, o capitalismo se desenvolveu como parasita do cristianismo — o que precisa ser demonstrado não só com base no calvinismo, mas também com base em todas as demais tendências cristãs ortodoxas —, de tal forma que, no final das contas, sua história é essencialmente a história de seu parasita, ou seja, do capitalismo.

Diante do cenário retratado por Benjamin, Bataille proporia uma "religião surrealista" (com a qual a "iluminação profana" benjaminiana guarda relações), ancorada justamente na positivação da ausência de teologia e dogma: a de pensar e praticar uma religião baseada no *mito da ausência de mito*[9], estratégia não sem res-

---

7 Andrade, 1988, pp. 21-2
8 *Ibid.* (grifos nossos).
9 Bataille, 2008, p. 54.

sonâncias em certa poesia católica brasileira[10]. Contudo, essa não é a opção de Mário, ao menos em 1922: se se aproxima dela pelo baixo, a loucura, ao mesmo tempo se afasta ao insistir na crença[11] (e) no catolicismo quando os "Luteros" e burgueses "parasitais" já o haviam convertido em um parasita do próprio capitalismo. "Religião" parece, desse modo, tentar manter a contradição, contradição que marcará as experiências e formulações da religião para Mário por toda a sua vida, que seria, em alguns momentos posteriores ao poema, formalizada como uma *contradicção*.

## 2.

Como mostrou Raul Antelo, o desvairismo de Mário estava embebido das ideias de Vicente Huidobro, em especial de "La création pure", de 1921. A concepção de que "O poeta é um pequeno Deus", "profissão de narcisismo estético"[12], é ecoada em *A escrava que não é Isaura* pelo "poeta que odeia ao burguês por não acreditar em Deus"[13]. Mas não é só isso, pois "o máximo de consciência possível para um Vicente Huidobro, ou para um Mário de Andrade [...] era humanizar o real circunscrito à personalidade do poeta. Seria o mesmo, em outras palavras, que buscar a individualização e a interiorização da experiência objetiva"[14]:

> Pensa-se que a criação pura é capaz de nos tirar do estágio dependente em que predominava a distorção pitoresquista, sem perceber que está sendo preparado o terreno para o fetichismo da palavra, *snob* e tecnocrático. Há uma boa dose de ingenuidade genial ao pensar que, assim agindo, supera-se o provincianismo poético e que o poeta-deus pode controlar a situação.[15]

Por isso, Antelo diz ser "lícito afirmar o limite teórico do desvairismo", "o caráter parcial e fragmentário desse projeto, na medida em que não é capaz de incorporar elementos político-culturais vindo daqueles povos, onde a estrutura social estava em processo de transformação"[16]. Só a partir da "viagem a Minas e as descobertas do turista aprendiz", das "pesquisas folclóricas e o debate sobre nacionalismo e dependência cultural"[17] é que o cenário político-estético de Mário começará a mudar, incluindo o debate sobre a religião, que passa a se enlaçar cada vez mais com aquele sobre a questão nacional. Desse ponto em diante, as duas posições

---

10 Cf. Antelo, 2006.

11 Na mesma carta a Drummond, lemos: "O natural da mocidade é crer e muitos moços não creem. Que horror! Veja os moços modernos da Alemanha, da Inglaterra, da França, dos Estados Unidos, de toda a parte: eles creem, Carlos" (Andrade, 1988, p. 23).

12 Antelo, 1986, p. 7.

13 *Ibid.*, p. 13.

14 *Ibid.*, p. 15.

15 *Ibid.*, p. 13.

16 *Ibid.*, p. 23.

17 *Ibid.*, pp. 24 e 23.

contraditórias afirmadas no período de "Religião" (digamos: a crença no Pai e a religião do carnaval) serão submetidas, pelo errante convicto convertido em turista aprendiz, a uma *explicação* psico-histórica que conjuga interpretação nacional e hermenêutica freudiana, ela mesma eivada de contradições. Tratava-se agora de pensar não mais a religião universal (catolicismo) mas a religião brasileira (ainda o catolicismo — o universal — mas agora *situado* nos trópicos, na periferia). Poderíamos afirmar, nesse sentido, que se, em *Pauliceia desvairada*, o poeta advoga um "Catolicismo! sem pinturas de Calixto!...", após 1926, é uma espécie de *catolicismo com esculturas de Aleijadinho* que estará em seu horizonte.

No famoso ensaio de 1928, o "tipo de igreja" de Aleijadinho é caracterizado como a "única solução original que jamais inventou a arquitetura brasileira", "absolutamente genial" por conter "algumas das constâncias mais íntimas, mais arraigadas e mais étnicas da psicologia brasileira", em suma, um "protótipo da religiosidade brasileira"[18]. Paradoxalmente, porém, o que caracteriza o nacional aqui é a ausência de consciência nacional em uma "terra sem tradições": "Sem tradições porque ignoravam a pátria e a terra. Em verdade, na consciência daquela gente inda não tinha se geografado o mapa do imenso Brasil. [...] era natural que brotasse uma alma com pouca prática da vida, cheia de arroubos assustados, se esquecendo de si mesma nas névoas da religiosidade supersticiosa"[19].

Estamos no mesmo terreno de *Macunaíma*, definido *après-coup* ("depois dele feito") pelo autor como "sintoma de cultura nossa"[20] em um dos prefácios não publicados: "O brasileiro", diz em outro deles, "não tem caráter porque não possui civilização própria nem consciência tradicional. Os franceses têm caráter e assim os jorubas e os mexicanos"[21]. Que os prefácios tenham permanecido inéditos é sintomático do *sintoma* que *Macunaíma* é, mas também do sentido desse sintoma para Mário. Pois me parece que ele oscila entre tomar essa ausência negativamente como uma falta e positivá-la como uma negação deliberada (transformando, em termos clastreanos, o *sem* em *contra*). Assim, em uma crônica sobre a emigração das canções, de 1934 (o momento e a posição política de Mário são outros, escusado dizer), lemos num tom, sem sombra de dúvida, elegíaco que

> o povo é ingenitamente internacional e absolutamente infenso a qualquer noção de nacionalismo. Se chega a ser nacional, isso independe de qualquer nacionalismo, e mesmo de qualquer patriotismo. Nacionalismo, patriotismo, não são apenas noções cultas, como até noções de classe, defensivas das hoje chamadas classes burguesas.[22]

---

18 Andrade, 1935, p. 43.
19 *Ibid.*, p. 26.
20 Andrade, 2018, p. 215.
21 *Ibid.*, p. 211.
22 Andrade, 2018, s.p.

Ora, as duas posições aparecem afirmadas ao mesmo tempo no final do texto sobre o Aleijadinho. Sem síntese, como em "Religião", mas, diferentemente do poema, formando uma só posição ambivalente, uma *contra-posição*: não mais uma contradição, mas uma *contradicção*, como se os dois movimentos (buscar a plenitude ou rejeitar a totalidade) fossem possibilidades ou forças possíveis inscritas em um mesmo corpo (histórico), corpo que Mário chama aqui de "mestiço" ou "mulato". Leiamos:

> Era de todos, o único que se poderá dizer nacional, pela originalidade das suas soluções. Era já um produto da terra, e do homem vivendo nela, e era um inconsciente de outras existências milhores de além-mar: um aclimado, na extensão psicológica do termo. Mas, engenho já nacional, era o maior boato-falso da nacionalidade, ao mesmo tempo que caracterizava toda a falsificação da nossa entidade civilizada, feita não de desenvolvimento interno, natural, que vai do centro pra periferia e se torna excêntrica por expansão, mas de importações acomodatícias e irregulares, artificial, vinda do exterior. [...]
>
> Por outro lado, ele coroa, como gênio maior, o período em que a entidade brasileira age sob a influência de Portugal. É a solução brasileira da Colônia. É o mestiço e é logicamente a independência. Deforma a coisa lusa, mas não é uma coisa fixa ainda. Vem economicamente atrasado, porque a técnica artística nas Minas foi mais lenta a se desenvolver, que o esplendor econômico feito apenas das sobras dum colonialismo que visava unicamente enriquecer Portugal. [...] Mas abrasileirando a coisa lusa, lhe dando graça, delicadeza e dengue na arquitetura, por outro lado, mestiço, ele vagava no mundo. Ele reinventava o mundo. O Aleijadinho lembra tudo! Evoca os primitivos itálicos, bosqueja a Renascença, se afunda no gótico, quasi francês por vezes, muito germânico quasi sempre, espanhol no realismo místico. Uma enorme irregularidade vagamunda, que seria diletante mesmo, se não fosse a força de convicção impressa nas suas obras imortais. É um mestiço, mais que um nacional. Só é brasileiro porque, meu Deus! aconteceu no Brasil. E só é o Aleijadinho na riqueza itinerante das suas idiossincrasias. E nisto em principal é que ele profetizava americanamente o Brasil...[23]

O mestiço, insistamos, não é, para Mário, uma síntese, um terceiro termo fusional (como não o é o herói sem caráter: "não tive intenção de sintetizar o brasileiro em Macunaíma"[24]), mas uma sobreposição que extrapola, uma multiplicidade: "É um mestiço *mais que* um nacional". Se é nacional, não é por subtração, mas por acidente, afinal, a própria nação é uma contingência, como dirá em 1931: "Só me resta pois o acaso dos Cabrais, que por terem em provável acaso descoberto em provável primeiro lugar o Brasil, o Brasil pertence a Portugal"[25]. Daí a afirmação, em ainda outro prefácio da rapsódia: "não estou convencido pelo simples fato de ter empregado elementos nacionais, de ter feito obra brasileira. Não sei si sou brasileiro"[26].

---

23 Andrade, 1935, pp. 63-5.
24 *Idem*, 2017, p. 216.
25 *Idem*, 1988, p. 426.
26 *Idem*, 2017, p. 213.

O Aleijadinho comporta, assim, duas dicções: a do gesto (de tateamento) inaugural da constituição da "cultura nossa", sequestrado (recalcado) por Antonio Candido, segundo Haroldo de Campos, mas igualmente a da rejeição de saída dessa constituição, com a afirmação (internacionalista, para retomar o vocabulário da crônica acima citada, e não universalista, numa ressignificação do "católico") de uma postura "vagamunda" (as "erronias", as errâncias), antitotalização tanto do universal quanto do nacional. Nesse sentido, a hipótese que Fernanda Dusse (2019) extrai da contraposição ocupada pelo "mulato" no barroco mineiro, a partir das leituras de Mário e Flusser, talvez esteja, ao seu modo, já presente no ensaio daquele, como se a in-consciência da nacionalidade fosse uma consciência de outra ordem:

> do lado de cá era esse homem, sempre consciente do fracasso do projeto moderno, que materializava e deturpava a modernidade. O mulato livre por não ter comunidade ou classe. O mulato lembrado de que não era branco e estimulado a se afastar dos negros. O mulato que não só pôs comicamente cajus e cacaus na Santa Ceia, mas que encheu de búzios e conchas os altares de algumas igrejas. O mulato que criava e se apresentava nos profetas de Congonhas, todos eles assombrados com o que viam. A mulata-mãe, a matriarca que ocupa o centro do céu no teto da Igreja de São Francisco de Assis em Ouro Preto, pintada pelas mãos de Mestre Ataíde, que escolheu dar a face mulata para muitas de suas imagens sacras. Em todas essas imagens, a inconsistência da modernidade está escancarada e o projeto de silenciamento da diferença salta para a superfície, evidenciando a impossibilidade de uma coexistência harmônica. No Brasil, o barroco escancara a posição subalterna do país no Atlas e a posição inferior de alguns homens na sociedade.
>
> Nesse sentido, o barroco mineiro não funda somente o Brasil. Ele funda no mundo a consciência de que algo está profundamente errado com o projeto moderno de progresso, controle e expansão.

São os "ignorantes" — até de si mesmos[27] — os únicos capazes de fazer um ritual — e uma política — esclarecidos.

## 3.

A advertência que nos serve de epígrafe pode ser relida a partir do movimento desencadeado em 1924. O que aparece de modo ainda figurado em "Carnaval carioca" se torna literal após as viagens do turista aprendiz. Através delas, Mário percebe que a reza se faz de muitos modos e para muitos (tipos de) deuses, às vezes ao mesmo tempo:

---

27 "Castro Alves viveu num país desprovido propriamente de povo, de um povo de que ele pudesse se tornar a expressão. O que havia mesmo, além da massa servil de escravos, era apenas uma burguesia das cidades, se dando as mãos através da desértica mataria. Povo, mas sem a menor consciência de si mesmo seriam os mestiços. E talvez, buscando outra arte que não as literárias, encontraremos, um século antes, uma legítima expressão culta (ou quase...) de povo entre nós, em Antônio Francisco Lisboa, o Aleijadinho" (Andrade, 2002, p. 132).

Enquanto jantávamos chegou frei Antonino num barulhão. Indaguei. Não achava o caboclo amazonense com instinto religioso não. Era no geral indiferente e carecia tratá-lo com muito cuidado, senão se arredava da missa. Em geral se contentava de possuir a pintura de Santo Antônio e pronto. Ou Nossa Senhora. Mas não reza nem se amola muito com Deus. Mas é mais feliz que vocês, civilizados. Mas alguns têm umas festas horríveis. Quando é só dança inda vai bem. Agora mesmo acabou a trezena de Santo Antônio que são treze noites de dança, isso nem se pensa acabar![28]

Mas é em Natal que ele encontra a manifestação (*sintoma*) mais visível do babelismo de contradicções de uma experiência religiosa múltipla em que feitiçaria e religião coincidem. A "última sexta-feira do ano, apesar do dia ser par", relata Mário, era um dia "muito propício pra coisas de feitiçaria", "pra 'fechar o corpo' no catimbó de dona Plastina, lá no fundo dum bairro pobre, sem iluminação, sem bonde, branquejado pelo areão das dunas" de Natal[29]. O "murmúrio rezado da *Força do Credo*", na qual seria possível ver a "influência de catolicismo existida nos catimbós"[30], terminou por entregar a Mário o que ele buscava: "Não tem mais malefício nem da terra nem das águas, nem de por baixo da terra nem dos ares que me venha atentar, estou de corpo fechado"[31]. Mas não sem dificuldades, já que o preço de fechar o corpo era abrir-se a um *corpus* religioso em que se sobrepunham "cachimbos, maracá pequenote de madeira, óleo, água-benta e cauim":

É impossível descrever tudo o que se passou nessa sessão disparatada, mescla de sinceridade e de charlatanismo, ridícula, dramática, cômica, religiosa, enervante, repugnante, comovente, tudo misturado. E poética [...]. Mestre João, sem paletó, mangas de camisa arregaçadas pra matéria dos braços estar pura, iniciou o cerimonial. Foi o momento mais difícil pra mim. A mistura de santos católicos chamados pra abençoar os trabalhos, São José, São Benedito, a invocação constante de Deus na pessoa de Jesuis, Santa Luzia (e Mestre João fazia cruzes sobre os olhos com o maracá) invocada pra dar... "evidência"... A bênção e purificação da Princesa e das outras "marcas", tudo com um ar malandro de mistificação, repugnou por demais à minha consciência convictamente católica. A cada invocação, a cada reza seguia sempre um gesto cabalístico com o maracá e o refrão surdo gritado com ritmo pelos dois mestres: A'iiii!... Trunfei! trunfá!... Trunfa riá!...[32]

## 4.

A contradição de "Religião" e a contradicção religiosa pós-1924, se diferem, por um lado, por outro, têm como continuidade a caracterização, por Mário, do ca-

---

28 Andrade, 2015, p. 114.
29 *Ibid.*, p. 293.
30 *Ibid.*, p. 300.
31 *Ibid.*
32 *Ibid.*, pp. 294-5.

tolicismo (logo, do universalismo; logo, por tabela, do nacional) como um "problema" *sem solução*, *i.e.*, sem síntese. Dessa maneira, em uma carta de 1930 a Tristão de Ataíde, Mário *positiva* a sua irresolução, sua falta de posição, como se ela constituísse o que estamos chamando de *contra-posição*:

> Minha aparente tibieza em tomar posição no movimento religioso da época não é tibieza e muito menos [covardia], é mesmo a mais dolorosa das incompetências pessoais para resolver numa atitude decisiva [...]. O estado de insolução é tamanho, veja isto, que se um antirreligioso me pergunta o que sou, secundo que católico, mas se quem pergunta é católico, secundo que [não]. Não é irresolução, é positiva incapacidade pra resolver.[33]

O diálogo agônico com Tristão talvez seja, aliás, o *locus* central para entender o(s) (diversos) sentido(s) da religião para Mário. Em ensaio de 1931, Amoroso Lima é repreendido pela tentativa "ilusória de enxergar o que não existe ainda, a nação". Tristão teria partido da premissa de "que o conhecimento de Brasil viria da síntese", mas "tal síntese era [...] impossível: porque [...] a nossa formação nacional não é natural, não é espontânea, não é, por assim dizer, lógica. Daí a imundície de contrastes que somos"[34]. Decorrência dessa impossibilidade da totalização sintética estaria a de "verificar afirmativamente a catolicidade da gente brasileira"[35]: "Confesso que não consigo verificar bem na gente brasileira um catolicismo essencial, digno do nome de religião. Principalmente como fenômeno social. Digo isso com tristeza porque me parece mais outra miséria nossa"[36]. Isso não significa, porém, que não haveria uma "religiosidade brasileira"[37], que "nos vem não apenas da fonte luso-católica, como talvez até mais dos sangues negro e ameríndio"[38] — "religiosidade nacional" que os modernistas "especificaram e desenvolveram [...] não apenas [...] quando orientada pela tradição cristã, como ainda pelo feitichismo africano e pela superstição, que tanto irritam o pensador católico"[39]. O erro de Tristão, para Mário, derivaria de "um tal ou qual confusionismo entre religiosidade e catolicidade"[40]. Religião e catolicismo não se confundem, em 1931, para o autor de *Pauliceia desvairada*, pelo contrário: "A religiosidade trabalhou"[41] o catolicismo, de- ou trans-formando-o antes mesmo que ele se *formasse* entre

---

33 Andrade e Amoroso Lima, 2018, p. 162.
34 Andrade, 2002, p. 16.
35 *Ibid.*, p. 19.
36 *Ibid.*, p. 21.
37 *Ibid.*, p. 34.
38 *Ibid.*, p. 32.
39 *Ibid.*, p. 20.
40 *Ibid.*
41 *Ibid.*, p. 22.

nós, pois, no Brasil, "jamais [...] o Catolicismo ligou os seres a ponto de constituir verdadeiramente um movimento de opinião"[42]. Isso porque ele não produziu uma conversão, não foi acatado por meio de uma crença excludente, mas se sobrepôs às religiosidades não europeias (ameríndia e africana), sendo relido sob as lentes daquelas. Contrastemos duas passagens do ensaio, que revelam duas atitudes religiosas (duas religiosidades) distintas. A primeira permite ressignificar o deboche virulento de "Religião" em relação aos protestantes:

> Uma recordação de infância me conta que de-noite vários colegas do Ginásio de N.S. do Carmo nos reuníamos para fumar de escondido, beber cerveja e outros então crimes dos 14 anos. Entre estes primava o de atirar pedra nas vidraças dum colégio diz-que protestante que havia numa esquina do então inculto largo da República. Hoje que posso me analisar melhor, sei que não era o zelo religioso de que nos imaginávamos possuídos que nos levava a atirar pedra, e sim o zelo das pedradas que nos tornava católicos e cruzados.[43]

A esta postura universalizante do catolicismo se contrapõe a de uma outra experiência religiosa (em relação ao próprio catolicismo):

> os Apinagé do norte de Goiás, apesar de vivendo há mais de cem anos sob a não sei se diga gestões religiosas católicas, também conservam o seu culto e ritos tapuios. *Vivem com duas religiões, o que não é pouca ambição*. Ao mesmo tempo em que o padre os batiza e casa, também o Vaiangá, o pajé deles, faz o mesmo. Cultuam a Deus como a Mebapáme, que é o sol.[44]

Não se trata de sincretismo, e a passagem que frisamos deixa claro isso, mas de multiplicação. Essa sobreposição de religiões heterogêneas, uma ligada ao Livro, outra ligada à magia, não estaria, porém, restrita a um povo específico, mas disseminada pelo país, a ponto de ter transformado o funcionamento mesmo do catolicismo entre nós. Assim, "por causa dos ritos brasis e africanos, permanecidos com tanta vitalidade em nossos meios mais civilizados"[45], teria se disseminado a "idolatria de santos inventados [...]. Pra não dizer deuses"[46], e a própria função ou posição do sacerdote teria se modificado:

> Bem curioso, aliás, é o conceito que o povo tem do padre. Este não é propriamente ministro de Deus. Perde a função de intermediário, em vez, age diretamente sobre os poderes invisíveis benéficos ou malignos, por meio dos gestos, das pa-

---

42 *Ibid.*, p. 31.
43 *Ibid.*, p. 26.
44 *Ibid.*, p. 30 (grifo nosso).
45 *Ibid.*, p. 29.
46 *Ibid.*, p. 22.

lavras rituais e da preparação mística anterior ao ofício de padre. É o caraíba, o piaga, o pagé, o *medicine-man* — é exatissimamente o feiticeiro das religiões chamadas "naturais". Não tem comunidade que não possua o seu frade, a sua freira especialista nessa coisa tão fácil do povo interpretar como milagre, pela aplicação do princípio determinista da magia.⁴⁷

Ao final do ensaio, Mário *interpreta* esse cenário religioso via Freud, "mesmo sem aceitar a excessiva generalização"⁴⁸ deste, como aparentado à "mentalidade primitiva: todos estes fenômenos da nossa religiosidade são eminentemente contraditórios não só da elevação filosófica católica como do Catolicismo *tout court*"⁴⁹. "Deísmo e sexualismo serão talvez as fontes matrizes da religiosidade brasileira"⁵⁰, reforçando o nosso "egotismo" (observe-se como, de 1920 a 1930, o valor da individualidade se inverteu). Pois essa religiosidade assume a forma de uma troca: "A gente", lemos em "O culto das estátuas", "cultua facilmente Deus, deuses e assombrações, porque pra com essas forças conspícuas do além, o culto é mais propriamente uma barganha de favores, um dá-cá-e-toma-lá em que sempre nos sobra esperança de mais ganhar do que dar"⁵¹.

A palavra-chave aqui é *superstição*. Se em Aleijadinho era possível ver o "protótipo da religiosidade brasileira", é essa mesma "religiosidade supersticiosa" que "se desenvolveu" *contra* o catolicismo, pois "o estado religioso atual do povo" é o de "uma superstição desbragada", num país "onde os processos naturais e simpatias estavam universalmente espalhados": "A enormidade de nossa superstição, o uso e abuso quotidiano dos seus processos, a violência incontestável da magia branca e negra de proveniência ameríndia e africana, o uso de sibilas de todas as vestimentas, provam a falta de catolicismo verdadeiro tanto na burguesia como na massa popular"⁵². Mais uma vez, o diagnóstico de Mário é ambivalente: ele diz e valora diferentemente duas coisas contraditórias ao mesmo tempo. Por um lado, a religiosidade brasileira teria se *desenvolvido*, *trabalhado*, ativamente impedido a formação do catolicismo em sentido estrito. Por outro, segundo o esquema evolucionista de *Totem e tabu*, ela seria um atavismo primitivo que, negativamente, atrasa a "elevação". E, de fato, é esse sentido de resíduo, de sobrevivência que a palavra "superstição" evoca: "*Superstitio* indicaria [...] um 'resquício' de uma antiga crença que, na época em que é considerada, parece supérflua". Contudo, para Benveniste⁵³, "essa explicação baseia-se num contrassenso histórico: seria emprestar aos antigos, e antes da tradição histórica, a atitude de

---

47 *Ibid.*, p. 29.
48 *Ibid.*, p. 32.
49 *Ibid.*, p. 33.
50 *Ibid.*, p. 34.
51 Andrade *apud* Silva, 2019, p. 45.
52 Andrade, 2002, pp. 30-1.
53 Benveniste, 1995, p. 275.

espírito e o senso crítico do século XIX ou de nossos etnógrafos modernos, que possibilitam discernir na religião 'sobrevivências' de uma época mais antiga e que não se harmonizam com o resto". *Superstitio*, na Antiguidade romana, "é o dom de uma segunda visão que possibilita conhecer o passado como se se tivesse estado presente no acontecimento, *superstes*. Eis por que *superstitiosus* enuncia a propriedade de 'dupla visão' que é atribuída aos 'videntes', aquela de ser 'testemunha' de acontecimentos aos quais não assistiu"[54]. A passagem à acepção pejorativa proviria de uma luta de classes, entre a religião oficial do Estado e a prática divinatória errante:

> Os romanos tinham horror às práticas divinatórias; consideravam-nas charlatanismo; os feiticeiros, os adivinhos eram desprezados, e além disso, na maioria, vinham de países estrangeiros. *Superstitio*, associado ao fato de práticas reprovadas, tomou uma nuança desfavorável. Apontou [...] as práticas de uma falsa religião consideradas vãs e baixas, indignas de uma mente equilibrada. Os romanos, fiéis aos augúrios oficiais, sempre condenaram o recurso à magia, à adivinhação, às práticas consideradas pueris. Então, com base nesse sentido de "crenças religiosas desprezíveis", formou-se um novo adjetivo com uma nova derivação a partir da palavra de base: *superstitiosus*, "que se entrega à *superstitio*" ou se deixa influenciar por ela. Daí se tirou uma nova ideia de *superstitio* como antítese de *religio*; produzindo o novo adjetivo *superstitiosus*, "supersticioso", totalmente diferente do primeiro, antitético de *religiosus* com a mesma formação. Mas foi a visão esclarecida, filosófica dos romanos racionalistas que dissociou *religio*, o escrúpulo religioso, o culto autêntico, de *superstitio*, forma deteriorada, pervertida, da religião.[55]

O que sobrevive, o que subsiste — a superstição —, não seria também uma outra forma de ver o passado e o futuro, portanto, o presente, distinta da (e contra a) religião oficial, do catolicismo e do Estado? Não seria a reencenação dessa disputa agônica o que acontece a cada vez que Mário trata da religiosidade, aquilo que atravessa seu corpo não sem dificuldades quando das suas experiências religiosas? E não seria ela também a cena enunciativa de "Religião"?

## 5.

Se a desconstrução busca ouvir um único enunciado em mais de uma língua, é porque segue o postulado da sobredeterminação freudiana: um único elemento manifesto (do sonho, por exemplo) pode ser determinado por mais de uma série de pensamentos latentes, por vezes contraditórios, não se reduzindo a nenhuma delas em específico. É certo que Mário conhecia o conceito, embora não tenha lançado mão dele explicitamente para pensar a religião. Em *A escrava que*

---

54 *Ibid.*, p. 279.
55 *Ibid.*, p. 280.

*não é Isaura*, a noção ecoa nas de "Polifonismo e simultaneidade"[56] e mesmo na ideia de "uma espécie de poesia [...] pampsíquica"[57] que "o emprego direto do subconsciente"[58] pelos modernistas produziria: mais de uma voz (de um "eu"), de uma dicção ao mesmo tempo. Talvez se pudesse dizer que, mesmo latente, a sobredeterminação se manifesta no seu tratamento da religião. Afinal, o que é a nada modesta ambição de viver com duas religiões ao mesmo tempo, de rezar em mais de uma língua, que Mário vê nos Apinagé e que experiencia no seu corpo em Natal? Não se tratam, porém, de casos isolados, mas como que de um paradigma de uma religiosidade não só *brasileira*. Ao menos, é o que se pode inferir da passagem que se segue ao comentário sobre os indígenas de Goiás:

> Isso é curioso de aproximar daquela observação de Ambrosetti [...] *que el elemento indio de la población del Valle Calchaquí puede decirse que no tiene fe religiosa, en el sentido verdadero de la palabra. Es puntual en la observación de las fiestas y cerimonias religiosas, como también lo es cuando se trata de hacer ofrendas, de invocar a Pacha Mama; de modo que en la religión cristiana no ha hecho más que aumentar el número de sus supersticiones, sin diminuirle las muchas que ya tenía cuando los españoles entraron en esa región.*[59]

Sem fé, sem crença (ausência), mas com duas religiões (multiplicidade): Deus e a Mãe-terra.

Voltemos ao nosso poema, mais especificamente às estrofes finais da reza suplicante para a Santa Maria, em que o poeta busca, para usar termos do ensaio sobre Tristão, uma "consolação individualista", na troca espiritual bem favorável em que oferece a loucura em troca do abrigo. Mas com quem ele está negociando?

"Santa Maria, mãe de Deus..."
A minha mãe-da-terra é toda os meus entusiasmos:

A "mãe de Deus" é também a "*minha* mãe-da-terra", divindade particular, e não universal. Duas mães se sobrepõem, portanto, em uma mesma figura, e é a ambas que se dirige. A "minha mãe-da-terra" pode muito bem ser uma das inúmeras manifestações da Virgem Maria, singularizadas pelo local/contexto de sua aparição. Assim como também remete à figura das mães ou espíritos-mestres ameríndias, responsáveis pelo cuidado de espécies, coisas ou lugares, e mobilizadas e teorizadas em *Macunaíma*[60]. Religioso *e* supersticioso, Mário negocia

---

56 Andrade, 2013, p. 292.
57 *Ibid.*, p. 291.
58 *Ibid.*, p. 290.
59 Andrade, 2002, p. 30.
60 Cf. Nodari, 2020.

com as duas ao mesmo tempo. Se contradiz, mas também inscreve em seu corpo "mulato" ou "mestiço", a contradicção, a sobredeterminação da experiência religiosa múltipla de uma nação que não existe. Fazendo do seu corpo poético a cena de uma batalha agônica sem possibilidade de resolução, Mário parece afirmar contraditoriamente que, se "Nenhum Brasil existe", *todos os brasis subsistem*.

## REFERÊNCIAS BIBLIOGRÁFICAS

ANDRADE, Mário de. *A lição do amigo: cartas de Mário de Andrade a Carlos Drummond de Andrade*. 2ª ed. Rio de Janeiro: Record, 1988.

_____. "As canções emigram". Disponível em: <https://subspeciealteritatis.wordpress.com/2018/12/11/as-cancoes-emigram-mario-de-andrade/>, 2018.

_____. *Macunaíma: o herói sem nenhum caráter*. Ed. crítica Telê Porto Ancona Lopez. Florianópolis: Coleção Archives Unesco, 1988.

_____. *Macunaíma: o herói sem nenhum caráter*. São Paulo: Ubu, 2017.

_____. *O Aleijadinho e Álvares de Azevedo*. Rio de Janeiro: R.A. Editora, 1935.

_____. *Aspectos da literatura brasileira*. 6ª ed. Belo Horizonte: Itatiaia, 2002.

_____. *O turista aprendiz*. Ed. Telê Ancona Lopez e Tatiana Longo Figueiredo. Brasília: Iphan, 2015.

_____. *Obra imatura*. Coord. Telê Ancona Lopez. Rio de Janeiro: Nova Fronteira, 2013.

_____; AMOROSO LIMA, Alceu. *Correspondência Mário de Andrade & Alceu Amoroso Lima*. Org. Leandro Garcia Rodrigues. São Paulo: Edusp; Rio de Janeiro: Ed. PUC-Rio, 2018.

ANTELO, Raul. "Murilo, o surrealismo e a religião". *Boletim de Pesquisa Nelic*, 2006, vol. 6, nº 8/9, pp. 4-17.

_____. *Na ilha de Marapatá: Mário de Andrade lê os hispano-americanos*. São Paulo/Brasília: Hucitec/INL/Fundação Nacional Pró-Memória, 1986.

BATAILLE, Georges. *La religión surrealista: conferencias 1947-1948*. Trad. Lucía Ana Bellor e Julián Manuel Fava. Buenos Aires: Las Cuarenta, 2008.

BENJAMIN, Walter. *O capitalismo como religião*. Ed. eletrônica. Trad. Nélio Schneider e Renato Ribeiro Pompeu. São Paulo: Boitempo, 2013.

BENVENISTE, Émile. *O vocabulário das instituições indo-europeias*, vol. 2. Trad. Denise Bottmann. Campinas: Editora da Unicamp, 1995.

COCCIA, Emanuele. *Filosofía de la imaginación: Averroes y el averroísmo*. Trad. María Teresa D'Meza. Buenos Aires: Adriana Hidalgo, 2008.

DUSSE, Fernanda. O Barroco fundador: Mário de Andrade e Aleijadinho. *In:* Encontro intermediário de Literatura Comparada. Cefet/MG, 2019.

NATAL, Caion Meneguello. "O sagrado e o profano na poesia de Mário de Andrade". *Revista do Instituto de Estudos Brasileiros*, 2019, nº 72, pp. 162-83.

NODARI, Alexandre. "A metamorfologia de *Macunaíma*: notas iniciais". *Crítica cultural*, 2020, vol. 15, nº 1, pp. 41-67.

SILVA, Juliana Correa da. *Mário de Andrade cronista: uma análise sobre a ficção em "Os filhos da Candinha"*. Dissertação (Mestrado) — Programa de Pós-Graduação em Letras/UFPR. Curitiba: 2019.

SMITH, Barbara. "Poetry as Fiction". *New Literary History*, 1971, vol. 2, nº 2, pp. 259-81.

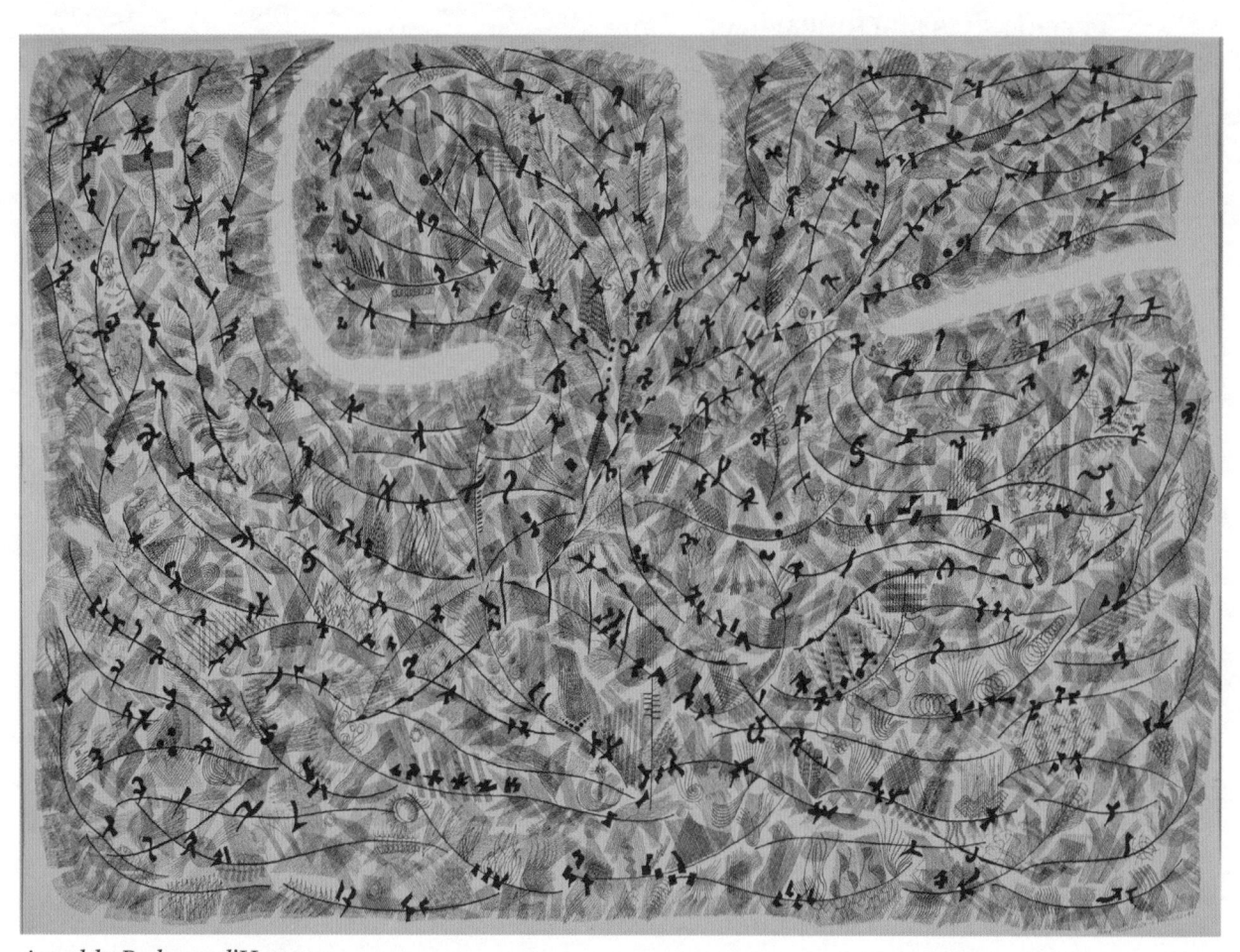

Arnaldo Pedroso d'Horta

## PAISAGEM Nº 4

Os caminhões rodando, as carroças rodando,
rápidas as ruas se desenrolando,
rumor surdo e rouco, estrépitos, estalidos...
E o largo coro de ouro das sacas de café!...

Na confluência o grito inglês da São Paulo Railway...
Mas as ventaneiras da desilusão! a baixa do café!...
As quebras, as ameaças, as audácias superfinas!...
Fogem os fazendeiros para o lar!... Cincinato Braga!...
Muito ao longe o Brasil com seus braços cruzados...
Oh! as indiferenças maternais!...

Os caminhões rodando, as carroças rodando,
rápidas as ruas se desenrolando,
rumor surdo e rouco, estrépitos, estalidos...
E o largo coro de ouro das sacas de café!...

Lutar!
A vitória de todos os sozinhos!...
As bandeiras e os clarins dos armazéns abarrotados...
Hostilizar!... Mas as ventaneiras dos braços cruzados!...

E a coroação com os próprios dedos!
Mutismos presidenciais, para trás!
Ponhamos os (Vitória!) colares de presas inimigas!
Enguirlandemo-nos de café-cereja!
Taratá! e o peã de escárnio para o mundo!

Oh! este orgulho máximo de ser paulistamente!!!

# Explorações
# Uma leitura de "Paisagem nº 4"

*Maria Augusta Fonseca*

> *O café que alevanta os homens apodrece*
> *Escravizado pela ambição dos gigantes da mina de ouro.*
> Mário de Andrade

O poema em foco é o penúltimo de *Pauliceia desvairada* (1922)[1] e o último da série de poemas denominados "Paisagem", distribuídos na obra de modo não sequencial, com tratamento diferenciado entre eles. Como os demais poemas dessa obra inaugural do modernismo brasileiro, "Paisagem nº 4" também absorve em suas linhas a *féerie* arlequinal que dá sustentação às experimentações artísticas de Mário de Andrade. Esse poema labiríntico, provocador, enigmático, põe em movimento um tema até então inusitado na poesia de Mário de Andrade, o café[2]. De feição ambígua, esse elemento estruturador do poema é apresentado na sua camada aparente como mercadoria, na cadeia produtiva e nas transações, assim representadas: espaço, fruto, transporte, sacas armazenadas, variação de preços, produtor, negócio e negociante, capital nacional e estrangeiro, politicagens, perdas e lamentos, lucros e triunfos. Como se verá adiante, só os trabalhadores, responsáveis pelos meios de produção estão ocultos no corpo do texto, como que alienados, alijados do processo.

Por necessidade da fatura interna, esse elaborado exercício poético concentra sintaxes truncadas, sonoridades primárias, variedade rítmica, incompletudes de sentido, arbitrariedades semânticas, articulações paródicas. Ora interligados, ora soltos, ora aos pedaços, na confluência de tempos e espaços, os versos de "Paisagem nº 4" reverberam lições do "Desvairismo", poética engendrada por Mário de Andrade no "Prefácio interessantíssimo"[3]. O tom de blague que preside

---

1 Mário de Andrade, *Pauliceia desvairada* (dezembro de 1920 a dezembro de 1921), em: *Poesias completas*, vol. 1, edição de texto apurado, anotada e acrescida de documentos por Tatiana Longo Figueiredo e Telê Ancona Lopez, Rio de Janeiro: Nova Fronteira, 2013, pp. 57-127.

2 Procedente da Etiópia e Arábia e introduzido no Brasil no século XIX, produz-se com o grão torrado e moído desse fruto uma bebida de cor marrom escuro que, de longa data, converteu-se num hábito em nossa vida cotidiana, a ponto de se tornar um símbolo nacional. Verena Stolcke, *Cafeicultura: homens, mulheres e capital (1850-1980)*, São Paulo: Brasiliense, 1986.

3 Segundo consta, Mário de Andrade elaborou o prefácio para explicar os poemas, atendendo a demanda de um presumível editor, quem diria, Monteiro Lobato. Em uma carta a Mário de Andrade, em 1923, Manuel

o poema, diga-se, também atua como importante intermediário entre os diferentes planos interpostos, articulando projeto estético e visada crítica da sociedade. Para Telê Ancona Lopez,

> *Pauliceia desvairada*, escrita em 1921, é a oportunidade de [Mário de Andrade] casar seus anseios estéticos de dinamismo na poesia com a lição recebida dos unanimistas e dos futuristas. Com efeito, em Jules Romains encontrara a apresentação da dinâmica de uma cidade como forma de coletivização, já mostrando a máquina, o veículo. Mas Romains e Verhaeren de *Villes tentaculaires*, trazem o assunto cidade com um sentido geral, amplo, particularizado por Mário como a cidade de São Paulo, com a qual se sentia afetivamente ligado.[4]

Na arte de Mário de Andrade, como se sabe, o aprendizado dinâmico das vanguardas é abrangente e proveniente de muitas fontes. No balanço que fez do movimento modernista em 1942, o escritor relembrou a animação de sua roda de amigos, pequeno grupo de jovens rebeldes, em torno das novidades que chegavam de fora: "a falange engrossando com Sérgio Milliet e Rubens Borba de Morais, chegados sabidíssimos da Europa... E nós tocávamos com respeito religioso, esses peregrinos confortáveis que tinham visto Picasso e conversado com Romain Rolland..."[5]. Criterioso nas suas escolhas, embora sensível a determinadas lições do futurismo, Mário de Andrade opõs seu modo de ver a certos clamores do contemporâneo Marinetti, que no "Manifesto do futurismo" (1909) insuflava: "Lancem fogo às estantes das bibliotecas!... Desviem o curso dos cais para inundar os museus!..."[6]. Mesmo quando concorda com algumas das propostas, Mário de Andrade não deixa de assinalar que o preceito é velho, dando como exemplo as "palavras em liberdade". Esse recurso, que considerava muito potente, e que utilizou em "Paisagem nº 4" — "Lutar!", "Hostilizar!..." —, foi ironizado no corpo do "Prefácio", nos seguintes termos: "Marinetti foi grande quando descobriu o poder sugestivo, associativo, simbólico, universal, musical da palavra em liberdade. Aliás: velha como Adão. Marinetti errou: fez dela sistema"[7].

---

Bandeira comenta: "O Lobato fechou contrato comigo desde agosto do ano passado. Todavia até agora, nada. Ele diz que verso não é negócio, é negocinho. Que isso de versos é bucha, sejam péssimos ou excelentes". Marcos Antonio de Moraes (org.), *Correspondência Mário de Andrade & Manuel Bandeira*, São Paulo: Edusp, 2000, p. 94. Em nota a essa carta, Marcos de Moraes acrescenta uma informação importante: "À *Monteiro Lobato & Cia. Editores* recorreram alguns modernistas da primeira hora. [...] Oswald de Andrade se encarregara de levar os manuscritos de *Pauliceia desvairada* de MA a José Bento Monteiro Lobato (1882-1948). Caberia ao editor, estupefato diante dos poemas, a exigência de uma explicação inicial no livro, à qual Mário responde prontamente com o "Prefácio interessantíssimo". *Ibid.*, p. 95, nota 37.

4 Telê Ancona Lopez, *Mário de Andrade: ramais e caminho*, São Paulo: Duas Cidades, 1972, pp. 215-6.

5 Mário de Andrade, "O movimento modernista", em: *Aspectos da literatura brasileira*, São Paulo: Martins, 1974, p. 237.

6 F. T. Marinetti, "Manifesto do futurismo" (publicado no *Le Figaro*, Paris, 20 fev. 1909), em: *Antologia do futurismo italiano: manifestos e poemas*, Lisboa: Editorial Vega, 1979, p. 52.

7 Mário de Andrade, "Prefácio interessantíssimo", em: *Poesias completas*, vol. 1, edição de texto apurado, ano-

## Dinâmicas do café[8]

Disposto em seis estrofes, quase todas díspares, o poema "Paisagem nº 4" está dividido em duas partes distintas e desiguais na sua distribuição. A primeira parte contém uma quadra e uma sextilha. Na segunda estão duas quadras, uma quintilha e um monóstico. Nesse conjunto a quadra se destaca como forma dominante, sendo escolhida para a abertura do poema. Esses versos iniciais serão repetidos na íntegra, desta feita cumprindo a função estratégica de separar o poema em dois movimentos. Na sua terceira inserção, o conteúdo assimilado na quadra não guarda relação de similaridade com os referidos pares idênticos, ainda que também cumpra uma função importante no conjunto como referência de traço local. Aqui, vale lembrar que, embora a quadra seja uma forma importada (como todas as demais), de longa data foi assimilada no cancioneiro popular do Brasil[9]. Assim, observa-se que, no primeiro andamento do poema, essa forma localmente afeiçoada ao gosto público foi colocada em contraste com a sextilha, afeita ao cancioneiro português, como já apontado por Gonçalves Dias[10] no século XIX. Nesse caso, ressalta-se que embora nosso poeta romântico tenha estabelecido distinções entre usos das duas formas, por seu turno ele simplificou o problema ao aproximar os dois países (Portugal e Brasil), comparando-os a duas irmãs com roupas diferentes, sem com isso atentar para as diferenças profundas figuradas, que vão muito além das vestes.

De caráter declamatório, à feição de um recitativo, é na quadra inicial que o espaço urbano, em transformação, será introduzido em "Paisagem nº 4". Abruptamente apresentado por um "eu" observador, o espaço citadino se enquadra numa fração de rua por onde trafegam, ruidosos, dois tipos diferentes de veículos — caminhões e carroças. Nesse conjunto também se inscreve o tema (café) e os motivos a ele associados. Da camada aparente, como mercadoria, o café passará a substrato poético em "Paisagem nº 4", adentrando o labirinto da arte como um *leitmotiv* (se couber associar ao poema esse empréstimo musical). Considerado "bebida de escritores, fonte de inspiração", como se lê em Câmara Cascudo, esse estimulante se insinua no poema de Mário de Andrade, pondo em tensão arte e mercadoria. A esses dois valores opostos junta-se ao café o valor cultural,

---

tada e acrescida de documentos por Tatiana Longo Figueiredo e Telê Ancona Lopez, Rio de Janeiro: Nova Fronteira, 2013, p. 67.

8 "*Café*, 1705. Del turco *khavé* (que viene del ár. *qáhwa* [...])", em: Joan Corominas, *Diccionario crítico etimológico de la lengua castellana*, Madrid: Gredos, 1954-1957. Significa "força e vigor".

9 Sílvio Romero, *Folclore brasileiro 1: cantos populares do Brasil*, tomo II, Rio de Janeiro: José Olympio, 1954. Edição anotada por Luís da Câmara Cascudo.

10 No "Prólogo" escrito para *Segundos cantos*, depois de classificar seus versos como "ensaio filológico", Gonçalves Dias assim justifica o uso da sextilha: "Coloquei-me no meio daquelas épocas de crenças rígidas e profundas — talvez de fanatismo — e esforcei-me por simplificar o meu pensamento, por sentir como sentiam os homens de então, e por exprimi-los na linguagem que melhor os pode traduzir — a dos Trovadores — linguagem simples mas severa, — rimada mas fácil, — harmoniosa sem ser campanuda nem guindada". Gonçalves Dias, *Ainda uma vez — Adeus!*, Rio de Janeiro: MEC/Aguilar, 1974, pp. 95-6.

tão caro ao poeta, o que permite alargar o campo de figurações do poema, como componente simbólico da cultura local, tão prenhe de caldeamentos. Captado pela primeira vez na poesia de Mário de Andrade, esse elemento organizador de "Paisagem nº 4" foi perseguido pelo artista até o final de sua vida, sendo embrionário no poema de sua futura "concepção melodramática"[11] e do romance (inacabado) *Café*[12]. E, salvo engano, talvez "Paisagem nº 4" seja também o primeiro poema da literatura brasileira a assimilar o café como elemento estético, tema anteriormente aproveitado apenas em obras ficcionais. A propósito disso, cabe lembrar que, no ano em que Mário de Andrade escrevia os poemas de *Pauliceia desvairada*, o café protagonizava a crônica "A onda verde"[13] de Monteiro Lobato, publicada em 1921, em obra de mesmo nome. O tema mereceu alentadas reflexões do autor, assim resumidas numa passagem do texto: "Quando nossa literatura [...] compreender a sua verdadeira missão, a epopeia, a tragédia, o drama e a comédia do café serão os grandes temas [...]."[14]

Antes do café desembarcar no Brasil, no século XVIII, e de se transformar no seu principal produto agrícola, a bebida extraída do fruto foi recebida com entusiasmo pelo europeu, no século XVII, especialmente na Alemanha. Apreciada como estimulante, agitou sobremaneira transações de mercado. Por vias travessas, propagandísticas, ganhou destaque na arte de Johann Sebastian Bach, como atesta *Kaffeekantate* (1732-35)[15], cantata bufa ("Fique quieto, não bata papo"). E, diga-se num parêntese, essa referência não é gratuita no tocante a Mário de Andrade.

O libreto de *Kaffeekantate*, composto por recitativos e árias, e escrito por "Picander" (Christian Friedrich Henrici), centra-se numa jovem "casadoira" que, decidida a tomar café (bebida proibida para mulheres), enfrentará destemidamente a autoridade paterna, visando conseguir seu intento. Eis, numa fração, um dos diálogos:

---

11 Mário de Andrade, *Café*, "Concepção melodramática" (São Paulo, 1933-1939-1942), e *Café*, "Tragédia secular" (o poema), em: *Poesias completas*, ed. crítica Diléa Zanotto Manfio, São Paulo/Belo Horizonte: Edusp/Itatiaia, 1987, pp. 401-22; pp. 425-55.

12 Em agosto de 1944, o escritor confessa ao amigo Newton Freitas: "Só uma vez o excessivo, o excessivo entusiasmo alheio pela promessa, me pôs na presença do desejo de escrever uma obra de grande valor, o romance *Café*". "Carta de Mário de Andrade a Newton Freitas", São Paulo, 20 de agosto de 1944, em: Raul Antelo (org.), *Correspondência Mário de Andrade & Newton Freitas*, São Paulo: Edusp, 2017, p. 215. "O trajeto de criação do romance *Café* estende-se dos anos 1920 até a morte de Mário de Andrade, em 1945, quando, depois de vários períodos de interrupção, a obra fica inacabada." Tatiana Longo Figueiredo, "Posfácio", em: Mário de Andrade, *Café: romance inédito*, estabelecimento do texto, introd., posfácio e seleção de imagens por contexto estabelecido pela pesquisadora Tatiana Longo Figueiredo, Rio de Janeiro: Nova Fronteira, 2015, p. 241.

13 Monteiro Lobato, "A onda verde", em: *A onda verde*, São Paulo: Edições da Revista do Brasil/ Monteiro Lobato & Cia. Editores, 1921.

14 *Ibid.*, pp. 10-1.

15 "Uma pausa para o café", libreto de "Picander" (Christian Friedrich Henrici) para a cantata bufa de Johann Sebastian Bach: *Kaffeekantate* (1732-35). Disponível em: <Harmoniasangreal.blogspot.com/2016/07/uma-pausa-para-o-café.html>. Nessa publicação eletrônica, o libreto é mostrado em alemão e traduzido em três línguas: inglês, francês e português.

[pai] — Não ficarás na janela  [filha] — Tudo bem
E não verás ninguém                 Mas por favor
Que lá fora passa!                  Deixe-me o café![16]

Ao escolher o café como um mote, e dar a ele um tratamento poético, a Mário de Andrade não deve ter escapado o referido libreto, nem a blague contida na mencionada passagem, o que ajuda a multiplicar facetas de leitura da quadra-recitativo de "Paisagem nº 4". Claro que, nessa aproximação, afora outras características específicas do recurso, não se perde de vista que o tempo, o lugar, personagens, a difusão da mercadoria, e demais propósitos do artista, vão muito além da mera referência parodística. Já, com respeito ao chão local, lembra-se que entre o final de 1920 e 1921, período em que Mário de Andrade escreveu *Pauliceia desvairada*, a mercadoria café se impunha como força propulsora da economia brasileira, elevando o estado de São Paulo ao grau máximo de prestígio na União e no mundo, tornando-se um símbolo de poder econômico e político. Essa riqueza abundante originária do meio rural, paradoxalmente, facultará (pela movimentação das finanças) a implementação e o avanço do polo industrial na cidade de São Paulo que, necessitando mudanças rápidas para se ajustar aos empreendimentos, acabou por transformar a paisagem urbana. Por esse mesmo mecanismo econômico-social contraditório, é da elite cafeeira paulista que virá o apoio financeiro para a realização da subversiva Semana de Arte Moderna, que estava por acontecer. Mas, antes de 1922, os poemas de *Pauliceia desvairada* já eram lidos em pequenas reuniões e circulavam entre os amigos modernistas de São Paulo e do Rio de Janeiro.

Nessa obra, em que fundiu reflexão poética, olhar sobre o país e sobre a sua atualidade, Mário de Andrade plasmou essas e muitas outras questões, como se depreende do exame mais amiudado desse "ofício do verso", a começar pela primeira quadra:

Os caminhões rodando, as carroças rodando,[17]
rápidas as ruas se desenrolando,
rumor surdo e rouco, estrépitos, estalidos...
E o largo coro de ouro das sacas de café!...

---

16 *Ibid.*

17 Oswald de Andrade irá secundar *Pauliceia desvairada*, em seu primeiro romance, *Os condenados — Alma* (1922), explicitamente recortando fragmentos de "Paisagem nº 4": "O labirinto de Creta, só tinha uma saída, só uma porta. E na desvairada Pauliceia, as carroças rodando nos viadutos, silhuetados em aço pelos relâmpagos curtos... [...] E as carroças nos viadutos..."
Oswald de Andrade, *Os condenados: I. Alma*, Porto Alegre: Ed. Livraria Globo, 1941, p. 99. Esse tipo de diálogo frutificará em outras obras dos dois autores. O procedimento foi recorrente, também, em produções artísticas de outros modernistas.

Nessa representação fragmentária da cidade[18], tentacular e alucinada, Mário de Andrade traz para a base de seus diálogos a arte de Émile Verhaeren[19], como exemplifica o primeiro poema de *Les Campagnes hallucinées*, "La Ville": "Tous les chemins vont vers la ville/ [...] Là-bas/ Ce sont des ponts musclés de fer,"[20]. Na paisagem da Pauliceia, cantada pelo poeta, "a velocidade, a mecanização crescente da vida nos impressionavam em virtude do brusco surto industrial de 1914-18, que rompeu nos maiores centros o ritmo tradicional"[21]. Nesse olhar direcionado para uma fração da cidade, o observador parece se encontrar num provável espaço acima do rés do chão (talvez numa janela ou sacada), armando por essa visada a disposição dos termos descritivos. Na ordenação dos objetos, deu precedência aos caminhões sobre as carroças, contrastando índices de modernidade e de atraso. Os dois veículos adversos (novo e antigo) confirmam ainda a oposição marcada com respeito ao ritmo, apresado em deslocamentos rápidos e lentos.

Nessa quadra, a primeira linha se configura num alexandrino (dodecassílabo). Com cesura recaindo na 6ª sílaba, o verso parte-se em duas redondilhas, separando também dois tempos que, por sua vez, opõem caminhões e carroças. Aqui o uso do alexandrino não é casual. Como remonta às canções de gesta francesa (século XII), na esteira da poesia trovadoresca, o procedimento bem poderia alinhar-se a certas preocupações poéticas do modernista: "trovador tangendo o alaúde", "somos os primitivos duma era nova", desbravadores de caminhos ainda desconhecidos. Nesse campo poético minado, nota-se que o referido verso alexandrino tem entrada ambígua, aludindo também ao perfeccionismo do cânone parnasiano, por sua vez, combatido pelos modernistas. Como os dois versos seguintes guardam outras medidas, o conjunto polimétrico entra ainda em discordância com o verso prosaico que fecha a quadra. Visto mais de perto, o conflito entre procedimentos perde força contraditória na medida em que também se

---

18 De um artigo publicado em 1946, "História da *Pauliceia desvairada*", de Fernando Góes, recorta-se a seguinte passagem: "A casa do jovem professor ficava no Largo Paissandu, e da janela ele avistava a Avenida S. João, nesse tempo não ainda larga, [...]. O calor, cada vez mais pesado, asfixiava. E o jovem professor continuava imóvel na sua sacada, quieto, olhando os transeuntes, os automóveis, os bondes, os telhados, as janelas iluminadas". Fernando Góes, "História da *Pauliceia desvairada*", em: edição fac-similar do nº 108 da *Revista do Arquivo Municipal* (45 anos da morte de Mário de Andrade), São Paulo, 1990, pp. 89-90.

19 Em "O movimento modernista", Mário de Andrade escreveu: "Na minha leitura desarvorada, já conhecia alguns futuristas de última hora, mas só então descobrira Verhaeren. E fora o deslumbramento. Levado em principal pelas 'Villes tentaculaires', concebi imediatamente fazer um livro de poesias 'modernas', em verso livre, sobre a minha cidade Tentei, não veio nada de interessante". Adiante, prossegue: "[...] Não sei o que me deu. Fui até a escrivaninha, abri meu caderno, escrevi o título em que jamais pensara, 'Pauliceia desvairada'. O estouro chegara afinal, depois de quase ano de angústias interrogativas. [...] estava jogado no papel um canto bárbaro, duas vezes maior talvez do que isso que o trabalho de arte deu num livro". Mário de Andrade, "O movimento modernista", em: *Aspectos da literatura brasileira*, São Paulo: Martins Editora, 1974, pp. 233-4.

20 Émile Verhaeren, "La ville", em: *Les Campagnes hallucinées*, Paris: Gallimard, 1982, p. 21. A referida publicação também integra outra obra: *Les Villes tentaculaires*.

21 Antonio Candido, "Literatura e cultura: de 1900 a 1945", em: *Literatura e sociedade*, São Paulo: Comp. Ed. Nacional, 1973, p. 121.

torna gerador de uma blague formal. Isso porque, ao completar sentido (por cavalgamento) nas sequências imediatas, o verso acaba por se transformar numa longa linha sinuosa afirmando ritmos de aspecto prosaico.

Há outras questões de relevo embutidas nessa abertura. Uma delas, singular, porque caminhões e carroças, que desequilibram o ritmo regular das ruas, são mostrados como objetos autônomos, movimentando-se de modo alienado (não se sabe quem os conduz), como se tivessem vida própria. E mais. A se pensar na forja de uma prosopopeia, os objetos podem assumir, nesse contexto, força mítica: "Os caminhões rodando, as carroças rodando". Ainda, se "o inesperado do lance desorienta o oponente"[22], como ensinou o poeta russo, o segundo verso avança em mais um exemplo. Desta feita, porque se trata de uma ação executada pelas "ruas" que se arrojam, configurando e confirmando uma imagem surreal: "rápidas as ruas se desenrolando". Aqui, embora em tempo e em contexto diferentes, argumenta-se com a fração de um discurso que Guillaume Apollinaire teria atribuído a um amigo, conforme citado por Walter Benjamin numa passagem de "Surrealismo". Para ele, o poeta assemelha-se a um

> porta-chaves feérico, que tendo às mãos um molho com as chaves de todas as épocas, e sabendo manejar as fechaduras mais astuciosas, convida-vos a entrar no mundo de hoje, misturando-vos aos carregadores, aos mecânicos enobrecidos pelo dinheiro, em seus automóveis, belos como armaduras medievais, a instalar-vos nos grandes expressos internacionais, a confundir-vos com todas essas pessoas, ciosas dos seus privilégios.[23]

Esses e outros elementos acionados nessa quadra de "Paisagem nº 4" trazem a percepção aguda do poeta a respeito de um mundo moderno alienante, seja essa percepção compulsada na ação autônoma da rua, seja reforçada e problematizada no ocultamento do coletivo e do trabalho humano. Ainda, nessa apreensão do aqui e agora no poema (determinado em "caminhões"), é pelo detalhe da pavimentação das ruas que se mostra (metonimicamente) a cidade em transformação, espaço que faculta de modo simultâneo o encontro de tempos conflitantes, representados pelos dois transportes utilitários, caminhões e carroças. Este último, diga-se, é mais um elemento que fortalece no poema a presença daquele ultrapassado verso alexandrino, em colisão com a liberdade de versejar, que Mário de Andrade experimentava, e que levaria Oswald a colocar o artista nas alturas, num

---

22 Vladímir Maiakóvski, "Como fazer versos", em: Boris Schnaiderman, *A poética de Maiakóvski*, São Paulo: Perspectiva, 1971, p. 173.

23 Walter Benjamin, "O surrealismo", em: *Magia e técnica, arte e política*, trad. Sérgio Paulo Rouanet, São Paulo: Brasiliense, 1993, p. 26.

artigo de jornal: "O meu poeta futurista"[24]. Já o terceiro verso da quadra repercute, nas suas reiteradas aliterações (centradas na consoante **r**, que já reverberava na linha anterior), os sons ásperos e ruidosos que emanam da rua, associados a "estrépitos, estalidos", por sua vez expandindo possibilidades de experimentações da poesia moderna, reforçando o vasto território de ambiguidades que se projeta no poema.

De pontuação reticente e ritmo ziguezagueante, diferindo dos versos anteriores da mesma quadra, temos na sequência a inserção de uma linha solta — "E o largo coro de ouro das sacas de café!..." —, que introduz na cena o *leitmotiv* (café), inserido como elemento difusor do poético. Esse último verso contrasta aquelas asperezas e estridências provenientes da rua (caminhões e carroças) com "o largo coro", que parece humanizar o canto pela presença de vozes multiplicadas. Afinal, o coro implica a presença de um coletivo. Mas esse primeiro acorde se mostrará enganoso porque, em nova cilada, revertendo expectativas, nos inteiramos na sequência que o canto ("largo coro") não provém de vozes humanas, é antes "coro de ouro das sacas de café". Desse modo, o conjunto de assonâncias e aliterações que faz vibrar potencialidades do verbo, contraditoriamente, não intensifica a voz humana, mas o som proveniente da mercadoria transformada em moedas de ouro. Aqui, então, o recurso que enfeixa o tema cria campos de tensão, pondo em atrito, num movimento sério-cômico, confrontos entre a propaganda da poderosa mercadoria e aquela experimentação poética. Nesse entender, se considerarmos o caráter prismático do último verso, algumas de suas características repercutem, num contraponto, um grupo similar de assonâncias moduladas no poema "O trovador", que permite aproximar sons e contrastar potencialidades na exploração da palavra poética: "Outras vezes é um doente, um frio/ na minha alma doente como um longo som redondo.../".

Repondo questões, nessa inesperada subversão de papéis, acentuando a blague, o mencionado "coro" não representa a voz de uma coletividade (e, por extensão, não representa o trabalho humano), uma vez que os responsáveis pela produção da riqueza são substituídos pela mercadoria. Ou seja, no lugar do trabalhador entram em cena as sacas de café. Assim sendo, de modo surreal, o pseudo canto da mercadoria ganha visibilidade, figurada em ouro (*l'argent sonnant*), ainda mais se consideramos que as tais transações eram feitas no "Largo do Café" da Pauliceia. Esse recorte da paisagem citadina, associado a objetos funcionais, a movimentos autômatos, mecânicos, parece aludir ainda a certas coreografias paródicas dos *ballets russes* — experiências críticas levadas a cabo por Cocteau, Picasso, Stravinski, Satie, Nijinski, Diaghilev[25] nos anos de 1910, como aquelas

---

24 Oswald de Andrade, "O meu poeta futurista". Reproduzido na íntegra em: Mário da Silva Brito, *História do modernismo brasileiro: I. Antecedentes da Semana de Arte Moderna*, Rio de Janeiro: Civilização brasileira, 1964, pp. 228-31.

25 Mário de Andrade, "O movimento modernista", em: *Aspectos da literatura brasileira*, São Paulo: Martins, 1974, p. 237.

exploradas em *Parade* (1917). Nada disso escapou a Mário de Andrade, como se depreende de um verso de "Paisagem nº 2":

Bailado de Cocteau com os barulhadores de Russolo!

No âmbito dessa equação, e atento a um poema de Guilherme de Almeida, "Bailado russo" (*Encantamento*, 1925), Mário de Andrade filtra procedimentos que ele próprio já havia explorado, explicando: "o poeta substitui a *causa* da sensação pelo efeito subconsciente. Analogias finíssimas"[26].

Da quadra à sextilha, na primeira parte de "Paisagem nº 4", observa-se a passagem para um novo canto. Nessa segunda estrofe a velha forma poética do cancioneiro português se insinua como "desacordo entre a representação e [...] o seu contexto"[27]. Nela avultará outro veículo, o trem. De modo singular, esse novo objeto se apresenta como um motivo associado (para falar com Tomachevski) ao tema, o café. Esse transporte moderno, introduzido no estado de São Paulo[28] em 1867, para fazer um curto percurso (Santos-Jundiaí), atingirá, no começo do século XX, outras paragens no estado, dada a grande expansão da malha ferroviária, necessária para o escoamento das sacas de café transportadas das fazendas para os armazéns e, depois, para o porto de Santos. Cortando de ponta a ponta o estado mais rico da federação, suas linhas de aço abriam sem freios novos caminhos, como já mencionado, que à custa da derribada de matas nativas erigem-se como novos predadores da natureza.

É no primeiro verso da sextilha que se apresenta esse objeto da modernidade por imagem altissonante (metafórica e metonímica):

Na confluência o grito inglês da São Paulo Railway...

Essa linha continuada está contida numa estrofe de figuração retórica e num conjunto de versos marcado pelo excesso de reticências. Tal suspensão de sentido, quase sempre antecedida por pontuação exclamativa, absorve obliquamente no poema matéria alheia ao poético, como a entrada do capital estrangeiro no estado. E é pela "convergência" inusitada de duas línguas (português e inglês) — "São Paulo Railway" —, que o poeta traduz com sutileza o resultado final do negócio. Dessa perspectiva, "o grito inglês", expressão de ampla sugestão sonora no poema, não apenas anuncia o objeto por metonímia (em mais uma

---

26 Mário de Andrade, *A escrava que não é Isaura: discurso sobre algumas tendências da poesia modernista*, Rio de Janeiro: Nova Fronteira, 2010, p. 55. Essa obra dedicada "A Osvaldo de Andrade", com texto finalizado em novembro de 1924, só foi publicada em 1926.

27 Por esse viés, alude-se aqui a questões postas por Roberto Schwarz. Cf. "As ideias fora do lugar", em: *Ao vencedor as batatas*, São Paulo: Duas Cidades, 1972, p. 21.

28 Filemón Pérez, Álbum ilustrado da *Companhia Paulista de Estradas de Ferro*, "Publicado no centenário da sua fundação, 1918", São Paulo: s.ed.

prosopopeia) como apresenta com alarde aquele que manda (quem "apita"). No caso, o caminho de ferro e o som estridente do apito do trem insinuam, de modo transversal, interesses mútuos nas transações da mercadoria — comprador e vendedor. Ou, para remontar a transações mais antigas, como quer um soneto de Gregório de Matos, temos em novo tempo e nova roupagem a volta do "Brichote", envolvendo negócio e negociante, substituindo a mercadoria (açúcar por café), e atualizando no poema mais um "retrato do Brasil". Nos versos seguintes da referida sextilha, alternando visão "telescópica" e "microscópica" (na esteira de Mário Praz)[29], o sujeito poético acompanha mais de perto a trajetória inconstante e imprevisível da mercadoria, tanto em relação ao meio social como ao meio físico, remetendo a intempéries, quedas inesperadas de preços, subterfúgios para provocar altas — no sobe e desce dos interesses, com sérias consequências para a economia local. É isso que o sujeito poético recolhe num verso explicativo (que começa por coordenada adversativa), seguido de outro, em síntese enumerativa, inconcluso, feito de pedaços:

> Mas as ventaneiras da desilusão! a baixa do café!...
> As quebras, as ameaças, as audácias superfinas!...

Introduzindo relações ambíguas dessa nova "máquina mercante", as linhas da sextilha, picotadas, telegráficas, reticentes, exclamativas, ganham força como obra de arte mimética. Assim, em seu quarto verso, como que secundando vozes de poder, o sujeito poético subverte o campo literário, recorrendo a uma figura de linguagem violenta: "Fogem os fazendeiros para o lar!... Cincinato Braga!...". Nesse verso marcado por inversão sintática, o hipérbato permite avivar relações entre sujeito e predicado, colocados numa situação contrária à habitual, configurando quebra da praxe. No plano da linguagem, a "fuga" do fazendeiro para o lar representa, por vias travessas, uma situação de crise nos negócios. Não sem propósito, nesse mesmo verso entra em cena uma personagem estranha ao mundo ficcional, mas não ao universo econômico e político da realidade concreta — Cincinato Braga. Trata-se da figuração de um hábil político paulistano, nome de destaque nas transações comerciais da Velha República, incluindo nesse rol suas negociações com setores do capital inglês. No poema, essa personagem é acolhida num fragmento exclamativo e reticente, à feição de um apelo. No contexto, Cincinato é mostrado como um interlocutor próximo, e contrário ao que se declara no verso seguinte:

> "Muito ao longe o Brasil com seus braços cruzados...".

---

29 Mário Praz, "Estrutura telescópica, microscópica e fotoscópica", em: *Literatura e artes visuais*, São Paulo: Cultrix/Edusp, 1983, cap. VI, pp. 160-98.

A crítica assentada nessa penúltima linha poética associa-se à última da sextilha, verso fragmentário em que se afigura o descaso da mãe pátria frente à crise imposta ao filho provedor. Neste sentido, coloca-se em confronto a União e seu único e rico estado provedor, à época. Em mais um movimento surpreendente, então, o último verso assim encerra a primeira parte do poema: "Oh! as indiferenças maternais!...". Ironicamente, como se observa, a interjeição designativa de espanto rompe expectativas com respeito às relações filiais, reforçada pela pontuação enfática.

## Vozes da oligarquia fazendeira

Na segunda parte de "Paisagem nº 4", reiterando o teor do recitativo, a estrofe inicial se repete, como um refrão, uma vez mais avivando tema e motivos, e intermediando conteúdos. Nesse outro andamento, as estrofes irregulares configuram-se como quadras, quintilha e monóstico (que encerra o poema com uma declaração explosiva). Suas linhas reticentes, ora descritivas, ora narrativas, também declaratórias, exclamativas, imperativas, colocam em retração o sujeito poético, para dar protagonismo a uma voz de classe, como adiante será amiudado. Enunciada pela repetição da quadra inicial, em *ritornello*[30], reafirma-se o *leitmotiv* — "O largo coro de ouro das sacas de café" — e o espaço em que convivem, em tensão, dois brasis, o rural e o industrial. Na continuidade, outra quadra irá absorver um novo conteúdo, divergente daquele do recitativo (refrão). Nessa parte do canto poético entram em cena vozes isoladas, paradigmáticas, figurando protagonismos de classe. Ao pôr em movimento a elite rural, a quadra em pauta inscreve o poema numa nova ordem:

> Lutar!
> A vitória de todos os sozinhos!...
> As bandeiras e os clarins dos armazéns abarrotados...
> Hostilizar!... Mas as ventaneiras dos braços cruzados!...

Combinando palavras em liberdade e versos livres, também exclamativos e reticentes, seus versos harmônicos são formados por "palavras que não se ligam", "período elíptico, reduzido ao mínimo telegráfico"[31], e intercalados com versos melódicos, como definido por Mário de Andrade no "Prefácio interessantíssimo": "Mas se em vez de usar só palavras soltas, uso frases soltas: mesma sensação de

---

30 Segismundo Spina, *Na madrugada das formas poéticas*, São Paulo: Ática, 1982.
31 Mário de Andrade, "Prefácio interessantíssimo", em: *Poesias completas*, vol. 1, edição de texto apurado, anotada e acrescida de documentos por Tatiana Longo Figueiredo e Telê Ancona Lopez, Rio de Janeiro: Nova Fronteira, 2013, p. 68.

superposição, não já de palavras (notas) mas de frases (melodias). Portanto polifonia poética"[32].

A se tomar essa lição, nota-se que o primeiro verso, enunciado no infinitivo impessoal, vibra solitário e enfático, iluminando um firme intento: "Lutar!". Essa proposição assertiva determina no poema uma mudança de atitude, consignada no clamor por um enfrentamento reativo. Isolada e sem marca de temporalidade, a expressão emblemática será secundada no último verso da quadra por um brado mais intenso, também registrado no infinitivo impessoal. Desta vez, porém, o brado não é mais apelo para um enfrentamento de luta entre pares, mas um clamor agressivo: "Hostilizar!...". Aqui, considerando a mudança de ponto de vista e trazendo "para o plano da composição literária a lei da passagem musical de um tom a outro"[33], pode-se pensar numa "contraposição dialógica", representada pelas vozes altissonantes. Desse modo, embora a rima (lut**ar**/hostiliz**ar**) equipare os dois termos quanto à sonoridade, o conteúdo, de certo modo, os afasta. Ou seja, captando vozes e clamores dos mesmos beneficiários, gravam-se diferenças entre as duas convocações. E, se couber uma leitura oblíqua, subjacente, os dois termos também podem guardar ressonâncias de propósitos poéticos, colocando a luta dos nossos então "futuristas" em oposição aos brados agressivos dos "futuristas de Marinetti".

A fração final da quadra e seus dois versos intermediários são indicativos de derrotas que afetam o coletivo (oculto), mas não afetam os poderosos fazendeiros, os "donos da vida", como Mário de Andrade escreverá na abertura de sua obra *Café: concepção melodramática* (1942). Afinal, como registra o segundo verso, é "A vitória de todos os sozinhos!...". E os sozinhos são aqueles (de novo portadores de "bandeiras") saudados pelo toque dos clarins — são os donos dos armazéns abarrotados, que também orientam as transações em torno daquela valiosa mercadoria, que será metamorfoseada pelo poeta em substrato estético. Nessa estrofe a pontuação excessiva se sobressai. Reticente, exclamativa de cunho retórico, nela se faz ecoar aquele mundo das negociações cifradas. Com foco em *Pauliceia desvairada*, João Luiz Lafetá trouxe outras possibilidades interpretativas em *Figurações da intimidade*, argumentando que Mário de Andrade, "manipulando suas antíteses, reticências e exclamações, cria um traje de arlequim que veste tanto o trovador quanto a metrópole"[34]. Também no que diz respeito à pontuação, por exemplo, há muito mais embutido no procedimento. Faca de dois gumes, a pontuação exclamativa, autoritária, pode ser lida em outra chave como referência de notação musical, articulada a vários planos do poema[35] e,

---

32 *Ibid.*, p. 68.

33 Mikhail Bakhtin, *Problemas da poética de Dostoiévski*, trad. de Paulo Bezerra, Rio de Janeiro: Forense Universitária, 2018, p. 48.

34 João Luiz Lafetá, *Figuração da intimidade: imagens na poesia de Mário de Andrade*, São Paulo: Martins Fontes, 1986, p. 20.

35 "Em nenhum de seus elementos a linguagem é tão semelhante à música quanto nos sinais de pontuação.

como tal, igualmente emblemática. Desse modo, na contramão das transações exclamativas e reticentes do mundo dos negócios, a transposição para o universo poético implica em outras relações, alargando campos interpretativos. Nesse particular, palavras de Mário de Andrade concorrem para o desvendamento desse poema tão provocativo em seus procedimentos quanto nas movimentações de sua rota: "quem canta seu subconsciente [...] seguirá a ordem imprevista das comoções, das associações de imagens, dos contatos exteriores. Acontece que o tema às vezes descaminha"[36].

Na sequência desta segunda parte, a penúltima estrofe (quinteto) anuncia e sugere aos vencedores que façam a "coroação com os próprios dedos". E tudo indica tratar-se de enfrentamento entre poderosos, um liderado pelos proprietários (fazendeiros) e outro representado pelo poder governamental (União). No caso, o controle da situação parece estar com a elite rural, que reage com uma palavra de ordem enfática: "Mutismos presidenciais, para trás!". Nessa voz de comando privado, contra o poder oficial, medem-se forças econômicas e políticas, num mesmo reduto de poder. E é uma voz imperativa (de mando secular) que orienta a ação: "Ponhamos os (Vitória!) colares de presas inimigas!". Com firme propósito, e de modo ardiloso, o poeta traduz o sentimento do vencedor recorrendo a uma velha prática guerreira, primitiva, que implica enfrentamento de forças e ato de coragem em disputa tribal. Aqui, levando-se em conta a fusão de planos que perpassa o poema, uma vez mais o subtexto pode repercutir, por oposição dinâmica, os enfrentamentos dos solitários modernistas, que preparavam seu arsenal artístico para levar ao campo de "batalha" suas ideias, ainda que bastante contraditórias, sustentadas em experimentações novas, na contracorrente da mentalidade conservadora de seu próprio meio, a elite local[37]. Nesse particular, a multiplicidade de vozes que atravessa o poema vem corroborar a variedade de questões que contribui para problematizar "Paisagem nº 4". Desse modo, não é demais dizer que o *leitmotiv* se projeta no poema como uma potente e estimulante metáfora de força artística, "bebida de escritores, fonte de inspiração".

Retomando o poema pelo penúltimo verso da quintilha, e trazendo de volta a voz da oligarquia rural (elite fazendeira, voz do latifúndio), temos mais um verso formulado no modo imperativo, plural, que reafirma a retórica de gosto parnasiano, atrelada ao protagonismo do poder. Assim o verso, "Ponhamos os (Vitória!) colares de presas inimigas!", irá se articular com outra formulação,

---

[...] Pontos de exclamação são como silenciosos golpes de pratos." Theodor Adorno, "Sinais de pontuação", em: *Notas de literatura 1*, trad. Jorge de Almeida, São Paulo: Duas Cidades/Ed. 34, 2003, pp. 141-2.

36 Mário de Andrade, "Prefácio interessantíssimo", em: *Poesias completas*, vol. 1, edição de texto apurado, anotada e acrescida de documentos por Tatiana Longo Figueiredo e Telê Ancona Lopez, Rio de Janeiro: Nova Fronteira, 2013, p. 66.

37 Mário da Silva Brito, *História do modernismo brasileiro: I. Antecedentes da Semana de Arte Moderna*, Rio de Janeiro: Civilização brasileira, 1964.

ainda mais pomposa — "Enguirlandemo-nos de café-cereja!" —, representando dois atos que glorificam as vozes protagonistas. São os vencedores a debochar dos vencidos, anunciando sua vitória em tom triunfal:

Taratá! e o peã de escárnio para o mundo!

Esse último verso da quintilha, apoiado numa expressão onomatopaica, alude ao tradicional clamor expresso por toque de corneta, arauto de um acontecimento afirmativo. Aqui, associado a um hino de louvor pela vitória — o "peã"[38] —, esse anúncio ganha potência. Em *Pequena história da música*, tratando de atos rituais, Mário de Andrade informa que o nomos "provinha de comunicação divina e só mesmo artista grande é que o podia... receber"[39]. Segundo ele o "pean triunfal" fazia parte desses ritos. Nesse entender, acompanhando esse último verso da quintilha, observa-se, na relação imediata entre as palavras, um ponto de tensão, com foco no canto de louvor aos deuses. Nesse embaralhado de questões, ao se valer de procedimentos artísticos antitéticos, o poeta dialetiza, subverte, qualifica e atualiza novos sentidos do "peã". É que esse canto de honraria (elevado), sagrado aos deuses, passa a ser qualificado no poema como canto de escárnio (rebaixamento), sugerindo tanto a coexistência de tempos poéticos como de protagonismos divergentes, simultaneamente dando força ao ataque e desdenhando o opositor. Nesse caso, acentuando o tom de blague, o canto de vitória indica ainda uma viravolta triunfante, assegurada pelo valor da mercadoria, posto nas alturas. Seguindo por aí, temos no último e solitário verso mais um complicador, se considerarmos essa linha solta, admirativa, ligada à retórica de certas formulações, como uma "chave de ouro":

Oh! este orgulho máximo de ser paulistamente!!!

De conteúdo potente, irrompendo por uma interjeição, grava-se no verso uma declaração superlativa, de feição neológica, uma vez que transforma o adjetivo paulista (oriundo do estado de São Paulo, e não da cidade, que é o paulistano) em advérbio, para traduzir um modo de ser singular: "paulistamente!!!" Aqui, a propósito do verso, e retomando diálogos do poema com a crônica "A onda verde", de Monteiro Lobato, dela se extrai a seguinte passagem: "[...] nada mais soberbo — e nada desculpa tanto o orgulho paulista — do que o mar de cafeeiros

---

[38] Ao discutir desenvolvimentos da poesia dramática, com foco no coro, Hegel faz aproximações com a lírica, observando que "não age e não tem acontecimentos a relatar epicamente; mas o seu conteúdo conserva ao mesmo tempo o caráter épico da universalidade substancial, e assim ele se move em um modo próprio da lírica que [...] pode por vezes se aproximar do peão e do ditirambo". G.W.E. Hegel, *Cursos de estética*, vol. IV, trad. Marco Aurélio Werle e Oliver Tolle, São Paulo: Edusp, 2014, p. 251.

[39] Mário de Andrade, *Pequena história da música*, São Paulo/Belo Horizonte: Martins Editora/Itatiaia, 1980, p. 30.

em linha, postos em substituição da floresta nativa"⁴⁰. Como se nota, essa declaração de tom crítico repercute de modo paródico no último verso de "Paisagem nº 4". No caso, ao substituir "*orgulho paulista*" por "*orgulho de ser paulistamente*", o poeta estabelece um diferencial importante, facultando ampliar o campo interpretativo do poema. Vale dizer, a expressão representada no plano da linguagem por um estranhamento linguístico acarreta mudança de categoria (de classe), transformando o adjetivo "paulista" num advérbio. Nessa operação neológica, o artista manipula a língua de expressão cotidiana para criar, poeticamente, um obstáculo de compreensão. De categoria invariável e dissonante em relação ao conjunto, traduzindo um modo de ser, o neologismo acentua e coroa a voz do poder. Ainda que em outro tempo e contexto, Mário de Andrade nos faz lembrar, em parte, o fecho do poema e o sentido atribuído ao termo, numa crônica de 1931, em que assegura existir uma "maneira paulista de ser, muitas vezes ostensivamente idiota"⁴¹.

Nessa mistura de planos, esse poema forjado com pedaços de frases, restos de versos, frases inconclusas, sons dissonantes, ritmos truncados, rupturas sintáticas, ao mesmo tempo que ilumina experimentações do poeta modernista, consigna nesse canto novo, canto de seu tempo, o universo frágil, desarticulado, desigual e alienante das "benesses" da modernidade, na sociedade em que vive o poeta. Visto assim, o verso que encerra"Paisagem nº 4", firmando de modo dramático protagonismos de classe (voz da elite rural), também traz de modo dinâmico, na forma e no contexto, uma visão crítica paródica que, no poema, é secundada pelo artista ao entretecer no seu canto reflexões sobre a arte e sobre o Brasil. E que, nesse afã, mesmo com tropeços, questionava e sondava, não apenas intuitivamente, como demonstrado na sua produção ao longo da vida.

Em 1926, levado por debates promovidos pelo jornal *A noite* em "O mês modernista", Mário de Andrade escreveu a crônica "Cartaz", abrindo todos os dez parágrafos, anaforicamente, com o apelo, "precisa-se":

> Precisa-se de nacionais sem nacionalismo, capazes de entender que são elementos quantitativos da humanidade, qualificados porém pela descendência e pelo sítio, movidos pelo presente mas estalando naquele cio que só as tradições maduram!⁴².

E por aí avança até o final dessa crônica, forjada em síntese contundente, com o seguinte arremate: "Assim está escrito no anúncio vistoso de cores desesperadas pintado sobre o corpo indeciso do nosso Brasil, camaradas⁴³.

---

40 Monteiro Lobato, "A onda verde", *op. cit.*, p. 9.

41 Citação de Mário de Andrade extraída de Telê Ancona Lopez, *Mário de Andrade: ramais e caminhos*, São Paulo: Duas Cidades, 1972, p. 224.

42 Mário de Andrade, "Cartaz" (9 de janeiro de 1926), *apud* Telê Ancona Lopez, *Mário de Andrade: ramais e caminhos*, São Paulo: Duas Cidades, 1972, p. 205.

43 *Ibid*, p. 206.

MINHA LOUCURA

juvenilidades auriverde

orientalismos convencionais

senectudes tremulinas

sandapilários indiferentes

*José Resende*

## AS ENFIBRATURAS DO IPIRANGA
Oratório profano

> *O, woe is me*
> *To have seen what I have seen, see what I see!*
> Shakespeare

**DISTRIBUIÇÃO DAS VOZES:**

*Os Orientalismos Convencionais* — *(escritores e demais artífices elogiáveis)* — Largo, imponente coro afinadíssimo de sopranos, contraltos, barítonos, baixos.

*As Senectudes Tremulinas* — *(milionários e burgueses)* — Coro de sopranistas.

*Os Sandapilários Indiferentes* — *(operariado, gente pobre)* — Barítonos e baixos.

*As Juvenilidades Auriverdes* — *(nós)* — Tenores, sempre tenores! Que o diga Walter von Stolzing!

*Minha Loucura* — Soprano ligeiro. Solista.

Acompanhamento de orquestra e banda.

Local de execução: a esplanada do Teatro Municipal. Banda e orquestra colocadas no terraplano que tomba sobre os jardins. São perto de cinco mil instrumentistas dirigidos por maestros... vindos do estrangeiro. Quando a solista canta há silêncio orquestral — salvo nos casos propositadamente mencionados. E, mesmo assim, os instrumentos que então ressoam, fazem-no a contragosto dos maestros. Nos coros dos *Orientalismos Convencionais* a banda junta-se à orquestra. É um *tutti* formidando.

Quando cantam *As Juvenilidades Auriverdes* (há naturalmente falta de ensaios) muitos instrumentos silenciam. Alguns desafinam. Outros partem as cordas. Só aguentam o *rubato* lancinante violinos, flautas, clarins, a bateria e mais borés e maracás.

*Os Orientalismos Convencionais* estão nas janelas e terraços do Teatro Municipal. *As Senectudes Tremulinas* disseminaram-se pelas sacadas do Automóvel Clube, da Prefeitura, da Rôtisserie, da Tipografia Weisflog, do Hotel Carlton e mesmo da Livraria Alves, ao longe. *Os Sandapilários Indiferentes* berram do Viaduto do Chá. Mas *As Juvenilidades Auriverdes* estão embaixo, nos parques do Anhangabaú, com os pés enterrados no solo. *Minha Loucura* no meio delas.


**NA AURORA DO NOVO DIA**
**PRELÚDIO**

As caixas anunciam a arraiada. Todos os 550.000 cantores concertam apressadamente as gargantas e tomam fôlego com exagero, enquanto os borés, as trompas, o órgão, cada timbre por sua vez, entre largos silêncios reflexivos, enunciam, sem desenvolvimento, nem harmonização o tema: *"Utilius est saepe et securius quod homo non habeat multas consolationes in hâc vitâ".*

E começa o oratório profano, que teve por nome

## AS ENFIBRATURAS DO IPIRANGA


*As Juvenilidades Auriverdes* (pianíssimo)

Nós somos as Juvenilidades Auriverdes!
As franjadas flâmulas das bananeiras,
as esmeraldas das araras,
os rubis dos colibris,
os lirismos dos sabiás e das jandaias,
os abacaxis, as mangas, os cajus
almejam localizar-se triunfantemente,
na fremente celebração do Universal!...
Nós somos as Juvenilidades Auriverdes!
As forças vivas do torrão natal,
as ignorâncias iluminadas,
os novos sóis luscofuscolares
entre os sublimes das dedicações!...
Todos para a fraterna música do Universal!
Nós somos as Juvenilidades Auriverdes!


*Os Sandapilários Indiferentes* (num estampido preto)

Vá de rumor! Vá de rumor!
Esta gente não nos deixa mais dormir!
Antes *E lucevan le stelle* de Puccini!
Oh! pé de anjo, pé de anjo!
Fora! Fora o que é de despertar!   (A orquestra num
                                    crescendo cromático de
                                    contrabaixos anuncia...)

*Os Orientalismos Convencionais*

Somos os Orientalismos Convencionais!
Os alicerces não devem cair mais!
Nada de subidas ou de verticais!
Amamos as chatezas horizontais!
Abatemos perobas de ramos desiguais!
Odiamos as matinadas arlequinais!
Viva a Limpeza Pública e os hábitos morais!
Somos os Orientalismos Convencionais!

Deve haver Von Iherings para todos os tatus!
Deve haver Vitais Brasis para os urutus!
Mesmo peso de feijão em todos os tutus!
Só é nobre o passo dos jabirus!
Há estilos consagrados para os Pacaembus!
Que os nossos antepassados foram homens de truz!
Não lhe bastam velas? Para que mais luz!

Temos nossos coros só no tom de dó!
Para os desafinados, doutrina de cipó!
Usamos capas de seda, é só escovar o pó!
Diariamente à mesa temos mocotó!
Per omnia saecula saeculorum moinhos terão mó!
Anualmente de sobrecasaca, não de paletó,
vamos visitar o esqueleto de nossa grande Avó!
Glória aos Iguais! Um é todos! Todos são um só!
Somos os Orientalismos Convencionais!

*As Juvenilidades Auriverdes*          (perturbadas com o
                                        fabordão, recomeçam
                                        mais alto, incertas)

Magia das alvoradas entre magnólias e rosas...
Apelos do estelário visível aos alguéns...
— Pão de Ícaros sobre a toalha estática do azul!
Os tuins esperanças das nossas ilusões!
Suaviloquências entre as deliquescências
dos sáfaros, aos raios do maior solar!...

Sobracemos as muralhas! Investe com os cardos!
Rasga-te nos acúleos! Tomba sobre o chão!
Hão-de vir valquírias para os olhos-fechados!
Anda! Não pares nunca! Aliena o duvidar
e as vacilações perpetuamente!

*As Senectudes Tremulinas*                   (tempo de minuete)

Quem são estes homens?
Maiores menores
Como é bom ser rico!
Maiores menores
Das nossas poltronas
Maiores menores
olhamos as estátuas
Maiores menores
do signor Ximenes
— o grande escultor!

Só admiramos os célebres
e os recomendados também!
Quem tem galeria
terá um Bouguereau!
Assinar o Lírico?
Elegância de preceito!
Mas que paulificância
Maiores menores
o *Tristão e Isolda*!
Maiores menores

Preferimos os coros
dos Orientalis-
mos Convencionais!
Depois os sanchismos
(Ai! gentes, que bom!)
da alta madrugada
no largo do Paiçandu!

Alargar as ruas...
E as Instituições?
Não pode! Não pode!
Maiores menores
Mas não há quem diga
Maiores menores
quem são esses homens
que cantam do chão?          (a orquestra súbito emudece, depois
                              duma grande gargalhada de timbales)


*Minha Loucura*                (recitativo e balada)

Dramas da luz do luar no segredo das frestas
perquirindo as escuridões...
A traição das mordaças!
E a paixão oriental dissolvida no mel!...

Estas marés da espuma branca
e a onipotência intransponível dos rochedos!
Intransponivelmente! Oh!...
A minha voz tem dedos muito claros
que vão roçar nos lábios do Senhor;
mas as minhas tranças muito negras
emaranharam-se nas raízes do jacarandá...

Os cérebros das cascatas marulhantes
e o benefício das manhãs serenas do Brasil!
                              (grandes glissandos de harpa)

Estas nuvens da tempestade branca
e os telhados que não deixam a chuva batizar!
Propositadamente! Oh!...
Os meus olhos têm beijos muito verdes
que vão cair às plantas do Senhor;
mas as minhas mãos muito frágeis
apoiaram-se nas faldas do Cubatão...

Os cérebros das cascatas marulhantes
e o benefício das manhãs solenes do Brasil

(notas longas de trompas)

Estas espigas da colheita branca
e os escalrachos roubando a uberdade!
Enredadamente! Oh!...
Os meus joelhos têm quedas muito crentes
que vão bater no peito do Senhor;
mas os meus suspiros muito louros
entreteceram-se com a rama dos cafezais...

Os cérebros das cascatas marulhantes
e o benefício das manhãs gloriosas do Brasil!

(harpas, trompas, órgão)


*As Senectudes Tremulinas*          (iniciando uma gavota)


Quem é essa mulher!
É louca, mas louca
pois anda no chão!


*As Juvenilidades Auriverdes*          (num crescendo fantástico)


Ódios, invejas, infelicidades!...
Crenças sem Deus! Patriotismos diplomáticos!
Cegar!
Desvalorização das lágrimas lustrais!
Nós não queremos mascaradas! E ainda menos
cordões *Flor-do-abacate* das superfluidades!
Os tumultos da luz!... As lições dos maiores!...
E a integralização da vida no Universal!
As estradas correndo todas para o mesmo final!...
E a pátria simples, una, intangivelmente
partindo para a celebração do Universal!

Ventem nossos desvarios fervorosos!
Fulgurem nossos pensamentos dadivosos!
Clangorem nossas palavras proféticas
na grande profecia virginal!
Somos as Juvenilidades Auriverdes!
A passiflora! o espanto! a loucura! o desejo!
Cravos! mais cravos para nossa cruz!

*Os Orientalismos Convencionais*

                                      (*Tutti*. O crescendo é resolvido
                                      numa solene marcha fúnebre)

Para que cravos? Para que cruzes?
Submetei-vos à metrificação!
A verdadeira luz está nas corporações!
Aos maiores: serrote; aos menores: o salto...
E a glorificação das nossas ovações!

*As Juvenilidades Auriverdes*         (num clamor)

Somos as Juvenilidades Auriverdes!
A passiflora! o espanto! a loucura! o desejo!
Cravos! mais cravos para nossa cruz!

*Os Orientalismos Convencionais*     (a tempo)

Para que cravos? Para que cruzes?
Submetei-vos à poda!
Para que as artes vivam e revivam
use-se o regime do quartel!
É a riqueza! O nosso anel de matrimônio!
E as fecundidades regulares, refletidas...
E os perenementes da ligação mensal...

*As Senectudes Tremulinas*          (aos miados de flautim
                                     impotente)

Bravíssimo! Bem dito! Sai azar!
Os perenementes da ligação anual!


*As Juvenilidades Auriverdes*          (berrando)

Somos as Juvenilidades Auriverdes!
A passiflora! o espanto! a loucura! o desejo!
Cravos! mais cravos para nossa cruz!


*Os Orientalismos Convencionais*          (da capo)

Para que cravos? Para que cruzes?
Universalizai-vos no senso comum!
Senti sentimentos de vossos pais e avós!
Para as almas sempre torresmos cerebrais!
E a sesta na rede pelos meios-dias!
Acordar às seis; deitar às vinte e meia;
e o banho semanal com sabão de cinza,
limpando da terra, calmando as erupções...
E a dignificação bocejal do mundo sem estações!...
Primavera, inverno, verão, outono...
Para que estações?


*As Juvenilidades Auriverdes*          (já vociferantes)

Cães! Piores que cães!
Somos as Juvenilidades Auriverdes!
Vós, burros! malditos! cães! piores que cães!

*Os Orientalismos Convencionais*  (sempre marcha fúnebre, cada vez
 mais forte porém)

Para que burros? Para que cães?
Produtividades regulares. Vivam as maleitas!
Intermitências de polegadas certas!
Nas arquitecturas renascença gálica;
na música Verdi; na escultura Fídias;
Corot na pintura; nos versos Leconte;
na prosa Macedo, D'Annunzio e Bourget!
E na vida enfim, eternamente eterna,
concertos de meia à luz do lampeão,
valsas de Godard no piano alemão,
marido, mulher, as filhas, o noivo...


*As Juvenilidades Auriverdes*  (numa grita descompassada)

Malditos! Boçais! Cães! Piores que cães!
Somos as Juvenilidades Auriverdes!
A passiflora!... Vós, malditos! boçais!


*Os Orientalismos Convencionais*  (f f f)

... o corso aos domingos, o chá no Trianon...
E as ..........cidades, as ..........cidades,
as ...........cidades, as ...........cidades,
e mil ...........cidades...


*As Juvenilidades Auriverdes*  (f f f f)

Seus borras! Seus bêbedos! Infames! Malditos!
A passiflora! o espanto! a loucura! o d...

*Os Orientalismos Convencionais*         (fffff)

               ... e as perpetuidades
das celebridades das nossas vaidades;
das antiguidades às atualidades;
ao fim das idades sem desigualdades
quem há-de...


*As Juvenilidades Auriverdes*        (loucos, sublimes,
                                                        tombando exaustos)

Seus......................................................................................!!!
(A maior palavra feia que o leitor conhecer)
Nós somos as Juvenilidades Auriverdes!
A passiflora! o espanto!... a loucura! o desejo!...
Cravos!... Mais cravos... para... a nossa...


Silêncio. Os *Orientalismos Convencionais*, bem como as *Senectudes Tremulinas* e os *Sandapilários Indiferentes* fugiram e se esconderam, tapando os ouvidos à grande, à máxima VERDADE. A orquestra evaporou-se, espavorida. Os *maestri* sucumbiram. Caiu a noite, aliás; e na solidão da noite das mil estrelas as *Juvenilidades Auriverdes*, tombadas no solo, chorando, chorando o arrependimento do tresvario final.


*Minha Loucura*                       (suavemente entoa cantiga de
                                                        adormentar)

Chorai! Chorai! Depois dormi!
Venham os descansos veludosos
vestir os vossos membros!... Descansai!
Ponde os lábios na terra! Ponde os olhos na terra!
Vossos beijos finais, vossas lágrimas primeiras
para a branca fecundação!
Espalhai vossas almas sobre o verde!
Guardai nos mantos de sombra dos manacás
os vossos vaga-lumes interiores!

Inda serão um sol nos ouros do amanhã!
Chorai! Chorai! Depois dormi!

A mansa noite com seus dedos estelares
fechará nossas pálpebras...
As vésperas do azul!...
As melhores vozes para vosso adormentar!
Mas o Cruzeiro do Sul e a saudade dos martírios...
Ondular do vai-vem! Embalar do vai-vem!
Para a restauração o vinho dos noturnos!...
Mas em vinte anos se abrirão as searas!
Virão os setembros das floradas virginais!
Virão os dezembros do sol pojando os grânulos!
Virão os fevereiros do café-cereja!
Virão os marços das maturações!
Virão os abris dos preparativos festivais!
E nos vinte anos se abrirão as searas!
E virão os maios! E virão os maios!
Rezas de Maria... Bimbalhadas... Os votivos...
As preces subidas... As graças vertidas...
Tereis a cultura da recordação!
Que o Cruzeiro do Sul e a saudade dos martírios
plantem-se na tumba da noite em que sonhais...
Importa?!... Digo-vos eu nos mansos
oh! Juvenilidades Auriverdes, meus irmãos:
Chorai! Chorai! Depois dormi!
Venham os descansos veludosos
vestir os vossos membros!... Descansai!

Diuturnamente cantareis e tombareis.
As rosas... As borboletas... Os orvalhos...
O todo-dia dos imolados sem razão...
Fechai vossos peitos!

Que a noite venha depor seus cabelos aléns
nas feridas de ardor dos cutilados!
E enfim no luto em luz, (Chorai!)
das praias sem borrascas, (Chorai!)
das florestas sem traições de guaranis
(Depois dormi!)
que vos sepulte a Paz Invulnerável!
Venham os descansos veludosos
vestir os vossos membros... Descansai!           (quase a sorrir, dormindo)

Eu... os desertos... os Caíns... a maldição...


(*As Juvenilidades Auriverdes e Minha Loucura* adormecem
eternamente surdos, enquanto das janelas de palácios, teatros,
tipografias, hotéis — escancaradas, mas cegas — cresce uma
enorme vaia de assovios, zurros, patadas.)



FIM

LAUS DEO!

# As enfibraturas do Ipiranga

*José Miguel Wisnik*

"As enfibraturas do Ipiranga" é um dos grandes textos públicos que tomam a música como sua onda transportadora, na obra literária de Mário de Andrade. Longe de um acaso, podemos dizer que isso é quase uma regra. *Macunaíma*, como é sabido, não é um romance, mas uma "rapsódia" que, embora hiperletrada, se faz entoar ficcionalmente por um cantador popular que segue os modos de transmissão da cultura oral. A rapsódia macunaímica e o *Ensaio sobre a música brasileira*, ambos de 1928, manifestam na teoria e na prática o projeto nacionalizante de aliança da cultura erudita com a popular, propugnado por Mário nos anos 1920 e 1930. O poema "Café" (1942), por sua vez, foi escrito para se tornar uma ópera revolucionária social, testemunhando o engajamento político do poeta em seu período final de vida. Faz par com *O banquete* (1944-45), diálogo socrático sobre arte e sociedade que tem como protagonista um compositor e como cerne problemático as vicissitudes da vida musical. Em suma, não há inflexão importante na trajetória literária de Mário de Andrade (vanguarda em 1922, nacionalismo nos anos 1920 e 1930, engajamento em 1940) que não seja marcada por uma operação crítica e criativa apoiada em música. A música funciona como a sua prova dos nove. Suas ferramentas analíticas e seus argumentos estéticos são muitas vezes extraídos dela (como o "harmonismo" e o "polifonismo" que explicam a poesia moderna no "Prefácio interessantíssimo" e em *A escrava que não é Isaura*). Mais: suas apostas explícitas se interligam subterraneamente com o componente de possessão a que a música convoca pela "indestinação do sentido" e pela força do ritmo, características que impulsionam seus poderes "cenestésicos e dinamogênicos", sua potência terapêutica[1], suas "dinamogenias políticas"[2], seu poder de incitar o transe[3] e sua capacidade de instaurar processos rituais e míticos de morte e renascimento, como ele identificou nas "danças dramáticas do Brasil"[4].

Marcado por uma aventura pianística malograda e traumática na juventude, Mário tem com a poesia a relação substitutiva de quem abdicou da música sem se desligar dela[5]. "Oh! Sócrates, compõe e executa música" — a voz do sonho

---

1 Cf. "Terapêutica musical", em: *Namoros com a medicina*, São Paulo: Martins, 1972.
2 Cf. "Dinamogenias políticas", em: *Música, doce música*, São Paulo: Martins, 1963.
3 Cf. *Música de feitiçaria no Brasil*, São Paulo: Martins, 1963.
4 Cf. *As danças dramáticas brasileiras*, São Paulo: Martins, 1959.
5 Cf. José Miguel Wisnik, "O ensaio impossível", em: *Gilda: a paixão pela forma*, Rio de Janeiro: Fapesp/Ouro sobre Azul, 2007, pp. 212-4. Cf. também José Miguel Wisnik, "O que se pode saber de um homem?", *Piauí*,

recorrente referido por Sócrates no *Fédon* parece ressoar também nele, com a diferença de que, em vez de filosofar como quem compõe, Mário faz literatura, em certos momentos-chave, como quem faz música, levado pelo desejo de devolver a palavra ao mundo vocal, instrumental e ritual dos sons. "As enfibraturas do Ipiranga" é a primeira grande manifestação dessa síndrome. O poema imita a partitura e o libreto de um *oratório profano*, coral sinfônico, cuja execução se desse num vale do Anhangabaú ocupado pela própria multidão que o interpreta. Escrito às vésperas do centenário da Independência, em 1921, alude parodicamente aos grandes eventos comemorativos da data nacional e às disposições morais e cívicas (as *enfibraturas*) associadas ao Ipiranga — o riacho do grito e do hino. Dando um contravapor na visão apologética do centenário e expondo embates em escala urbana, é sobretudo uma espantosa antevisão alegórica e profética da Semana de Arte Moderna, prefigurando o jogo de forças envolvidas no *arregaço* modernista — para usar aqui o termo empregado com precisão por Emicida, ao se referir ao evento de 1922 no filme *AmarElo*[6]. Em seu delírio *desvairista*, o poema ritualiza um ato modernista que se encena não dentro do Theatro, mas no anfiteatro da cidade, na fenda geológica que corta o centro de São Paulo, contígua ao Municipal, onde se dá uma batalha campal de forças comportamentais e artísticas expondo suas contradições gritantes. Por isso mesmo, o poema dá ao acontecimento então virtual da Semana uma escala urbana e telúrica, ampliando seu horizonte de classe e expondo antecipadamente algo de suas entranhas, seus limites e seus fracassos, dirigidos dramaticamente ao futuro[7].

Destemperado e desmedido, marcado por algo daquele *ruim esquisito* que Manuel Bandeira identificou na sua poesia imatura, e posto na posição de *gran finale* da *Pauliceia desvairada*, poderíamos dizer do poema que é um *tour de force* artístico, não fosse o fato de que nasce mais propriamente de um jorro de *lirismo* (no sentido técnico do "Prefácio interessantíssimo"), isto é, de uma explosão de conteúdos recalcados buscando forma e investidos da entrega sacrificial de quem sabia bem, ao escrevê-lo, que estava prestes a se banhar numa "tempestade de achincalhes"[8]. Suas fibras convulsionadas são uma espécie de sismógrafo, traduzido em escala alegórica, do "estouro" íntimo que precedeu, em Mário, a experiência da Semana, e que o fez jogar-se agônica e agonisticamente nas constrições, nas contradições e mesmo nas contrições envolvidas no ato transgressor.

---

out. 2015, nº 109.

6   Emicida, *AmarElo — É tudo pra ontem*, Netflix, 2020.

7   Aproveito de perto, aqui, formulações contidas em: José Miguel Wisnik, "A república musical modernista", em: *Modernismos 1922-2022*, org. de Gênese Andrade, São Paulo: Companhia das Letras, 2022 (a ser publicado).

8   "Apesar da confiança absolutamente firme que eu tinha na estética renovadora, mais que confiança, fé verdadeira, eu não teria forças nem físicas nem morais para arrostar aquela tempestade de achincalhes. E si aguentei o tranco, foi porque estava delirando." Mário de Andrade, "O movimento modernista", em: *Aspectos da literatura brasileira*, 5ª ed., São Paulo: Martins, 1974, p. 232.

Por isso mesmo, por sua embocadura convulsionada, seu caráter ruinoso, fracassante e utópico, por escancarar sua ambição e seus limites com uma sinceridade galopante e uma fantasia sem estribeiras, o poema fala conosco, hoje, quando está em jogo o destino da cidade, do modernismo e do Brasil[9].

"Todos os 550.000 cantores concertam apressadamente as gargantas e tomam fôlego com exagero": o "oratório profano", que vai começar, é a cena imaginária de uma gigantesca apresentação coral sinfônica em que a população de São Paulo inteira (segundo os números da época) se dá em espetáculo no vale do Anhangabaú. Disposta estrategicamente em nichos marcando territórios conflitantes, ela se divide em blocos que vociferam com seus oponentes num generalizado *coro dos contrários*[10]. Os Orientalismos Convencionais ("escritores e demais artífices elogiáveis", isto é, poetas parnasianos, pintores acadêmicos, operistas, críticos conservadores, beletristas em geral) posicionam-se nas janelas e terraços do Theatro Municipal, acumpliciados com as *Senectudes Tremulinas* — "milionários e burgueses" postados, do outro lado do vale, nas sacadas elegantes do Automóvel Clube, da Prefeitura, da Rôtisserie, da Tipografia Weisflog, da Livraria Alves. Debatendo-se com ambos, mas principalmente com os *Orientalismos* entrincheirados no Municipal, as *Juvenilidades Auriverdes* ("nós", isto é, os assumidos modernistas, entre os quais sobressai o solo de *Minha Loucura*) levantam suas vozes do fundo do Anhangabaú, pés enterrados no solo. Vendo e ouvindo de fora esse embate cruzado entre burgueses passadistas e modernistas burgueses, o coro dos *Sandapilários Indiferentes* (operários, lumpens, "gente pobre") ocupa o viaduto do Chá e vaia ora uns ora outros, clamando sua preferência pela ópera italiana (árias de Puccini) e pelos recentes sucessos de carnaval veiculados pelo gramofone (marchinhas de Sinhô).

Simulando a partitura do oratório, o poema se desenvolve com uma fartura (poderíamos dizer, com Mário, uma "imundície") de indicações dinâmicas, que vão do pianíssimo ao fortisíssimo (*fff*), passando pelo "crescendo fantástico", pelo "estampido preto", pelo "clamor", pelo berro, pela vociferação, pela "grita descompassada", voltando depois à suave "cantiga de adormentar" e terminando com uma "enorme vaia de assovios, zurros, patadas". Abundam indicações vocais (vozes que, "perturbadas com o fabordão, recomeçam mais alto, incertas"), instrumentais ("miados de flautim impotente", "gargalhada de timbales", "glissando de harpa", "notas longas de trompas", órgão), referências a gêneros musicais (cantochão, minuete, recitativo e balada, gavota, marcha fúnebre), indicações técnicas de ritmo e de forma, como "a tempo" e "da capo".

Vigora mais do que nunca, nessas "Enfibraturas", aquilo que Mário de Andrade enfatiza, no "Prefácio interessantíssimo", a propósito da impulsão oralizante do

---

9 Cf. nota 7.
10 Cf. José Miguel Wisnik, *O coro dos contrários: a música em torno da Semana de 22*, São Paulo: Duas Cidades, 1977.

livro: "versos não se escrevem para a leitura de olhos mudos", mas "cantam-se, urram-se, choram-se" ("Quem não souber cantar não leia 'Paisagem nº 1'. Quem não souber urrar não leia 'Ode ao Burguês'. Quem não souber rezar, não leia 'Religião'"). Nas "Enfibraturas", as vozes fazem tudo isso e mais alguma coisa: cantam, urram, rezam, choram, desprezam, maldizem, embalam e, mais ainda, irrompem em blocos corais cruzados que se interferem e se superpõem num transe simultaneísta, marcado pelo acirrado "polifonismo" (aquele mesmo que o "Prefácio" toma como uma das marcas diferenciais da poesia moderna). Na verdade, somente uma experiência de oralização coletiva e panorâmica (com as vozes vindas de pontos diferentes do espaço) poderia dar conta do caráter efetivamente *polifônico* desse poema, em que os naipes corais estão escritos não só para se contraporem mas, em alguns momentos extremos, para se embaralharem. À medida que recrudescem e se intensificam, as imprecações dos *Orientalismos* e das *Juvenilidades* impõem-se aos ouvidos virtuais como se emitidas *juntas*, em estado de franca fricção, numa "grita descompassada".

As tumultuadas condições de produção musical, indicadas na pompa e nas circunstâncias fragorosamente derrisórias do evento, a impossibilidade de afinação entre planos tão grandiosamente desencontrados, a enérgica mixórdia instrumental que se mobiliza ("banda e orquestra colocadas no terraplano que tomba sobre os jardins" com "cinco mil instrumentistas dirigidos por maestros... vindos do estrangeiro"), a mistura de instrumentos sinfônicos e indígenas ("borés e maracás", antecipando Villa-Lobos), de "*tutti* formidando" com desafinação, de intervenções aleatórias somadas ao ingovernável "*rubato* lancinante", alegorizam também a fragmentação de uma sociedade atravessada por tensões agudas que se projetam num campo detonado de choques culturais. Assim, o coral grandioso, que oferece comumente a imagem de uma sociedade pacificada, cuja voz coletiva fala pela utopia da comunidade, é minado pela exposição de blocos conflitantes cujos diálogos, gradativamente mais ásperos e exasperados, são encaixes de fraturas.

Embora se insinue no horizonte, o embate de classes (sugerido pela presença explícita da burguesia e do proletariado) comparece apenas como pano de fundo para o choque principal — o da renovação estética com o "passadismo" —, em que a disputa do gosto e do comportamento assume o primeiro plano. "As enfibraturas do Ipiranga" é uma espécie de *dança dramática* (para usar o termo caro ao Mário posterior) em que se desdobra o conflito técnico-estético entre a velocidade simultaneísta do mundo moderno e o marasmo renitente das representações lineares, a disputa do exotismo parnasiano (*oriental*) com o apelo local (*auriverde*), o antagonismo arquetípico entre as forças *convencionais* e *senis* e a *juvenilidade* emergente, tudo isso no âmbito convulsionado de uma cidade que se faz epicentro do comércio mundial do café e que fora até recentemente um burgo provinciano. Em outras palavras, trata-se de uma São Paulo — "risco de aeroplano entre Mogi e Paris" — que passou em pouquíssimos anos dos hábitos morigerados ao *frisson* da metrópole, aspirando profusamente fumos cosmopolitas (neblinas londrinas, perfumes parisienses) sem deixar de ser um "galicismo a berrar nos desertos da América".

Nessa luta alegórica, a burguesia senil e seu equivalente cultural conservador fecham entre si um pacto de sustentação mútua, enquanto a vanguarda estética está longe de encontrar correspondência nos proletários e na "gente pobre", formando-se assim uma espécie de paralelismo desencontrado, que gira em falso[11]. Embora fincadas num chão físico, as juvenilidades modernistas se debatem na falta de um correspondente chão social. Descontado o ímpeto telúrico e utópico com que manifestam as potências vegetais e primaveris da natureza nascente ("as forças vivas do torrão natal"), pode-se dizer delas que encarnam socialmente um grupo para-burguês e anarcoaristocrático (apoiado e financiado, como Mário explicitaria mais tarde, pela parte arejada da oligarquia cafeeira)[12]. Os operários do poema estão longe, por sua vez, daqueles anarquistas mobilizados que deflagraram impactantes greves na São Paulo de 1917. Nomeados como os coveiros de enterros pobres (significado de "sandapilário"), embalados pela popularidade da ópera italiana e pela emergência da música popular de massas, gritam, mais que sua indiferença, seu incômodo com a querela estética burguesa:

> Vá de rumor! Vá de rumor!
> Esta gente não nos deixa mais dormir!
> Antes *E lucevan le stelle* de Puccini!
> Oh! pé de anjo, pé de anjo!
> Fora! Fora o que é de despertar.[13]

Tudo somado, o quadro agônico contém uma contraposição complexa que se acirra e se emaranha naquilo que chamamos de *coro dos contrários*, já que os modernistas são parte da burguesia a que se opõem, enquanto o operariado, que se opõe estruturalmente a esta, forma com ela o bloco que se opõe à inovação modernista. Imbróglio que podemos representar provisoriamente assim:

---

[11] Pode-se dizer que o projeto de nacionalização artística dos anos 1920-1930, bem como o engajamento político dos anos 1940, em Mário de Andrade, visam superar essa distância, cada um a seu modo. Podemos ler *Café* como uma conversão termo a termo do programa estético de "As enfibraturas do Ipiranga" para o programa politicamente engajado, com os "Sandapilários" saindo da margem e tornando-se protagonistas, agora como heróis operários.

[12] Cf. Mário de Andrade, "O movimento modernista", *op. cit.*, p. 241.

[13] Note-se que o "Prefácio interessantíssimo" apresenta uma acentuação ideológica diferente para o mesma tema, quando diz que os distúrbios aparentes da multidão falam a "retórica exata das reivindicações", comparando-os à desordem apenas aparente da poesia moderna. "A turba é confusão aparente. Quem souber afastar-se idealmente dela, verá o imponente desenvolver-se dessa alma coletiva, falando a retórica exata das reivindicações."

Juvenilidades Auriverdes + Minha Loucura X Orientalismos Convencionais + Senectudes Tremulinas

Sandapilários Indiferentes

Um dos aspectos de enorme interesse no poema é que ele amplia o foco da polêmica estética que caracterizou a Semana de Arte Moderna — poetas modernistas contra parnasianos, pintura acadêmica contra a expressionista, poema sinfônico *versus* ruidismo futurista —, dando-lhe a perspectiva de um *arregaço* maior engolfando classes e grupos sociais em reações díspares e autocontraditórias. O "oratório profano" da cultura alta não rege mais, nem idealmente, a sociedade de massas industrializada; assim também, a política velha, o café com leite das oligarquias, não dá conta da escalada dos novos embates socioculturais. A massa de trabalhadores, já consumidores, balança entre a velha ópera e o carnaval pelo gramofone, indicando a insidiosa entrada em cena da futurosa indústria cultural; a exaltação modernista, sabendo-se tateante, e arcando com o peso e a culpa pelo ataque a paradigmas assentados, namora, em delírios febris, com a autoaniquilação decadentista. O poema não se dá, pois, na chave de uma épica modernista e autoapologética, mas se rasga como um drama confessional dilacerado que tem poder de diagnóstico da política e da cultura[14].

O conflito central, máquina de moer que vai se desenrolando num duelo coral exasperado e exasperante, tem cores míticas e arquetípicas que não escondem o que está em jogo nele: a libido contra a repressão — o apetite erótico de viver e sua torsão masoquista, travando uma luta inglória que toma todo o corpo social. Na "Aurora do Novo Dia", em pianíssimo, as Juvenilidades Auriverdes, forças vegetais primaveris movidas a Eros (enquanto desejo ardente de expansão e contato) brotam na indecisão do lusco-fusco (como "ignorâncias iluminadas") ganhando o vale do Anhangabaú e entoando uma espécie de "Hino à Alegria" tropical: "Nós somos as Juvenilidades Auriverdes!/ As franjadas flâmulas das bananeiras/ As esmeraldas das araras,/ Os rubis dos colibris, [...]/ Todos para a fraterna música do universal!". Este último verso soa como o equivalente antitético daquele outro, da "Ode ao burguês": "Todos para a central do meu rancor inebriante!". Os Orientalismos Convencionais, aliás, não deixam de ser a multiplicação coral do "burguês-burguês" da "Ode ao burguês", a "digestão bem feita de São Paulo": um ser de fachada ancorado no imobilismo corporal e mental, na retenção da primavera e no congelamento dos ciclos naturais, impermeável às ondulações da energia biológica, reduzido ao mínimo em sua horizontalidade, superficialidade, estaticidade ("Nada de subidas ou de verticais!/ Amamos as chatezas horizontais!/ Abatemos perobas de ramos desiguais!/ Odiamos as matinadas arlequinais!").

---

14 Cf. nota 7.

A apologia da mesmice é sublinhada, em isomorfismo paródico, pela mecanização do procedimento da rima, criando um campo de ruído/redundância dentro do qual o convencionalismo convencional (o pleonasmo é proposital) reverbera em grotesca microfonia de massa:

> Temos nossos coros só no tom de dó!
> Para os desafinados, doutrina de cipó!
> Usamos capas de seda, é só escovar o pó!
> Diariamente à mesa temos mocotó!
> Per omnia saecula saeculorum moinhos terão mó!
> Anualmente de sobrecasaca, não de paletó,
> vamos visitar o esqueleto de nossa grande Avó!
> Glória aos Iguais! Um é todos! Todos são um só!
> Somos os Orientalismos Convencionais!

O conflito cultural se apresenta, pois, como um jogo de forças naturais em que o inverno impede a entrada da primavera. Se recorrermos ao esquema da "crítica arquetípica" de Northrop Frye (com sua interpretação das correspondências entre ciclos das estações e mitos literários), diremos que o mundo invernal da ironia e da sátira, no qual impera a esterilidade, domina de saída as forças fecundas e juvenis, impedindo-as de se abrirem para o desenlace positivo da comédia primaveril[15].

Ao falarem pela segunda vez, iniciando um novo *round* da refrega, as Juvenilidades ("perturbadas com o fabordão, [...] incertas") absorvem o choque com a realidade externa (dado pelo antagonismo com os outros grupos) e misturam nas suas exortações a tópica da fome de infinito ("Apelos do estelário visível aos alguéns.../ — Pão de Ícaros sobre a toalha extática do azul!"), o gozo dos espasmos e martírios ("Suaviloquências entre as deliquescências,/ Investe com os cardos!/ Rasga-te nos acúleos!/ Tomba sobre o chão!"), os anúncios utópicos entre estertores ("Hão de vir valquírias para os olhos fechados!/ Anda! Não pares nunca!"). O jogo recrudesce na sequência, quando a crescente marcha fúnebre dos Orientalismos é repisada e redobrada sem nenhum pudor à redundância, acompanhada de orquestra e banda num "*tutti* formidando", enquanto as Juvenilidades martelam, entre a desafinação e a "falta de ensaios", imagens ambíguas de alvorada e martírio:

> Clangorem nossas palavras proféticas
> na grande profecia virginal!
> Somos as Juvenilidades Auriverdes!
> A passiflora! o espanto! a loucura! o desejo!
> Cravos! mais cravos para nossa cruz!

---

15 Cf. Northrop Frye, "Terceiro ensaio. Crítica arquetípica: teoria dos mitos", em: *Anatomia da crítica*, São Paulo: Cultrix, 1973, em especial pp. 159-235.

Numa primeira entrada em solo, Minha Loucura entoa um lamento, todo tecido em metáforas, contra o desperdício da onda erótica que se choca contra o paredão repressor ("Estas marés da espuma branca/ e a onipotência intransponível dos rochedos!"); das águas redentoras recusadas ("Estas nuvens da tempestade branca/ e os telhados que não deixam a chuva batizar!"); das florações parasitadas pelas ervas daninhas ("Estas espigas da colheita branca/ e os escalrachos roubando a uberdade!"). O mar, o céu e a terra, as ondas, as tempestades e as germinações, são bloqueados por rochedos, telhados, escalrachos. Os impulsos de Eros, força expansiva de vida vigorando necessariamente na oscilação e na incerteza ("A passiflora! o espanto! a loucura! o desejo!"), são torcidos contra si próprios e levados a uma excruciante ostentação masoquista: "Cravos e mais cravos para a nossa cruz".

Se, "num crescendo fantástico", as Juvenilidades redobram seu refrão torturante ("A passiflora! o espanto!" etc.), os Orientalismos repetem, por três vezes "da capo", o bordão da redundância ("Para que cravos? Para que cruzes?"), seguidos de três mandamentos estéticos: 1. "Submetei-vos à metrificação" (as formas fixas são tomadas aqui como um leito de Procusto e de tortura, à maneira do que diz o "Prefácio interessantíssimo", reforçando o motivo do achatamento das diferenças: "Aos maiores: serrotes; aos menores: o salto..."); 2. "Submetei-vos à poda!" (preconizando para as artes "o regime do quartel" e domesticando as forças criadoras e libidinais num regime de "fecundidades regulares"); 3. "Universalizai-vos no senso comum" ("Primavera, inverno, verão, outono.../ Para que estações?").

Ao fim dessas três vezes, as Juvenilidades, "já vociferantes", acirram seu estribilho:

Cães! Piores que cães!
Somos as Juvenilidades Auriverdes!
Vós, burros! malditos! cães! piores que cães!

A nova sequência de ataques e contra-ataques, entrecortados e surdos, sem mediação possível, com as vozes crescendo em patamares sucessivos até um superfortíssimo (*fffff*), culmina no dilaceramento:

*As Juvenilidades Auriverdes*
    (loucos, sublimes, tombando
    exaustos)
Seus..................................................................!!!
(A maior palavra feia que o leitor conhecer)
Nós somos as Juvenilidades Auriverdes!
A passiflora! o espanto!... a loucura! o desejo!...
Cravos!... Mais cravos... para... a nossa...

> Silêncio. *Os Orientalismos Convencionais*, bem como as *Senectudes Tremulinas* e os *Sandapilários Indiferentes* fugiram e se esconderam, tapando os ouvidos à grande, à máxima VERDADE. A orquestra evaporou-se, espavorida. *Os maestri* sucumbiram. Caiu a noite, aliás; e na solidão da noite das mil estrelas as *Juvenilidades Auriverdes*, tombadas no solo, chorando, chorando o arrependimento do tresvario final.

O clímax do poema está nesse ponto de ruptura por intensificação e por esgotamento, detonado pelo palavrão estrondoso e catártico das Juvenilidades (pudicamente referido como "a maior palavra feia que o leitor conhecer") que o texto deixa aberto como se concedesse "bondosamente" ao leitor, seguindo a blague do "Prefácio interessantíssimo", "a glória de colaborar nos poemas". Mas o fato de permanecer impronunciado reforça seu caráter de palavra-tabu, dotada de uma violência profanadora ante a qual as outras partes fogem e se escondem, "tapando os ouvidos à grande, à máxima VERDADE". A "verdade" que vem à tona, nesse caso, não é uma revelação positiva da ordem do imaginário, *que não se dá*, mas um real inconsciente que não se diz, e que, entre o berro e o silêncio, solapa as bases do pacto que costura as fibras da ordem social, exibindo por um momento o que ela tem de insustentável e abalando as estruturas das *enfibraturas do Ipiranga*. Trata-se da emanação em grau máximo, podemos dizer, daquele "rancor inebriante", do "ódio fecundo" e da ira afirmativa da vida, contidos na "Ode ao burguês". Enquanto as demais partes fogem à contundência dessa irrupção, à qual não suportam se expor, as Juvenilidades Auriverdes sucumbem mesmo assim à sua incapacidade de furar o bloqueio, permanecendo no fundo do vale, onde jazem entre morte e vida como forças latentes a frutificar no futuro.

É quase automático reconhecer no arco geral do poema, pela nitidez com que se apresenta, os passos do esquema arquetípico que Northrop Frye chama de "mito da procura", escandido em quatro fases: *agón* (instauração do conflito); *páthos* (intensificação e morte de um ou dos dois lados da luta); *sparagmós* (estraçalhamento ou desaparição do herói); e *anagnórisis* (reconstituição, reaparecimento ou reconhecimento daquilo que foi despedaçado ou desaparecido)[16]. Muito curiosamente, esse esquema corresponde exatamente ao movimento simbólico que Mário de Andrade identificaria mais tarde nas "danças dramáticas do Brasil", a começar pelo bumba-meu-boi, tendo como cerne o jogo do antagonismo que resulta na "Morte e Ressureição dum qualquer benefício"[17]. É como se ele acabasse encontrando no material de pesquisa da cultura popular, querendo-o

---

16  Ver Northrop Frye, *Anatomia da crítica*, op. cit., p. 190.
17  Mário de Andrade, *Danças dramáticas do Brasil*, op. cit., p. 31.

ou não, uma estrutura mitopoética que já agia secretamente por dentro de sua poesia, e cujo fundo ritual dionisíaco (a morte e o renascimento de um deus) depende intrinsecamente da música para se consumar.

Para os efeitos do poema, podemos chamar essas quatro fases de *fricção* (o atrito sem mediação entre forças opostas), *fritura* (o aumento da temperatura conflitual até o rompimento), *fratura* (a fuga, o desaparecimento geral, e a morte seminal de uma das partes), e *redenção futura* (o anúncio do renascimento das forças vitais e telúricas).

A redenção é prometida, ao final, pela personagem Minha Loucura, no seu papel de projeção órfica do eu lírico *desvairista*: ela entoa uma "cantiga de adormentar", consoladora e ainda assim loquaz, na qual anuncia o futuro renascimento das *sementes-perséfones* enterradas na fenda que divide o centro da cidade, à espera que sua fertilidade medre na estação propícia.

> Virão os setembros das floradas virginais!
> Virão os dezembros do sol pojando os grânulos!
> Virão os fevereiros do café-cereja!
> Virão os marços das maturações!
> Virão os abris dos preparativos festivais!
> E nos vinte anos se abrirão as searas!
> E virão os maios! E virão os maios!

Note-se que esse calendário cíclico corresponde todo ele ao calendário da produção cafeeira, indicando uma forte introjeção, em Mário de Andrade, da economia material e simbólica do mundo paulista, aliás explícita na *Pauliceia* ("Enguirlandemo-nos de café-cereja", "Oh! Este orgulho máximo de ser paulistamente!!!", como diz a "Paisagem nº 4"). Mas o horizonte da promessa, como sempre em Mário, é problemático e mais complexo, pois se dá como uma luta agônica entre a positividade e a negatividade, entre o desejo de prometer e a própria impossibilidade de fazê-lo completamente. Anuncia-se o renascimento cíclico e pagão da natureza em seu eterno retorno; ao mesmo tempo, sugere-se a ressurreição escatológica e cristã da promessa que morreu. Nos dois casos, que aqui acabam se confundindo, a pulsação da vida, mesmo reprimida, é inextinguível, está em tudo que vive e pulsa e voltará forçosamente. Não obstante essa fé em Eros, o canto de Minha Loucura acalenta, para maior ambiguidade, um apelo a Tânatos, ensejando um estado de aniquilação nirvânica, um não haver que anule definitivamente a dor da existência, para além do retorno da natureza ou de uma ressurreição transcendente:

> E enfim no luto em luz, (Chorai!)
> Das praias sem borrascas, (Chorai!)
> (Depois dormi!)
> Que vos sepulte a Paz Invulnerável!

Há um travo de *ser ou não ser* nesse *pôr-pra-dormir* que carrega a volúpia de morrer, na esperança de que isso traga a anulação definitiva do custo conflituoso de estar vivo (como no dilema hamletiano entre suportar "as fundas e flechas do destino austero" ou "dar-lhes fim" com o "morrer, dormir")[18]. A epígrafe d'"As enfibraturas" reforça essa associação shakespeariana: "O, woe is me/ To have seen what I have seen, see what I see!" ("Ó infortúnio que cortejo/ Tendo visto o que vi e por ver o que vejo", segundo a tradução poética de Bruna Beber)[19]. A frase, que manifesta o desalento e o desconcerto de Ofélia ante os acessos histriônicos do príncipe, vem ao final do diálogo com ele, exatamente na mesma cena e na sequência do famigerado monólogo (*Hamlet*, ato III, cena 1). Mas é possível ler ainda o desejo de extinção completa, mais do que como pulsão de morte literal, como estratégia política, como utopia negativa acintosamente contraposta à ordem repressora, como maneira de contestá-la reinando pela ausência, como se jogasse um radical *não estou nem aí* contra a "tempestade de achincalhes":

(*As Juvenilidades Auriverdes e Minha Loucura*
adormecem eternamente surdas, enquanto das
janelas de palácios, teatros, tipografias, hotéis —
escancaradas, mas cegas — cresce uma enorme
vaia de assovios, zurros, patadas.)

LAUS DEO!

Enfim, "As enfibraturas do Ipiranga" apresenta-se como um oratório profano. O gênero, sacro na origem, constitui-se numa peça musical dramática em que vozes solistas e corais desempenham papéis narrativos sem que haja, ao contrário da ópera, uma representação cênica com ação, cenário e figurinos. Baseado em textos religiosos, ligados muitas vezes aos temas da vida, paixão e morte de Jesus Cristo, surgiu na Itália no século XVII e difundiu-se largamente na Europa, sendo praticado sem grande interrupção do século XVII ao XX. Haendel compôs muitos, entre os quais o *Messias*, que culmina na famosa "Aleluia". As *Paixões* de Johann Sebastian Bach são também oratórios, mesmo que não nomeados como tal, ao lado dos oratórios de Natal, de Páscoa e da Ascenção.

O oratório profano, por sua vez, aparece na primeira metade do século XVIII na Alemanha, especialmente graças a Telemann, contemporâneo de Bach. Eram poemas cantados tratando de temas mitológicos, alegóricos e morais, peças de feição teatral executadas fora da *mise en scène* teatral e mesmo fora do espaço do teatro. Mário de Andrade incorporava, pois, uma tradição musical que, embora vetusta,

---

18 W. Shakespeare, *Hamlet*, trad. Bruna Beber, São Paulo: Ubu Editora, 2019, p. 76.
19 *Ibid.*, p. 79.

continuava viva na música erudita de seu tempo, passando inclusive àquela altura por um renascimento temático e formal que prosseguiria pelo século XX. No mesmo ano em que escrevia "As enfibraturas do Ipiranga", por exemplo, Arthur Honegger escrevia *O rei Davi*. Praticaram o gênero, entre muitos outros, Stravinski (*Œdipus rex*, ópera-oratório, 1927), Hindemith (*O incessante*, 1931), Schönberg (*Um sobrevivente de Varsóvia*, 1947), Chostacovitch (*O canto das florestas*, 1949).

O "oratório profano" que fecha a *Pauliceia desvairada* narra a seu modo uma versão profana da paixão de Cristo, fazendo da aposta modernista não uma apoteose heroica, mas um drama agônico posto no horizonte do fracasso e da promessa. As forças nascentes, que anunciam a boa nova, são martirizadas, ou chamam para si o martírio. Evoca-se sua paixão e morte, canta-se o renascimento/ressurreição. Além da crucificação, assumida pelas Juvenilidades como emblema de identidade ("Cravos e mais cravos para a nossa cruz"), comparecem no poema outros motivos martirológicos (a passiflora, "flor-da-paixão" associada comumente à coroa de espinhos; o destino sacrificial ditado em "diuturnamente cantareis e tombareis"). O tema da abertura coral, entoado em latim por todos os componentes ("*Utilius est saepe et securius quod homo non habeat multas consolationes in hac vita*") é extraído da *Imitação de Cristo*, obra escrita por Tomás de Kempis no século XV. A morte das Juvenilidades, como a de Cristo, é seguida de uma tempestade — social e profana, nesse caso — de "assovios", "zurros" e "patadas". O Cristo de que se trata, no poema, tem afinidade com aquele definido por Wilhelm Reich como o "princípio de vida" que "morre todas as vezes que a vida é assaltada, golpeada, molestada, reprimida, forçada em seu funcionamento e suas expressões autênticas" ("o todo dia dos imolados sem razão", nas palavras do poema)[20].

E é também aquele Cristo que habita o pesadelo "sonhado, pensado e padecido", segundo Octavio Paz, por muitos dos poetas, filósofos e romancistas da modernidade, remontando ao romantismo radical de Jean-Paul e Nerval: o Grande Órfão, filho do Deus morto, com o qual se identificam os "hijos del limo" — *filhos do lodo, da lama, do barro* —, herdeiros heteróclitos da transcendência vazia, que mergulham de cabeça na modernidade desencantada levando consigo os estilhaços de todos os mitos. No caso do poema de Mário, a síndrome do *filho da lama* se faz presente sobretudo pela sua mistura peculiar de "cristianismo sem Deus" (sacrifício e esperança sem transcendência) com "paganismo cristão" (ritualização em tom martirológico do retorno cíclico da natureza)[21].

---

20 Roger Dadoun, *Cien flores para Wilhelm Reich*, Barcelona: Anagrama, 1978, p. 317.

21 Segundo Paz, "essas duas experiências — cristianismo sem Deus, paganismo cristão — são constitutivas da poesia e da literatura do Ocidente desde a época romântica", mas talvez encontrem poucas vezes uma realização tão acabada e quase didática como em "As enfibraturas do Ipiranga". Octavio Paz, *Los hijos del limo*, Barcelona: Seix Barral, 1974, em especial pp. 70-8.

Em suma, com toda a sua impulsão alegórica, ao mesmo tempo social e arquetípica, sendo um inusitado depoimento *avant la lettre* sobre a experiência tumultuada da Semana de Arte Moderna, que ele projeta numa escala urbana e numa amplitude que ultrapassa a quadratura de classe do movimento enquanto tal, ostentando seus limites e suas contradições, o poema, ainda assim ou por isso mesmo, parece ter uma estranha ressonância atual, cem anos depois de escrito. Refiro-me ao fato de que ele encena o rito de instauração do moderno no Brasil ao mesmo tempo que o impasse que cerca essa instauração (estou entendendo *moderno* numa acepção genérica de abertura ao polifonismo das linguagens e abertura — mesmo que limitada e de cima — à sociedade como um todo problemático). Se condenados ao moderno (conforme a afirmação de Mário Pedrosa), parecemos condenados a não sê-lo nunca. Hoje, quando nos vemos enredados nos *escalrachos* (para usar a palavra feia do poema) da mais agressiva das ações conservadoras, cortejada pela conivência empresarial, garantida pelas corporações militares, insuflada pelas pressões do moralismo religioso, parecemos estar ainda na cena das "Enfibraturas do Ipiranga", mesmo que mudados os endereços e ampliadas as armas da violência negadora em sua ação sobre o imaginário de massas.

O poema soa então como um *déjà-vu* ao contrário, em que o passado fantasmático nos faz lembrar de um real que insiste em não mudar, apesar de todas as mudanças ocorridas nesse século de distância — como se não tivesse havido o movimento modernista, que no entanto *houve* e constituiu alguns dos mais importantes fundamentos civilizacionais do país. Às vésperas do centenário da Semana de Arte Moderna — em clima de áspera fricção, fritura e fratura —, utopias, projetos coletivos, compromissos públicos, ação artística, universidades, diversidade humana, racial e de gênero, vida indígena e floresta são esfolados pelos ataques dirigidos contra tudo o que se construiu sobre os pilares progressistas da vida brasileira, a começar do "direito permanente à pesquisa estética", da "atualização da inteligência artística" e da "estabilização de uma consciência criadora nacional", para retomar os termos do próprio Mário de Andrade[22].

Mas o som e a fúria do poema nos devolvem também ao luto e à luta investidos no arregaço modernista, arrancando-nos da atitude lamentosa e derrotista. Ele aponta para aquilo que veio driblando, apesar de tudo e com tudo, a "baixa antropofagia" brasileira, tal como formulada por Oswald de Andrade no "Manifesto Antropófago", estribada na *inveja* (ressentimento), *usura* (liberalismo oportunista), *calúnia* (*fake news*) e assassinato (*necropolítica* assumida). A esse respeito é emblemático o *show* de Emicida no Theatro Municipal de São Paulo, em 2020, que costura a matéria documental e artística do filme *AmarElo*. O *show* é uma luminosa e assumida profanação (enquanto ocupação do espaço interdito, tomando-o para usufruto dos excluídos), ao mesmo tempo que uma

---

22 Mário de Andrade, "O movimento modernista", *op. cit.*, p. 242.

consagração do espaço público destinado a todos — em outras palavras, como uma exultante conversão do tabu em totem. Dialoga diretamente com a Semana de Arte Moderna, elege uma epígrafe de Mário de Andrade ("nosso modernista preferido"), homenageia a antropofagia oswaldiana ("só o que é do outro me interessa") e, mais importante, mostra o quanto o Municipal e o vale do Anhangabaú permaneceram ao longo do tempo como eixo de referência das pulsações culturais da cidade para os invisibilizados e postos à margem. Resgatando as enfibraturas históricas da negritude em São Paulo, Emicida chama a atenção para o fato de que o Movimento Negro Unificado elegeu as escadarias frontais do Municipal como espaço de suas manifestações históricas, em 1978, e como as batalhas de ritmo e poesia do *hip-hop* escolheram o largo São Bento como seu território, homenageando o escravizado arquiteto Tebas, construtor de igrejas no século XIX. Mais recentemente, as batalhas do *slam* escolheram a praça Roosevelt; tudo girando, com maior ou menor proximidade, em torno do Anhangabaú.

*AmarElo* resgata, assim, um arco de tempos e espaços contendo múltiplas manifestações políticas e criativas, individuais e coletivas, construindo, a partir das periferias, uma inesperada ponte sobre a fenda. Trazendo com isso uma surpreendente *anagnórisis* atual para o sonho convulsionado e inconcluso d'"As enfibraturas do Ipiranga" — reconhecimento e maturação das forças dissipadas e semeadas no poema final da *Pauliceia desvairada*[23].

---

23 Os três últimos parágrafos retomam, com poucas alterações, trecho de José Miguel Wisnik, "A república musical modernista", *op. cit.*

## Sobre os autores e artistas

**Alberto Martins** — Escritor e artista plástico. É autor, entre outras obras, dos livros de poemas *Cais* (2002) e *Em trânsito* (2010), da peça de teatro *Uma noite em cinco atos* (2009) e das novelas *A história dos ossos* (2005), segundo lugar no Prêmio Portugal Telecom de Literatura, e *Lívia e o cemitério africano* (2013), Prêmio APCA de Melhor Romance do Ano.

**Alex Cerveny** — Artista visual, interessado sobretudo em desenho, gravura e pintura. Participou da 21ª Bienal de São Paulo (1991). Ilustrou o livro *Decameron* (2013), de Giovanni Boccaccio, e participou da mostra *Nous les Arbres* (2019), na Fundação Cartier, Paris.

**Alexandre Nodari** — Professor de literatura e filosofia da Universidade Federal do Paraná e fundador e coordenador do species — núcleo de antropologia especulativa. É bolsista de produtividade em pesquisa do Conselho Nacional de Desenvolvimento Científico e Tecnológico (CNPq).

**Angela Leite** — Artista plástica com carreira iniciada em 1968. Xilogravadora e desenhista, ministra oficinas de xilogravura em ateliê próprio. De sua vasta e longeva produção, constam as xilos *Anta* (1983), *Jequitibá-rosa* (2006) e *Toninhas* (2003) e as mostras *Bichos refeitos* (1992), Galeria Ars Artis, SP/ Galeria Cândido Mendes, RJ — Circuito Cultural da Eco 92; *Brazilian fauna* (1991), Art Gallery of the Brazilian American Institute, Washington DC, EUA; *Trilha natural brasileira* (2009), Instituto de Biociências, Universidade de São Paulo (USP)/ Universidade Federal de São Carlos; individuais dos dez vencedores anuais do Hintelmann Kunstpreis (2004), Museu da Coleção Zoológica de Munique, Alemanha; *Do mar ao cerrado* (2012), 2ª Bienal Internacional de Gravura Livio Abramo, individual no Teatro Municipal de Araraquara.

**Antônio Paim** (1895-1988) — Ilustrador, desenhista, ceramista, foi também professor de desenho e de história da arte. Ilustrou a obra *As máscaras* (1917), de Menotti del Picchia, entre obras de outros modernistas. Publicou ilustrações nas revistas *Fon-Fon*, *Papel e Tinta*, *Ariel*, *Novíssima*, entre muitas outras. Foi professor da Faculdade de Arquitetura e Urbanismo da Universidade de São Paulo (FAU-USP) e da Escola de Belas Artes de São Paulo.

**Ariovaldo Vidal** — Professor de teoria literária e literatura comparada da USP. Autor de *Roteiro para um narrador* (2000), *Leniza & Elis* (2002, em parceria) e *Atando as pontas da vida* (2020).

**Arnaldo Pedroso d'Horta** (1914-73) — Jornalista, agente cultural e artista plástico. Publicou *México: uma revolução insolúvel* (1965) e *Peru: da oligarquia econômica à militar* (1971). A partir de 1963 atuou de forma decisiva no reerguimento do Museu de Arte Moderna (MAM) de São Paulo. Em 1954 ganhou o Prêmio de Melhor Desenhista Nacional na Bienal de São Paulo e o Prêmio Incom na Bienal de Veneza.

**Carlos A. C. Lemos** — Arquiteto e artista plástico. É professor titular da FAU-USP. Como artista plástico, recebeu o Prêmio Secretário de Estado da Cultura (1971) e o Prêmio Governador do Estado de São Paulo (1972), participando da 6ª, 8ª e 9ª Bienal de São Paulo; de salões de arte contemporânea e de várias exposições, individuais e coletivas. É autor de 27 livros, entre eles: *Cozinhas, etc.* (1976), *Alvenaria burguesa* (1989), *Ramos de Azevedo e seu escritório* (1993; Prêmio Jabuti/1994), *Casa paulista* (1999) e *Da taipa ao concreto* (2013).

**Celia Pedrosa** — Professora de literatura brasileira e literatura comparada no Programa de Pós-Graduação em Estudos de Literatura da Universidade Federal Fluminense (UFF), onde coordena os grupos de pesquisa "Pensamento teórico-crítico sobre o contemporâneo" e "Poesia e contemporaneidade". Publicou os livros *Antonio Candido: a palavra empenhada* (1994) e *Ensaios sobre poesia e contemporaneidade* (2011), além de ter organizado várias coletâneas de textos críticos sobre poesia.

**Cristiano Mascaro** — Fotógrafo, formado pela FAU-USP, iniciou um longo trabalho de documentação da arquitetura e da vida das cidades. Atualmente atua como fotógrafo independente, dedicando-se a projetos pessoais, à realização de exposições e a edições de livros. Obras: *O patrimônio construído*, *Cidades reveladas* e *Viagem a Tóquio*.

**Davi Arrigucci Jr.** — Professor de literatura e escritor. Autor de *O escorpião encalacrado* (1973), *Achados e perdidos* (1979), *Enigma e comentário* (1987), entre outros.

**Eduardo Jorge de Oliveira** — Professor assistente de estudos brasileiros (literatura, cultura e *media*) na Universidade de Zurique, Suíça. É autor de *A invenção de uma pele: Nuno Ramos em obras* (2018) e *Signo, sigilo: Mira Schendel e a escrita da vivência imediata* (2019). Traduziu, entre outros livros, *Poética da relação*, de Édouard Glissant.

**Eduardo Sterzi** — Professor de teoria literária na Universidade Estadual de Campinas (Unicamp). Autor de *A prova dos nove: alguma poesia moderna e a tarefa da alegria* (2008) e *Por que ler Dante* (2008) e organizador de *Do céu do futuro: cinco ensaios sobre Augusto de Campos* (2006).

**Ettore Finazzi-Agrò** — Professor titular aposentado de literatura portuguesa e brasileira na Sapienza Universidade de Roma. Publicou livros sobre Fernando Pessoa, Clarice Lispector e Guimarães Rosa. Além de quase duzentos ensaios, é ainda autor do livro *Entretempos: mapeando a história da cultura brasileira* (2013). Em 2014, foi nomeado doutor *honoris causa* pela Unicamp.

**Evandro Carlos Jardim** — Gravador, desenhista, pintor. Estudou pintura, modelagem e escultura (1953-58) e gravura com Francesc Domingo Segura (1956-57), na Escola de Belas Artes de São Paulo. Especializou-se em gravura em metal, na técnica da água-forte. Paralelamente à carreira artística, desenvolve intensa atividade docente em várias instituições, como a Escola de Belas Artes, a Fundação Armando Álvares Penteado (Faap), a Escola de Comunicação e Artes da Universidade de São Paulo (ECA-USP). Fez várias exposições individuais e coletivas nacionais, em diversos estados, e internacionais, como a 5ª Biennale Internazionale della Graphica (1976), Florença, Itália, e a 38ª Bienal de Veneza (1976), representando o Brasil. Autor do ensaio visual para a *Divina Comédia* de Dante, *Inferno* (2020).

**Feres Lourenço Khoury** — Doutor e livre-docente na FAU-USP. Arquiteto, professor universitário, artista plástico. Trabalha com pinturas, gravuras e pesquisa a relação imagem e palavra.

**Fernando Lindote** — Artista visual, foi bolsista da Fundação Vitae em 2000, com o projeto *Outro porco empalhado*. Participou da 29ª Bienal Internacional de São Paulo (2010) e da exposição *How to Read El Pato Pascual: Disney's Latin America and Latin America's Disney* (2017), na Luckman Fine Arts Complex e Schindler House, Los Angeles. Realizou a individual *Fernando Lindote: trair Macunaíma e avacalhar o Papagaio* (2015), no Museu de Arte do Rio (MAR).

**Ferrignac (Inácio da Costa Ferreira) (1892-1958)** — Foi um ilustrador, desenhista e caricaturista brasileiro. Participou da Semana de Arte Moderna. Seus desenhos de humor são considerados por muitos críticos como sua maior contribuição no campo das artes visuais.

**Gilda Vogt** — Pintora, sua produção artística está vinculada a todo um período formativo, ainda muito jovem, no MAM do Rio de Janeiro, com Ivan Serpa e Anna Bella Geiger, e, em São Paulo, na Escola Brasil: grupo heterogêneo que estava ligado ao chamado realismo mágico de Wesley Duke Lee.

**Hilde Weber** (1913-1994) — Nascida na Alemanha, graduou-se na Escola de Artes Gráficas de Hamburgo. Chegou ao Brasil em 1933 e naturalizou-se brasileira. Foi chargista na *Tribuna da Imprensa* (RJ) e, por 40 anos, chargista no jornal *O Estado de S. Paulo*. Como desenhista, participou de seis Bienais de São Paulo. Na 2ª Bienal (1953-54), recebeu o Prêmio Aquisição, com *O Bicho* (MAC-SP), e também o Prêmio Arno, pelo "conjunto de obras". Em 1989, na 20ª Bienal de São Paulo, foi homenageada na sala "Eventos Especiais". Publicou *O Brasil em charges* (1986).

**João Farkas** — Fotógrafo. Nasceu em São Paulo em família de fotógrafos e completou sua formação em Nova York no ICP e School of Visual Arts. Foi editor de fotografia da revista *IstoÉ*. Trabalha em grandes projetos documentais que se transformam em livros e exposições: *Amazônia ocupada*, *Trancoso*, *Pantanal* e *Caretas de Maragojipe*. Suas imagens fazem parte de acervos de museus e coleções no Brasil e no exterior. Dirigiu os documentários *O homem que salvou a terra* e *São Paulo, cidade segregada*. Na juventude escreveu o livro-poema *São Paulo de Andrade* (1976).

**José Antonio Pasta Júnior** — Professor sênior de literatura brasileira na Faculdade de Filosofia, Letras e Ciências Humanas da Universidade de São Paulo. Autor de *Trabalho de Brecht: breve introdução ao estudo de uma classicidade contemporânea* (2010, 2ª ed.), *Littérature et modernisation au Brésil* (org.) (2004), "Pensée et fiction chez Paulo Emílio", em *Paulo Emílio Sales Gomes ou la critique à contre-courant (une anthologie)*, organizado por Isabelle Marinone *et al.* (2016).

**José Miguel Wisnik** — Professor sênior de literatura brasileira na USP, além de músico e ensaísta. Publicou, entre outras obras, *O coro dos contrários: a música em torno da Semana de 22* (1977), *Sem receita: ensaios e canções* (2004) e *Maquinação do mundo: Drummond e a mineração* (2018).

**José Resende** — Artista plástico, expõe regularmente desde 1967, tendo participado várias vezes da Bienal de São Paulo, além das Bienais de Paris, Veneza e Sydney e da Documenta de Kassel. No Brasil, produziu obras públicas em São Paulo, no Rio de Janeiro e em Porto Alegre.

**Lasar Segall** (1891-1957) — Nascido na Lituânia, estudou na Escola Imperial de Belas Artes, na Alemanha, onde integrou o movimento expressionista. Depois de breve passagem pelo Brasil em 1913, retornou e fixou residência no país em 1920. Mais tarde, naturalizou-se brasileiro. Dedicou-se à pintura e à gravura. Conheceu Mário de Andrade quando chegou e logo integrou o grupo de modernistas, de que foi uma figura expoente. Participou de inúmeras exposições. Seus trabalhos foram exibidos em várias Bienais de São Paulo, desde a 1ª (1951). Sua antiga residência em São Paulo abriga hoje o Museu Lasar Segall.

**Lauro Escorel** — Diretor dos filmes *Fotografação* e *Sonho sem fim*, dos curtas-metragens *Improvável encontro* e *Libertários* e da série para TV *Itinerários do olhar*. Codiretor do filme *A fera na selva* e diretor de fotografia, entre outros filmes, de *São Bernardo*, *Toda nudez será castigada*, *Lúcio Flávio, o passageiro da agonia*, *Batismo de sangue*, *Bye bye Brasil*, *Jogo subterrâneo*, *Brincando nos campos do Senhor* e *Chico: artista brasileiro*.

**Luiz Aquila** — Um dos mais ativos artistas brasileiros. Foi professor em Évora, Portugal; na Universidade de Brasília; no Centro de Criatividade da Unesco-DF e na Escola de Artes Visuais Parque Lage-RJ, da qual foi diretor. Projetou livros de autores da poesia marginal nos anos 1970. Participou de mais de duzentas exposições individuais e coletivas, como a Bienal de Veneza; 17ª e 18ª Bienais de São Paulo (1983 e 1985) e Brasil Século XX (1994); retrospectivas no MAM-RJ (1992); Museu de Arte de São Paulo (1993); Paço Imperial (2012), além de mostras individuais em importantes galerias de 1963 a 2022.

**Manoel Ricardo de Lima** — Professor de literatura na Universidade Federal do Estado do Rio de Janeiro. Publicou *Xenofonte* (2021) e *O método da exaustão* (2020), entre outros. Organizou *Uma pausa na luta* (2020) e, com Davi Pessoa, *Juventude, alegria* (2021).

**Maria Augusta Fonseca** — Professora sênior. Foi bolsista da Fapesp, da Fundação Vitae e pesquisadora do CNPq. Atua no Programa de Pós-Graduação do Departamento de Teoria Literária e Literatura Comparada (FFLCH-USP). Autora de *Palhaço da burguesia: Serafim Ponte Grande e o universo do circo* (1978); *Oswald de Andrade: biografia* (1990; 2007, 2ª ed.) e *Por que ler Mário de Andrade* (2013).

**Mario Cafiero** — Artista plástico e *designer* gráfico. *Site* pessoal: mariocafiero.com.br.

**Mario Cámara** — Doutor em letras, professor titular de teoria e análise literária na Universidad de las Artes, professor adjunto de literatura brasileira na Universidad de Buenos Aires e pesquisador independente no Consejo Nacional de Investigaciones Científicas y Técnicas (Conicet). Seu livro mais recente é *El archivo como gesto: tres recorridos en torno a la modernidad brasileña* (2022).

**Osvaldo Manuel Silvestre** — Professor na Faculdade de Letras da Universidade de Coimbra, onde coordena o Instituto de Estudos Brasileiros. Foi professor visitante na Unicamp em várias ocasiões. Em 2005 publicou, com Abel Barros Baptista, *Seria uma rima, não seria uma solução: a poesia modernista* (2005), antologia integrada à coleção "Curso Breve de

Literatura Brasileira". Publicou ensaios sobre Mário de Andrade, Manuel Bandeira, modernismo e concretismo. Seu último livro publicado é, em coorganização com Rita Patrício, *Conferências do cinquentenário da teoria da literatura de Vítor Aguiar e Silva* (2020).

**Paulo Pasta** — Pintor, desenhista e gravador que vive e trabalha em São Paulo. Doutor em artes plásticas pela Universidade de São Paulo (2011), Pasta realizou diversas exposições individuais no Brasil e no exterior. Seus trabalhos integram importantes coleções públicas, entre as quais: Pinacoteca do Estado de São Paulo; Museu de Arte Moderna de São Paulo; Museu Nacional de Belas Artes do Rio de Janeiro; e Colección Patricia Phelps de Cisneros, Nova York, EUA.

**Rafael Vogt Maia Rosa** — Dramaturgo, palestrante e curador independente. Autor da peça *Banhistas* (Sesc, 2005). Curador de *Marcello Nitsche: o espaço onomatopaico* (2008), Centro Universitário Maria Antônia-USP, e *Abertura 1980* (2019), Instituto Figueiredo Ferraz. Realizou a exposição autoral *Senhor das nuvens* (2019), Galeria São Paulo; entrevistas com artistas e escritores como Ronald Golias, Alan Pauls, Tunga, Nelson Leirner, K. J. Holmes e Robert Storr, entre outros; e ensaios como "Inútil paisagem", na *Novos Estudos Cebrap* (2002). Atualmente trabalha na montagem virtual de sua peça *Complexo de Oleanna* (2019).

**Raul Antelo** — Professor, lecionou na Universidade Federal de Santa Catarina (UFSC). Foi pesquisador do CNPq, Guggenheim Fellow e professor visitante nas Universidades de Duke, Texas, Maryland e Leiden. Presidiu a Associação Brasileira de Literatura Comparada (Abralic) e recebeu o doutorado *honoris causa* pela Universidad Nacional de Cuyo, Argentina. É autor de vários livros; entre eles, *Maria com Marcel: Duchamp nos trópicos* (2010) e *A máquina afilológica* (2021).

**Regina Silveira** — Artista multimídia, gravadora, pintora e professora. Entre suas obras destacam-se: *Paisagem* (2021), 34ª Bienal Internacional de São Paulo; *Paraler* (2014), Biblioteca Mário de Andrade, São Paulo; *Abyssal* (2010), Atlas Sztuki, Lodz, Polônia.

**Roberto Vecchi** — Professor titular de literatura portuguesa e brasileira e de história da cultura na Universidade de Bolonha. Autor de uma bibliografia extensa sobre a teoria e a história das culturas de língua portuguesa, é autor, com Vincenzo Russo, de *La letteratura portoghese. I testi e le idee* (2017) e organizou com ele *A teoria gentil. O projeto e as práticas críticas de Ettore Finazzi-Agrò* (2020).

**Rubens Matuck** — Artista plástico com formação em arquitetura pela FAU-USP, estudou pintura com Sansom Flexor na década de 1970, frequentou o ateliê de Aldemir Martins e Marcelo Grassman entre 1980 e 2000. Possui ateliê próprio desde 1974.

**Samuel Titan Jr.** — Professor no Departamento de Teoria Literária e Literatura Comparada da Universidade de São Paulo. Entre outras publicações, cuidou, com Pedro Puntoni, da reedição fac-similar das *Revistas do modernismo: 1922-1929* (2015).

**Sérgio Alcides** — Professor da Faculdade de Letras da Universidade Federal de Minas Gerais (UFMG). Foi *fellow* do Bellagio Center (Fundação Rockefeller) e *visiting scholar* do MacMillan Center (Universidade Yale). Autor de *Estes penhascos: Cláudio Manuel da Costa e a paisagem das Minas* (2003), *Armadilha para Ana Cristina e outros textos sobre poesia contemporânea* (2016), da coletânea de poemas *Píer* (2012), entre outros livros.

**Sergio Fingermann** — Pintor que, além de desenvolver seu próprio projeto poético visual, atua nas questões da transmissão da arte, fazendo curadorias, ministrando aulas, escrevendo sobre a educação do olhar. Tem exposto seu trabalho desde 1987: no Museu de Arte de São Paulo (1987 e 1995), Pinacoteca do Estado de São Paulo (2001 e 2007), Instituto Moreira Salles (1996, 2001, 2003, 2006) e Museu Nacional de Belas Artes, Rio de Janeiro (2007 e 2013). Foi curador da exposição *Da letra à palavra* (2021), no Museu Judaico de São Paulo.

**Silviano Santiago** — Escritor e crítico, ensinou literatura em universidades estrangeiras e brasileiras e hoje é professor emérito na UFF. Entre seus livros publicados destacam-se os romances *Em liberdade* (2013) e *Machado* (2016) e os ensaios *O cosmopolitismo do pobre* (2004) e *Fisiologia da composição* (2020). Foi o responsável pela antologia *Intérpretes do Brasil* e pela edição anotada da correspondência entre Carlos Drummond e Mário de Andrade.

**Susana Scramim** — Professora titular de teoria literária na UFSC e pesquisadora de produtividade do CNPq. Autora de *Literatura do presente* (2007), *Carlito Azevedo* (2010), da coleção "Ciranda da Poesia", e *"Pervivências" do arcaico: a poesia de Drummond, Murilo Mendes e Cabral e sua sombra* (2019).

**Telê Ancona Lopez** — Professora titular do Instituto de Estudos Brasileiros da Universidade de São Paulo (IEB-USP). Docente no Programa de Pós-Graduação em Literatura Brasileira (FFLCH-USP) de 1972 a 2020, formou mestres e doutores. Foi curadora do Arquivo Mário de Andrade. Entre 2006 e 2010, coordenou o projeto temático Fapesp que organizou os manuscritos e estudou o processo de criação do escritor. Dedica-se atualmente a edições fidedignas, acrescidas de documentos, das obras de Mário de Andrade e ao projeto *Traje de arlequim: uma biografia/"autobiografia" de Mário de Andrade*. É professora emérita do IEB-USP.

**Vera Chalmers** — Professora colaboradora do Departamento de Teoria Literária do Instituto de Estudos da Linguagem da Unicamp. São de sua autoria, entre outras obras: *Escritas libertárias* (2017), *Telefonema* (2011, 2ª ed.) e *3 Linhas e 4 Verdades* (1976).

**Veronica Stigger** — Escritora, curadora independente e professora das pós-graduações *lato sensu* em Histórias das Artes e em Práticas Artísticas da Faap. Entre seus livros publicados estão *O útero do mundo* (catálogo da exposição homônima, 2016), *Opisanie wiata* (romance, 2013) e *Sombrio ermo turvo* (contos, 2019).

**Victor Knoll** (1936-2021) — Foi professor do Departamento de Filosofia da Universidade de São Paulo durante 40 anos, com ênfase na história da filosofia (estética, arte, Hegel, modernismo). Mestre em filosofia pela Université Paris-Sorbonne. Doutor em filosofia pela Universidade de São Paulo. Entre seus muitos trabalhos encontra-se *Paciente arlequinada: uma leitura da obra poética de Mário de Andrade* (1983).

**Walter Garcia** — Professor associado do IEB-USP, compositor e violonista. É autor dos livros *Bim Bom: a contradição sem conflitos de João Gilberto* (1999), *Melancolias, mercadorias: Dorival Caymmi, Chico Buarque, o pregão de rua e a canção popular-comercial no Brasil* (2013) e *"Da discussão é que nasce a luz": canção, teatro e sociedade* (2020).

## Créditos das imagens

Capa e p. 3
Ferrignac
(Inácio da Costa Ferreira)
*Bailarino*
aquarela sobre papel,
c. 1927/28
fotógrafo: Sergio Guerini –
cortesia Almeida & Dale
Galeria de Arte

p. 13
Fernando Lindote
*d'après* Brecheret
*Cabeça (depoisantes de Brecheret)*,
grafite sobre papel, 2022

p. 31
Hilde Weber
*Mário de Andrade (caricatura)*
nanquim sobre papel, 1948
Coleção Mário de Andrade
Coleção de Artes Visuais do
Instituto de Estudos Brasileiros
USP

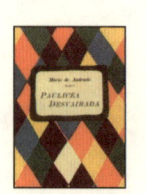

p. 39
Atribuída a Guilherme de Almeida
*Pauliceia desvairada*
[projeto para capa]
nanquim e guache sobre papel, s.d.

pp. 54,56
Regina Silveira
*Re-Cidade*
imagem digital, (1980) 2021

p. 92
Carlos A. C. Lemos
*Ella ha de ser a metrópole do Brasil*
desenho nanquim/
bico de pena, 1951

p. 102
Mario Cafiero
*O trovador*
óleo sobre tela, 2021

p.118
Cristiano Mascaro
*Multidão no contra-luz*
fotografia analógica,
década de 1980

p.146
Sergio Fingermann
*Suíte Construtiva*
pintura acrílica sobre papel, 2021

p. 162
Lauro Escorel
*Rua São Bento*
I-Phone 8 plus, 2021

p.178
Alberto Martins
sem título
bastão de óleo sobre papel, 2021
fotógrafo: Alexandre Kok

p.192
Feres Lourenço Khoury
*Tietê*
montagem fotográfica, 2021

p. 208
Lasar Segall
*Família*
litografia sobre papel, c. 1919
Acervo do Museu Lasar Segall-
Ibram/Ministério do Turismo

p. 226
Antônio Paim
*Piolim*
guache s/ papel, s.d

p. 242
João Farkas
*Jardim Ângela*
Fotografia analógica sobre
 filme reversível, 1979

p. 252
Anúncio automóvel Renault,
revista *Plus Ultra*
Buenos Aires, 1922.

p. 266
Fernando Lindote
sem título
nanquim sobre papel, 2021
fotógrafo: Guilherme Ternes

p. 280
Evandro Carlos Jardim
*O reflexo da lâmpada sobre
um rio de São Paulo*
água forte e água tinta,1977

p. 294
Rafael Vogt Maia Rosa
*A caçada*
tinta sobre papel vegetal,
2021/22

p. 300
Gilda Vogt
sem título
acrílica sobre tela, 2004

p. 312
Angela Leite
*Granito, onça-parda
de Itapecerica (Puma concolor)*
xilogravura, 2021

p. 322
Rubens Matuck
sem título
grafitti, s.d.

p. 330
Paulo Pasta
sem título
óleo sobre papel, 2021

p. 344
Luiz Aquila
*Colloque Sentimental*
pastel e colagem sobre
papel kraft, 2021

p. 362
Alex Cerveny
sem título
aquarela, 2022

p. 380
Arnaldo Pedroso d'Horta
sem título (Praia Grande)
nanquim (bico de pena)
sobre papel, 1955-1956

p. 398
José Resende
sem título
colagem, 2022

---

Empreendemos todos os esforços a fim de
obter o licenciamento dos direitos autorais das
ilustrações e fotos desse livro. Caso recebamos
informações complementares, elas serão
devidamente creditadas na próxima edição.

Este livro foi composto nas
fontes Utopia e House Broken.
Impresso em papel
Pólen Bold 90 g/m²,
pela Mundial Gráfica Ltda
em Julho de 2022